중세 철학 전문가가 들려주는

알수록 재미있는
그리스도교 이야기

알수록 재미있는
그리스도교 이야기

2015년 7월 17일, 2016년 3월 23일 교회 인가
2015년 11월 9일, 2016년 6월 30일 초판 1쇄 펴냄
2021년 6월 6일 개정 초판 1쇄 펴냄
2024년 4월 8일 개정 초판 3쇄 펴냄

지은이 · 박승찬
펴낸이 · 정순택
펴낸곳 · 가톨릭출판사
편집 겸 인쇄인 · 김대영
편집 · 김소정, 강서윤, 박다솜
디자인 · 정호진, 강해인, 송현철, 이경숙
마케팅 · 안효진, 황희진

본사 · 서울특별시 중구 중림로 27
등록 · 1958. 1. 16. 제2-314호
전자우편 · edit@catholicbook.kr
전화 · 1544-1886(대표 번호)
지로번호 · 3000997

ISBN 978-89-321-1775-1 03230

값 36,000원

ⓒ 박승찬, 2015
성경 · 전례문 ⓒ 한국천주교중앙협의회

이 책은 저작권법에 의해 보호를 받는 저작물이므로 무단 전재와 무단 복제를 금합니다.

가톨릭의 모든 도서와 성물을 '가톨릭출판사 인터넷쇼핑몰'에서 만나 보실 수 있습니다.
http://www.catholicbook.kr | (02) 6365-1888(구입 문의)

중세 철학 전문가가 들려주는
알수록 재미있는
그리스도교 이야기

박승찬 지음

가톨릭출판사

일러두기

- 이 책은 2014년 6월부터 2014년 12월까지 가톨릭평화방송 TV와 라디오에서 방송된 〈그리스도교, 서양 문화의 어머니〉의 강의 원고를 책의 형태에 맞도록 수정하고, 그림, 사진, 지도 등을 추가하여 구성했습니다.
- 이 책에 쓰인 인명과 지명은 대부분 원어 발음에 따라 표기했습니다.

들어가는 말

그리스도교와 세상과의
진솔한 대화

한국 가톨릭 교회의 많은 신자들이 유례없이 성경 공부에 많은 시간을 보내고 있습니다. 그러나 성경이 기록된 그리스도교의 초창기부터 우리가 살고 있는 21세기 사이에는 2천 년이라는 세월이 놓여 있습니다. '성경만으로'를 강조하는 개신교와는 달리 가톨릭 교회에서는 '성전聖傳', 즉 거룩한 전통도 중요하다고 가르칩니다. 사실 모든 그리스도교의 가장 중요한 원천인 성경이 구약 46권, 신약 27권(개신교에서는 구약 39권, 신약 27권)으로 확정된 것도 교회의 전통 안에서 이루어졌으니 '거룩한 전통'이 매우 중요한 것은 사실입니다.

그러나 그리스도교 신자들이 성경을 배울 수 있는 기회는 많지만, 그리스도교의 전통이 어떻게 발전되어 왔으며 어떤 과정을 거쳐서 현대의 모습을 지니게 되었는지 배울 기회는 거의 없습니다. 다양한 본당 활동이나 교리, 성경 공부 등을 통해 알게 된 내용들이 있지만, 이것이 모두 파편적으로 흩어져 서로 어떻게 연관되어 있는지 알아내기 어렵습니다.

더욱이 그리스도교 전통의 정수를 직접 체험하기 위해 유럽 성지 순례라도 나서면, 서양의 성당들이 모두 비슷해 보이고, 어떤 의미나 역사를 지니고 있는지 설명을 들어도 이해하기 어렵습니다. 베드로 대성전이나 노트르담 성당 같은 곳을 빼곡히 채운 성인들의 조각상이나 아름다운 스테인드글라스에 나타난 수많은 상징을 보면 호기심은 생기지만, 그 의미들을 해석하고 풀어내기란 결코 쉽지 않습니다.

그나마 성경에 나오는 인물들을 가리키는 조각상들은 이해할 수 있지만, 그 외의 수많은 성인들은 도대체 어떤 분들이고 어떤 종교적 삶을 살았는지는 이해하기 쉽지 않습니다. 많은 신자들이 성인의 이름을 세례명으로 가지고 있고, 아우구스티누스, 토마스 아퀴나스와 같은 성인들이 중요하다는 이야기는 들었을 것입니다. 그런데 도대체 그분들이 어떤 놀라운 일을 했길래, 수백 년이 지난 지금까지 존경받는 것일까요?

신자로서 성경에 대한 기본적인 지식은 가지고 있음에도 이와 비슷한 질문 때문에 당황했던 분들이 많은 듯합니다. 이런 분들을 위해 저는 가톨릭평화방송 TV와 라디오에서 2014년 6월부터 12월까지 6개월 동안 〈그리스도교, 서양 문화의 어머니〉라는 제목으로 강의를 했습니다.

이 강의에서는 그리스도교의 발생부터 종교 개혁 전까지, 1,500여

년 동안의 세월을 통해 그리스도교가 어떻게 발전되어 왔는지를 철학, 신학, 사회 문화, 역사 등 다양한 측면에서 바라보았습니다. 그 과정에서 교회가 주체성을 보존하면서도 교회 밖의 사상과 문화를 받아들이기 위해 어떻게 노력해 왔는지를 심도 있게 살펴보았습니다. 또한 이러한 '대화'에 성공했을 때, 또는 실패했을 때 어떤 결과를 가져왔는지 진지하게 성찰해 보았습니다. 그리하여 교회가 결코 잃어버려서는 안 될 핵심을 보존하면서도 변화하는 문화와 반드시 '대화'가 필요함을 깨닫게 되었습니다.

그리고 교회가 서양 문화를 형성하는 데 기여한 성공적인 역할뿐만 아니라, 세상을 복음화할 수 있는 소중한 기회를 놓친 이유에 대해서도 고찰함으로써 위태로운 현대 사회에서 교회와 평신도가 해야 할 역할에 대해 새롭게 모색할 수 있는 기회도 찾아보았습니다.

실제로 현대의 서구 교회는 근대화 이후 많은 신자들이 교회를 떠나서 웅장한 건축물이 무색할 정도로 텅 비어 있습니다. 그렇지만 그리스도교 정신은 모든 인간의 평등함과 각 개인이 지닌 인격의 고유성을 보존하는 방식으로 서구 문화 전체에 깊숙이 흡수되어 있습니다.

이러한 변화를 전체적인 흐름에서 바라봄으로써 우리나라 교회가 어떻게 하면 그리스도교의 복음 정신을 우리 문화 전반에 스며들게 할 수 있는지에 대해서 근본적으로 고민해야 합니다. 외형적인 대형 성전을 무수히 지었지만 이제는 텅 비어 버린 서구 교회를 타산지석他山之石

으로 삼아야 합니다. 저는 이 강의를 통해 우리의 문화와 각자의 마음을 복음화하기 위한 노력을 기울여야 함을 일깨우고자 했습니다.

이 강의가 방송된 후 저는 물론, 방송사도 전혀 예상하지 못한 놀라운 반향이 있었습니다. 매우 난해하고 복잡한 내용이 있었음에도 불구하고 많은 분들이 정기적으로 방송이나 인터넷을 통해 강의를 들으시며 지속적으로 관심을 보여 주셨습니다. 또한 손편지에 조언을 담아서 보내 주신 교수님, 강의 내용을 직접 검토하시고 의견을 주신 수사 신부님, 전체 강의를 반복해서 듣고 놀라울 정도의 강의록을 만드신 할머니, 금요일마다 동료 수녀님들과 함께 모여 강의를 듣고 토마스 아퀴나스 성인이 저를 격려해 주는 멋진 그림을 직접 그려서 보내 주신 수녀님, 여러 곳에서 강의 잘 보고, 또는 잘 듣고 있다고 격려해 주신 많은 분들이 계셨습니다.

이러한 열기는 방송이 끝나고 나서도 이어졌으며, 이 과정에서 강의 내용과 관련된 참고 문헌에 대한 문의와, 강의록이 책으로 출간되는지에 대한 문의가 많았습니다. 특히 가톨릭출판사에서는 강의 도중에 강의록의 출간 의사를 타진해 오셨고, 녹취록을 준비해 주시는 등 큰 관심을 보여 주셨기에 용기를 내어 26강의 강의를 한 권의 책으로 묶어 《알수록 재미있는 그리스도교 이야기》라는 제목으로 출간하게 되었습니다.

이 글을 마무리하면서, 도움을 주신 은인과 친지들을 기억합니다.

그분들의 도움이 없었더라면, 이 책이 결코 지금의 형태를 지니지 못했을 것입니다. 먼저 제 강의에 관심을 가지고 소중한 방송 기회를 제공해 주신 가톨릭평화방송의 관계자분들께 진심으로 감사드립니다. 그리고 사진 자료가 많아 어려운 작업이 될 것임에도 흔쾌히 출간을 수락해 주시고, 아름다운 편집을 위해 최선을 다해 주신 가톨릭출판사의 모든 관계자분들께도 심심한 감사의 마음을 전합니다.

6개월간의 방송 녹화 중에 한결같은 마음으로 방청석에 앉아 따뜻한 응원의 눈길을 보내 준 김진아 양을 비롯한 가톨릭대학교 철학과 대학원생들, 고척동 성당 신자분들, 여러 수도회의 수녀님들께도 감사를 드립니다. 이 책의 탈고 과정에서 시간을 내서 작업을 도와준 가톨릭대학교 철학과 이예림 학생과 엄가윤 학생에게도 감사의 뜻을 전합니다. 그리고 PD였던 자신의 소중한 경험을 바탕으로 방송을 시작할 때 부딪힐 수 있는 어려움에 대해 조언을 아끼지 않은 박승준 형님께도 감사드립니다.

방송 녹화와 책 집필의 모든 과정에서 상상하지 못할 정도의 열정과 전문성을 가지고 PPT 제작, 자료 검색 및 선정 등을 함께해 준 처남 노수, 강의와 다양한 활동으로 힘든 와중에도 매번 녹화 때마다 방송 내용 검토부터 로드 매니저까지 자청하며 특유의 따뜻함과 지혜로움으로 용기를 주었던 아내 노성숙 교수에게도 진심으로 감사드립니다. 끝으로 한결같은 마음으로 강의를 들으시면서 끊임없는 기도와 응원의 박수를 보내 주신 노경순 장인어른과 최옥정 장모님께 이 책을 바칩니다.

  이 책이 단순히 지나가 버린 그리스도교의 과거에 대한 이야기가 아니라, 그리스도교 정신의 핵심을 살아가고 실천해야 하는 우리 그리스도인들이 앞으로의 미래를 기획하는 데 도움이 될 수 있길 기대해 봅니다.

2015년 7월

가톨릭대학교 성심교정 연구실에서

박 승 찬

들어가는 말
그리스도교와 세상과의 진솔한 대화 … 5

제1강 그리스도교의 태동과 최초의 토착화 과정

초기 그리스도교에 대한 박해 … 28
박해를 피해 숨어든 카타콤베 … 31
그리스도인들에 대한 로마인들의 오해 … 33
최초의 토착화를 시도한 바오로 사도 … 36
호교론자 유스티누스 … 38

제2강 이단의 발생과 신앙의 순수성을 지키기 위한 저항

정신적인 원리를 중요시한 영지주의	45
신약의 하느님만 받아들인 마르키온 이단	50
여러 종교의 이론이 모인 마니교	54
순수한 믿음을 강조한 테르툴리아누스	57

제3강 그리스-로마 문화의 수용을 통한 토착화

그리스-로마 문화의 새로운 중심지, 알렉산드리아	67
고대의 서적 제작 방법	69
알렉산드리아 학파의 태동	73
그리스 철학의 수용을 주장한 알렉산드리아의 클레멘스	74
열정적이었던 그리스 신학자, 오리게네스	77

제4강 콘스탄티누스 대제를 통해 얻은 신앙의 자유

로마 제국의 확장과 4분령 통치	86
콘스탄티누스 대제의 성장 배경	87
밀비우스 전투에서 승리한 콘스탄티누스	90
그리스도교에 자유를 선사한 밀라노 칙령	95
로마 제국의 새로운 수도, 콘스탄티노플	97

제5강 함께 고백하는 신앙

그리스도교가 바치는 신앙 고백의 형성 106
니체아 공의회와 아리우스 이단의 등장 108
니체아 공의회 이후의 혼란 113
성령론의 발전에 기여한 카파도키아의 세 교부 114
신앙심 깊은 가정에서 자라난 바실리우스 116
수도 공동체를 창설한 바실리우스 118
바실리우스의 왕성한 활동 120
나지안주스의 그레고리우스의 성품과 활동 122
뛰어난 철학자이자 영성가인 니사의 그레고리우스 125

제6강 그리스도교 신앙 고백의 완성

4대 보편 공의회가 열린 장소와
그리스도교 초기의 주요 교회 128
성령론을 확정한 콘스탄티노플 공의회 132
니체아-콘스탄티노플 신경과 사도신경 135
그리스도의 신성과 인성을 둘러싼 논쟁 136
성모 마리아의 명칭을 둘러싼 네스토리우스 논쟁 140
에페소 공의회와 칼체돈 공의회 143

제7강 라틴어로 강생한 말씀

성경의 형성 과정	**156**
성경의 순서 및 정경의 확정	**160**
최초의 라틴어 성경, 《베투스 라티나》	**165**
최고의 성경 번역가, 히에로니무스와 《불가타》	**167**
성경을 이해하는 방법	**175**

제8강 흔들리는 로마 제국과 눈물로 키운 신앙

아우구스티누스의 탄생과 성장	**180**
어린 시절 방황한 아우구스티누스	**184**
지혜를 찾으려다가 성경에 실망한 아우구스티누스	**189**
마니교에 심취한 아우구스티누스	**193**
회의론에 빠진 아우구스티누스	**199**

제9강 멘토와의 만남을 통한 신앙의 성장

밀라노에서 이루어진 신플라톤주의와의 만남	**206**
밀라노에서 만난 최고의 멘토, 암브로시우스	**215**
세속적인 성공에도 불행했던 아우구스티누스	**221**
아우구스티누스의 극적인 회심	**223**
모니카의 눈물과 되찾은 영적인 기쁨	**226**

제10강 그리스도교 최고의 스승, 아우구스티누스

타가스테의 수도 공동체	**234**
히포의 주교, 아우구스티누스	**239**
아우구스티누스의 주요 작품	**245**
신플라톤주의와 그리스도교	**249**
진정한 행복 찾기	**251**
사랑의 윤리	**253**

제11강 하느님의 나라, 땅의 나라

향유와 사용	**260**
교회와 성사에 관한 도나투스파와의 논쟁	**263**
은총과 자유에 관한 펠라지우스와의 논쟁	**266**
《신국론》의 집필 배경	**268**
낡은 사람과 새 사람의 구분	**272**
하느님의 나라와 땅의 나라의 구분	**274**

제12강 서로마 제국의 몰락과 동방 교회의 분리

게르만족 문화의 특성	**286**
로마 최후의 철학자, 보에티우스	**296**
보에티우스가 제안한 '인격'에 대한 정의	**302**
동로마 제국의 황금기, 유스티니아누스 대제	**305**
그리스도교를 받아들인 게르만족	**307**

제13강 기도하고 일하라

수도 생활의 형태와 유래	**311**
공주共住 수도회의 등장	**315**
베네딕투스의 생애와 활동	**317**
수도회의 진정한 역할	**337**

제14강 카를 대제의 문예 부흥과 수도회의 개혁

프랑크 왕국의 확장과 발전	**341**
게르만족의 문화 발전에 기여한 수도원 학교	**344**
서방 세계의 최고 통치자, 카를 대제	**346**
카를 대제의 문예 부흥	**350**
변화하는 수도회	**360**

제15강 이해를 추구하는 신앙, 스콜라 철학의 태동

스콜라 철학과 7자유학예	366
베렌가리우스와 란프랑쿠스의 성찬례 논쟁	372
안셀무스의 생애	377
교회의 자유를 위해 싸운 투사	384

제16강 세상의 사랑에서 천상의 사랑으로

개인 학교의 발달	390
12세기 최고의 명강사, 아벨라르두스	391
보편 논쟁의 시작	395
전통적인 신학의 틀을 바꾼 아벨라르두스	400
중세 최대의 연애 사건 – 엘로이즈와의 금지된 사랑	402
아벨라르두스의 단죄와 죽음	407

제17강 종교 간의 전쟁과 그리스도의 평화

십자군 전쟁은 왜 일어났을까?	414
제1차 십자군 전쟁의 과정	417
제2차 십자군 이후의 양상	423
십자군 전쟁이 가져온 결과	428
전쟁에 반대한 평화의 사도들	430
탁발 수도회의 탄생	432
프란치스코와 〈태양의 노래〉	435

제18강 이슬람 문화와 아리스토텔레스

서양 철학의 두 기둥, 플라톤과 아리스토텔레스	443
아랍 문화 발전에 기여한 아리스토텔레스의 책	447
이슬람교와 아리스토텔레스의 철학	455
서방 세계에서 이루어진 아리스토텔레스의 재발견	459

제19강 아리스토텔레스의 재발견, 교회의 위기 또는 기회?

아리스토텔레스의 가르침과 그리스도교 교리의 충돌	469
아리스토텔레스 강의 금지령	475
아리스토텔레스 수용 과정에서 나타난 다양한 경향	478

제20강 교회와 함께 성장한
중세 대학

중세 때의 여러 학교	**488**
중세 대학의 탄생	**490**
중세 대학의 구조와 수업 방식	**496**
중세 대학에서 배워야 할 모습	**507**

제21강 천사적 박사
토마스 아퀴나스

토마스 아퀴나스의 탄생과 성장	**513**
토마스 아퀴나스와 대大알베르투스의 만남	**522**
토마스 아퀴나스와 《신학대전》	**527**

제22강 서구 지성사의 금자탑,
《신학대전》

《신학대전》의 내용과 구조	**537**
토마스 아퀴나스의 윤리학	**544**
새로운 철학과 보편적인 문화에 이르는 길의 선구자	**558**

제23강 돌로 만들어진 천상 예루살렘

로마네스크 양식의 등장	564
고딕 양식의 발전	570
건축 양식을 통해 표현된 중세의 시대상	580

제24강 카이사르의 것은 카이사르에게?

교회의 역사 안에 나타난 종교와 정치의 관계	585
위조된 '콘스탄티누스의 기진장'	587
카노사의 굴욕에서 드러난 교황권의 강화	590
교황과 황제 사이에 벌어진 권력 투쟁	594
아비뇽 유수와 교황권의 몰락	597
중세 후기 교회의 혼란이 주는 교훈	602

제25강 빛을 잃은 교회와 흔들리는 신앙

흑사병으로 인한 사회의 혼란	606
계속되는 전쟁	613
중세 말기를 사로잡은 향락 문화	617
중세 말에 닥쳐온 지성의 위기	619
새로운 신심 운동	625

제26강 에필로그 - 신앙과 이성의 조화

그리스도교 초기에 나타난 신앙과 이성의 관계	631
아우구스티누스가 이룬 그리스도교와 신플라톤주의의 융합	635
아우구스티누스가 가르친 '사랑과 희망의 윤리학'	639
스콜라 철학에서도 강조된 '신앙과 이성의 조화'	642
토마스 아퀴나스, "은총은 자연을 파괴하는 것이 아니라 완성한다."	647
그리스도의 향기가 풍기는 사회를 위해	653
미주	655
색인	676

제1강

그리스도교의 태동과
최초의 토착화 과정

그리스도교는 기존에 있던 하나의 종교에서 시작됩니다. 모두들 알다시피 유대교라는 뿌리에서 출발했지요. 유대교라는 전통, 바로 구약성경의 오랜 전통으로부터 그리스도교가 생겨납니다. 그렇다면 이렇게 그리스도교가 태동하게 된 당시의 사회적·문화적 배경은 무엇일까요?

그리스도교가 생겨날 즈음, 유대인들은 많은 일을 겪게 됩니다. 바빌론 유배 이후에 고향으로 돌아왔지만, 셀레우코스 왕조(알렉산드로스 대왕의 영토 가운데 시리아 지역을 중심으로 세워진 국가)의 박해, 마카베오(헬레니즘 시대에 살았던 유대인들의 지도자로 셀레우코스 왕조에 대항함)의 시대 등 여러 어려움이 유대인의 역사와 함께합니다. 이러한 난관을 겪으며 유대인들에게 점점 뚜렷해지는 사상이 하나 있었습니다.

바로 유대인 자신들을 해방시켜 줄 구원자가 나타나 모든 고통에서 구해 주리라고 믿는 '메시아사상'입니다. 간단히 말해서 유대인들이 믿는 야훼라는 신이 구세주 메시아를 보내 선택받은 유대 민족을 구원해 주리라는 믿음이 바로 메시아사상이라고 할 수 있습니다.

이러한 메시아사상은 여러 형태로 표출되었습니다. 한 가지 예로 몇몇 유대인들은 로마의 지배에서 벗어나 구원을 얻기 위해서라면 수단과 방법을 가리지 않고 얼마든지 폭력을 행사할 수 있다는 생각을 하기도 했습니다. 이런 사상을 신약 성경에서도 찾아볼 수 있습니다. 폭력을 통해 자신의 신념이나 사상을 나타낸 유대인들로는 유다 이스카리옷이 속했던 젤로테당(열혈당원)[1]이 대표적이라고 할 수 있습니다.

바로 이 혼란스러운 시기에 **나자렛 예수님**이 나타납니다. 예수님은 폭력이 만연한 사회에서 나타났던 여러 지도자들과는 매우 다른 행적을 보입니다. 수많은 환자들을 치료하고, 마귀를 쫓아내고, 때로는 죽은 자들을 소생시키기도 합니다.

이러한 행적은 예수님이 선포하신 내용과 관련이 있습니다. 바로 "네 마음을 다하고 네 목숨을 다하고 네 정신을 다하여 주 너의 하느님을 사랑해야 한다."(마태 22,37) 그리고 "네 이웃을 너 자신처럼 사랑해야 한다."(마태 22,39)라는 계명 선포입니다. 당시 사람들의 반응은 폭발적이었고 예수님을 따르는 사람들이 늘어나기 시작했습니다. 특히 부활 체험 이후 예수님을 자신들이 믿고 기다려 온 메시아라며 반기는 분위기였습니다.

여기서 '예수 그리스도'Ἰησοῦς Χριστός'라는 말의 의미에 대해 알아보겠습니다. 예수 그리스도, 이 말은 무슨 뜻일까요? 먼저 '그리스도'라는 단어가 예수님의 가문이나 별명을 뜻하는 말이 아님을 추측할 수 있을 텐데요. 더욱이 열심히 교리를 배운 신자라면 그리스도가 기름부음을 받은 이, 즉 '메시아'와 같은 표현임을 기억할 것입니다.

그런데 여기서 간과하기 쉬운 점은 '예수 그리스도'라는 말 자체가 실은 가장 짧은 신앙 고백이라는 사실입니다. 즉, 우리는 십자가 사건과 부활을 직접 체험한 '예수님이야말로 참으로 그리스도(메시아)이십니다.'라고 신앙을 고백하는 것입니다.

사실 예수님이 살아 계실 때보다 돌아가시고 나서 예수님에 대한 신앙을 고백하는 수많은 사람들이 생겨났습니다. 보통 일반 사람들은 죽으면 잊히기 마련입니다. 그렇지만 예수님의 경우는 십자가 상에서 처참한 죽음을 당한 후 시간이 지날수록 그분을 믿는 신자들의 숫자가 폭발적으로 늘기 시작했습니다. 여기서 의문이 하나 생깁니다. 예수님의 가르침이 어떤 영향을 주었기에 그러한 일들이 벌어졌을까요? 해답을 찾기 위해 성경에서 몇 구절을 인용해 보겠습니다.

여러분은 우리 주 예수 그리스도의 은총을 알고 있습니다. 그분께서는 부유하시면서도 여러분을 위하여 가난하게 되시어, 여러분이 그 가난으로 부유하게 되도록 하셨습니다. (2코린 8,9)

그래서 유다인도 그리스인도 없고, 종도 자유인도 없으며, 남자도 여자도 없습니다. 여러분은 모두 그리스도 예수님 안에서 하나입니다. (갈라 3,28)

이와 같이 매우 뛰어난 신적인 분이 우리에게 다가오셨고, 그분 안에서는 민족의 차이도, 문화의 차이도, 신분의 차이도, 남녀의 차이도 없습니다. 이 말은 무슨 의미일까요? 그 당시의 유대인 사회는 남성우월주의가 극도로 심해서 여성을 마치 재산처럼 생각했습니다. 이런 사회에서 모든 이가 아무런 차별도 없이 예수 그리스도 안에서 하나가 되는, 즉 모두가 하느님의 사랑받는 이라는 것은 충격적이었겠지요. 아마도 이러한 선포는 억압받고 자유롭지 못한 사람들, 핍박받는 사람들에게 기쁜 소식, 즉 복음(에반젤리움)의 의미로 가슴 깊이 뜨겁게 와닿았을 것입니다.

물론 예수님은 "부자가 하느님 나라에 들어가는 것보다 낙타가 바늘구멍으로 빠져나가는 것이 더 쉽다."(마태 19,24)라며 부자에 대해 언급하기도 하지만, 이는 부자를 구원으로부터 배제하기 위한 것이 아니었습니다. 예수님은 소수의 사람들만 행복해지고 구원을 얻는 사회가 아니라, 가난하고 힘든 삶을 사는 사람들까지 모두 행복해지는 사회를 원하셨습니다. 그리하여 진정한 의미에서 행복한 사회를 선포하셨기에 당시 억압받던 사람들의 호응에 힘입어 그리스도교는 널리 퍼지게 됩니다.

예루살렘의 유대인 공동체를 중심으로 퍼져 나간 그리스도교는 바다를 건너 로마로, 다시 로마에서 키레네, 카르타고, 스페인까지 아주 짧은 시간에 급속도로 확산됩니다. 그리스도교는 가난한 사람들 사이에서 시작하여 귀족에게, 귀족 중에서도 여성들에게 먼저 받아들여졌

로마 제국 곳곳에 전파된 그리스도교.

습니다. 이어서 자연스레 여성의 가족들이 그리스도인이 되는 과정을 거치며 빠른 속도로 성장합니다. 그렇지만 이렇게 그리스도교가 성장하기까지 로마 제국은 관심을 보이지 않았습니다.

사실 로마는 여러 지역을 다스리는 데 한 가지 원칙이 있었습니다. 바로 각 지역의 종교에 관해서는 관여하지 않는다는 것입니다. 그들이 믿는 종교를 건드리면 아무리 강한 점령자에게도 끝까지 저항한다는 것을 경험한 로마 제국은 웬만하면 종교를 건드리지 않았습니다.

성경에서 빌라도가 예수님을 재판하기 위해 재판석에 앉아 있을 때, 그의 아내가 사람을 보내어 "당신은 그 의인의 일에 관여하지 마세

제1강. 그리스도교의 태동과 최초의 토착화 과정 **27**

요. 지난밤 꿈에 내가 그 사람 때문에 큰 괴로움을 당했어요." 하고 말했다고 합니다. 빌라도 자신이 보기에도 예수님은 결코 죄인처럼 보이지 않았지요. 그럼에도 불구하고 빌라도는 종교적인 감정을 건드리면 폭동이 일어날까 봐 두려워 군중 앞에서 손을 씻으며 "나는 이 사람의 피에 책임이 없소. 이것은 여러분의 일이오."라고 말했습니다(마태 27,11-26 참조). 이러한 빌라도의 태도가 로마 제국이 식민지를 다스리는 원칙을 보여 주는 하나의 예라고 할 수 있습니다.

이렇게 종교와 거리를 두며 가급적 관여하지 않겠다는 강한 의지를 보이던 로마 제국이 그리스도교에 대해서는 바뀌게 됩니다. 로마 제국은 그리스도교 문제에 적극적으로 개입하며 박해를 시작합니다. 이 박해는 무려 300년 동안이나 지속되었지만 그 기간 내내 목을 조르는 것과 같은 가혹한 방식은 아니었습니다. 그렇게 박해가 계속되었다면 아마 그리스도교는 사라져 버렸을지도 모릅니다.

로마의 박해는 우리나라의 박해 및 순교 역사와 유사했습니다. 우리나라도 끊임없이 박해한 것이 아니라 왕의 정책에 따라서 박해가 심해졌다가 느슨해졌다가 하는 과정을 반복했습니다. 로마에서도 심한 박해 이후에 어느 정도의 자유를 누리는 과정을 거치며 그리스도교가 성장하게 되었습니다.

초기 그리스도교에 대한 박해

로마 제국의 박해 중에서 가장 유명한 것은 네로 황제의 박해입니

로마 시내를 잿더미로 만든 64년 로마 대화재.

다. 64년 로마 시내에 대화재가 일어납니다. 로마 시내의 3분의 2가 거의 불타 버렸는데 작은 화재로 시작된 불이 시내로 번지면서 큰 화재로 악화되었습니다. 이 화재 사건을 계기로 민심을 수습하기 위해 그리스도교 탄압을 거세게 하는데 우리에게 잘 알려진 영화 〈쿼바디스〉[2]에 그 내용이 담겨 있습니다.

당시 로마 제국을 다스리던 네로 황제는 자칭 시인이었는데 듣는 사람은 어쩔 수 없이 칭송을 하고 황제는 거기에 도취되곤 했습니다. 영화의 한 장면을 빌리자면 황제가 "이 지저분한 로마를 보니 내 마음이 너무 아프구나."라고 말하며 흘린 눈물을 유리병에 담아 옥루玉淚라칭하고 국보로 보존하라고 하는 등 괴짜의 모습을 보이기도 합니다.

전설에는 자연스럽게 발전해 나간 로마가 골목도 좁고 지저분해서 화재에 취약한 부분이 있었는데 황제가 새로운 로마를 건설하기 위해서 불을 질렀다는 이야기도 있습니다. 하지만 역사가들의 말에 따르면 이러한 전설은 사실이 아니고, 호사가들이 지어낸 말이라고 합니다.

어쨌든 대화재에 대한 책임은 누군가 져야 했습니다. 자랑스러운 로마가 하루아침에 재가 되어, 그로 인해 큰 충격을 받은 로마 시민들은 분노를 표출하기 위해 희생양을 찾았습니다. 옛날에는 큰 재해를 겪으면 그에 대한 책임은 나라를 다스리는 이가 짊어져야 했지요. 그래서 당연히 네로 황제에게 책임을 묻게 되고 황제를 죽여야 한다는 분위기가 형성됩니다. 이때 네로 황제는 어떻게 했을까요? 황제는 자신이 살기 위해서 또 다른 희생양을 찾았습니다. 황제는 로마 사람들이 별로 좋아하지 않는 나약한 집단에게 화살을 돌리고 죄를 뒤집어씌운다면 자신의 안전을 보전할 수 있을 것이라고 생각했습니다. 그래서 찾아낸 희생양이 바로 그리스도인이었습니다.

네로 황제는 거대한 광장에 그리스도인들을 모아 놓고 검투사나 맹수와 싸우게 했습니다. 황제가 로마인에게 피의 향연을 즐기게 하고 사람들의 이목을 돌리려 한 계획은 성공합니다. 로마인들에게 새로운 유흥거리를 제공함으로써 자신에게 겨눠진 화살을 그리스도인들에게 돌린 것입니다.

그리스도인들은 박해를 피해 숨거나 도망갔으며 공적인 장소에서

로마의 원형 경기장에서 죽임을 당하는 그리스도교 순교자들.

는 자신들이 그리스도인임을 밝히지 못했습니다. 그래서 그리스도인들은 자구책을 마련하게 되었습니다. 로마의 지형적인 특성을 이용하여 **카타콤베**catacombae라는 지하 동굴에 숨어서 모임을 갖거나 만날 수 있는 장소를 찾았던 것입니다. 당시 로마의 무덤 양식은 땅을 파서 송장이나 유골을 지하에 안치하는 형태였습니다.

박해를 피해 숨어든 카타콤베

로마의 땅은 이암층泥巖層으로서 손쉽게 파낼 수 있지만 공기와 접촉을 하면 딱딱하게 굳는 성질을 가지고 있습니다. 그래서 한 사람을 묻고 땅이 굳으면, 다시 파 내려가 사람을 묻으면서 점점 더 깊게 땅 속으로 들어갈 수 있었습니다. 이런 방식은 미리 설계를 거친 후 만들

로마의 칼리스토 카타콤베.

어진 것이 아니었습니다. 그래서 열심히 파 내려가다 보면 다른 집 무덤끼리 서로 맞닿게 되면서 뻥 뚫리는 일도 발생했습니다.

그렇게 지하에 생긴 거대한 공간에서 그리스도인들은 모였습니다. 만약 집을 가진 그리스도인이 있다면 그 집 지하로 연결된, 그 수가 얼마인지 헤아리지도 못할 카타콤베라는 공간에 모여 미사를 드리거나 모임을 가질 수 있었습니다. 공간적인 특성 때문에 로마군이 쳐들어와도 쉽게 다른 곳으로 도망칠 수 있었습니다.

카타콤베는 로마에도 있지만 터키의 카파도키아라는 곳에도 있습니다. 터키의 카타콤베 중 하나는 통로가 매우 좁았는데 이곳은 아무리 많은 로마군이 쳐들어와도 한 명밖에 통과할 수 없었기에 마치 두더지 잡기 게임처럼 쳐들어오는 로마군(이후에는 이슬람군)을 막을 수 있었습니다. 이런 곳에서 그리스도인들은 자신들의 소중한 신앙을 지켜갔습니다.

종교에 관용을 베풀던 로마인들이 그리스도교를 박해한 또 다른 이유는 그리스도인들에 대한 적대감과 오해에서 비롯된 것입니다.

그럼 누가 가장 먼저 그리스도인들을 미워했을까요? 애초에 그리스도인들에 대한 적대감은 로마 제국 곳곳에 있던 디아스포라Diaspora(팔레스타나를 떠나 온 세계에 흩어져 살면서 유대교의 규범과 생활 관습을 유지하는 유대인 공동체)의 유대인들이 먼저 갖고 있었습니다. 왜 그랬을까요? 당시 유대인들은 하느님이 너무나 초월적인 분이어서 사람들과는 절대 함께할 수 없는 분이라고 믿고 있었습니다. 그런데 예수님이 당신과 아버지의 완전한 일치를 계속 강조하셨기 때문에 유대인들은 이를 신성 모독이라고 여겼습니다. 그로 인해 최초의 박해가 바로 유대인들에게서 시작됩니다.

그리스도인들에 대한 로마인들의 오해

그렇다면 로마인들은 왜 그리스도인들을 싫어했을까요? 우선 그리스도인들의 고고한 태도에서 그 원인을 찾을 수 있습니다. 그리스도인들은 도덕적으로 정결을 지키는 생활을 영위하며 유희와 향락에 젖은 로마인들과는 거리를 두었습니다. 그러니 자신들과 같이 섞이지 않고 종교적인 생활을 하는 그리스도인들을 로마인들이 좋아하지 않는 것은 당연했지요. 한편으로 로마인들은 빠르게 퍼지는 그리스도교를 보며 위협을 느꼈습니다.

그리하여 로마인들은 그리스도인들을 비방했습니다. 그 첫 번째로 그들은 그리스도인들이 식인 풍습을 갖고 있다고 의심했습니다. 그리스도인들이 사람을 잡아먹다니요? 한번 상상해 봅시다. 앞서 카타콤베는 지형적 특성상 로마 군인들이 침입하기 힘든 최적의 조건을 갖추고 있다고 이야기했습니다. 그래서 로마인들은 카타콤베에 숨어서 활동하는 그리스도인들에게 스파이를 보내 동향을 파악합니다.

그리스도인의 모임에 잠입한 스파이가 상황을 보는데 이상한 소리가 들립니다. "이것은 나의 몸이니 너희는 이것을 받아먹어라.", "이것은 새로운 계약을 맺는 내 피의 잔이다." 이는 미사의 성찬례에서 나오는 말인데 그 내용을 알지 못하는 사람이 들으면 오해할 수도 있겠지요? 게다가 미사 후반부에는 '아뉴스 데이Agnus Dei', 즉 '하느님의 어린양'에게 기도를 바치는 구절이 나옵니다. 이 구절에서 사용된 '어린양'이라는 단어 때문에 식인의 풍습이 있는 밀교密敎에서 한 살도 되지 않은 어린아이를 잡아 죽이는 풍습이 그리스도교에서도 행해지는 것으로 오해를 샀습니다.

더 황당한 오해는 그리스도인들이 서로를 형제, 자매라 부르던 관행에서 형제, 자매끼리 가정을 이루고 아이를 낳고 산다고 생각했던 것입니다. 따지고 보면 근친상간은 오히려 로마에서 반복적으로 나타난 전례가 있었습니다. 황제 중에서도 근친결혼으로 이어진 가계도가 있었는데 자신들이 그러했기 때문에 그리스도인도 똑같이 근친상간을 저지른다고 여긴 것이지요.

또 하나는 신에 대한 부분입니다. 그리스도교가 이를 건드리지 않았으면 박해가 일어나지 않았을지도 모릅니다. 그리스-로마 문화에는 셀 수 없을 만큼 많은 신들이 있습니다. 오죽했으면 아우구스티누스도 자신의 저서 《신국론》에서 신혼 방에까지 들어가 있는 수십 명의 신들에게 '신랑 신부를 가만히 좀 놔두라'고 개탄했을 정도입니다.

로마는 새로운 신이 등장하면 자신들이 믿는 신들과 함께 그 지역의 신을 흡수합니다. 예를 들어 북아프리카 지역의 가장 중요한 신이 '사투르누스Saturnus', 영어로 '새턴Saturn'이라고 하는 신인데 토성土星, 토요일土曜日의 이름이 여기서 연유하게 됩니다. 로마가 북아프리카의 핵심 도시 카르타고를 점령하자마자 그곳의 신 사투르누스를 로마 제국에서 숭배되던 신 중에서 서열 3위로 올려놓았습니다. 이를 통해 카르타고 시민들의 자존심을 세워 주고 로마의 정책에 만족하게 만듭니다. 마치 우리나라 가수의 노래가 빌보드 차트에서 1위는 못했지만 차트에 진입하고 상위권에 진출했다는 사실만으로도 우리나라 사람들이 좋아하는 상황과 같다고 할 수 있지요.

그렇지만 이렇게 점령된 지역의 신을 로마에서 숭배하는 신에 흡수하는 방식이 그리스도인들에게는 통하지 않았습니다. 그들은 하느님만이 참된 유일신이며 나머지는 다 우상이라고 주장했던 것이지요. 이런 주장에 대한 로마의 반응은 어땠을까요? 다신교多神敎 문화와 황제 숭배 사상이 묶여 있던 로마로서는 다신교 문화가 공격받으면 황제에 대한 위협 역시 일어날 수 있기 때문에 그리스도교를 박해할 수밖에 없었습니다.

최초의 토착화를 시도한 바오로 사도

이러한 시류에 부응해서 로마의 지식인들이 그리스도교를 체계적으로 논박하는 일이 벌어졌습니다. 그리고 이들의 비난에 맞서서 이를 반박하는 **호교론자**[護敎論者]들이 생겨났습니다. 그런데 이 호교론자들이 등장하기 전에 교회를 옹호하는 역할을 한 대표적인 사도가 있습니다. 바로 **바오로 사도**입니다.

바오로 사도는 유대인 핏줄을 타고 태어났지만 출생지는 그리스 문화가 발달된 교역 중심지 타르수스라는 곳이기에 그리스-로마 문화에 대해서 정통했습니다. 그러나 엄격한 바리사이 교육을 받았고 태생이 태생인지라 뼛속까지 유대인이었습니다.

그런데 어느 날 유대교 교리에 어긋나는 그리스도교에 대한 이야기를 듣게 되었습니다. 나자렛 예수라는 인물이 하느님의 아들, 메시아라는 풍문과 더 나아가 하느님과 똑같이 여겨진다는 걸 들은 바오로 사도는 견딜 수가 없었습니다. 그래서 그리스도인들을 박해했습니다. 그러다 다마스쿠스로 가던 도중에 예수님을 만나고 그 후 회심을 하게 되었습니다. 그리고 그때부터 바오로 사도는 그리스도교와 그리스 철학 사이를 전교하는 이방인의 선교사로 다시 태어났습니다. 바오로 사도는 선교로 엄청난 성공을 거둡니다. 그러나 그런 바오로 사도가 선교에 실패한 곳이 두 군데 있었습니다.

첫 번째는 에페소라는 도시로, 우리나라로 치면 강남의 한복판 같은 곳이었습니다. 에페소에는 은으로 신당 모형을 만들어 부유해진 대장장이들과, 셈에 능한 콧대 높은 사람들이 많았는데, 그런 에페소에서 바오로 사도가 설교에서 큰 성공을 거두자 그를 반대하는 운동이 일어났습니다. 데메트리오스라는 대장장이가 같은 일에 종사하는 다른 사람들을 모아 놓고 말했습니다. "여러분이 보고 듣는 대로, 저 바오로라는 자가 사람의 손으로 만든 것은 신이 아니라고 하면서, 에페소만이 아니라 거의 온 아시아 지방에 걸쳐 수많은 사람을 설득하고 유인하였습니다. 그래서 우리의 사업이 나쁜 평판을 받을 뿐만 아니라 위대한 여신 아르테미스의 신전도 무시를 당하고, 마침내 온 아시아와 온 세상이 숭배하는 이 여신께서 위엄마저 상실하실 위험에 놓였습니다." 그러자 군중들은 격분하여 "에페소인들의 아르테미스는 위대하시다!" 하고 외치면서 소요가 일어났습니다(사도 19,21-40 참조).

두 번째로 바오로 사도가 선교에 실패한 곳은 아테네였습니다. 철학을 많이 공부한 아테네 사람들은 그들의 문화를 이용해서 이야기하는 바오로 사도의 설교에 회의적이었습니다. "저 떠버리가 도대체 무슨 말을 하려는 것인가?" 하기도 하고, 어떤 이들은 바오로 사도가 예수님과 부활에 관해 설교하는 것을 보고 "이방 신들을 선전하는 사람인 것 같군." 등의 시큰둥한 반응을 보였습니다(사도 17,16-34 참조).

비록 바오로 사도가 에페소와 아테네에서는 선교에 실패했지만 그 외의 대부분의 도시에서는 큰 성공을 거뒀고 유대인 중심의 문화를 보편적인 헬레니즘 패러다임으로 바꾸게 됩니다. 신학자 한스 퀑Hans Küng은 바오로 사도가 없었다면 그리스도교는 세계적인 종교가 되지

아테네에서 그리스인들에게 설교하는 바오로 사도.

못하고 팔레스타나의 한 지역 종교로 있다가 사라져 버렸을 것이라고 말하며 그의 공적을 높이 평가했습니다.

호교론자 유스티누스

여기서 유명한 호교론자 한 명을 소개하겠습니다. 바로 유스티누스 플라비우스Justinus Flavius(100~164년), 줄여서 유스티누스라고 불리는 인물입니다. 만학도晩學徒의 전형이기도 한 유스티누스는 바오로 사도 못지않게 지혜를 찾기 위해 많은 곳을 찾아다녔습니다.

첫 번째로 찾아간 곳은 '스토아 학파'[3]였습니다. 당시 스토아 학파라고 하면 굉장히 금욕주의적이고 열심히 살아가는 사람들로서 현세적인 것을 중시하는 삶을 살았습니다. 유스티누스는 이 현세적인 것을 뛰어넘는 중요한 지혜를 얻고 그것을 믿고 싶었지만 스토아 학파에서는 그런 이야기를 전혀 들을 수 없었습니다.

유스티누스는 스토아 학파를 떠나 이번에는 '페리파토스 학파 (소요학파)'⁴라고 불리는 자칭 아리스토텔레스의 제자들에게로 갔습니다.

호교론자 유스티누스.

그렇지만 그 제자들은 위대한 스승 아리스토텔레스가 박학다식함을 지니고 훌륭하게 제자를 키우던 것과는 대조적으로 돈만 밝히는 것이었습니다. 돈에만 관심을 지닌 제자들은 유스티누스가 오자마자 비싼 수업료를 요구했습니다. 이에 유스티누스는 지혜를 함께 나누는 것이 아니라 재물에만 매몰된 사람들에게서 배울 게 없다고 생각하고 다시 길을 떠났습니다.

유스티누스가 방황 끝에 도달한 것은 '피타고라스 학파'였습니다. 우리가 수학을 공부하면서 배운, 직각 삼각형일 때 $a^2+b^2=c^2$이 성립한다는 공식을 만들어 낸 피타고라스를 추종하는 무리였지요. 이 학파는 진지하기도 하고 돈을 요구하지도 않았습니다. 그렇지만 지혜를 배우

제1강. 그리스도교의 태동과 최초의 토착화 과정 **39**

기 전에 먼저 수학 공부를 10년 동안 해야 한다는 것이 문제였습니다. 나이가 많은 유스티누스는 그렇게 오랫동안 기초를 다질 수 없었고 다시 지혜를 찾아 길을 떠났습니다.

마지막에 도달한 학파는 '플라톤 학파'였습니다. 이곳에서 유스티누스는 지혜에 대한 열정과 무언가를 느꼈다는 생각이 들었지만 성공을 거두지는 못했습니다.[5]

그러다 유스티누스는 어떤 노인을 만나게 되었습니다. 그 노인은 존엄한 풍모를 하고 있었고, 유스티누스에게 하느님에 대해, 인간 영혼의 본질에 대해, 그리고 영혼이 죽은 후에 몸에서 몸으로 옮아가는 것에 대해 질문했습니다. 유스티누스는 플라톤주의자로서 그에게 대답했지만, 노인은 유스티누스의 대답이 얼마나 일관성이 없는지 깨닫게 했습니다. 그 노인이 설명해 주는 내용을 들은 유스티누스는 이 교리가 철학자의 책에서 발견할 수 있는 것이 아니라 성경에서 발견할 수 있는 것이라는 대답을 듣고, 곧바로 성경을 읽고 싶은 욕망으로 불타올랐습니다. 플라톤 학파가 가르쳤던 영혼 윤회론과 비교해 볼 때 그리스도교 신앙의 가르침이 훨씬 더 합리적이라고 보았기 때문입니다.

그리스도교로 개종한 이후 여러 학파를 돌면서 공부한 유스티누스는 그리스-로마 문화를 이용해 그리스도교를 설명했습니다. 바오로 사도와 같은 방법으로 말이지요. 그러면서 예수님은 그리스-로마 문화에 존재한 뛰어난 지식인들과 동떨어진 분이 아니라 그 지혜를 완벽하게 실천한 분이라는 것을 알렸습니다. 호교론자가 된 유스티누스는 자신이 지닌 수사학과 법학, 철학을 통해 그리스도인들이 근친상간, 식인의 풍습을 갖고 있고 국가를 전복하려고 한다는 소문 등 그리스도교에 대한 오해를 뛰어난 글로 논박했습니다.

이렇게 유스티누스는 그리스-로마 문화와 그리스도교가 함께 갈 수 있는 과정을 만들어 냅니다. 이것이 바로 바오로 사도와 유스티누스가 만든 그리스도교 최초의 토착화 과정입니다. 종교라는 것은 우리의 삶과 떨어져서 존재할 수 없습니다. 그 안에 들어가서 그 문화의 구체적인 말로 이야기할 때만 존재할 수 있습니다. 이후 그리스도교가 2천 년 넘게 해 올 작업의 기초를 닦아 놓은 사람들이 호교론자입니다.

아이러니하게도 그리스도교 신앙은 300년 동안의 박해를 받았을 때가 가장 순수했습니다. 아직 다른 것에 정신을 빼앗기지 않았고 위협이 다가올 때 더 소중한 것을 지키려 똘똘 뭉쳐서 그 어려움을 이겨 냈습니다.

초대 교회의 그리스도인들이 지녔던 순수함과 박해 속에서 자라난 지혜들을 이용하여 신앙을 가지면 무조건 좋을 것 같지만, 실제로는 다른 일이 벌어지고 맙니다. 햇빛이 밝을수록 그림자가 짙어지는 것처럼, 그리스도교에도 어두운 부분이 생겨납니다. 순수한 신앙에 그리스-로마 문화의 철학이 들어오면서 유감스럽게도 이단이라는 부작용이 생기게 된 것입니다.

제2강

이단의 발생과
신앙의 순수성을 지키기 위한 저항

　이방인을 위한 가장 뛰어난 선교사였던 바오로 사도, 그리고 호교론자 유스티누스는 그리스-로마 문화에서 발달한 수사학, 법학, 철학 등을 이용해 그리스도교를 성공적으로 설파했습니다. 그렇지만 그리스도교가 그리스-로마 문화를 수용하는 과정이 순조롭지만은 않았습니다.

　여기서 문제를 하나 내 보겠습니다. 예수님의 열두 제자 가운데 가방끈이 가장 긴 제자는 누구일까요? 사실 그게 누군지 바로 떠오르지 않는 게 정답입니다. 열두 제자들 모두 가방끈이 짧았거든요. 정말 그런지를 확인하기 위해 열두 제자들의 면모를 살펴보겠습니다. 맨 처음에 부름받은 네 제자는 어부였기 때문에 공부할 수 있는 기회가 없었습니다. 기껏해야 세리였던 마태오 정도가 셈하는 법은 배웠겠지만 당시의 세리는 공부를 많이 한 회계 학도가 아니었습니다. 누군가는 예수님과 제자들의 돈주머니를 맡았던 유다 이스카리옷이라고 할지 모르지만 그도 교육을 받은 지식인은 아니었습니다.

그렇지만 바오로 사도의 사정은 달랐습니다. 바오로 사도는 율법을 꿰뚫고 있는 사람이었습니다. 스스로도 "가말리엘 문하에서 조상 전래의 엄격한 율법에 따라 교육을 받았습니다."(사도 22,3)라고 할 정도였고 이에 영향을 받은 유스티누스와 같은 호교론자들도 바오로 사도 못지않게 공부를 많이 한 상태에서 그리스도교를 설파했습니다. 이들의 설교나 그리스도교를 옹호한 책에서 지식인들의 용어가 자주 등장하는데 그것은 나름대로 이유가 있었습니다.

저도 여러 곳에서 특강을 하는데 가장 어려울 때가 바로 교수들 앞에서 강의할 때입니다. 각 분야의 전문가들을 모아 놓고 어떤 내용을 가르치려 하면 다른 강의보다 몇 배나 힘듭니다. 그리고 지적 수준이 높아 보이는 본당에 가서 강의를 하면, 종종 신자들이 마치 화가 난 것처럼 보이기도 합니다. '내가 얼마나 지성인인 줄 모르는 모양이군.' 하면서 거부하는 듯한 분위기를 풍기기도 합니다. 이런 분위기를 극복하고 어떻게든 강의 주제를 전달하려면 그들에게 익숙한 용어와 적절한 예를 사용해야 합니다.

바로 이러한 이유 때문에 초기의 호교론자들은 지식인들에게 그리스도교를 전파하기 위해 그리스-로마 문화에서 널리 사용되던 수사학, 철학, 법학을 공부했던 것입니다. 그러나 이 과정에서 심각한 부작용이 나타났습니다. 바로 이단異端, 또는 이단설異端說이라고 부르는 경향이 나타난 것입니다.

그런데 이 이단에 대해 오해하기가 쉽습니다. 이를 알기 위해서는 우리나라에서 공산주의에 대해 갖는 느낌과 비교해 보면 도움이 될 수 있습니다. 저는 어렸을 때 반공 교육을 매우 열심히 받았습니다. 그 결과 저는 공산주의자라고 하면 어떤 만화에 나오는 것처럼 얼굴은 새빨갛고, 머리에는 뿔이 달리고, 꼬리에는 삼지창이 달린 줄 알았습니다. 반공 교육의 일환으로 포스터를 그렸을 때는 어린이가 그려서는 안 될 잔혹한 포스터도 그린 적이 있었지요.

이와 비슷하게 많은 사람들은 이단이라는 단어를 들으면 사탄의 형상을 떠올립니다. 그래서 이단에 빠진 사람들은 무엇인가 흉측한 모습을 하고 있고 눈빛도 요상해서 섬뜩한 느낌을 줄 것 같은데 사실은 그렇지 않습니다. 이단설을 주장한 사람들 중에는 똑똑한 이들이 많았습니다. 똑똑하지 못하면 다른 이들을 설득할 수 없고 그들을 자신들의 편으로 끌어들일 수도 없습니다. 또한 부지런한 사람들도 많았습니다. 선교에 대한 열정이 있어야 설교를 하고 그 설교를 듣는 이들이 이단에 빠지겠지요.

그렇지만 이 두 조건에 부합한다고 해서 모두가 이단에 빠지는 것은 아닙니다. 이단에 빠지는 사람들에게는 중요한 특징이 있습니다. 바로 끝까지 자기 입장만이 절대적으로 옳다고 고집하면서 다른 누구의 이야기도 들으려 하지 않는 것입니다. 이단에 빠지기 쉬운 또 하나의 특성이 엘리트주의입니다. 혹시 '나는 다른 사람과는 차원이 달라.

나 같은 사람만이 천국에 들어갈 수 있어. 나야말로 정말 진선미를 모두 갖춘 사람이 아닐까?'라고 생각한다면 이단에 빠질 위험성이 커지는 것이지요.

그리스도교 안에서는 이러한 조건들을 갖추고 과도하게 자기 확신에 차 있던 이단들이 많았습니다. 그중에서 아리우스파, 네스토리우스파와 같은 것이 유명하지요. 그러나 여기서는 일단 그리스-로마 문화와 그리스도교가 만나는 과정에서 등장한 대표적인 세 가지 이단에 대해 이야기하겠습니다. 이러한 초기 이단들은 그리스도교 교리와 직접 관계가 있는 것이 아니라 우리가 사는 이 세계를 어떻게 바라보는가 하는 것과 연관이 되어 있습니다.

정신적인 원리를 중요시한 영지주의

첫 번째로 이야기할 이단은 **영지주의**(靈智主義, Gnosticism)입니다. 해, 달, 별, 용, 창 등 여러 가지가 그려진 타로 카드 같은 그림이 영지주의를 표현한 그림입니다.

영지주의가 어디서부터 시작되었는지는 불분명합니다. 여러 기원에서 유래하여 혼합된 형태를 지닌 영지주의는 내부적으로도 수없이 다양한 의견들이 있습니다.

사실 영지주의는 복잡한 내용을 담고 있습니다. 에온Aeon이라는 것이 어떻게 발전하고 파생되어 쭉 이어지는지 난해한 설명들이 나오지만 거두절미하고 간단히 설명해 보겠습니다.

영지주의 전사.

사실 우리는 우리도 모르게 영지주의 문화를 쉽게 접하고 있습니다. 우리가 보는 애니메이션이나 공상 과학 영화, 액션 영화의 설정에 쓰이는 주된 구도가 영지주의와 유사합니다. 영화에서 자주 사용되는 선악의 대립과 싸움이 그것이지요. 예를 들어 〈반지의 제왕〉이라는 영화를 보면 난쟁이 호빗족이 사는 선한 세계를 악한 세계의 지배자(사우론)가 질투하기 시작하여 서로 간의 갈등을 불러일으킵니다. 선과 악의 이원론으로 세계를 갈라놓고 설명하는 영지주의는 여러 분파로 갈라져 자신들의 지적인 능력을 자랑하면서 복잡하게 이론을 가르치지만, 이 선과 악의 대립이라는 구도는 변하지 않습니다.

그런데 선과 악의 이원론은 각각 구별되는 원리를 가지고 있습니다. 하나는 정신적인 원리를 중요시하고, 다른 하나는 물질적인 원리를 중요시합니다. 그러면서 영지주의는 정신적인 것에 선의 세계를, 물질적인 것에 악의 세계를 연결시켰습니다. 이러한 세계관을 바탕으로 영지주의자들은 물질적인 것을 점점 경시하고 정신적인 것만을 강조하는 쪽으로 나아가게 됩니다. 초기에는 그리스도교와 관련이 있는 부분이 드물었지만 점차 그리스도교 안으로 자신의 세계관을 가지고 들어오기 시작합니다.

영지주의자들이 그리스도교에 침투해 들어오면서 그리스도교의 핵심적인 교리 중에서 마음에 들지 않는 부분을 발견합니다. 이는 영지주의자들뿐만 아니라 정신을 강조하는 그리스 철학도 집중적으로 비판하던 부분이었습니다. 이 비합리적인 교리를 믿는다는 이유로 그리스도교는 천하고 단순한 사람들만이 믿는 종교로 평가 절하됩니다. 그것은 바로 예수 그리스도가 육체적인 몸을 취하셨다는 육화(肉化, incarnatio)설입니다.

신의 아들이 강생降生했다는 것은 영지주의자들 입장에서는 어리석어 보였습니다. 그들에게 신이라면 찬란한 빛과 함께 인간이 범접하기 힘든 저 높은 곳에서 위대한 분으로 남아 있어야 합니다. 그런데 그런 신이 어떻게 인간들이 사는 세계로 들어올 수 있는가 하며 도대체 이해할 수 없었던 것입니다.

그래서 그들은 이러한 육화설은 신화에 빠진, 아주 저급하며 추상작용을 할 줄 모르는 어리석은 자들만이 주장하는 것이라고 폄하합니다. 왜냐하면 그들은 위대하고 선한 신의 아들, 또는 신 자신이 악의 세계인 물질적인 것과 결합된다는 사실을 용납할 수 없었기 때문입니다. 선한 원리의 대표자이신 예수 그리스도, 즉 신(하느님)의 아들이 악의 원리인 물질을 다 없애도 시원치 않을 판에 악의 원리인 물질을 받아들였다는 것은 영지주의자들에게 비판의 대상이 됩니다.

그리하여 그리스도교 안에 있던 영지주의자들은 새로운 해결책을 내놓습니다. 영지주의자 바실리데스Basilides는 예수 그리스도가 이 세상에 내려오긴 하셨으나 실제로 악의 원리인 육체를 취한 것이 아니고, 육체를 빌려 내려온 '척'을 하셨다는 궤변을 주장합니다. 예수님이 가짜로 나타나셨다는 이 이론, 즉 악의 원리인 물질이나 육체를 지니지 않은 예수님이 나타나셨다는 이론을 **가현설**(假現說, Docetismus)이라고 합니다. 이것은 그리스도교에게도 아주 매력적이고 그럴듯한 이론으로 보였습니다. 예수님을 바라보면서 믿을 수는 있지만 실제로는 육체를 취하지 않으셨기에 악에 빠지지 않고 영원히 선한 원리로 남아있다는 것입니다.

그렇지만 여기에는 위험한 함정이 숨어 있습니다. 만일 예수 그리스도가 실제로 육체를 취하지 않으셨다면 십자가 사건이 근본적으로 의문시됩니다. 예수님의 수난은 신자들이 사순 시기 내내 십자가의 길을 하면서 묵상할 정도로 그리스도교에서 매우 중요합니다. 그런데 예수님이 육체를 지니지 않으셨다면 그 모든 과정이 연기였다는 말이 됩니다. 아프지 않은데 아픈 척을 했고, 목이 말라 고통스러워하거나, 쓰러지고 힘들어했던 것이 모두 가짜인 것입니다.

그렇게 되면 예수님의 수난과 부활의 의미도 사라져 버리기에, 예수님이 아카데미 연기상을 탈 수 있었을지는 몰라도 구원자가 될 수는 없었겠지요. 그렇다면 신앙을 위해 목숨을 바친 순교자들은 어떻게 될까요? 예수님의 연기에 속아서 실제로 목숨을 버린 어리석은 이들로 전락해 버릴 것입니다. 영지주의자들의 가현설은 그리스도교의 핵심인 예수님의 십자가 죽음과 부활이라는 교리를 기둥부터 흔들고 말았습니다.

더 나아가 영지주의자들은 인간을 세 등급으로 나누었습니다. 그들에 따르면 매일 물질적인 것에만 관심을 보이고, 부어라 마셔라 사는 이들이나 육체적 쾌락에만 매달리는 이들에게 구원의 자비는 없습니다. 물질은 곧 악의 원리이므로 악의 원리에 따라 사는 '물질적 인간'들은 절대 구원받지 못합니다. 그리스도인들과 같은 '심적 인간'은 열심히 살지만 때로는 육체적인 것과 물질적인 것에 매달리기 때문에 이들은 구원을 받을지 안 받을지 모릅니다. 마지막으로 죽도록 고행하고 정신적인 것을 추구하는 사람들만 구원을 받습니다. 즉 선한 신에 의해 간택된 '영지주의자들'은 위의 두 부류와는 달리 구원이 보장되어 있다는 것입니다. 앞서 말한 이단의 특징인 엘리트주의의 오만함이 전형적으로 드러나지 않습니까?

사실 '영지'라는 말은 '그노시스Gnosis', 즉 구원을 가져다주는 지식이라는 의미입니다. 영지주의를 이야기할 때 약효가 뛰어난 신묘한 영지靈芝 버섯을 떠올릴 수도 있는데, 구원을 가져다주는 지식을 기억하는 데에는 도움이 될 수도 있겠지요. 여하튼 영지주의자들은 자신들은 반드시 구원을 받을 것이라고 주장합니다. 이러한 주장은 어디서 비롯되었을까요?

바로 자신들의 방식이 그리스도교를 올바로 이해하는 것이라고 믿는 엘리트들이 영지주의에 몰두하여 자신들만의 이너 서클inner circle을 만든 것에 기인합니다. 그들은 똑똑한 사람들만의 폐쇄적인 집단 안에서, 자신들이 이루어 놓은 복잡한 이론을 듣고 이해하고 따라올 수 있는 사람들만이 구원의 세계로 갈 수 있다는 과도한 신념을 가졌던 것입니다.

이런 종교 엘리트들의 신념과 사회적 지위를 이용해서 영지주의는 당시 지적 수준이 높은 그리스 문화권에서 빠르게 퍼져 나갔습니다. 자연 재해 등과 같은 참사가 벌어졌을 때 영지주의자들은 악한 신이 벌한 것으로 쉽게 설명할 수 있었기 때문입니다. 이러한 방식으로 세상에 존재하는 악을 설명하고 승승장구하던 영지주의도 로마 문화가 쇠락기에 접어들면서 어려움에 직면하게 됩니다.

신약의 하느님만 받아들인 마르키온 이단

그리스-로마 문화를 수용하는 과정에서 나타난 첫 번째 이단이 엘리트주의에서 비롯되었다면 두 번째로 나타난 이단은 성경과 관련된 것이었습니다. 이것을 **마르키온 이단**Marcionism이라고 하는데, 2세기 무렵에 활동했던 **마르키온**Marcion(85년경~160년경)[1]이라는 사람의 이름으로부터 유래했습니다. 신자들 중에 성경을 열심히 읽는 사람들이 참 많은데, 그런 사람들이 쉽게 빠질 수 있는 이단이 바로 이 마르키온 이단입니다. 성경을 열심히 읽어서 이단에 빠지다니 다소 의아하지요?

저는 어렸을 때부터 책 읽는 것을 좋아했는데 성경을 읽다가 제가 마르키온 이단과 비슷한 생각에 빠진 적이 있습니다. 저는 통독을 할 생각으로 열세 살부터 성경을 읽었는데 그 과정에서 제가 받았던 느낌이 있었습니다. 저에게는 책에서 묘사된 장면을 머리에 생생하게 떠올려 보는 습관이 있었는데, 그런 식으로 구약 성경을 읽어 나가다가 두려움에 사로잡혔습니다.

예를 들어 보겠습니다. 창세기를 보면 온 세상이 하느님 앞에서 타락하고 폭력으로 가득 차자, 하느님은 노아와 노아의 가족들, 그리고 방주에 오른 동물들을 제외한 모든 생물을 홍수로 파멸시킵니다(창세 6,5-7.24 참조). 또한 소돔과 고모라의 백성들이 잘못을 저지르자 하느님의 사람들이 그들을 처벌하기 위해 나타나, 롯과 롯의 가족을 제외한 온 도시를 불바다로 만듭니다(창세 19,1-29 참조).

탈출기에서도 비슷한 모습이 나옵니다. 하느님이 파라오에게 고통받던 이스라엘 민족을 구해 주시기 위해 그들을 이집트 땅에서 데리고 나오시지요(탈출 14,15-31 참조). 그런데 하느님은 그 후 불충한 모습을 보이는 이스라엘 백성에게 불 뱀을 보내는 등(민수 21,4-9 참조) 온갖 방법으로 처벌하십니다.

구약의 하느님은 좋게 이야기하자면 정의正義의 하느님이지만 어린 저에게는 복수와 공포의 하느님처럼 느껴졌습니다. 당시 저는 사춘기였는데 성적인 유혹에 빠지고 나면 구약에서 읽은 것처럼 하느님이 벌하실까 봐 두려움을 느끼기도 했습니다.

그런데 신약 성경으로 들어오니 갑자기 분위기가 확 달라졌습니다.

신약에는 아주 나쁜 녀석에 대한 이야기가 나옵니다. '되찾은 아들' 또는 '돌아온 탕자의 비유'에 나오는 둘째 아들 말입니다. 아버지가 평생 동안 모아 놓은 재산 중에 자기 몫을 미리 받아서 온갖 곳에 다 탕진해 버리지요. 그리고 돼지우리에서 돼지들이 먹는 열매 꼬투리로 배를 채우려다가 고향이 그리워서 아버지에게 종으로라도 써 달라고 할 요량으로 다시 되돌아옵니다.

구약의 분위기라면 어떻게 되었을까요? 하느님을 상징하는 아버지가 불을 내리고, 홍수로 쓸어버리거나, 불뱀을 보내서 야단을 칠 것 같은데 그렇지 않더라는 것입니다. 오히려 동구 밖까지 나와서 기다리고, 둘째 아들을 발견하자 잃어버린 아들을 다시 찾았다면서 살진 송아지를 잡아서 잔치를 벌입니다(루카 15,11-32 참조).

신약 성경에서 이러한 자비와 사랑의 하느님을 발견할 수 있었습니다. 그런데 제가 받았던 느낌을 마르키온도 받았던 모양입니다. 마르키온은 저보다 더 극단적으로 하느님의 모습을 보면서 구약의 하느님과 신약의 하느님은 결코 같을 수 없다는 결론을 내렸습니다. "구약의 하느님은 복수와 공포의 하느님이고, 예수님이 보여 주신 신약의 하느님은 용서를 베푸시는 사랑과 자비의 하느님이다."

이 두 하느님 중 한 분을 이성적으로 고르라고 한다면 아마 대부분의 사람들은 신약의 하느님을 고르고 싶어 할 것입니다. 마르키온 이단에 빠진 이들은 매우 이성적인 사람들이었습니다. 이들은 두려움을 일으키는 구약의 하느님을 날려 버리고 사랑과 자비의 하느님이라는, 자기들 마음에 드는 신약의 하느님으로 바꿔 놓고 싶었던 것입니다.

그런데 그리스-로마 문화에서는 하느님을 교체하기 위한 매우 좋은 조건이 갖추어져 있었습니다. 그리스 신화에서는 종종 신들끼리 권력 다툼을 벌이지요. 대표적으로 번개의 신 제우스의 경우, 형제들과 함께 아버지 크로노스를 내쫓고 최고의 신으로 올라갑니다. 이렇게 신들이 인간들처럼 매일 싸우고 승리와 패배를 반복하는 과정에 익숙해 있었던 그리스-로마 문화에서는 신들의 세대교체에 대한 생각을 떠올렸습니다. 자기들이 좋아하는 신이 잔혹하고 무자비한 신을 무찔러 버렸다는 이야기를 하고 싶었던 것입니다.

그래서 마르키온 이단은 이러한 신들의 싸움이라는 도식을 구약의 하느님과 신약의 하느님에 적용했습니다. "폭력을 휘두르던 구약의 하느님을 사랑과 자비의 신약의 하느님이 내몰았다. 그래서 지금은 평화스러운 신약의 하느님이 다스리는 시대다." 그렇다면 구약은 어떻게 해야 될까요? 이성적인 결론에 따르면 이것은 가치가 없어졌기 때문에 버려야 합니다. 따라서 마르키온은 유대교와의 관계를 모두 끊고 신약의 하느님이 가르치는 내용만 따르면 구원을 받을 수 있다고 주장했습니다.

얼핏 보면 매우 합리적으로 보이는 이러한 설명과 주장에는 문제가 있습니다. 가장 큰 문제는 신약의 하느님이라고 불리는 예수님이 구약의 하느님께 매우 강한 신뢰와 사랑을 가지고 계셨다는 사실과 모순을 일으키는 것이었습니다. 예수님은 당신이 믿는 아버지를 "아브라함의 하느님, 이사악의 하느님, 야곱의 하느님"(마르 12,26 참조)이라고 부르십니다. 이 인물들은 바로 구약의 성조들이지요.

또한 예수님이 숨을 거두면서 외치신 말씀이 있습니다. "엘로이 엘로이 레마 사박타니?"(마르 15,34) 이것은 번역하면 "저의 하느님, 저의 하느님, 어찌하여 저를 버리셨습니까?"라는 의미인데, 이 구절이 바로 시편 22편에 나오는 구절로 극단적인 상황에서도 하느님께 신뢰를 드리는 기도를 바치셨다는 것이 일반적인 해석입니다. 신약의 하느님이라고 불리는 예수님이 구약의 정신을 가장 잘 수행하셨기에 마르키온 이단에서 제시하는 방식으로는 예수 그리스도의 하느님을 이해할 수 없게 되는 것입니다.

여러 종교의 이론이 모인 마니교

마지막으로 이단의 종합편이라고 불릴 만한 **마니교**Manichaeism에 대해 이야기하겠습니다.

마니Mani(215년경~274년)는 바빌로니아 지역에서 활동한 사람으로 지금은 사라지고 없는 고대·중세 종교의 창시자입니다. 마니는 기존의 종교들에서 그럴듯해 보이는 이론들은 모두 차용합니다. 불교, 배화교拜火教(아베스타를 경전으로 하며, 선신 아후라 마즈다와 악신 아리만과의 대립 투쟁의 이원론으로 일체를 설명하는 종교), 그리스도교 등에서 발견되는 요인들을 혼합하여 극단적인 이원론을 발전시켰습니다.

더 나아가 영지주의의 선의 원리에서 말하는 정신, 악의 원리에서 말하는 물질 사이의 이원론을 더욱 심화했습니다. 마니교에서는 오르무즈드라는 선신과 아리만이라는 악신의 싸움을 이야기하며, 두 절대자 사이에 벌어진 싸움의 승패에 따라 세상에 자유와 평화가 오거나, 전쟁과 폭력 등 온갖 나쁜 것들이 판을 친다고 설명합니다.

마니교를 창시한 마니.

이 세계의 모든 것이 선신과 악신의 싸움으로 인해 돌아간다는 마니교의 설명에 따라 본다면 요즘 세상은 어떤 세상일까요? 어떤 신의 승리로 세상이 돌아가고 있나요? 사실 인간들의 사회는 오랜 시간 동안 악신의 세력이 강하게 영향을 미치는 것 같습니다. 그렇지만 마니는 이러한 세상이라도 걱정하지 말라고 이야기합니다. 악신이 선한 사람들을 괴롭힐 때면 선신은 꼭 자신의 사자를 파견한다고 말합니다. 선신의 사자들 중에는 싯다르타 왕자, 즉 부처님이 있습니다. 또한 그리스도교의 예수님도 있지요. 이 두 인물은 악신의 세력을 잠시 몰아냈지만 악신의 세력이 다시 선신이 다스리던 영역을 침범해서 맹위를 떨칩니다. 그리하여 예수님의 죽음 이후 200년 만에, 선신의 가장 강력한 사자, 마니가 세상에 오게 되었다고 주장합니다.

　마니는 여러 종교의 이론들을 모아 더 체계적인 신학 이론을 만들어 냅니다. 그리고 마르키온 이단의 이론도 도입합니다. 마니는 마르키온의 주장에 영향을 받아 복수와 공포의 하느님에 대한 묘사로 가득한 구약은 가치가 없다고 생각하여 구약을 경전으로 인정하지 않았습니다. 그런데 신약에는 예수님이나 성경 저자들이 구약을 인용하는 경우가 많다는 문제가 있었습니다. 그리하여 이 부분들을 의도적으로 편집하여 모두 생략합니다. 그리고 그곳에다 마니 자신의 행전行傳, 즉 자신이 활동한 내용을 첨가합니다.

　그리하여 구약의 인용이 삭제되어 사랑과 자비의 하느님에 관한 언급만이 나오는 '신약', 마니의 활동 내역이 담긴 '행전', 이 두 가지가 구원을 가져다주는 진리를 담고 있다고 주장했던 것입니다. 마니가 자신을 신격화하고 이에 도움이 될 수 있는 모든 근거를 종합해서 새로운 체계로 만든 것이 마니교입니다. 마니교에서 벌어진 것과 유사한 행태는 현대의 여러 사이비 종교 단체들에서도 종종 볼 수 있습니다.

　그리스도교 초기의 호교론자들은 그리스-로마 문화를 받아들여 수사학, 법학, 철학을 인용하고 혼합하면 사람들에게 신앙과 믿음을 잘 설명할 수 있는 시스템이 나올 줄 알았습니다. 그런데 정작 등장한 것은 영지주의, 마르키온 이단, 마니교 등이었습니다. 이는 아직 제대로 체계화되지 못한 그리스도교에 큰 타격을 주었습니다.

순수한 믿음을 강조한 테르툴리아누스

이러한 이단들이 판을 칠 때 그리스도교의 교부들이 등장합니다. 이들은 활동한 지역의 이름을 따서 **아프리카 학파**라고 불립니다. 여기서는 그중 대표격인 **테르툴리아누스**Tertullianus(150년경~240년경)를 만나 보겠습니다. 영어식으로 '터툴리안Tertulian'이라고 종종 발음하기 때문에 '터틀turtle', 즉 거북이를 떠올릴 수도 있습니다. 그러나 테르툴리아누스는 느릿느릿한 거북이와는 다르게 교회에 대한 열정과 논쟁을 위한 에너지가 가득한 사람이었습니다. 평신도였던 그는 성직자보다도 더 열정적으로 하느님을 사랑했고, 그리스도교를 수호한 하느님의 전사戰士였습니다.

테르툴리아누스가 평생 동안 지녔던 열정과 에너지는 출생지와도 관련이 있어 보입니다. 그는 뜨거운 햇빛이 가득한 북아프리카의 대표적인 항구 카르타고에서 태어났기 때문입니다. 아프리카라고 하면 원시적인 생활을 하는 아프리카 지역으로 오해할 수도 있지만, 현 아프리카 북부 알제리, 튀니지, 리비아 같은 곳이 로마 제국 당시의 아프리카였습니다. 이 지역들은 알베르 카뮈Albert Camus의 소설 《이방인》에도 나오듯이 찬란한 햇빛이 눈부시고 뜨거운 곳입니다. 이러한 햇빛은 사람의 성격에도 영향을 끼칩니다. 햇빛이 강한 북아프리카의 사람들은 종종 다혈질적인 성격을 나타냈습니다. 그래서인지 아프리카의 그리스도인들은 신앙의 순수성이라는 측면에서 독특한 면모를 보였고 가장 많은 순교자들이 여기서 나왔습니다.

그리스도교의 초기 교부, 테르툴리아누스.

동방에서 그리스어를 사용하던 민족들과 비교해 보면, 박학다식한 그리스인들은 자신의 생존이 교회에 도움이 된다고 생각하면서 순교에 대해 신중한 태도를 보였습니다. 이와 대조적으로 아프리카 사람들은 예수님의 죽음을 본받아 자신들도 목숨을 바쳐 순교의 영광을 얻고자 하는 열망을 지녔습니다. 테르툴리아누스도 변호사로 활동하던 중 그리스도교 순교자들이 신앙을 지키기 위해 기꺼이 목숨을 바치는 모습에 깊은 감동을 받아 그리스도인이 됩니다.

그런 테르툴리아누스의 관점에서 초기의 이단들은 받아들이기 힘들었을 것입니다. 그리스 철학이나 세속적인 지식을 가지고 성경을 재단裁斷하고 뽐내는 사람들을 경멸했던 테르툴리아누스는 이런 말을 남깁니다.

하느님의 아들은 십자가에 못 박혔다. 이것은 부끄러운 일이기 때문에 우리는 이를 부끄러워하지 않는다. 하느님의 아들은 죽었다. 이것은 어리석은 짓이기 때문에 완전히 믿을 만한 가치가 있다.

그리고 그는 묻혔다가 부활했다. 이것은 불가능한 일이기 때문에 확실하다. 《그리스도의 몸》 V.4)

이 말은 우리가 그리스도교 교리를 머리로 이해함으로써 구원을 얻는 것이 아니라, 우리에게 전달된 하느님의 계시를 온전히 믿고 그 길을 따라야만 한다는 것입니다. 테르툴리아누스에게는 신앙이 관건이었습니다. 그리스도교에 대해 공부를 많이 하고 세속적 지식을 많이 지니고 있더라도, 인생에 있어서 가장 중요한 것은 십자가에서 죽고 부활하신 그리스도에 대한 온전한 신앙이라고 테르툴리아누스는 말하고 싶었던 것입니다.

저의 할머니는 교육은 많이 받지 못했지만 깊은 믿음을 지녔었고 진심 어린 신앙생활을 통해 그 누구보다 지혜로웠습니다. 테르툴리아누스는 이런 순수한 신앙의 가치를 보존하는 것을 꿈꿨습니다. 공부를 많이 해서 지식으로 무장한 사람들이 믿는 신앙은 오히려 자신들의 오만 때문에 위험과 오류에 빠질 수 있다고 경고했습니다. 이러한 그의 입장은 "불합리하기 때문에 나는 믿는다Credo, quia absurdum est."라는 표어를 통해 널리 알려집니다.

예수 그리스도의 십자가 죽음과 부활, 하느님의 아들의 강생 등 하느님의 행적은 사람의 머리로는 이해할 수 없습니다. 그렇기 때문에 테르툴리아누스는 "인간의 이성에 불합리해 보이는 내용이라도 우리의 믿음으로 순수하게 받아들이는 것이 가장 으뜸이고 이것이면 충분하다."라고 주장했습니다. 그러면서 테르툴리아누스는 그리스 철학을 들여오는 것을 반대했습니다. 테르툴리아누스에게 철학은 진리를 가르칠 능력이 없는, 순전히 인간적인 지혜만을 대변하기 때문에, 신앙과 예수 그리스도의 지혜만으로도 그리스도인에게는 충분하다고 강조했습니다.

호교론자 유스티누스와는 달리 테르툴리아누스는 그리스 철학을 반대하기 위해 그리스 철학에 대해 공부를 합니다. 그가 어떠한 심정으로 그리스 철학에 몰두했는지 몇 구절을 인용해 보겠습니다.

> 우리를 십자가에 못 박고, 고문하고, 저주하고, 파괴시켜 보아라! 너희의 사악함이 우리의 무죄를 증명할 뿐이다. 그래서 하느님께서 우리에게 고통을 허락하신 것이다. 《호교론》 50,12

테르툴리아누스는 고통이나 박해가 다가오는 것을 두려워하거나 피하지 않았습니다. 오히려 환영했습니다. 순교자의 피와 그 신앙을 저버리지 않는 모습에 감동을 받고 회심을 했던 테르툴리아누스였기에 신앙의 힘에 대해 확신을 가지고 있었습니다.

종교의 힘은 머리에서 오는 것이 아니라 믿음으로부터 나오며 이러한 믿음의 힘으로 그리스도를 위해 순교할 수 있다고 테르툴리아누스는 이야기합니다.

우리 그리스도인은 박해를 받으면 받을수록, 더욱더 늘어난다.
순교자들의 피는 그리스도교의 씨앗이기 때문이다. 《호교론》 50,13）

이 말은 죽음을 불사하는 순교자들의 피가 뿌려진다면 그것을 보고 감화를 받은 사람들이 신앙을 이어 갈 것이라는 희망을 표현합니다.

또한 테르툴리아누스는 공부의 중요성을 강조하지 않았습니다. 머리로 익히는 지식보다 믿음의 실천이 중요하다고 생각했습니다. 그러면서 믿음을 이용해 잘난 척하는 친구들에게 토황소격문討黃巢檄文[2]이 아닌 토철학자격문討哲學者檄文을 씁니다.

철학자에 관해 말하자면 그것은 세상의 지혜에 관한 재료다. …… 나는 발렌티누스의 체계에서 무엇이 무한한 '형상'이고 무엇이 '인간의 삼위일체'인지 알지 못한다. 그는 플라톤주의자였다. 그것은 자신의 평정함으로 인하여 '보다 훌륭한' 마르키온의 '보다 훌륭한 신'의 근원이다. 마르키온의 유래는 스토아 철학이다. 다시금 영혼은 사멸한다고 말할 때 그러한 의견은 에피쿠로스 학파에서 취한 것이다. 육신의 부활의 반대는 철학자들의 보편적인 가르침에서 취해진 것이다. 질료와 신을 동등하게 보는 것은 제논의 이론이며, 불의 신에 대하여 어떤 주장이 이루어질 때 등장하는 것은 헤라클레이토스다. 이단자들과 철학자들은 동일한 주제를 취급한다. 이들 양자는 동일한 논점을 포함하는 주제를 다룬다. ……

불행한 아리스토텔레스여! 그는 앞에서 언급된 사람들에게 변증법, 구성하고 해체하는 기술, 억측에 억지로 첨가하고 논쟁에서 지나치게 성급하며 수많은 논쟁을 산출하는 기술을 가르쳐 주었다. 이 기술은 언제나 문제를 다루지만 결코 어떤 것도 정립시키지 않으므로 스스로 망하게 된다. 《이단 논박》 7장)

이 짧은 단락 안에 온갖 철학자 이야기가 다 나옵니다. 이어서 테르툴리아누스는 이 철학자들을 나열한 이유를 강력하게 드러냅니다.

아테네와 예루살렘 사이에 공통으로 존재하는 것은 무엇인가? 이교도들과 그리스도교도들 사이에 공통으로 존재하는 것은 무엇인가? …… '스토아적', '플라톤적' 또는 '변증법적'인 그리스도교의 모든 계획을 파괴시켜라! 예수 그리스도를 위하여 우리들은 어떤 미묘한 이론도 원하지 않으며, 복음을 위하여 우리는 어떤 날카로운 탐구도 원하지 않는다. 《이단 논박》 7장)

여기서 아테네는 무엇을 의미할까요? 그리스 철학이나 세속적인 철학을 가지고 잘난 척하는 사람입니다. 그렇다면 예루살렘은 무엇을 의미할까요? 신앙의 순수성을 보존하고 대표하는 그리스도인을 뜻합니다. 테르툴리아누스는 아테네와 예루살렘 사이에 어떤 상관관계가 있는지 되묻습니다. 그리고 호교론자나 이단처럼 수사학적이고 법학적이고 철학적인 부분을 끌어오려는 계획을 스토아적이고 플라톤적인 행위라고 말합니다.

더 나아가 여기서 말하는 변증법적인 이론은 아리스토텔레스의 논리학을 의미하는데, 테르툴리아누스는 이러한 모든 기획이 잘못되었다고 하며 완전히 파괴시켜 버리라고 주장합니다. 테르툴리아누스는 이토록 강한 반대를 통해 무엇을 지키려고 했을까요? 그는 예수 그리스도의 복음을 위해서는 신앙의 순수성만으로 충분하다고 강조한 것입니다.

이렇게 테르툴리아누스는 신학에서 철학자들의 역할을 단호히 거부했지만, 사실 그 자신의 신학적 사유는 여러 철학적 원전에 의존합니다. 세속적인 지식과 투쟁하기 위해서 그리스 철학을 공부한 테르툴리아누스는 모든 철학자들과 그들의 이론에 정통하게 되었습니다. 그는 신학적인 내용과 철학적인 용어를 접목시킨 저작들도 많이 남겼습니다.

라틴 계통의 중요한 교부이기도 한 테르툴리아누스는 삼위일체론을 정립하기도 했습니다. 삼위일체론에서 사용되는 페르소나persona('위격'이라는 단어), 숩스탄시아substantia('실체'라는 단어), 나투라natura('본성'이라는 단어) 같은 것은 바로 테르툴리아누스에게서 비롯되었습니다.

따라서 테르툴리아누스의 책을 읽으려면 철학을 공부할 수밖에 없습니다. 신학을 공부하는 신학생들은 철학 때문에 고생을 하는데, 그 고생의 길을 연 인물 중 하나가 바로 테르툴리아누스입니다. 그는 모든 철학을 신학 안으로 수용하려는 계획을 파괴하라고 외쳤지만, 역설적으로 신학에서 어느 면으로나 철학이 철저하게 무시될 수 없음을 보여 주었습니다. 게다가 당시의 문화는 그리스-로마 문화였고, 모든 지식인들이 그리스 철학과 관련된 용어를 쓰고 있었기 때문에 이러한 부분을 떼어 낼 수 없었습니다.

이렇게 열정적이었던 테르툴리아누스도 몬타누스 이단(2세기 후반 몬타누스에 의해 프리기아에서 발생한 종말론적 이단. 원시 교회의 소박성으로의 복귀, 성령에 대한 기대와 영적 선민의식이 특징)으로 빠지는 씁쓸한 결과를 맞이합니다. 테르툴리아누스는 가장 순수했던 초기 교회의 모습을 선망했고 모든 것을 초기 교회의 모습에 맞추려고 했습니다. 서서히 생겨나기 시작한 성직자들의 위계질서를 좋아하지 않았던 테르툴리아누스는 사제 제도를 비판하고 보편 사제직을 주장했습니다.

또한 테르툴리아누스는 배교자들을 용납하지 않았습니다. 박해를 피해 도망간 사람들까지도 순교를 하지 않았다고 배교자로 몰아세우기까지 합니다. 아마도 테르툴리아누스는 기회만 되면 무조건 달려들어 순교해야 된다고 생각했던 것 같습니다.

그러나 한편으로 테르툴리아누스는 평신도들이 어떻게 하면 교회 안에서 자기의 역할을 하며 지낼 수 있는지 세부적인 실천 방법을 알려 주기도 했습니다. 예를 들어 "부부란 고난과 기쁨을 함께하며, 시편과 영가를 함께 부르고, 서로 경쟁하다시피 하느님을 찬양해야 한다." 《부인에게》 II,8,8)라고 하면서 성가정이야말로 가장 아름다운 교회라고 했습니다.

비록 생애 후반기에 테르툴리아누스가 몬타누스 이단에 빠지지만, 초기 그리스도교의 교부들에게 후대에 내려진 기준을 섣불리 들이대서는 안 됩니다. 왜냐하면 그리스도교가 정통 교리를 확정하는 과정에서 수많은 시행착오가 필요했기 때문입니다. 그리고 그리스도교는 이들의 업적과 과오를 겪고 부분적으로 옳은 이야기들을 수용하면서 성장해 왔습니다. 이단에 빠졌던 모습이 아쉬움으로 남지만 신앙의 열정적인 부분에서는 그 누구도 당해 낼 수 없을 만큼 매혹적인 모습을 지닌 교부가 바로 테르툴리아누스였습니다.

제3강

그리스-로마 문화의
수용을 통한 토착화

　그리스도교가 그리스-로마 문화를 받아들이는 과정, 즉 '그리스-로마 문화의 수용을 통한 토착화'는 알렉산드리아라는 도시로부터 시작합니다. 알렉산드리아는 바로 마케도니아 출신 **알렉산드로스 대왕**의 이름에서 유래했습니다. 그는 13세에 아리스토텔레스를 스승으로 모시며 학문을 익혔고 20세의 젊은 나이에 마케도니아 왕이 되었습니다. 알렉산드로스 대왕은 그리스를 점령한 후 세계 정복을 꿈꾸며 32세의 나이에 죽을 때까지, 12년의 기간을 전장에서 보내며 인도의 갠지스강 유역까지 점령했습니다. 지금도 대왕이 사용한 전략과 전술은 전 세계 군사 학교에서 가르치고 있다고 합니다.

　아리스토텔레스의 영향을 받은 알렉산드로스 대왕은 점령한 지역에 그리스 문화를 전파했습니다. 그 과정에서 그리스-로마 문화와 동방의 문화가 섞이면서 **헬레니즘 문화**가 탄생합니다.

이집트의 알렉산드리아의 위치.

그리스-로마 문화의 새로운 중심지, 알렉산드리아

　알렉산드로스 대왕은 지역을 점령할 때마다 고향인 마케도니아의 대도시를 모방하여 원형 경기장을 세우고 도서관을 지었으며 점령한 도시에 자신의 이름을 따 알렉산드리아라는 이름을 붙였습니다. 그러한 도시의 숫자가 무려 60여 개에 이릅니다. 하지만 알렉산드로스 대왕이 죽은 후 제국은 갈라졌고 많은 도시들은 사라지거나 더 이상 그 이름으로 남지 못합니다. 그런데 단 한 도시가 꿋꿋하게 살아남아 알렉산드리아라는 명칭을 유지합니다. 그 도시가 바로 이집트의 알렉산드리아입니다.

세계 7대 불가사의 중 하나인 파로스의 등대의 상상도.

이집트의 알렉산드리아는 넓은 나일 강의 하류에 있었기 때문에 지중해의 많은 상선들이 드나드는 부유한 상업 도시였습니다. 이곳에는 세계 7대 불가사의 중 하나인 '파로스의 등대'가 있었습니다. 이 등대가 어떻게 세워졌는지, 어떻게 불을 밝혔는지는 알려져 있지 않지만 높이는 기초부터 꼭대기까지 135미터, 즉 40층 건물에 해당하는 엄청난 크기였습니다. 그 엄청난 높이 때문에 맑은 날에는 무려 50킬로미터의 거리에서도 등대의 불빛이 보였다고 합니다.

이 등대를 보고 지중해 연안의 상선들은 알렉산드리아로 자연스럽게 찾아올 수 있었고 알렉산드리아에서 생산된 곡식과 물품을 구입했습니다. 알렉산드리아는 로마 제국에 식량을 공급하는 곡창 역할뿐만 아니라 다양한 물품을 교환하는 장소이기도 했습니다.

이처럼 알렉산드리아는 물자가 풍부하고 부유한 도시이기도 했지만 알렉산드리아의 사람들이 가장 큰 관심을 보인 것은 책이었습니다. 책에 대한 지대한 관심은 세계 최초이자 세계에서 가장 큰 국제도서관을 만드는 결과를 낳았습니다. 알렉산드리아의 사람들은 국가와 문화가 발전하려면 책이라는 지식의 보고가 힘이 됨을 알고 있었습니다.

일화에 따르면 알렉산드리아에서는 배가 도착하면 무역 세관원이 가장 먼저 들어가 검사를 했는데 그 검사 대상이 바로 책이었다고 합니다. 배에 실려 있던 모든 책을 압수해서 도서관에 보유한 목록과 대조하고 도서관에 없는 책이면 원본을 갖고 복사본을 돌려주거나 책을 구입했다고 합니다. 책에 대한 소유욕과 힘을 엿볼 수 있지 않나요? 그들은 이렇게 모은 책들을 정리해서 두 가지 방식으로 새롭게 펴냈습니다.

고대의 서적 제작 방법

고대의 서적을 제작하는 방법 중 하나가 양피지를 이용하는 것입니다. 양피지는 도축한 양이나 소, 말의 털을 뽑고 내피를 무두질하여 매끈하게 다듬은 후, 건조시켜 오늘날의 종이와 같은 형태로 만든 가죽을 말합니다. 이 양피지에 책의 내용을 옮겨 적으면 곰팡이가 생기거나 손상되는 일 없이 오랫동안 보존할 수 있었습니다. 하지만 이 방식은 현재의 금액으로 환산하면 억대 이상을 호가하는 높은 비용이 든다

알렉산드리아 도서관에 대한 설명과 도서관 내부 상상도.

는 단점이 있어 모든 책에 적용하기에는 어려움이 있었습니다.

그래서 양피지보다 쉽게 제작이 가능한 파피루스를 이용한 방식이 선호되었습니다. 파피루스는 이집트 나일 강변에서 자라는 식물로, 다 자라면 4~5미터 길이가 되는데 이것을 쪼개면 손가락 두 마디 정도의 두꺼운 판이 생깁니다. 이렇게 자른 판을 종과 횡으로 나누어 엮으면 판자와 같은 모양이 형성되어 종이처럼 쓸 수 있습니다. 파피루스는 양피지보다 약하고 잘 부서지는 단점이 있었지만 제작 방식이 간단하면서 비용이 저렴하여 쉽게 책을 만들 수 있었기에 널리 쓰였습니다.

전설에 따르면 120만 권이나 되는 책이 알렉산드리아 도서관에 있었다고 합니다. 그러나 학자들의 엄격한 견해에 따르면 최대 70만 권이 도서관에 소장되어 있었을 것이라고 추정합니다.

당시 동·서양을 막론하고 세계의 어느 도시에도 이렇게 많은 책을 소장한 도서관은 없었습니다. 부와 지식을 모두 갖춘 알렉산드리아는 그리스도교와 만나는 지점에서 중요한 문화적인 변화를 일으킵니다.

알렉산드리아에서 그리스-로마 문화와 그리스도교가 만나기 전, 그리스-로마 문화와 유대교가 만나서 중요한 문화적 사건이 벌어집니다. 이 사건을 제대로 이해하기 위해서는 먼저 성경이 쓰인 언어에 대해 알아야 합니다.

잘 알려진 바와 같이 구약 성경은 히브리어로 기록되었습니다. 그렇지만 당시 문화권에서 히브리어를 사용한 민족은 유대인들뿐이었습니다. 예수님이 활동하시던 시대에는 히브리어와 매우 유사한 아람어를 주로 사용했고 히브리어는 거의 사어死語와 같은 상태가 되어 일상생활에서 직접 읽고 쓰는 경우가 매우 드물었습니다.

알렉산드로스 대왕의 사후, 로마 제국이 지중해 연안의 주도권을 차지하면서 라틴어가 로마 제국의 공식 언어가 되었습니다. 그러나 그리스-로마 문화에 속한 대부분의 지식인들은 그리스어를 배워 활용했습니다. 이 현상은 알렉산드리아에도 그대로 적용됩니다. 따라서 도서관에 가득 찬 책들도 로마 제국이 통치하던 시대였음에도 불구하고 주로 그리스어로 저술된 것이었습니다.

알렉산드리아를 세울 때부터 이미 이곳에는 많은 유대인이 살고 있었습니다. 알렉산드로스 대왕이 이집트를 정벌할 때 첩자나 용병으로서 자신을 도운 유대인들에게 새로 만든 도시의 일정 구역을 거주지로 제공해 주었기 때문입니다. 알렉산드리아에 사는 유대인들은 도서관으로 대표되는 헬레니즘 문화를 흡수했고, 매우 개방적인 성향을 지니게 되었습니다.

그러나 이러한 과정에서 많은 유대인들은 민족의 언어인 히브리어를 점차 잊어버렸고 그리스어만을 구사했습니다. 그렇게 그리스어에 익숙한 사람들이 알지 못하는 히브리어로 쓰인 구약 성경을 마주하면 어떤 생각을 할까요? 그리하여 성경을 읽기 위해서 그리스어로 번역할 필요성이 매우 커졌고 여러 번 시행착오를 겪은 끝에 결국 구약의 번역이 이루어집니다.

이와 관련하여 유명한 전설이 있습니다. 전설에 따르면, 알렉산드리아 도서관의 사서였던 데메트리우스가 당시의 왕인 프톨레마이오스 2세에게 도서관 차원에서 유대 율법을 번역해야 한다고 진언했습니다. 왕은 그 의견을 받아들였고 유대인 공동체에 속하는 열두 지파에서 각각 여섯 명의 장로를 번역자로 선출했습니다. 이렇게 모인 번역자 72명이 등대가 있는 파로스 섬의 왕궁에서 각 사람마다 방 하나씩, 곧 방 72개에서 72일의 짧은 기간에 걸쳐 그리스어로 구약을 번역했다는 것입니다. 번역을 마친 후 완성된 번역본을 비교해 보니 각자가 한 번역이 놀랍게도 일치했기 때문에 모든 시민이 찬사를 보내며 도서관에 소중히 보관했다고 합니다.

그러나 현대의 학자들은 이러한 전설의 신빙성을 의심했으며 이 번역은 기원전 2세기경에 여러 지역에서 이루어진 번역 작업에 기초하고 그 과정도 무려 100여 년이 걸렸을 것으로 추정하고 있습니다. 어쨌든 전설에 따라 이 번역본은 《셉투아진타 Septuaginta》, 즉 《칠십인역》이라고 불리고 LXX로 표시됩니다(로마 숫자로 L은 50을, X는 10을 의미하므로, 50+10+10, 즉 70을 뜻함).

이 《칠십인역》에 대해 설명한 것은 알렉산드리아에 그리스도교가 들어오면서 겪는 변화를 이해하기 위해서입니다. 실제로 알렉산드리아에서는 그리스 철학에 대한 많은 연구가 이루어졌고, 그리스도교의 태동 당시에는 그리스 철학의 근원지였던 아테네보다 문화적인 측면에서 더 뛰어난 면모를 갖추고 있었습니다.

알렉산드리아 학파의 태동

이러한 문화적 바탕 위에서 그리스도교가 잘 전달될 수 있도록 사전 작업을 한 중요한 사상가가 있습니다. 그는 유대인 철학자이자 지도자였던 **필론** Philon(기원전 20년경~기원후 42년경)입니다.

필론은 성경에 정통한 유대인 랍비로, 철학적 용어와 설명으로 수준 높은 구약 성경 강의를 그리스 철학 사상을 이해하는 사람들에게 전파한 인물입니다. 이러한 필론의 자양분을 통해 알렉산드리아에서 그리스 철학이 녹아든 그리스도교의 토착화를 시도하는 새로운 인물들이 배출됩니다. 그 사람들을 도시의 이름을 따서 **알렉산드리아 학파**

유대인 철학자, 필론.

라고 합니다.

알렉산드리아는 기하학의 아버지 유클리드, 목욕탕에서 "유레카!"를 외치며 부력의 원리를 발견한 아르키메데스와 같은 뛰어난 학자들이 활동한, 고대 헬레니즘의 학문과 과학이 꽃핀 도시였습니다. 바로 이곳에서 서서히 발전한 철학이 **신플라톤주의**입니다.

신플라톤주의 발전에 주도적인 역할을 한 이들이 알렉산드리아 학파를 구성했습니다. 앞서 언급된 필론이 했던 것처럼, 이제 '그리스-로마 문화를 대표하는 그리스 철학과 온갖 박해를 받으며 성장한 그리스도교를 어떻게 종합할 것인가' 하는 것이 알렉산드리아 학파가 당면한 과제였습니다.

그리스 철학의 수용을 주장한 알렉산드리아의 클레멘스

이러한 과제를 안고 이를 해결하려 했던 알렉산드리아 학파의 대표적인 인물을 소개하겠습니다.

바로 **알렉산드리아의 클레멘스**Clemens Alexandrinus(150년경~215년경)입니다. 클레멘스는 그리스, 이탈리아 남부, 시리아, 팔레스티나, 알렉산드리아의 여러 스승을 만나 철저한 철학 교육을 받았고 철학 교육이 완성된 이후, 유스티누스처럼 성인이 된 후에야 그리스도교에 입문했습니다.

클레멘스는 매우 탁월한 지적 능력을 갖추고 있었습니다. 그저 단순한 종교인 줄로만 여겼던 그리스도교를 접한 후 클레멘스는 간단한 말에도 심오한 깊이가 있음을 깨달았습니다. 그리고 철학과는 거리가 먼 단순한 이야기로

알렉산드리아의 클레멘스.

만 쓰였다고 그리스도교를 비난하던 그리스-로마 문화 사람들에게 제대로 된 번역을 통해 정확한 의미를 전달해야겠다는 야심찬 계획을 세웠습니다.

그 후 클레멘스는 알렉산드리아에 있는 그리스도인들이 다니던 작은 교리 문답 학교의 교장으로 취임했습니다. 스승 판테누스의 뒤를 이어 학교를 이끌면서 그는 자신만의 열정적 강의로 이름을 떨쳤습니다. 그의 뛰어난 강의가 소문이 나면서 많은 사람들이 학교로 몰려들기 시작했습니다. 테르툴리아누스가 철학을 부정적으로 생각했다면 클레멘스는 그리스 철학은 악마의 산물이 아니라 오히려 하느님이 사람에게 주신 가장 좋은 선물이고, 그것을 잘 활용해야 한다고 설파했습니다.

인간과 동물을 구분 짓기 위해 흔히 일컬어지는 "인간은 이성적 동물이다."라는 아리스토텔레스의 정의가 있습니다. 클레멘스는 인간이 이성적 동물이라면 그 이성을 누구한테 받았는지 물으며, 하느님이 사람에게 이성을 주셨는데 이를 활용하는 것이 어떻게 잘못이 될 수 있는지 반문했습니다. 그리하여 클레멘스는 철학의 적극적인 활용을 재차 강조했습니다.

여기서 좋은 비유를 하나 알려 드리겠습니다. "그리스도교는 참 올리브 나무며 철학은 야생 올리브나무와 같다."라고 비유한 이야기입니다. 참올리브나무와 야생 올리브나무라는 표현이 딱 와닿지 않지요? 그 내용을 들여다봅시다. 야생 올리브나무는 튼튼해서 병에 걸리지 않는 대신 열매를 맺기 어렵고, 참올리브나무는 병에 약하지만 열매를 잘 맺는 경향이 있다고 합니다. 즉 철학이라는 야생 올리브나무는 공격이나 논박에 강하지만 진리라는 열매를 맺는 데 어려움이 있고, 그리스도교라는 참올리브나무는 공격과 논박에 약하지만 진리의 열매를 잘 맺는다는 비유입니다. 이러한 비유를 통해 알렉산드리아 학파는 그리스도교와 그리스 철학의 종합이라는 목표를 세우게 됩니다.

경건한 신앙생활의 토대 위에 철학적인 사고로 그것을 더 튼튼하고 군건하게 만들어 주위의 유혹과 이단에 빠지지 않고, 우리의 신앙이 어떠한 길을 가고 있는지 반드시 이성적으로 반성하고 점검하자고 가르친 사람이, 바로 최고의 신학자 중 한 명인 알렉산드리아의 클레멘스입니다.

열정으로 가득했던 신학자, 오리게네스.

열정적이었던 그리스 신학자, 오리게네스

이러한 것을 바탕으로 알렉산드리아의 클레멘스의 생각을 발전시킨 제자가 나타납니다. 그리스도교 역사에서 중요한 비중을 차지하고 있음에도 잘 알려지지 않은, 매우 예민하고 대담하게 다양한 시도를 했던 오리게네스Origenes(185년경~254년경)입니다. 적극적인 믿음의 자세를 보이며 신앙을 위해서 순교도 마다하지 않았던 아프리카 학파와는 달리, 알렉산드리아 학파는 그리스 철학의 영향으로 신중하게 믿음을 지켜 나갔지요. 그러나 오리게네스는 예외적으로 신앙에 대한 열정적 믿음과 이성을 모두 겸비한 신학자였습니다.

오리게네스의 아버지 레오니데스는 그리스도교를 전파하다가 201년 셉티미우스 세베루스 황제의 박해로 생사의 갈림길에 섰을 때 믿음을 저버리지 않고 순교를 택했습니다. 그런데 레오니데스가 그 길을 당당하게 갈 수 있었던 것은 아들 오리게네스의 편지 때문이었습니다. 사춘기에 접어든 어린 오리게네스가 붙잡힌 아버지에게 쓴 편지를 보면 그가 어떠한 믿음의 정신을 가졌는지 알 수 있습니다.

아버님, 혹시라도 가족들을 걱정하셔서 순교에 대한 믿음을 포기하려 하신다면 걱정하지 마십시오. 저는 오히려 배교를 하고 살아남아서 우리에게 빵과 무언가를 마련하시는 아버님보다는 오히려 가장 소중한 것을 자랑스럽게 지키다 돌아가신 아버님을 더 존경할 것 같습니다.

이 편지를 받은 레오니데스는 순교의 길로 나아갔습니다. 그리고 오리게네스도 18세가 되었을 때 아버지의 길을 따라가려 했습니다. 그러나 어머니의 격렬한 반대에 부딪쳤습니다. 그녀도 그리스도교를 믿었지만 남편을 잃은 마당에 장남까지 잃고 싶지 않았던 것입니다. 어머니는 오리게네스의 옷을 숨겨 집 밖에 나가지 못하게 했습니다. 결국 오리게네스는 순교의 길을 잠시 접어 두고 클레멘스라는 스승을 만나 공부에 매진하게 되었습니다.

그렇지만 오리게네스는 평생 그리스도교에 대한 열정을 지니고 살았으며 이로 인해 다가오는 어려움을 두려워하지 않았습니다. 심지어 "사실 모태에서부터 고자로 태어난 이들도 있고, 사람들 손에 고자가

된 이들도 있으며, 하늘 나라 때문에 스스로 고자가 된 이들도 있다. 받아들일 수 있는 사람은 받아들여라."(마태 19,12)라는 성경 구절을 문자 그대로 이해하며 스스로 거세去勢하고 말았습니다. 그러나 훗날 자신의 행동을 대표적인 '주석의 오류'라고 뉘우치면서 성경의 '영적인 해석'이 반드시 필요함을 절감했습니다.

스승 클레멘스에게서 철저하게 배운 철학을 바탕으로 오리게네스는 스승의 뒤를 이어 교리 문답 학교의 교장으로 발탁되었습니다. 18세의 어린 나이였지만 비상한 머리와 학문적인 성과를 인정받아 당시 알렉산드리아의 데메트리우스 대주교가 그를 교장으로 임명했던 것입니다. 주위에서는 어린 나이를 문제 삼아 걱정하기도 했지만 이는 기우에 불과했습니다. 오리게네스는 열정적인 강의로 인기를 얻었습니다. 사람들의 호응에 힘입어 그는 암브로시우스라는 사람의 후원으로 연구에 필요한 필경사와 조교를 일곱 명이나 두었고 자신이 원하는 책을 쓸 수 있었습니다.

오리게네스의 책들이 쏟아져 나오기 시작했고, 이 책들은 알렉산드리아로 들어오는 선박들에 의해 다른 나라로 퍼져 나갔습니다. 오리게네스는 로마 제국의 여러 곳에서 초대받아 순회강연도 했습니다. 이즈음 그는 심도 깊은 성경 공부를 합니다. 그는 인간의 영적 생명을 위해서는 문자적 의미를 넘어서서 성경의 지고至高한 영적 의미를 파악할 필요가 있다고 보았습니다. 영적 해석의 대표적인 예로 '착한 사마리아 사람의 비유'를 들어 보겠습니다.

"어떤 사람이 예루살렘에서 예리코로 내려가고 있었다." 우리는 이 사람에게서 아담, 남자, 하느님의 말씀에 순명하지 않음으로써 타락한 남자의 운명을 본다. 예루살렘은 천국 또는 천상 예루살렘이다. 예리코는 이 세상이다. 강도들은 적의를 가진 마귀들과 그리스도 이전에 이 세상에 들어온 거짓 사상들을 상징한다. …… 사제는 율법을, 레위는 예언을 상징하며, 사마리아인은 마리아의 태중에서 육체를 취하신 그리스도를 상징한다. 여관은 교회를 상징하며, 여관 주인은 사도들과 사제들의 후계자, 즉 주교들과 교회의 교사들을 상징한다. …… 다시 오겠다는 사마리아인의 약속은 그리스도의 재림(즉, 두 번째 나타나심)을 상징한다. 《루카 복음 강해》 34,2-3)

오리게네스에 따르면, 그리스도는 성경 전체에 나타나므로, 구약에 등장하는 사람들과 사건들은 모두 그리스도와 그리스도교의 성사와 교회를 예언합니다. 예를 들어 여호수아의 예리코 점령은 다음과 같이 해석될 수 있습니다.

예리코가 사제들의 나팔 소리에 무너져 내렸다. 전에 나는 우리가 살펴본 것처럼 예리코가 사제들의 나팔 소리에 파괴된 이 세상의 권력과 요새의 모습(상징)이라는 말을 했다. 이 세상의 권력과 요새, 그리고 이것들이 의지하던 담벼락이 바로 우상이었다. …… 눈의 아들 여호수아(그리스어로는 예수)는 그리스도께서 곧 오신다고 예고했다. 그리스도께서 오셨을 때, 여호수아가 사제들을 파견한 것처럼 우리 주 예수 그리스도께서도 자신의 사제들을 파견했다. 그리고 여호수아의 사제들처럼 그 사제들도 소리 나는 나팔, 즉 복음을 지니고 다녔다. …… 그리고 우상 숭배의 모든 수단과 철학자들의 사상이 이 땅에서 사라졌다. 《여호수아기 강해》 7)

더 나아가 오리게네스는 바오로 사도가 구약의 율법을 영적으로 이해한 것을 받아들여 더 완성된 방식으로 교회에 정착시켰습니다.

간단히 말해 우리는 사도의 약속에 따라 모든 것에서, 신비 안에 감추어져 있는 지혜, 즉 "하느님께서 세상이 시작되기 전 의로운 이들의 영광을 위하여 미리 정하셨으며 이 세상의 우두머리들은 아무도 깨닫지 못한 지혜"(1코린 2,7-8 참조)를 찾아야 한다. 《원리론》 4.2.6)

오리게네스는 구약은 그림자를 나타내며 진리의 이미지는 신약에서 완전하게 나타난다고 확신했습니다. 따라서 그가 제시한 영적인 해석을 통해 구약은 그리스도교적으로 자유롭게 해석될 수 있지만, 이것이 곧 자의적 해석을 뜻하지는 않았습니다.

그리스어로 번역된 《칠십인역》에 대한 여러 번역본이 존재하고 그 내용이 서로 다르다는 것을 안 오리게네스는 자신이 데리고 있던 필경사들에게 여러 번역을 구절마다 대비시키라는 과제를 냈습니다. 히

오리게네스가 펴낸 헥사플라.

브리어 성경과 다섯 가지 그리스어 성경 번역을 대조·대비하고 성경의 정확한 뜻과 내용을 전달하기 위해 노력했던 것입니다. 그 결과, 《헥사플라Hexapla》(육중역본六重譯本)라는 책이 나오게 됩니다.[1] 이러한 방법으로 철저하게 성경의 의미를 파악하기 위한 노력은 오리게네스가 처음이었습니다.

오리게네스의 연구와 노력이 필경사를 통해 결실을 맺었고, 그렇게 완성된 책이 2천 권이라고 합니다. 오리게네스는 수많은 강연과 책으로 점점 더 유명세를 얻었습니다.

하지만 생각지도 않은 사건들로 오리게네스는 고난의 길을 가게 되었습니다. 자신을 교리 문답 학교 교장으로 추천하고 후원하던 데메트리우스 대주교가 그의 유명세에 시기와 질투를 했던 것입니다. 사람들은 데메트리우스 대주교보다 오리게네스를 더 환호하고 주교의 영역인 설교까지도 오리게네스에게 듣기를 원했습니다. 급기야 팔레스티나에서는 오리게네스가 거절했음에도 불구하고 어떤 주교에 이끌려 강제로 사제가 되는 일까지 벌어졌습니다.

자기 교구의 사람이 다른 교구에 가서 허락도 없이 사제가 된 사건

고문당하는 오리게네스.

은 데메트리우스 대주교의 화를 돋우었습니다. 그 일을 계기로 대주교는 이집트 주교 회의를 소집하여 오리게네스의 교육과 거주를 금지하고, 오리게네스의 사제직 서품을 막았습니다. 하지만 알렉산드리아 이외의 지역에 있던 주교들이 오리게네스를 구제하기 위해 의기투합했습니다. 예루살렘과 카이사리아에 있던 두 주교의 도움으로 기사회생을 한 오리게네스는 다시 책을 집필하고 함구령에 막혀 있었던 자신의 열정을 더 뜨겁게 불살랐습니다.

그러나 오리게네스는 다소 지나친 열정을 보였고, 그 열정으로 인해 몇 가지 오류에 빠졌습니다. 그리고 이러한 오류가 그를 후대에 지워지게 만든 계기가 되었습니다. 신플라톤주의의 종속설에 대한 부분, 하느님의 자비를 강조한 만물 복귀설, 인간이 죄를 지어 육체를 취하게 된 의견 등으로 인해서 그가 죽고 200년 정도가 지났을 때 안타깝게도 그는 그리스도교에서 단죄되었습니다.[2]

더 안타까운 것은 그 많던 2천 권의 책이 소실되었다는 것입니다. 지금까지 전해지는 그의 저서는 라틴어로 번역된 책만이 존재하며 그리스어 원전은 거의 사라져 버렸습니다. 그렇지만 여기서 우리는 오리게네스의 잘못된 의견이 후대의 이단과는 다른 차원임을 염두에 두어야 합니다. 아직 정통 교리가 확립되지 않았을 때 오리게네스는 여러 가지 사유 실험을 통해 자신이 할 수 있는 최선의 길을 찾은 것이었기 때문입니다. 그리스도교 신앙에 그리스 철학을 잘 활용하여 스스로 묻고 대답하면서 이러한 내용을 정신사적으로 성숙시킨 오리게네스는 동시대 철학을 뛰어넘는 위대한 스승이었습니다. 오리게네스의 가르침을 받은 제자들은 스승의 영향으로 그리스도교 신학의 많은 부분을 완성시켜 나갑니다.

"나는 불합리하기 때문에 믿는다."라는 말로 대변되는 아프리카 학파와, 그리스 철학을 수용하여 그리스-로마 문화 안에서 그리스도교의 토착화를 이루려는 알렉산드리아 학파는 긴장감을 유지하며 대립을 하고 있었습니다. 그런데 이 두 입장이 자신들의 의견을 표출하는 과정에서 서로간의 갈등이 점점 심화됩니다. 이러한 상황에서 그리스도교에서는 어떠한 결정을 내리게 됩니다.

제4강

콘스탄티누스 대제를 통해 얻은
신앙의 자유

　시간이 지나면서 그리스도교가 박해를 받던 상황은 점차 바뀝니다. 사실 그리스도교는 소수 집단의 종교였습니다. 널리 퍼져 나갔다고는 하지만 그것은 지역적으로 넓어졌다는 뜻이지 로마 제국 인구의 10퍼센트를 달성하는 것은 상상도 할 수 없는 일이었습니다. 그렇지만 그리스도교는 유대인을 주축으로 로마인에게까지 퍼져 나갔고 점점 더 많은 사람들이 그리스도교를 믿게 되었습니다. 그러다가 생각지도 않은 곳에서 중요한 기회가 그리스도교에게 찾아옵니다. 그 기회란 로마 제국이 완전히 통일되면서 새로운 이념을 필요로 하게 되었다는 것입니다.

로마 제국의 확장과 4분령 통치

오른쪽 지도를 보면 로마 제국이 얼마나 넓었는지 알 수 있습니다. 로마 제국은 지중해를 중심으로 발달했는데, 지중해라는 전체 영역 속에서 로마 제국이 차지하는 지역은 어느 정도였을까요? 지도에서도 볼 수 있듯이 이탈리아의 중심부에 있는, 장화 모양으로 생긴 곳의 한복판에 있는 로마로부터 그 반경에 있는 곳, 즉 로마인들에게 잘 알려져 있고 그들이 배를 타고 갈 수 있는 곳은 모두 로마인들이 점령했습니다. 그리스, 터키, 이집트, 튀니지, 알제리, 북아프리카, 스페인, 프랑스를 넘어서 영국까지 점령지를 넓혔지만 유일하게 점령하지 않은 땅이 게르만족의 영토입니다. 왜냐하면 게르만족이 난폭한 데다가 재산도 별로 없어서 정복해도 의미가 없다고 생각했기 때문입니다. 황제를 뜻하는 '카이사르'라는 단어의 근원이기도 하며 로마의 유명한 장군이었던, 영어식으로는 '줄리어스 시저'라고 불리는 율리우스 카이사르 Gaius Julius Caesar(기원전 100~기원전 44년)[1]는 이 땅을 제외한 유럽의 대부분을 점령했습니다.

그런데 나라가 너무 커지자 다스리는 것이 어려워졌고 그리하여 285년에 나라를 네 개로 나누었습니다. 이것이 바로 **4분령**입니다. 가장 핵심적인 부분을 황제가 맡았고, 당시 문화가 별로 발달하지 않았던 프랑스와 영국을 부황제副皇帝가, 그다음 소아시아와 동방 지역은 다른 황제가, 그리스 지역은 또 다른 부황제가 맡았습니다. 이리하여 네 명의 황제, 즉 두 명의 정황제正皇帝와 두 명의 부황제가 로마 제국

디오클레티아누스 황제의 4분령 통치.

을 다스리게 됩니다.

콘스탄티누스 대제의 성장 배경

그런데 이렇게 여러 황제들이 있으면 문제가 생길 수밖에 없지요. 그래서 '네 명의 황제들이 다스리지만 하나의 제국이고, 제국을 대표할 수 있는 황제는 한 명이며, 모든 국가는 하나로 일치된 것'이라는 생각을 뒷받침해 줄 이념이 필요하게 됩니다. 로마 제국의 다신교는 힘을 잃은 상태였고, 철학자들은 신화에 나타난 많은 신이 인간에 의해서 만들어진 신들이라고 생각했습니다.

그리스도교를 공인한 콘스탄티누스 대제.

이렇게 다신교의 힘이 약화되자 새로운 종교적 힘을 찾기 시작하는데, 그것을 어디에서 찾았을까요? 바로 그리스도교에서 찾았습니다. 그것을 처음 찾아낸 황제가 **콘스탄티누스 대제**Constantinus Magnus(272년경~337년)입니다. 그리스도교는 313년 콘스탄티누스 대제의 칙령을 통해서 종교의 자유를 얻습니다. 그런데 이 칙령은 우리가 생각하는 것처럼 순수하게 종교적인 의미만을 가지고 있지는 않았습니다. 그 안에 상당히 많은 정치적인 의미가 들어 있었다는 것이지요. 어떻게 해서 그렇게 되었는지 알아보겠습니다.

콘스탄티누스 대제는 네 명의 황제 중 부황제인 콘스탄티우스Flavius Valerius Constantius의 아들로 태어났습니다.[2] 아버지 콘스탄티우스는 잘 생기고 아주 용감했으며 온갖 전쟁터를 누비던 사람이었습니다. 어느 날 그는 비티니아라는 지역을 가다가 여관에 머물렀습니다. 다른 장군들은 막사에서, 자신은 여관에서 자는데 거기에 아리따우면서도 씩씩한 여인이 있었습니다. 여관집 딸로서 이름은 헬레나였고, 마구간도 돌보며 힘든 일도 마다하지 않는 시골 처녀였습니다. 그런데 콘스탄티우스가 그녀에게 그만 반해 버렸습니다.

콘스탄티우스는 온갖 감언이설로 그녀에게 접근했지만 헬레나는 그렇게 호락호락하지 않았습니다. 그런 시골 처녀의 모습에 콘스탄티우스는 더 매력을 느꼈던 모양입니다. 이른바 '밀당의 대가'였던 헬레나에게 푹 빠졌던 콘스탄티우스는 그녀를 쫓아가서 열심히 구애를 했고, 결국 자신의 아내로 만들었습니다.

그런데 둘의 신분 차이에서 문제가 생겼습니다. 그래서 헬레나를 정실부인으로 들이지는 못했고, 당시 장군들이 첩을 두었던 관습에 따라 콘스탄티우스도 헬레나를 첩으로 맞아들였습니다. 그리고 그들 사이에서 아들이 태어났는데, 그 아들이 바로 콘스탄티누스였습니다. 이렇게 콘스탄티우스는 가정도 이루고 전쟁에서도 승승장구하며 지냈습니다.

이런 콘스탄티우스를 본 막시미아누스 황제가 그를 사윗감으로 눈독 들였습니다. 막시미아누스 황제에게는 테오도라는 의붓딸이 하나 있었는데, 막시미아누스 황제는 콘스탄티우스에게 그녀와 결혼하라고 했습니다. 그런데 콘스탄티우스가 자신은 이미 결혼한 몸이라고 대답을 했고, 이에 막시미아누스 황제는 출세를 약속하며 그에게 조건을 내걸었습니다. 신분이 낮은 첩인 헬레나를 떠나보내라고 한 것입니다.

결국 콘스탄티우스는 황제의 사위가 되기 위해 자신의 조강지처나 다름없던 헬레나를 버렸습니다. 그리고 황제의 의붓딸과 결혼하고 부황제라는 자리까지 올라갔습니다. 아버지가 부황제가 되었지만, 그 아들인 콘스탄티누스는 어려움을 겪었습니다. 상처를 받은 어머니 헬레나는 고향으로 돌아가 버렸고, 콘스탄티누스는 잘 알지도 못하는 먼 곳으로 보내졌습니다. 당시에는 황제들끼리 서로 싸우지 않기 위해서 서로의 아들이나 딸을 상대방에게 인질로 보내는 풍습이 있었는데, 콘스탄티누스는 어린 나이에 디오클레티아누스 황제가 있는 동방의 왕궁에 인질로 가게 되었던 것입니다.

콘스탄티누스는 명색이 부황제의 아들인데도 외딴 곳에 갇히는 신세가 되어 버렸습니다. 그렇지만 콘스탄티누스는 좌절하지 않았습니다. 그는 머리가 비상했고, 자신을 의심하는 세력의 한복판에 들어가 있었지만 정치적인 책략에 대해서 꿰뚫고 있었습니다. 그리고 아버지 콘스탄티우스를 닮아 전투도 잘하여 로마의 전쟁터가 있는 곳마다 승리를 거두었습니다. 그러자 콘스탄티누스에 대해 로마 제국에 소문이 퍼지기 시작했습니다.

밀비우스 전투에서 승리한 콘스탄티누스

콘스탄티누스는 그의 아버지가 죽자 당당하게 갈리아, 즉 영국과 프랑스 지역의 부황제로서 등극했습니다. 콘스탄티누스가 뛰어나면서도 자비롭고 관대하다고 소문이 나면서 그의 곁에 부하들이 몰려들었습니다. 그런데 그의 부하들은 '우리가 싸움도 제일 잘하고 조직력도 가장 훌륭하고 무엇보다도 뛰어난 지도자인 콘스탄티누스 폐하가 계신데, 왜 그분은 고작 부황제에 머물러야 하지?'라고 생각한 모양입니다. 급기야 그들은 콘스탄티누스를 정황제라고 선포했습니다. 그리하여 네 개의 땅으로 나뉜 로마 제국 안에서 전쟁이 벌어질 일촉즉발의 위기가 닥쳐옵니다.

군대가 가장 많은 곳은 막센티우스 황제가 다스리던 이탈리아 반도 지역이었습니다. 그렇지만 콘스탄티누스 쪽에는 전쟁 경험이 많은 용맹한 군대가 있었습니다. 그리하여 4만 명에 달하는 콘스탄티누스의 군대는 로마를 접수하겠다고 선포하고 그곳에 쳐들어갔습니다.

이러한 전쟁에 대해 로마 시민들은 "콘스탄티누스 황제가 낫지 않을까? 지금 막센티우스 황제는 뭔가 능력도 없는 것 같고 마음에 안 드는데?"라며 콘스탄티누스 쪽으로 기울기도 하고, "콘스탄티누스 엄마가 하층민이라며? 게다가 여관집에서 몸 파는 창녀였대!"라며 잘못된 소문을 믿고 헬레나를 욕하면서 콘스탄티누스를 반대하기도 했습니다.

한편 콘스탄티누스는 로마를 점령하러 갔지만 사실 콘스탄티누스에게는 승산이 많지 않았습니다. 부하들의 부추김에 용맹하게 나서기는 했지만, 수적으로 우세하고 잘 훈련된 로마의 정규군이랑 맞붙기에는 고작 한 지역의 군대에 불과한 콘스탄티누스의 군대가 이기는 것은 불가능해 보였기 때문입니다.

'과연 이길 수 있을까?' 하며 콘스탄티누스는 걱정으로 잠 못 이루는 밤을 보냈습니다. 일단 콘스탄티누스의 군대는 적군이 예상한 것보다 훨씬 빨리 알프스를 넘어 밀비우스라는 다리 근처에 진을 차릴 수 있었습니다. 그리고 로마 정규군과의 결전의 날을 기다렸습니다.

밀비우스 전투를 앞두고 콘스탄티누스의 꿈에 나타난 십자가의 환영.

그러던 어느 날 밤, 콘스탄티누스는 꿈을 꾸게 되었습니다. 꿈에서 어떤 표지가 '번쩍' 하고 나타났고, "이 표지를 너희 군대의 표지로 사용해서, 이 표지를 달고 전쟁터로 나가라." 하는 음성이 들렸습니다. 그 표지는 전에 본 적도 없는 생소한 것이었습니다. 콘스탄티누스는 화들짝 놀라며 잠에서 깼는데 그 꿈이 너무 생생했습니다. 이를 예사롭지 않게 여긴 콘스탄티누스는 꿈에서 본 표지를 직접 그려 보았습니다. 그리고 그 표지를 넣어서 무기와 방패 등을 제작해 오라고 명령했습니다.

이 표지는 라바룸Labarum이라고 불리었고, 콘스탄티누스 시대 때 무덤에도 사용됩니다. 라바룸에는 가운데에 글자처럼 생긴 것이 있고, 그 주위에 월계관처럼 보이는 것이 둘러져 있습니다. 대개 이것은 높은 막대 위에 꽂혀, 마치 군대가 들고 나가는 군기처럼 생겼습니다.

라바룸에 삽입된 크리스토스의 첫 두 글자 '키로'.

그런데 가운데에 있는 글자처럼 생긴 것은 무엇을 의미할까요? 이 표지는 그리스어로, X자로 생긴 것을 '키'라고 부르고, P자로 생긴 것은 '로', 즉 R자에 해당합니다. '키'와 '로'를 부드럽게 붙여 부르면 '크리'라는 발음이 됩니다. '크리'로 시작하는 '크리스토스Χριστός', 여기에서 연상되는 단어는 '그리스도'입니다. 즉 라바룸의 가운데에 있는 P와 X로 생긴 글자는 '그리스도'의 처음 두 글자인 '키'와 '로'를 뜻하는 것으로서, 여기에는 "너희가 그리스도의 이름을 달고 전쟁터에 나가면 반드시 승리할 것이다."라는 메시지가 담겨 있습니다.

전기 작가들은 콘스탄티누스가 이 표지를 달고 나간 게 그리스도에 대한 열정이 불타올라서 그랬다는 해석을 덧붙입니다. 그러나 콘스탄티누스는 이전에 아폴로 신전에 가서도 비슷한 행위를 했고 그때에도 결과가 좋았습니다. 이번에도 뭔지는 모르지만 새롭게 영감을 받은 이 표지를 달고 한번 나가자고 생각한 것 같습니다.

그리하여 콘스탄티누스의 군대는 이 표지를 달고 전쟁에 임했습니다. 수적으로 우세했던 막센티우스의 군대는 한꺼번에 덤벼야 유리할 것이라고 생각하고 밀비우스 돌다리 옆에 나무다리를 놓고 일전을 준비했습니다. 그런데 생사의 갈림길에 놓이게 된 콘스탄티누스의 군대에 신기한 일이 벌어졌습니다. 표지를 붙인 콘스탄티누스의 군대가 갑자기 용기백배한 것입니다.

미사일을 쏘거나 폭격을 통해 초토화하는 요즘의 전쟁과는 달리, 당시에는 일대일로 맞붙는 백병전白兵戰이었기 때문에 승리를 위해서는 무엇보다도 군인들의 사기士氣가 중요했습니다. 고대의 전쟁을 배경으로 한 영화에서도 볼 수 있듯이 당시에는 모든 전투가 시작하기 전에 지도자가 장군과 병사들의 사기를 진작시키는 연설을 했습니다. 콘스탄티누스도 싸우기 전에 연설을 했습니다. 명예롭지 못하게 막센티우스에게 치욕을 당하면서 사느니 차라리 새로운 로마를 건설하기 위해서 죽음을 각오하고 싸우자고 한 것입니다.

새로운 표지를 단 데다가 지도자의 멋진 연설까지 들은 콘스탄티누스의 군대는 무엇에 홀린 듯 사기충천해서 용맹하게 싸웠습니다. 막센티우스의 군대는 콘스탄티누스의 군대의 기세에 밀리며 후퇴했습니다. 퇴각을 하면서 막센티우스의 군대가 급조한 나무다리에 갑자기 군인들이 몰리고 결국 무게를 견디지 못한 다리는 무너져 버렸습니다.

칼에 죽은 군인보다 물에 빠져 죽은 군인이 더 많았고, 간신히 헤엄쳐 나온 군인들도 콘스탄티누스 군대의 칼을 피할 수 없었습니다. 결국 막센티우스가 이끌던 로마 정규군은 밀비우스의 다리에서의 전투에 참패하며 끝이 납니다.

그리스도교에 자유를 선사한 밀라노 칙령

콘스탄티누스는 이 전쟁을 통해서 새로운 표지에 엄청난 힘이 있다고 확신했습니다. 또 대다수가 그리스도인이었던 콘스탄티누스의 궁정 사람들은 그에게 이 표지의 의미를 설명하며 그리스도에 대한 이야기를 해 주었습니다. 이 말을 들은 콘스탄티누스는 "그렇다면 내가 새롭게 세운 로마에는 그리스도교에 대한 박해는 없다."라고 선포했습니다. 이것이 바로 313년에 내려진 **밀라노 칙령**[3]입니다. 이 밀라노 칙령을 그리스도교가 로마의 국교가 된 것으로 종종 오해하는 경우가 있는데 그리스도교와 관련해서 종교의 자유를 선포한 것입니다. 로마에서 주류는 여전히 다신교였고 밀라노 칙령은 그리스도교가 박해 없이 자유를 누릴 수 있게 되었다는 것을 나타냅니다.

콘스탄티누스가 세례를 언제 받았는지는 분명하지 않습니다. 그와 관련해서 온갖 전설이 내려오는데, 그중 하나만 소개하겠습니다. 콘스탄티누스가 라테라노 대성전 근처에서 그리스도인이 된 어머니를 방문했을 때 세례를 받으려고 했는데 그만 나병(한센병)에 걸리고 말았습니다. 그런데 세례를 주어야 하는 주교가 병이 옮을까 봐 세례를 주지 않고 동굴에 숨어 버렸는데 천사들이 콘스탄티누스에게 주교의 위치를 알려 주었습니다.

그래서 콘스탄티누스는 도망간 주교를 데려왔고 드디어 세례를 받았습니다. 그러자 콘스탄티누스의 나병이 갑자기 다 나았고, 이 기적에 대한 감사의 의미로 세례당을 지었다고 합니다. 이 치유의 세례당은 지금도 로마에 가면 볼 수 있는데, 이 전설에서처럼 콘스탄티누스가 세례를 받았는지 확실치는 않지만 여하튼 그가 그리스도교에 호감을 가지고 있었던 것은 분명합니다.

콘스탄티누스는 그리스도교가 박해를 받을 때 빼앗긴 것들을 다시 돌려주었습니다. 또한 그리스도교 성직자에게 여태까지 내던 세금도 내지 않아도 된다고 말했습니다. 종교인들이 세금을 면제받는 것은 바로 콘스탄티누스가 만든 제도에서 시작되었다고 할 수 있습니다. 더 나아가 콘스탄티누스가 자금을 대면서 공식적으로 성당을 짓기 시작했습니다.

콘스탄티누스가 지은 가장 큰 성당은 현재 성 베드로 대성전이 있는 곳에 세워졌는데 베드로의 무덤에 처음으로 세워진 것이었습니다. 콘스탄티누스는 라테라노 대성전을 지을 땅도 기증했고, 예루살렘에는 주님 무덤 성당을, 나중에 자신의 이름을 딴 도시 콘스탄티노플의 곳곳에도 성당을 지었습니다.

콘스탄티누스는 이렇게 그리스도교를 위한 성당을 지으면서도 다신교도 포용하는, 양쪽을 아우르는 정책을 썼습니다. 이 시기에 그리스도교 신자가 급증합니다. 이를 통해 콘스탄티누스 때 그리스도교는 로마 제국 안에서 새롭게 큰 힘을 지니게 됩니다.

로마 제국의 새로운 수도, 콘스탄티노플

한편, 통일된 로마가 한쪽으로 너무 치우쳤다고 생각한 콘스탄티누스는 리키니우스 황제를 '인류의 적'이라고 규정하여 몰아내고 **콘스탄티노플**이라는 새로운 도시를 세우게 되었습니다. 콘스탄티노플은 현재 터키의 이스탄불이지요. 알렉산드리아가 알렉산드로스 대왕의 계획 도시였다면, 콘스탄티노플은 콘스탄티누스의 계획 도시였습니다. 콘스탄티노플이라는 도시명 자체도 콘스탄티누스 폴리스, 즉 '콘스탄티누스의 도시'라는 뜻입니다.

콘스탄티노플은 당시 규모로는 상상하기 힘들 정도로 엄청난 규모를 자랑했다고 합니다. 전해지는 이야기에 따르면 말을 탄 콘스탄티누스가 바닥에 창을 대고 끌고 가면서 이렇게 그어진 선들이 성벽이 될 거라고 말하며 구획을 그렸는데, 그리다 보니 로마 도시보다도 훨씬 더 큰 구획을 그려, 그를 쫓아오던 시종이 "제가 여태까지 본 어떤 도시들도 폐하의 도시에는 결코 대항할 수가 없을 것 같습니다."라고 감탄했다고 합니다. 그러나 콘스탄티누스는 "나는 지금 내 앞에서 걸어가는, 눈에 보이지 않는 저 안내자가 멈추는 게 좋다고 생각할 때까지 계속 걸어갈 것이다."라고 말했답니다. 이렇게 해서 세운 거대한 도시

콘스탄티노플을 봉헌하는 콘스탄티누스 대제.

가 바로 콘스탄티노플입니다. 콘스탄티누스는 여기에 새로운 로마를 선포하면서 자신의 왕궁을 짓고 성당도 세웠습니다.

지금까지는 콘스탄티누스 대제의 업적에 대해 이야기했습니다. 그러나 사실 콘스탄티누스 대제는 신앙심을 가지고 이 모든 일을 행하지 않았습니다. 그는 정치적이고 머리가 비상했기에 정치를 하는 데 그리스도교가 큰 도움이 될 것을 알았습니다.

왜 그렇게 생각했을까요? 다신교의 경우 여러 신들이 있어서 신들끼리 서로 싸운다면 이는 제국의 통일에 도움이 되지 않습니다. 이 신을 믿는 황제와 저 신을 믿는 황제가 각각 서로의 신에 의지하여 자신의 권위를 정당화하는 등 복잡한 문제가 생기기 때문입니다. 그런데 그리스도교에서는 유일신을 강조했습니다. 그래서 콘스탄티누스 대제는 그리스도교의 도움을 받아 하나의 신이 있기 때문에 하나의 세계가 있으며, 이에 따라서 로마 제국은 하나의 세계가 되어야 하고, 그 세계를 통치할 수 있는 힘도 한 명의 황제에게만 부여된다고 명분을 내세울 수 있었습니다.

그리하여 콘스탄티누스 대제는 그리스도교를 이용해서 로마 제국을 효과적으로 통치하고자 했던 것입니다. 그런데 겉모습만 보면 콘스탄티누스 대제는 그리스도교에 대한 신앙심도 있어 보였기에 많은 사람들은 그를 '열세 번째 사도'라고 하며 칭송했습니다.

콘스탄티누스 대제는 모든 권력과 종교의 힘이 자기중심이 되도록 만들어서, 모든 것을 자신의 중심에 두고 끌려오게 했습니다. 슬프고 비극적인 사건도 예외가 아니었습니다. 콘스탄티누스 대제에게는 아들이 하나 있었지만, 아내를 일찍 잃게 되었습니다. 그래서 콘스탄티누스 대제는 다시 젊은 정실 황후를 들였습니다. 그는 황후와 아들을 몹시 사랑했는데 그만 비극적인 일이 벌어졌습니다. 전해져 오는 바에 따르면, 어느 날 집에 돌아온 콘스탄티누스 대제가 새 아내와 아들이 간통하는 모습을 보게 된 것입니다. 콘스탄티누스 대제는 분노해서 둘 다 처형해 버렸습니다. 그렇지 않아도 전쟁터에서 무수한 이의 피를 묻힌 손에 가족들의 피까지 묻히고 만 것입니다.

이를 보면서 안타까워하는 한 여인이 있었습니다. 바로 아우구스타 헬레나, 콘스탄티누스 대제의 어머니였습니다. 콘스탄티누스 대제는 황제가 되자마자 당당하게 어머니 헬레나를 모셔 왔고, 그녀에게 위대한 황후Augusta라는 이름까지 부여했습니다. 헬레나는 자신의 아들이 당연히 그리스도인이 되어 열심히 그리스도교를 믿고 있다고 생각했는데, 아들의 가정에서 그런 비극이 벌어지자 가슴 아파했습니다. 헬레나는 아들의 죄를 자신이 대신 속죄해야겠다는 결심을 했고 속죄하

콘스탄티누스 대제의 어머니, 헬레나.

기에 좋은 장소가 어디일지 생각하다가 예루살렘을 떠올리게 되었습니다.

유대인들의 반란을 진압하는 과정에서 폐허가 되어 버린 도시 예루살렘은 거의 방치되어 있었고, 로마인들의 약탈로 인해 피폐해져 있었습니다. 그러나 70세를 넘긴 헬레나는 콘스탄티누스 대제에게 부탁했습니다. "콘스탄티누스, 나에게 꿈이 있다. 내가 믿는 예수님이 묻히셨던 무덤에 가서 꼭 한 번 참배를 하고 싶구나. 나의 소원을 들어주지 않겠니?"

콘스탄티누스 대제는 흔쾌히 어머니의 부탁을 받아들여 호위 부대를 동원해서 어머니를 무사히 예루살렘으로 보내고자 했습니다. 그러나 아들의 호의에도 불구하고 헬레나의 마음은 편치 않았습니다. 아들이 수많은 전쟁과 권력의 암투에서 자행한 죄를 뉘우치지 않고, 가족에게서 일어난 비극에 대해서도 분노를 누그러뜨리지 않았기 때문입니다. 325년경, 헬레나는 무거운 마음으로 예루살렘 순례를 떠났습니다.

이 순례와 관련하여 유명한 일화가 있습니다. 일반적으로 로마인들은 무덤을 헐어 버리고 그 위에 다른 신들의 신전을 세웠기에[4] 헬레나

예루살렘 순례 도중 예수님의 십자가를 발견한 헬레나.

는 그 터에 가 보면 예수님의 무덤이 있을 거라 짐작했습니다. 그리하여 헬레나 일행은 발굴 작업에 들어갔습니다. 열심히 파내다 보니 성경에 나와 있는 대로 십자가 세 개가 발견되었는데 뒤죽박죽 섞여 있었습니다. 십자가들이 서로 엉켜 있었기에 어느 십자가가 예수님의 십자가인지 알 수가 없었습니다.

이 상황에 당황해하고 있을 때 멀지 않은 곳에서 장례 행렬이 지나가는 것이 보였습니다. 헬레나는 어떤 생각이 떠올라 십자가를 관에 대어 보라고 했습니다. 첫 번째 십자가와 두 번째 십자가를 대어 보았더니 반응이 없었습니다. 그런데 세 번째 십자가를 대어 보니 갑자기 관이 열리면서 죽은 사람이 살아났습니다. 세 번째 십자가가 예수님의 십자가였던 것입니다.

예수님의 십자가를 확인하고 십자가가 발견된 곳을 다시 발굴하니

못과 다양한 유물들이 나왔습니다. 헬레나는 예수님의 십자가를 세 부분으로 나누었습니다. 거룩한 십자가를 한 곳에 보존하기보다는 세 부분으로 나누어서 하나는 예루살렘의 주님 무덤 성당에 두고, 하나는 콘스탄티누스에게 주려고 했기 때문입니다. 그리하여 가져온 십자가 중 하나는 콘스탄티노플의 대성전에 보존했고, 나머지 하나는 로마의 라테라노 대성전에다 갖다 놓았습니다.

  후에 이 십자가를 두고 여러 문제가 생겨났습니다. 예수 그리스도를 떠올릴 수 있는 유물을 보거나 소중히 다루는 것은 그분을 생생하게 체험할 수 있는 기회를 줍니다. 하지만 이러한 기회를 이용하려는 사람들의 욕심으로 유물 경쟁이 붙어, 중세 때는 손재주 좋은 사람들이 가짜 유물을 제작하기에 이릅니다.

  티가 나지 않으면서도 만들기 좋은 게 못이었습니다. 못을 땅에 묻어 놓고 1~2년만 지나면 녹이 슬어 마치 수백 년에서 수천 년은 된 못처럼 보였지요. 이렇게 가짜 유물을 만들고 '새롭게 발견된 성 십자가의 못'이라고 이름을 붙였습니다. 이런 것들이 너무 횡행하다 보니 '예수님의 못'이라고 지칭되는 못들을 예수님의 몸에 박으면 고슴도치 모양이 될 것이라는 웃지 못할 이야기도 있습니다. 어쨌든 간에 예루살렘에서 발견한 성스러운 유물들로 헬레나는 예수님을 체험할 수 있는 새로운 의미를 그리스도교에 부여했습니다.

  콘스탄티누스는 유일신을 믿는 그리스도교가 하나의 제국을 만드는 데 도움이 될 것이라 생각했습니다. 하지만 그리스도교 신앙으로 뭉친 사람들은 종교의 자유가 선포되자 일치하는 모습을 보이지 않았습니다. 오히려 서로 자신이 믿는 신앙에 대해 주장을 하며 갈라섰던 것입니다. 도대체 무엇 때문에 논쟁을 했던 것일까요?

바로 예수 그리스도가 하느님인지 인간인지에 대해 다투었던 것입니다. 성경에 이런 표현이 자주 등장하기 때문에 사람들은 이 문제를 어떻게든 해결하고 싶어 했습니다. '하느님' 그리고 '인간', 예수 그리스도가 과연 어떤 쪽에 속할지 연구하다 보니 그리스도인들이 서로 의견을 달리하게 되었습니다.

그리스도교 안에서 갈라진 대표적인 입장 두 가지를 이야기하겠습니다. 나자렛 사람 예수님이 나타나서 기적도 행하고 사랑을 베풀었습니다. 또한 그분은 하느님에 대한 믿음을 절대로 포기하지 않았습니다. 그리고 마지막까지 순명하면서 하느님께로 나아갔습니다. 이는 제자들이 구체적으로 체험한 인간 예수입니다. 그러나 제자들이 바라본 예수님은 인간과는 다른 존재였고 인간의 말로는 그분을 설명할 길이 없었습니다.

그리하여 차츰 예수님을 사람의 아들에서 하느님의 아들로, 그리고 마지막엔 참 하느님으로까지 서서히 단계를 밟아 올라가며 예수님의 신비를 깨닫게 됩니다. 이러한 사고의 틀에 따르면 예수님을 하느님보다는 인간으로 먼저 체험한 것입니다. 인간 예수님이 먼저였고, 예수님이 하느님에 의해서 들어 올려진 것이라고 설명할 수 있습니다. 이러한 입장을 '아래로부터의 그리스도론'이라고 합니다. 이런 생각에서 양자설養子說, 또는 입양설入養說이 발전되기도 합니다.

그렇다면 다른 입장은 무엇이 있을까요? 요한 복음서를 봅시다. 태초부터 하느님이 모든 것을 만드셨다는 내용이 등장하고, '로고스logos', 즉 말씀이라는 구절이 눈에 들어옵니다. 이 내용에 따라, 성자는 이미 창조 이전에 계셨고, 그분은 근본적으로 로고스라고 불렸고, 그분이 강생하셨다고 생각하게 됩니다. 이러한 입장을 '위로부터의 그리스도론'이라고 일컫습니다. 이 두 가지 입장이 서로 부딪치기 시작한 것입니다. 과연 이 중에서 어떤 입장이 정통적인 그리스도교의 입장으로 받아들여졌을까요?

제5강

함께 고백하는 신앙

　300년이나 지속되었던 그리스도교의 박해가 콘스탄티누스 대제의 밀라노 칙령을 통해서 종식되었고 그리스도교는 자유롭게 믿을 수 있는 종교가 되었습니다. 그런데 그리스도인들 사이에 논쟁이 벌어지기 시작했습니다. 쉽게 말하자면 이런 것입니다. 한 가정이 월세방, 전세방을 전전하다가 드디어 내 집을 얻게 됩니다. 그런데 그러한 기쁨도 잠시, 집안에서 싸움이 벌어집니다. 한마디로 부부 싸움이 벌어진 것이지요.

　즉, 아버지 역할을 하는 주교들과 어머니 역할을 하는 주교들이 열심히 싸웠던 것입니다. 그런데 도대체 무엇 때문에 싸웠을까요? 바로 우리가 고백하는 신앙에 들어가는 문구 때문이었습니다. 박해 시대 때는 언제 박해자들의 손에 죽을지 모르는 위기 상황이었기 때문에, 오히려 그리스도교를 믿는 사람들끼리 똘똘 뭉쳤습니다. 그러나 그리스도인들이 자유와 부와 영예를 얻자 서로 갈라지기 시작했습니다.

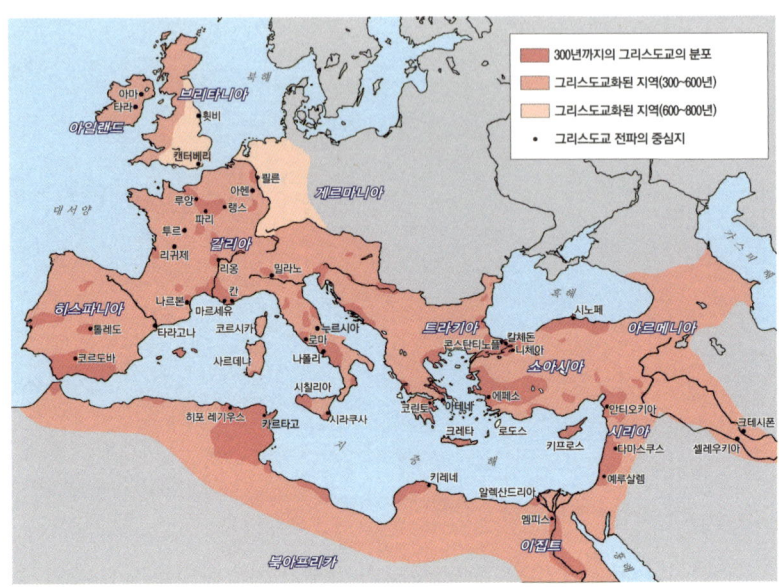

시기별로 보는 그리스도교의 확산 분포.

지도에서 진하게 표시된 부분이 300년 이전의 박해 시대 때 그리스도교가 퍼져 나갔던 곳입니다. 마치 점처럼 박혀 있지요? 그런데 이후 300년 동안 그리스도교는 로마 제국 전체를 다 덮을 정도로 널리 퍼졌습니다.

그리스도교가 바치는 신앙 고백의 형성

392년 **테오도시우스 황제**Theodosius(347~395년)는 그리스도교를 로마 제국 전체의 국교로 선포합니다. 그러나 교회는 이러한 성장기에 여러 가지 아픔과 어려움을 겪게 됩니다.

신앙 고백이라고 하면, 아마 사도신경使徒信經을 가장 먼저 떠올릴 것입니다. 그런데 여기서 신앙 고백이란 무엇일까요? 우리가 세례성사를 받을 때 성사를 집전하는 사제가 "(　)를 끊어 버립니까?"라고 물어본 다음에 "(　)를 믿습니까?"라는 질문을 던지면, 우리는 "예, 끊어 버립니다." 혹은 "예, 믿습니다."라고 대답합니다. 이것이 가장 대표적인 신앙 고백입니다.

이 신앙 고백이 교회 안에서 규정된 형식으로 표현된 것이 '신경(信經, Symbolum fidei)'입니다. 신경은 우리나라로 치면 헌법에 해당되는 내용이라고 할 수 있습니다. 하지만 헌법보다 더 축약된 형식으로 그리스도교의 모든 내용이 그 안에 녹아들어 있지요.

이러한 신경을 누가 정했을까요? 갑자기 어떤 사람이 나타나서 홀로 다 썼을까요? 아니면 하느님이 말씀하시고 영감을 받은 사람들이 그것을 받아 적은 것일까요? 사실 이것은 그리스도인들 사이에서 벌어진 회의와 관련이 있습니다. 이를 '공의회', 즉 '콘칠리움Concilium'이라고 하는데 이는 그리스도교 주교들의 회합, 그리고 그 회합이 이루어지는 장소를 가리킵니다. 이 회의에서 서로 의견 차이가 있을 때는 열띤 논쟁이 벌어졌고, 그리스도교를 믿는 신자들의 합의, 이를 '콘센수스 피델리움Consensus fidelium'이라고 부르는데 이에 기반하여 이루어진 합의에 따라 신경의 조항이 만들어졌습니다.

먼저 그리스도교에서 매우 중요한 4대 보편 공의회에 대해서 소개하겠습니다. 바로 니체아 공의회, 콘스탄티노플 공의회, 에페소 공의

| 니체아 공의회 (325년) | 콘스탄티노플 공의회 (381년) | 에페소 공의회 (431년) | 칼체돈 공의회 (451년) |

4대 보편 공의회.

회, 칼체돈 공의회입니다. 그중 니체아 공의회와 칼체돈 공의회가 핵심입니다. 그리스도교의 신앙 고백을 형성하는 데 큰 역할을 한 이 두 공의회 사이에서 무슨 일이 일어났고 여기에서 활동했던 사람들은 누구였을까요?

니체아 공의회와 아리우스 이단의 등장

다음 그림을 보면 몇몇 사람의 모습이 인상적입니다. 먼저 제일 앞쪽에 왕관을 쓴 사람이 눈에 띄네요. 바로 콘스탄티누스 대제입니다. 그리고 오른쪽에는 하얀 옷을 입고 무언가 불만스러운 표정을 짓고 서 있는 사람이 있습니다.

이 사람은 바로 니체아 공의회에 불려 나와서 어떤 설명을 해야만 했던 '아리우스Arius(250/256년경~336년)'입니다. 여러 명의 이단자 중에서 이 아리우스라는 사람은 기억해 둘 필요가 있습니다.

초기 그리스도교 박해 시대 때의 이야기를 떠올리면 아리우스를 조금은 이해할 수 있습니다. 그리스도교 박해 시대 때 로마 제국에는 다

최초의 보편 공의회, 니체아 공의회.

신교가 있었습니다. 그런데 그리스도교는 유일신을 믿었고, 아리우스는 바로 이 '유일신', 즉 '하느님은 유일하게 한 분이시다.'라는 것에 마음을 빼앗겼습니다.

그런데 이와 상충되는 주장을 하는 사람이 있었습니다. 바로 오리게네스입니다. 오리게네스는 세 위격에 대해 이야기한 바 있습니다. 그는 마치 올림픽에서 금·은·동메달을 수여하듯이, 하느님께는 성부·성자·성령이라는 세 위격이 속한다고 했습니다. 그런데 이 이야기가 아리우스에게는 성부·성자·성령이라는 세 위격이 각각 세 신이 되는 것처럼 들렸습니다. 그렇게 되면 다신교로 연결될까 봐 아리우스는 걱정했습니다. 아리우스는 철학, 그중에서도 특히 **신플라톤주의**를 열심히 공부했던 사람이었습니다. 이 신플라톤주의가 무엇인지

예수님을 이급 신이라고 주장한 아리우스.

간략하게 설명하겠습니다.

신플라톤주의에서 제일 중요한 위치에 있는 것은 **일자**to hen입니다. 일자는 만물의 근원으로서 이 세상의 모든 것은 일자로부터 나옵니다. 그리고 일자로부터 **정신**nous이 흘러나왔고, 이 정신으로부터 **세계혼**psyche이 흘러나왔습니다. 일자는 말로 형언할 수 없을 정도로 초월적이고 중요하며, 이 일자로부터 모든 것이 **유출**流出되었습니다.

아리우스의 머릿속에는 이러한 틀이 굳건히 자리를 잡았고, 그는 성부·성자·성령을 신플라톤주의의 도식에 맞춰 배치했을 때 하느님이라고 할 수 있는 분은 오직 성부밖에 없다는 생각에 빠집니다. 성자와 성령은 신적인 요소를 가지고 있지만 진짜 하느님은 아니며, 오직 성부만이 진짜 하느님이라는 것입니다. 그런데 이렇게 되면 문제가 생깁니다. 성자 예수 그리스도는 하느님일까요, 아닐까요? 아리우스의 생각에 따르자면 성자 예수 그리스도는 피조물의 영역에 속하는 것입니다.

그래서 아리우스는 예수 그리스도가 피조물로 전락하는 문제에서 도망가기 위한 길을 만들었습니다. 바로 예수님에게 '이급 신(二級 神, deuteros theos)'이라는 이름을 붙인 것입니다. 그리고 예수님은 이급 신이지만 피조물 중에서는 으뜸이라는 것입니다. 사람들이 "이보게 아리우스, 성자는 하느님인가, 아닌가?"라고 물으면, 아리우스는 "이급 신이지."라고 답했던 것입니다. 그런데 신이면 신인 거지, 이급은 왜 붙는 거냐며 사람들이 다시 물으니, 신플라톤주의를 과도하게 적용해서 이해하던 아리우스는 "엄격하게 말하자면 예수님은 피조물에 속하지."라고 답한 셈입니다.

그러면서 "성부가 먼저 계셨고 그다음에 성자가 아들로 태어났기 때문에, 성부만이 영원히 존재하는 하느님이시다. 성자는 존재하지 않았던 시대가 있었다."라는 내용의 말을 합니다. 그러자 아리우스에게 비난이 빗발칩니다. 그럼 예수 그리스도는 피조물인 인간일까요? 이에 아리우스는 인간은 아니라고 말합니다. 다른 피조물보다는 위에 있기 때문에, 영혼과 육체로 구성되어 있는 인간과는 달리 예수 그리스도는 인간의 영혼 대신에 로고스가 육체 안에 들어와서 살고 있다는 것입니다.

아리우스의 이러한 입장은 교회 안에서 큰 문제가 되었습니다. 사실 메시아, 예수 그리스도라는 분은 하느님이시면서 인간일 때에만 우리 인간을 구원하실 수 있는데, 아리우스처럼 말하면 성자 예수 그리스도는 하느님도 아니고 인간도 아닌 이상한 존재가 되는 것입니다. 마치 용이 되지 못한 이무기처럼 예수님이 느껴지는 곤란한 상황이 발생했고 열심한 신자들은 이것을 참을 수 없었습니다.

결국 325년 니체아 공의회에서는 아리우스를 이단으로 단죄했습니다. 그러면서 "성부와 성자는 동일 본질이시다. 하느님과 하느님의 아들 예수 그리스도는 완전한 참 하느님이시다."라고 선포했습니다. 즉 니체아 공의회에서는 예수 그리스도의 신성과 인성을 모두 인정했습니다. 이는 다음의 구절에 잘 나와 있습니다.

또한 한 분이신 주 예수 그리스도, 하느님의 외아들, 모든 세대에 앞서 성부에게서 나신 분을 믿나이다. 하느님에게서 나신 하느님, 빛에서 나신 빛, 참 하느님에서 나신 참 하느님으로서, 창조되지 않고 나시어 성부와 한 본체로서 만물을 창조하셨음을 믿나이다. 성자께서는 저희 인간을 위하여, 저희 구원을 위하여 내려오셨음을 믿나이다.

이 구절에서 예수님이 '하느님에게서 나신 하느님'이라고 강조하고 있습니다. '창조되지 않고 나시어'라는 구절을 통해서는 예수님이 피조물이 아니라는 것을 나타냅니다. 그다음에는 그리스도의 인성이 인정되는 구절이 나오는데, 인용문에서 '한 본체로서'라고 번역된 '동일 본질 homoousios'이라는 단어에 주목해 봅시다. 신앙을 강조하며 철학의 수용을 반대했던 테르툴리아누스, 그리고 철학을 적극적으로 받아들이고자 했던 알렉산드리아 학파와의 대립에서 알렉산드리아 학파가 승리했습니다. 이는 '성부와 성자는 동일 본질이시다.'라는 구절에서 잘 드러나는데, 성경에서 '본질(본체, ousia)'이라는 표현이 등장하지 않음에도 불구하고 성부와 성자를 말하기 위해 철학에서 쓰는 용어인 '본질'

을 들여온 것입니다.

이 개념을 두고 매우 복잡한 신학 논쟁이 벌어집니다. 간단히 이야기해 보면, '호모우시오스homoousios'라는 단어에 한 글자(i) 더 넣을지 말지를 두고 논쟁을 벌였던 것입니다. 별것 아닌 것 같지만, 사실 한 자를 더 넣느냐 마느냐에 따라 뜻이 달라집니다. 완전히 똑같다는 것 homoousios, 진짜 비슷하다는 것homoiousios, 다르지만 조금 비슷하다는 것homoios은 차이가 있었기 때문입니다.

니체아 공의회 이후의 혼란

니체아 공의회를 개최한 콘스탄티누스 대제는 주교들끼리 논쟁이 벌어지자 골치가 아파졌습니다. 처음에는 적극적이었던 콘스탄티누스 대제는 귀찮아졌는지 어떤 내용이든 좋으니 무조건 합의만 하라고 밀어붙였습니다. 그런데 거기에 참여한 주교들은 서로 자신의 의견에 절대적인 확신을 가지고 절대 포기하려 하지 않았습니다.

그 후 황제가 바뀔 때마다 문제가 생기게 되었습니다. 어떤 황제는 아리우스를 지지하는 이들의 편을 들고, 또 어떤 황제는 아리우스를 단죄했던 니체아 공의회의 편을 들었습니다. 그중에서 '배교자'로 불리는 율리아누스 황제[1]는 "에잇, 다 귀찮아! 다신교로 돌아갈래!"라는 식으로 그리스도교를 버리고 다신교를 택하기도 했습니다.

그런데 이즈음 신기한 일이 벌어졌습니다. 니체아와 콘스탄티노플의 시민들의 지식수준이 높아졌던 것입니다. 예를 들어 빵을 사러 빵

배교자라는 별명을 얻은 율리아누스 황제.

집에 갔는데 빵집 주인이 "이 빵이 더 크니깐 성부, 이 작은 빵은 성자, 이 빵은 성령. 이 삼위일체 빵 중에서 어떤 것을 사시겠어요?"라고 말하는 것입니다. 그리고 목욕탕에 가면 "성부와 성자가 먼저 계셨다." 등의 내용을 말하면서, '탕에 들어가는 게 먼저다' 혹은 '탕에서 나오는 게 먼저다' 하면서 싸우는 것이지요. 일반 서민들이 이런 신학적인 것에 대해 서로 토론하고 논쟁했던 것입니다.

그런데 이런 복잡한 문제들이 왜 생겨났을까요? 포도주로 예를 들어 보지요. 아무리 좋은 포도주도 처음에 마시면 굉장히 거친데, 오랫동안 숙성되는 시기를 거치면 그 포도주가 굉장히 맛이 좋은 포도주로 변합니다. 이처럼 사실 니체아의 신앙 고백도 오랫동안 숙성시킬 필요가 있었습니다. 이 니체아의 신앙 고백을 숙성시킨 사람들이 있는데, 지금부터 그들을 소개하겠습니다.

성령론의 발전에 기여한 카파도키아의 세 교부

먼저 **카파도키아**라는 지역에 대해 이야기하겠습니다. 카파도키아는 터키의 중심부에 있는데, 이곳은 풍화가 잘 되는 지역이었기에 자연 동

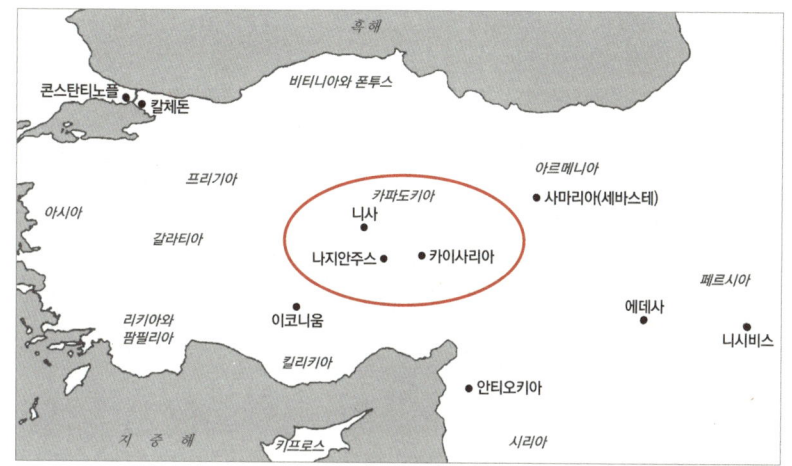

카파도키아의 세 교부가 활동한 지역.

굴이 많았습니다. 전에 그리스도교 박해 시대를 다뤘을 때 카타콤베에 대해 이야기했는데, 사실 땅속에 있는 카타콤베에 들어가 사는 것은 어려운 일입니다. 하지만 이 지역에는 자연 동굴이 많아서 거기에 몸을 피해 사는 사람들이 있었으며, 심지어 지하 도시도 형성되었습니다.

카파도키아야말로 신앙심이 깊은 사람들이 모여 살았던 신앙촌이자, 순교자들의 집산지였습니다. 이러한 신앙과 순교의 정신을 바탕으로 위대한 세 명의 스승이 나타납니다.

바로 대 바실리우스, 나지안주스의 그레고리우스, 니사의 그레고리우스입니다. 카파도키아의 이 세 교부는 그리스도교의 삼위일체 교리, 그중에서도 성령론을 완성하는 데 중요한 역할을 했습니다. 특히 이들은 모두 출세하여 세속적으로 안락한 생활을 누릴 수 있었지만 이러한

카파도키아의 동굴 경당.

기회를 버리고 그리스도인으로서 금욕적인 생활을 했습니다.

신앙심 깊은 가정에서 자라난 바실리우스

　대 바실리우스Basilius(329년경~379년)는 카파도키아 지역에 살던 순교자의 집안에서 태어났습니다. 바실리우스의 친족 중에는 신앙을 증거한 이들이 많았고, 특히 할머니 '마크리나'는 신앙심이 깊고 매우 똑똑했습니다. 그녀는 여성의 몸으로 '기적자 그레고리우스'라는 뛰어난 스승을 찾아가서 신학적인 내용을 배우기도 했습니다. 박해 시대 때는 귀족 집안임에도 불구하고 피난을 가야 했던 어려운 상황에서도, 손주들을 모아 놓고 교리 공부를 시켰습니다.

　바실리우스의 어머니와 아버지 또한 깊은 신앙심을 보이며, 10남매를 낳았습니다. 그중에서 장남이 바로 바실리우스였습니다. 바실리우스는 어려서부터 무엇이든 잘하고 인품도 훌륭했습니다.

그런 바실리우스 위에 누나가 있었습니다. 할머니의 이름을 그대로 따온 누나 '마크리나'는 대단한 카리스마와 지혜를 가지고 있었습니다. 바실리우스가 "아, 또 전교 1등이네. 이렇게 공부를 잘

위대한 사목자, 대 바실리우스.

해서 어떡하지?" 하고 잘난 체라도 하면, 누나 마크리나가 와서 "너에게는 중요한 게 빠져 있어. 너는 겸손함을 몰라."라고 야단을 칠 정도였습니다. 바실리우스가 조금이라도 교만해지려고 하면 마크리나가 잔소리를 하면서 바로 잡았던 것입니다. 그러면서도 마크리나는 동생의 재능을 일찍부터 알아보았기 때문에, 아버지가 세상을 떠나 어려운 형편이었음에도 식구들을 설득해서 바실리우스를 유학 보냈습니다.

처음에는 카이사리아라는 곳으로 갔다가, 콘스탄티노플을 거쳐 유명한 철학자들의 도시인 아테네로 간 바실리우스는 열심히 공부했습니다. 그리고 그곳에서 같은 카파도키아 출신인 나지안주스의 그레고리우스를 만났습니다.

그런데 두 사람 모두 대단한 능력을 가지고 있었습니다. 아테네 사

람들에게는 낯설기만 한 카파도키아라는 촌구석에서 온 두 사람이 지중해 연안의 능력 있는 학생들이 모두 모인 아테네에서 서로 1, 2등을 다툴 정도로 공부를 잘했던 것입니다. 그렇다면 "아, 쟤 때문에 1등 못해서 장학금 못 받았잖아."라면서 서로 싫어할 법도 한데, 이 두 사람은 신기하게도 서로 싫어하기는커녕 좋은 친구가 되었습니다.

사실 둘 중에서 더 뛰어난 사람은 바실리우스였습니다. 나지안주스의 그레고리우스는 바실리우스의 놀라운 지적 능력에 대해서 감탄을 금치 못하면서도, 서로 같은 목표를 향하고 있다는 사실을 알고 있었습니다. 그래서 두 사람은 서로를 마음에 들어 했습니다. 그들은 서로에게 발전적인 관계로 지냈습니다.

결국 바실리우스가 5년 만에 유학 생활을 먼저 끝냈습니다. 한편 그레고리우스는 8년 동안 유학 생활을 하면서 "우리 두 사람 모두 머릿속에 지식을 가득 안고 카파도키아로 돌아왔다."라고 기록했습니다.

수도 공동체를 창설한 바실리우스

바실리우스가 이렇게 유학 생활을 마치고 돌아왔을 때는 지식과 신앙이 모두 충만해져 있었습니다. 더욱이 콘스탄티누스 대제의 명령에 따라 그리스도인들이 국가에 **빼앗겼던** 재산들을 돌려받았기에 바실리우스 가족의 경제적 형편이 좋아져 있었습니다. 바실리우스는 이 재산으로 뭔가 큰일을 할 수 있을 것 같다고 생각했습니다.

이때 누나 마크리나가 바실리우스에게 제안을 했습니다. "우리 이제부터 더 이상 가족 단위로 작게 살지 말고 수도 공동체를 만들자. 우리 집안에 있는 어머니, 나, 여종들은 여성들의 공동체를 만들고, 너는 공부도 많이 했으니까 동생, 친구 등 많은 사람들을 모아서 안니시라는 곳에 우리 수도 공동체를 만들어 보는 게 어때?" 이에 바실리우스는 "그런 기막힌 생각을 하다니. 역시 누나야! 당

바실리우스의 누나, 마크리나.

장 만들자고!"라고 답하면서 즉시 실행에 옮겼습니다. 콘스탄티누스 대제의 칙령을 통해 돌려받은 전 재산을 팔아서 사람들이 함께 살 수 있는 공동체를 만들었던 것입니다.

　이제 공동체의 수도 규칙을 만들기 위해 고민하고 있을 때 바실리우스는 이집트에서 안토니우스, 파코미우스와 같은 이들이 수도 공동체를 만들었다는 소문을 듣게 되었습니다. 열정적인 바실리우스는 그곳에 직접 찾아갔습니다. 그리고 지중해 연안, 로마 제국을 다 돌아다니면서 주요 수도 공동체들을 보고 왔습니다. 그중에서 지나친 금욕적인 생활을 하는 사람들을 보았던 바실리우스는 "존경스럽지만 모든 사람에게 강요할 수 있는 일은 아니다. 우리는 균형 잡힌 수도 규칙을 만들어야겠다."라고 말했습니다.

이렇게 뛰어난 공동체를 이룬 바실리우스와 그의 수도 공동체에 대한 소문이 점점 퍼졌습니다. 그리하여 바실리우스는 주교도 되기 전에 위대한 사람에게 붙이는 '대Magnus'라는 이름을 갖게 되었습니다.

바실리우스의 왕성한 활동

바실리우스는 카이사리아의 보좌 주교를 거쳐 370년 가을 에우세비우스의 후계자로서 카이사리아의 교구장으로 임명되었고, 아울러 카파도키아 지방의 수석 대주교가 되었습니다. 요즘 국회의원 같은 정치인들을 보면 선거 유세를 할 때만 기부하고 당선된 후부터는 나 몰라라 하는 경우가 있는데, 바실리우스는 그렇게 하지 않았습니다. 그는 자신의 재산뿐만 아니라, 자신의 영지에서 발견된 새로운 재산들을 팔아서 '바실리아데스Basiliades'라는 사회 복지 공동체를 만들었습니다. 그리고 수도자뿐만 아니라 평신도들도 데려와 자원봉사자들과 함께 봉사를 했습니다.[2]

이렇게 바실리우스는 바쁘게 사목 활동을 하는 중에도 중요한 신학적인 내용들을 주장했는데 그중 하나가 《성령론De spiritu sancto》이라는 책에 담겨 있습니다. 이 시기에 '성령 적대론자'로 일컬어지는 사람들이 있었는데, 이들은 성령을 부인하며 "성령은 빼 버리자. 성령은 성경에도 많이 나와 있지 않고, 인간처럼 위격체로 인정할 수도 없으니까 말이야."라고 주장했습니다. 그런데 바실리우스가 이에 반대하면서 《성령론》을 썼던 것입니다.

여기서 바실리우스와 관련된 일화를 하나 소개하겠습니다. 한번은 아리우스 이단을 돕던 발렌스 황제가 바실리우스를 위협했습니다. 황제는 총독을 불러서 "바실리우스라는 사람이 사사건건 나한테 반기를 들어 골치가 아프군. 총독은 바실리우스에게 가서 겁 좀 주면서 더 이상 떠들지 못하게 하시오."라고 명령했습니다. 그래서 총독이 바실리우스를 불러서 "당신이 바실리우스요? 왜 사사건건 황제를 반대하는 거요?" 하고 거만하게 이야기했습니다. 그랬더니 바실리우스가 "저는 또 다른 황제를 마음에 모시고 있기 때문입니다."라고 대답했습니다. 이는 하느님이야말로 자신이 마음에 모시고 있는 황제라는 의미였습니다. 당시에 이는 굉장히 위험한 발언이었습니다.

총독은 "아직 사태를 제대로 파악하지 못한 모양인데, 난 당신의 모든 것을 빼앗을 수 있소."라고 경고했습니다. 그렇지만 바실리우스는 "도대체 무엇을 하실 수 있습니까?"라고 반문했습니다. 총독은 "당신 집안의 모든 재산을 몰수할 수도 있소."라고 말하자 바실리우스는 "이미 다 기부해서 빼앗길 것도 없습니다."라고 말했습니다. "당신을 고문할 수도 있소."라고 총독이 말하자 바실리우스는 "순교자 집안이어서 고문은 겁나지 않습니다."라고 답했고, "당신을 죽일 수도 있소."라고 총독이 말하자 바실리우스는 "그런 것이라면 전 겁나지 않습니다."라고 말했습니다.

이와 같은 바실리우스의 당당하고 거침없는 대답에 당황한 총독이 "나는 여태까지 내 앞에서 이렇게 이야기하는 사람을 한 번도 보지 못했소."라고 말하자, 바실리우스는 "당신은 아직까지 주교를 만나 보지 못한 모양이군요."라고 말했습니다. 무슨 뜻일까요? 주교라면 어떤 압박이나 핍박에 의해 흔들리지 않고 당당해야 한다는 것입니다.

이런 바실리우스를 발렌스 황제는 그냥 둘 수가 없었습니다. 마음 같아서는 바실리우스가 주교직을 수행하지 못하게 하고 싶었지만 그랬다가는 분노한 신자들이 폭동을 일으킬 것 같아서 그럴 수도 없었습니다. 어떻게든 바실리우스를 방해하고 싶었던 황제는 바실리우스의 교구를 뚝 잘라 그가 관장하던 교구의 수를 줄여 버렸습니다.[3]

그러자 바실리우스는 "어? 감히 내 교구를 반으로 잘라 내 구역의 숫자를 줄여? 그러면 까짓것 교구를 더 세분해서 수를 늘리면 되지!" 하고 교구를 분할했습니다. 그런 다음 바실리우스는 자신이 믿을 수 있는 사람들, 즉 친구인 나지안주스의 그레고리우스와 자신의 동생 니사의 그레고리우스를 주교직에 앉혔습니다. 니사의 그레고리우스는 뛰어나진 않았지만 주교직을 열심히 수행하려고 했습니다. 그러나 나지안주스의 그레고리우스는 이런 자리를 싫어했기에 주교직에 앉지 않겠다고 고집을 부렸습니다.

나지안주스의 그레고리우스의 성품과 활동

나지안주스의 그레고리우스Gregorius Nazianzenus(326/330년경~390년)는 나지안주스 교구 주교의 아들이었습니다. 그런데 여기서 "어떻게 주교에게 아들이 있지?" 하면서 당황해할 수도 있는데, 이때만 해도 아직 사제 독신제가 완성되어 있지 않았습니다.

　이렇게 주교의 아들로 태어난 나지안주스의 그레고리우스는 곳곳을 돌아다니며 공부를 했습니다. 바실리우스가 뛰어난 수완가였다면 나지안주스의 그레고리우스는 뼛속까지 학자였습니다. 그는 "바실리우스는 정말 대단해. 저런 친구를 두었다는 게 너무 자랑스러워." 하면서 자신을 드러내지 않고 매번 숨어 있었습니다. 그렇지만 지적인 능력으로 따지면 바실리우스에게 전혀 뒤지지 않았습니다.

　바실리우스가 50세 무렵에 세상을 떠나자, 바실리우스를 이을 사람이 필요해졌습니다. 그를 잇는 지도자로 바실리우스와 영적으로 일치했던 나지안주스의 그레고리우스가 대두되었습니다. 그런데 그는 명예직이나 공직에 나가는 것을 유별나게 싫어했습니다.

　그런데 바실리우스가 죽은 후, 콘스탄티노플에서는 서로 싸우느라 주교 자리가 비어 있었기에 나지안주스의 그레고리우스가 콘스탄티노플로 가게 되었습니다. 378년 발렌스 황제가 사망한 뒤 그는 콘스탄티노플에 있는 소규모의 니체아 공동체를 지도해 달라는 요청을 받았던 것입니다.

　나지안주스의 그레고리우스는 이 공동체에서 '다섯 편의 신학적 연설'을 했습니다. 이 연설에서 그는 삼위일체를 설명했는데, 연설이 모두 주옥같았습니다. 그 연설에 깊은 감동을 받은 사람들이 "나지안주스의 그레고리우스, 정말 대단하다!"라고 외치며 그를 '신학자'로 높이 평가했습니다.

겸손한 학자, 나지안주스의 그레고리우스.

380년 새로 등극한 테오도시우스 황제는 콘스탄티노플에 도착하자마자 나지안주스의 그레고리우스를 콘스탄티노플의 대주교로 임명했습니다. 작은 도시의 주교가 되는 것도 싫어했던 사람인데 그만 콘스탄티노플의 대주교를 맡게 된 것입니다. 나지안주스의 그레고리우스는 그때부터 연설을 지속적으로 하게 되었고, 두 번째 공의회인 381년 콘스탄티노플 공의회가 열릴 때 최고의 자리인 총대주교에 임명되었습니다.

그런데 학처럼 고귀했던 나지안주스의 그레고리우스는 사람들이 자신의 흠집을 잡으려고 시비를 거는 것을 매우 싫어했습니다. 달콤한 과일에 해충이 꼬이듯이, 올바른 일을 하려고 하면 꼭 뭐라도 흠집을 잡으려는 사람들이 있기 마련이지요. 그런 사람들이 니체아 공의회의 정신을 계승하려는 나지안주스의 그레고리우스에게 흠집을 내기 위해 안간힘을 썼습니다. 총대주교 자리에 미련도 없었던 나지안주스의 그레고리우스가 "자꾸 이러시면 더 이상 공의회의 의장을 맡지 않겠습니다." 하고 그들에게 경고했습니다.

그들은 "이때다!" 하고 나지안주스의 그레고리우스를 공의회 의장 자리에서 끌어내렸습니다. 그러자 나지안주스의 그레고리우스는 자신의 고향으로 돌아가서 글을 쓰며 조용히 일생을 보냈습니다.

뛰어난 철학자이자 영성가인 니사의 그레고리우스

그다음에 나타나서 당시의 혼란스러운 교회를 이끌었던 것은 바로 바실리우스의 동생이자 니사의 주교가 되었던 **니사의 그레고리우스**Gregorius Nyssenus(335년경~394년)였습니다. 니사의 그레고리우스는 형 바실리우스나 나지안주스의 그레고리우스처럼 유학파는 아니었습니다. 그는 고향 카파도키아에 남아 뛰어난 지식을 지녔던 누나 마크리나에게 배웠습니다. 그러고 나서 유학을 마치고 돌아온 바실리우스에게 배웠는데, 니사의 그레고리우스는 한 번도 유학을 간 적이 없었는데도 매우 깊이 있는 지식들을 습득했습니다.

뛰어난 영성가, 니사의 그레고리우스.

그리하여 니사의 그레고리우스는 나지안주스의 그레고리우스와 함께 삼위일체설을 세우는 데 큰 몫을 했습니다. 니사의 그레고리우스는 '영성 신학' 하면 빠지지 않는 인물이기도 하지요. 또한 그는 신플라톤주의와 관련된 철학적인 용어를 사용하면서 신비 신학을 발전시키고

신앙인의 모범을 보여 준 대 바실리우스의 가족.

신앙을 키워 나갔습니다.

 우리나라에도 삼 형제 사제를 배출한 집안이 있는데, 바실리우스의 집은 사제도 아니고 무려 막내 동생까지 주교가 된, 주교가 세 명이나 나온 대단한 집안이었습니다. 게다가 바실리우스의 어머니와 누이와 형제들이 모두 함께 수도 생활을 했고, 전 재산을 기부해서 그리스도교의 사랑이 무엇인지를 알리고 실천했습니다. 이렇게 바실리우스의 가족들은 함께 믿는 신앙이 무엇인지 가장 잘 보여 주었습니다.

　신앙생활을 하다 보면 통일된 하나의 신앙을 위해 모든 것을 획일화하려는 유혹에 빠질 수도 있습니다. 그럴 때면 카파도키아의 세 교부들의 모습을 떠올려 보세요. 카파도키아의 세 교부들은 각각 달랐습니다. 바실리우스는 교회 행정가로서 뛰어난 역량을 발휘했고, 나지안주스의 그레고리우스는 천상 공부하는 사람이자 연설가였습니다. 그리고 니사의 그레고리우스는 영성이 깊은 사람이었습니다. 카파도키아의 세 교부들은 서로 친구이자 가족이었지만 은사는 다양한 모습으로 드러났습니다.

　하나의 통일이라는 것이 곧 모두가 똑같은 모습으로 똑같은 행동을 해야 되는 것으로 연결되지는 않습니다. 제가 가르치는 학생들을 보아도 그렇습니다. 학생들은 저마다 다양한 능력을 가지고 있습니다. 어떤 학생은 창의력이 뛰어나고 또 어떤 학생은 지구력이 뛰어나지요. 이러한 고유한 모습을 잘 발전시켜 나가는 것이 하나의 지체를 이루기 위해 매우 중요합니다.

　그러면 이와 같이 거대한 교회가 어떻게 하나의 교회를 이루면서도 그 안에서 다양한 모습과 다양한 목소리를 하나로 묶어 가게 될까요?

제6강

그리스도교
신앙 고백의 완성

앞서 이야기했듯이 4대 보편 공의회는 니체아 공의회, 콘스탄티노플 공의회, 에페소 공의회, 칼체돈 공의회를 말합니다. 그리고 처음과 끝을 장식하는 니체아 공의회와 칼체돈 공의회 사이에 몇 가지 중요한 변화들이 나타났습니다.

4대 보편 공의회가 열린 장소와 그리스도교 초기의 주요 교회

다음 지도를 보면 콘스탄티노플이 보입니다. 그리고 근처에 니체아가 보이는데, 이곳은 콘스탄티누스 대제의 여름 별장이 있었던 곳입니다. 325년에 여기서 니체아 공의회가 열렸습니다. 두 번째 공의회는 콘스탄티노플에서 열렸고 세 번째는 에페소에서 열렸습니다. 그다음으로 칼체돈에서 공의회가 열렸는데 이 칼체돈은 콘스탄티노플에서 가까웠습니다. 황제가 필요하면 언제든지 방문하기 위해서 콘스탄티노

4대 보편 공의회가 열린 장소와 그리스도교 초기의 주요 교회의 위치.

플에서 가까운 곳에서 공의회를 연 것입니다. 바로 이 칼체돈 공의회에서 그리스도교 신앙 고백이 완성되었습니다.

지도를 보면 초록색 선이 그어져 있는 세 도시가 있습니다. 한 곳은 로마, 또 다른 곳은 이집트 나일 강 하류에 있는 알렉산드리아입니다. 이 도시들의 교회는 당시 강력한 영향력을 가지고 있었습니다. 그중에서 최고의 교회로 인정받았던 것은 **로마** 교회였습니다. 왜냐하면 베드로 사도와 바오로 사도가 순교했던 곳이고, 베드로 사도의 무덤이 있는 도시로 사도적 계승권을 인정받았기 때문입니다. 그리고 오리게네스를 비롯한 많은 사람들이 활동했던 **알렉산드리아** 교회는 두 번째로 영향력이 있었지요.

한편 동방에서 영향력을 가진 교회로 **예루살렘** 교회를 떠올릴 수도 있는데, 역사적인 중요성과 달리 실질적으로는 큰 영향을 미치지 못했습니다. 제1차 유대-로마 전쟁(로마 제국에 대항하여 유대 지방의 유대인들이 일으킨 세 번의 항쟁 중 첫 번째로, 66년에 발발했으며 그리스계 로마인과 유대인 사이의 종교적 분쟁에서 시작됨) 이후 로마인들의 이주 정책으로 유대계 그리스도인들이 로마 제국의 다른 곳으로 흩어졌기 때문에 예루살렘 교회는 사실상 상징적인 성격만 가졌습니다. 그리고 그 이후에 안티오키아[1]라는 곳이 급부상합니다. 그리하여 로마 교회, 알렉산드리아 교회, 안티오키아 교회가 그리스도교 내에서 영향력이 큰 3대 교회가 되었습니다.

쉬어 가기

'새로운 로마' 콘스탄티노플

현재 터키의 이스탄불인 콘스탄티노플은 1453년 오스만 투르크에 의해 함락된 이후, 이슬람 문화가 주류를 이루게 되었습니다. 그러나 콘스탄티노플이 번영했을 때는 당시 로마의 문화를 반영하듯, 엄청난

당시의 콘스탄티노플을 재현한 그림.

크기의 왕궁, 원형 경기장 등 사치스러운 건물이 모두 몰려 있었습니다. 그중에서도 백미가 되는 성당이 하나 있습니다.

바로 성 소피아 성당입니다. 이전 성당들이 두 차례 화재로 소실된 이후, 동로마 제국의 유스티니아누스 대제의 명령으로 세워진 성 소피아 성당은 비잔틴 건축에서 가장 중요한 건물입니다. 특히 성 소피아 성당의 돔은 매우 유명하며 '비잔틴 건축의 역사를 바꾸었다'는 찬사를 듣고 있습니다. 성 소피아 성당은 1520년 스페인의 세비야 대성당이 건립되기 전까지 약 천 년 동안 세계에서 가장 큰 성당으로 위용을 자랑했습니다. 이 성당은 콘스탄티노플이 전성기를 누렸을 때의 화려함을 아주 잘 보여 주는 건물이기도 합니다.

그 밖에도 이스탄불(콘스탄티노플)에는 고대 로마의 콘스탄티누스 대제 시대, 성 소피아 성당이 세워졌던 시대, 이슬람의 황금기, 현대의 이스탄불 등 시대별로 전해져 오는 유적들이 매우 많기에, 시대별로 보기에도 아주 적합한 곳입니다.

현재는 박물관으로 쓰이고 있는 성 소피아 성당.

성령론을 확정한 콘스탄티노플 공의회

　콘스탄티노플 공의회는 381년에 열렸습니다. 325년 니체아 공의회가 열린 후 50여 년이 지나는 동안 신앙은 성숙해 갔습니다. 사실 니체아 신경이 처음에 선포되었을 때는 '동일 본질', '실체', '위격' 이런 말들이 무엇을 의미하는지 잘 몰랐습니다. 많은 사람이 제각각 자신이 이해한 대로 용어를 사용했는데, 그리스어를 사용하는 교부들은 '프로소폰πρόσωπον', '휘포스타시스ὑπόστασις'와 같은 단어를 사용하고, 라틴어를 사용하는 교부들은 '페르소나persona', '숩스탄시아substantia' 등의 용어를 사용했습니다. 그래서 사람들이 모이면 한쪽에서는 "페르소나!" 하고, 다른 쪽에서는 "휘포스타시스!" 하니 제대로 정리가 되질 않았습니다. 게다가 같은 언어를 사용하는 이들도 서로 다른 뜻으로 사용했기 때문에 더욱 혼란스러워졌습니다. 이렇게 엉켜 있던 신앙 고백을 잘 숙성시키는 작업이 필요했고, 이 작업을 카파도키아의 세 교부들이 차근차근 준비했습니다.

　그리하여 교회 지도자들은 예수 그리스도의 신성과 인성을 보존하는, 니체아 신경의 중요성과 정통성을 인정하게 되었습니다. 그런데 이번에는 성령에 대한 새로운 논쟁이 불붙었습니다. '성령이 거룩한 신적인 위격에 들어가는가' 또는 '성령이란 단지 성부와 성자에 속하는 능력에 불과한가' 등의 문제가 불거진 것입니다. 이때 성령 적대론자들이 많이 등장했는데 이들에 대해서는 대 바실리우스를 비롯한 카파도키아의 세 교부들이 충분히 논박했습니다.

성령론을 확정한 콘스탄티노플 공의회.

이제 전체 교회에서 성령 적대론자에 대한 반박을 추인하는 작업이 필요했습니다. 그래서 개최된 것이 콘스탄티노플 공의회입니다.

바로 이곳에서 니체아-콘스탄티노플 신경이 만들어졌습니다. 그 기본은 니체아 신경입니다. 니체아-콘스탄티노플 신경에서 성부와 성자에 대한 이야기는 니체아 신경과 흡사합니다. 그런데 니체아 신경에서는 성령에 관해서 상세하게 설명하지 않았습니다. 그냥 믿는다는 정도로 표현된 수준이었지요. 그런데 이제 성령에 대해서 반대하는 사람들이 생겼기 때문에 정확하게 언급해 줄 필요가 있었습니다.

또한 주님이시면서 생명을 주시는 성령을 믿나이다. 성령께서는

성부에게서 발하시고, 성자와 더불어 영광과 흠숭을 받으시며, 예언자들을 통하여 말씀하셨나이다. 하나이고 거룩하고 보편되며, 사도로부터 이어 오는 교회를 믿나이다. 죄를 씻는 유일한 세례를 믿으며, 죽은 이들의 부활과 내세의 삶을 기다리나이다. 아멘.

위의 굵은 글씨를 보면, 성령에 대한 신앙 고백이 비중 있게 들어가 있습니다. 그러면서 성령이 어떠한 활동을 하시는지 자세히 언급되고 있습니다.

핵심은 예수 그리스도가 떠나신 다음에 바로 성령이 교회 안에서 활동하신다는 것입니다. 이것을 니체아-콘스탄티노플 신경에서 확정 지었습니다. 그런데 이렇게 말하면 "381년에야 성령이 신앙 고백에 들어갔구먼. 그러니까 성령은 나중에 끼워 넣은 것에 불과해!"라고 오해할 수도 있습니다. 그러나 그렇지 않습니다. 초대 교회의 세례 양식만 보아도 성부와 성자와 성령의 이름으로 세례를 주었다고 나옵니다.

그런데 이러한 신경은 왜 만들어졌을까요? '예수 그리스도가 신이냐, 아니면 인간이냐?' 등과 같은 복잡한 문제가 생기면서 중요한 내용을 확정 짓기 위해 만들어졌습니다. 성령에 대한 것도, 갑자기 나타난 것이 아니라 이전에는 당연히 믿었고 그것이 문제되지 않았기에 굳이 언급하지 않았던 것입니다. 그런데 성령을 반대하는 사람들이 생겨나면서 성령에 대한 문제가 대두되었고, 그리하여 니체아-콘스탄티노플 신경으로써 성령에 대한 교회의 확실한 입장을 표명하려고 했던 것입니다.

니체아-콘스탄티노플 신경과 사도신경

가톨릭 신자들이 묵주 기도를 할 때 가장 먼저 바치는 기도문이 바로 **사도신경**입니다. 개신교에서도 가톨릭과 비슷한 사도신경을 바치고 있지요. 그러다 보니 사도신경이 그리스도교 전체에서 가장 중요한 신앙 고백이라고 생각하기도 합니다.

하지만 미사 통상문을 보면, 주일과 대축일 및 지역의 성대한 축제에 바치는 신앙 고백으로 니체아-콘스탄티노플 신경이 먼저 나와 있습니다. 중요한 미사 때 "한 분이신 하느님을 저는 믿나이다." 하며 바치는 신경이 바로 니체아-콘스탄티노플 신경이지요. 미사 통상문에는 이 신경이 나온 후 "때에 따라서는 사도신경을 외울 수도 있다."라는 설명이 있습니다. 길고 상세한 니체아-콘스탄티노플 신경을 모든 신자가 암기하기는 어려우니, 사목적인 편의상 사도신경을 바치는 것입니다.

이렇게 되면 사도신경이 이른바 '짝퉁' 아니냐는 의문이 들 수도 있습니다. 사실 사도신경이 글자로 확인된 것은 6세기 때라고 합니다. 그런데 '사도신경'이란 표현은 사도신경이 열두 사도에 의해 공동으로 작성되었다는 전설이 퍼져 있을 때인 390년경에 발견됩니다. 거의 4세기경에, 오늘날 사용되는 신경과 비슷한 형태의 신경이 형성된 것입니다. 이 기도문이 비록 지금과 똑같은 형태는 아니더라도 신앙 고백이나 세례를 할 때 바쳤다는 흔적이 발견되었습니다. 즉 사도신경은 '짝퉁'이 아니라, 그 원초적 형태를 복음과 사도행전에서 찾아볼 수 있으므로(마태 16,16; 사도 8,37 참조), 역사적으로 오랜 전통을 지닌 신앙 고백으로 추정할 수 있습니다.

이러한 사도신경에 대한 전설이 하나 있습니다. 예수님이 부활하신 후 사도들이 모였는데 서로 일치하기 위해서 하나의 신앙 고백을 만들자는 제안을 하게 됩니다. 그래서 열두 사도가 서로 돌아가면서 한 구절씩 외웠다고 하네요. 이러한 전설을 지닌 사도신경의 핵심적인 배경이 바로 니체아-콘스탄티노플 신경입니다. 그리고 이를 바탕으로 해서 모든 신앙 고백이 나타나게 되었습니다.

그리스도의 신성과 인성을 둘러싼 논쟁

이러한 신경을 바탕으로 서로 화합하며 평화스럽게 살았다면 얼마나 좋았을까요? 그러나 또다시 주교들끼리의 싸움이 시작됩니다. 그런데 지역적으로 멀었기에 거리를 유지할 수 있었던 로마 교회는, 아우구스티누스라는 위대한 스승이 나타나기 전까지는, 실용적이고 실천적인 것을 중요시하며 복잡한 신학적인 논쟁에 끼어드는 것을 싫어했습니다. 교황은 매번 교황 대사를 파견하면서 "제발 부탁인데 가급적이면 신학적인 논쟁에 끼어들지 말고 중재만 잘 하시오."라고 충고했습니다. 그런데 그런 중재의 노력조차 먹히지 않는 경우가 많았습니다. 싸움이 시작되어 막 퍼져 나가다 보면 처음에 누가 먼저 때렸고 누가 먼저 맞았는지도 모른 채 여기저기서 금방 난장판이 벌어지곤 합니다. 이러한 상황이 두 학파, 즉 알렉산드리아 학파와 안티오키아 학파 사이에서도 벌어졌습니다.

이 두 학파는 왜 싸우게 된 것일까요? 381년 콘스탄티노플 공의회에서는 삼위일체론을 확정 지었습니다. 삼위일체에서 '체'는 '실체 substantia'를 뜻하는데, 하나의 실체이고 하나의 하느님이라는 것은 모두 동의했습니다. 그런데 하나의 실체에 '삼위', 즉 세 '위격personae'이 있습니다. 성부와 성자와 성령은 세 실체가 아니라 세 위격입니다.

그런데 마치 부부가 부부 싸움을 할 때 서로의 잘못을 기억하고 들추어내듯이, 아리우스 이단의 영감을 받은 사람들이 예전에 논쟁을 벌였던 기억을 다시 끄집어냈습니다. 먼저 알렉산드리아 학파에서 "예수 그리스도의 인성을 강조하다가 자칫 잘못해서 아리우스처럼 생각하게 될 수도 있어. 그러니까 예수 그리스도의 신성과 인성 중에 신성을 강조하자!"라고 입을 열었습니다. 그리하여 '위로부터의 그리스도론'을 주장했습니다.

아리우스는 "성자가 계시지 않았던 때가 있었다."라고 주장했지만 알렉산드리아 학파는 이것은 잘못된 것이라고 인정했습니다. 오히려 하느님이 그렇듯 성자도 '처음부터 영원히 함께 계셨던 분'이라고 분명히 했습니다. 그래서 하느님의 말씀이신 로고스가 강생했다는 것입니다. 그리고 하느님의 말씀으로 오신 것이니 처음부터 예수 그리스도는 참 하느님이라고 주장했습니다. 이렇게 알렉산드리아 학파는 예수 그리스도의 신성을 강조했습니다.

한편 안티오키아 학파는 명백하게 성경에 나와 있는 것만 믿고 받아들이자는 입장이었습니다. 그들 주장의 뿌리는 '아래로부터의 그리스도론'에 가까웠습니다. 안티오키아 학파에서는 "가장 처음으로 돌아가 보자. 우리가 처음으로 체험한 것이 누구였던가? 바로 나자렛 예수님이다. 나자렛 예수님을 보고 우리가 놀라워했던 체험으로 돌아가자."라고 말했습니다. 이렇게 하여 예수 그리스도의 인성을 강조한 것입니다.

그러나 그렇다고 해서 안티오키아 학파가 예수 그리스도의 신성을 부정하려고 했던 것은 아닙니다. 신성을 부정한다면 아리우스처럼 또 다른 이단에 빠지게 되겠지요. 안티오키아 학파는 "예수 그리스도의 인성과 신성을 다 보존해야 한다. 하지만 인성이 신성에 흡수되는 일을 방치해서는 안 된다."라고 말했습니다.

성경에 나온 내용만 말하는 안티오키아 학파와 달리 알렉산드리아 학파는 비유를 자주 사용했는데, 비록 알렉산드리아 학파에서 직접 사용한 비유는 아니지만 그 입장을 잘 대변해 주는 비유가 있습니다. 하느님은 무한한 바다고, 그분의 신성은 무한합니다. 그런데 그러한 신성을 지닌 예수 그리스도한테 '나자렛 사람 예수'라는 인성이 있다고 생각해 봅시다. 신성이라는 무한한 바다에 인성이라는 종이컵만큼의 물을 부으면 어떻게 될까요? 과연 그 바다에 인성이 남아 있을까요? 이 물 한 컵이 모두 바닷물에 흡수되듯, 인성도 신성에 흡수될 것입니다.[2] 이런 쪽으로 생각한 것이 예수 그리스도의 인성을 경시하면서 신성을 강조하는 쪽으로 몰아가려고 한 일부 알렉산드리아 학파의 신학자였습니다.

안티오키아 학파는 이것을 참을 수 없었습니다. 그들의 생각에는 구원이 이루어지려면 나자렛 예수님을 인정해야만 했습니다. 예수 그리스도의 신성도 인정하지만 인성도 인정해야 하며, 이 두 본성은 서로 일치한다는 입장이었던 것입니다.[3] 그다음부터 두 학파는 편지를 주고받으면서도 싸우는 등 난리법석을 떨었습니다.

그리스도교의 초기 교회사가, 에우세비우스.

카이사리아의 에우세비우스Eusebius(260/265년경~339/340년경)라는 교회사가는 교회 안에서 싸우는 모습이 마치 캄캄한 방 안에서 싸우는 것과 같았다고 자신의 책에 썼습니다. 캄캄한 방에서 싸우면 주먹을 맞아도 누가 날린 건지 모르고, 내가 주먹을 날려도 누구한테 날렸는지 모르겠지요. 이처럼 논쟁이 과열되어 누가 나한테 뭐라고 했고 내가 누구한테 뭐라고 했는지, 말하는 이가 내 편인지 네 편인지 모를 정도로 혼란이 빚어졌습니다. 이러한 혼란 상태가 극도로 심해졌을 때, 아주 점잖은 학자가 나타났습니다.

제6강. 그리스도교 신앙 고백의 완성 **139**

성모 마리아의 명칭을 둘러싼 네스토리우스 논쟁

이 학자의 이름은 **네스토리우스**Nestorius(386년경~450년)로, 그는 리비아에서 태어났지만 안티오키아에서 공부했습니다. 따라서 그는 안티오키아 학파에 가까웠습니다. 그렇지만 네스토리우스는 균형 잡힌 사람이었기에 이 양쪽을 중재하고 싶었습니다.

당시에는 중요한 주교좌에 공석이 생기면 서로 헐뜯으며 싸우는 풍경이 벌어졌습니다. 거의 직선제와 같은 방식으로 주교를 선출하고 황제가 인정해 주는 방식이었기 때문에 서로를 깎아내리면서 경쟁했던 것입니다. 주교 직선제의 폐단이라고 할 수 있지요. 콘스탄티노플 총대주교좌의 주교를 선출해야 할 때 곳곳의 주교 후보자들이 서로 비방하고 모함을 하자 누구를 시켜야 할지 결정을 내리기 힘든 상황이 벌어졌습니다. 결국 주교를 뽑지 못해서 주교직이 비어 있는 상태가 오랫동안 지속되었습니다.

테오도시우스 황제는 내부의 분열을 잠재우기 위해 428년에 바깥에서 명망 있는 인물을 데려왔습니다. 그가 바로 네스토리우스였습니다. 네스토리우스가 와서 보니, 콘스탄티노플 교구 안이 매우 시끄러웠습니다. 예수님의 신성과 인성에 관한 논쟁이 과열된 것입니다. 이런 광경을 본 네스토리우스는 이건 아니다 싶었습니다.

그런데 당시에 새롭게 등장한 또 다른 논쟁거리가 있었습니다. 바로 '성모 마리아를 무엇이라고 부르는 것이 옳은가'에 관한 것이었습니다. 아리우스 이단처럼 그리스도의 신성을 부정하다가 이단에 빠지기 싫었던 알렉산드리아 학파에서는 참 하느님을 강조하고 싶어서 성모 마리아를 '하느님의 어머니', 즉 '테오토코스θεοτόκος'라고 불렀습니다.

이에 안티오키아 학파에서는 성모 마리아를 그렇게 부르는 것에 대해서 반대했습니다. 하느님의 어머니라고 부르면 신성과 인성 중에 신성만 강조되고 자칫 잘못하면 인성이 경시된다는 것이었습니다. 안티오키아 학파는 어떻게 피조물이 하느님을 낳을 수 있겠냐며 성모 마리아를 '**안트로포토코스**ἀνθρωποτόκος', 즉 '인간(예수)의 어머니'라고 불러야 한다고 주장했습니다.

그런데 알렉산드리아 학파에게는 팬들이 있었던 모양입니다. 알렉산드리아 주변에는 수도회 공동체가 발달해 있었습니다. 알렉산드리아 주변의 사막이나 광야에서 수십 년을 살면서, 뱀이나 맹수와도 싸우며 생활하는 은수자들이 많았지요. 이 사람들은 평상시 도시에는 절대 나오지 않았는데 이 사람들을 화나게 만드는 소문이 돌았습니다. 지금처럼 정보 통신도 발달하지 않았던 시절인데 "우리가 여태까지 믿어 왔던 하느님의 어머니, 성모 마리아를 모독하는 자들이 나타났다!"라는 소문이 돌았던 것이지요. 이 말에 흥분한 은수자들이 알렉산드리아로 몰려들어 성모 마리아를 모독하는 자들을 없애 버리겠다는 듯 씩씩거렸습니다.

분위기가 점점 험악해지자, 네스토리우스가 중재에 들어갔습니다. 네스토리우스는 '하느님의 어머니'라고 불러도, '인간(예수)의 어머니'라고 불러도 부족한 것 같다고 생각했습니다. 그래서 '그리스도의 어머니', 즉 '**크리스토토코스**Χριστοτόκος'라고 부르자는 새로운 제안을 했습니다. 예수 그리스도는 참 하느님이면서 참 인간이니 이렇게 부르자고 제안하고는 양쪽 학파의 합의를 끌어내기 위해 노력했습니다.

얼핏 보면 신성과 인성을 둘 다 인정하는 설득력 있는 주장입니다. 그런데 자신들이 기득권을 가지고 있다고 생각한 알렉산드리아 학파가 이를 싫어했습니다. 그래서 네스토리우스가 성모 마리아를 무시하면서 새로운 이름을 붙이려 한다는 소문이 났는데, 여기서 '새로운 이름'이라는 게 핵심적인 문제였습니다. 니체아 신경을 만들어 놓고 막 싸웠기 때문에 교회에서는 싸우지 않기 위해서라도 새로운 것을 덧붙이면 안 된다는 생각이 암묵적으로 퍼져 있었고 모두 이에 동의하고 있었습니다.

그런데 콘스탄티노플의 총대주교가 '하느님의 어머니'라는 이름을 버리고, '그리스도의 어머니'라는 새로운 이름을 사용하자고 하니 알렉산드리아 학파가 흥분했던 것입니다. 그래서 좀 전에 언급했던 은수자들이 몰려와서 "네스토리우스, 나와!" 하면서 소리 지르는 일이 벌어졌습니다. 네스토리우스가 그들에게 신학적으로 설명해도 그들은 알아듣지 못했습니다. 그들은 그저 신념과 신앙만으로 수도 생활을 해 왔으니까요.

사실 이런 일들 뒤에는 배후가 있었습니다. 바로 알렉산드리아의 총대주교인 **치릴루스**Cyril of Alexandria(376년경~444년)[4]입니다. 그는 "우리 알렉산드리아가 이렇게 힘이 약해졌습니까? 듣도 보도 못한, 새로 생긴 수도 콘스탄티노플의 총대주교라는 자가 우리를 능멸하면서 계속해서 도전해 오는데 가만 둘 수 있겠습니까?" 하면서 은수자들을 선동했던 것이지요. 치릴루스는 본격적으로 네스토리우스를 향한 공격에 들어갔고 그리하여 431년에 제1차 에페소 공의회가 열렸습니다.

알렉산드리아의 총대주교, 치릴루스.

에페소 공의회와 칼체돈 공의회

에페소 공의회를 제안한 것은 네스토리우스였습니다. 알렉산드리아 학파와 안티오키아 학파의 추종자들이 하도 난리법석을 떠니 이를 좀 정리하고 싶었던 것입니다. 그리하여 테오도시우스 황제가 에페소 공의회를 소집했습니다. 주제는 앞서 말한 '성모 마리아를 무엇이라고 부르는 것이 옳은가' 하는 것이었습니다. 이 문제는 예수 그리스도의 신성이 강조되는지 인성이 강조되는지의 문제와 연결되어 있었습니다. 즉 그리스도의 신성과 인성에 대한 논쟁이었다고 볼 수 있지요.

사실 에페소 공의회가 열린 이후에 벌어진 일을 생각하면 그다지 이야기하고 싶지 않습니다. 너무 창피한 일들이 벌어졌기 때문입니다. 그렇지만 부끄러운 역사라도 알고 있어야 반복되는 일을 피할 수 있기에 이야기해 보겠습니다.

알렉산드리아의 총대주교인 치릴루스가 에페소에 나타나 주도권을 잡았습니다. 네스토리우스를 고소했던 치릴루스는 다른 누구보다 먼저 에페소에 도착했습니다. 공의회가 열리기 전에 미리 모여 있던 알렉산드리아 학파 주교들은 평화롭게 있었습니다.

그런데 공의회가 열리는 장소 밖에는 마치 건달과 같은 분위기를 풍기면서 한 어깨 하는 사람들이 있었습니다. 혹시라도 공의회의 분위기가 이상해지는 것 같으면 밖에 있는 사람들이 난입할 수 있는 환경을 만들어 놓은 것입니다. 나중에서야 네스토리우스와 그의 입장에 동조하는 주교 26명이 도착했는데 왠지 공의회장 안에 들어가면 안 될 것 같은 분위기를 감지했습니다.

네스토리우스의 입장에 우호적인 쪽은 주로 안티오키아 학파의 주교들이었습니다. 그런데 안티오키아 학파의 주교들이 공의회가 예정되었던 날짜에 미처 도착하지 못하고 있었습니다. 공의회가 열리는 현지 분위기와 과거의 역사를 잘 알고 있던 네스토리우스는 밖에 사람들까지 와 있고 언제든지 아수라장이 될 수 있는 상태인 공의회장 안으로 들어가지 않았습니다. 그는 안티오키아 학파의 주교들의 도착이 늦어지고 있다는 소식을 듣고 공의회 개최를 연기해 달라고 요청했습니다.

그러나 치릴루스는 정한 날짜가 되었으니 네스토리우스에게 당장 오라고 하면서 공의회를 바로 시작하겠다고 으름장을 놓았습니다. 네스토리우스는 공의회장 안으로 들어가는 순간에 알렉산드리아 학파 쪽의 주장이 공인될 것 같았기에 지금은 공의회에 참석하지 않겠다며 버텼습니다. 치릴루스는 이를 기다리지 않고 자기 마음대로 공의회를 일사천리로 진행시켰습니다. 성모 마리아는 '하느님의 어머니'라고 불러야 하며, '그리스도의 어머니'라는 명칭을 제안했던 네스토리우스는 단죄해 버렸습니다.

안티오키아 학파의 주교들은 안티오키아에서 에페소로 이동하는 데 일주일 정도 걸릴 것을 서둘러서 나흘 만에 에페소에 도착했습니다. 그런데 회의가 끝났다는 황당한 이야기를 듣게 되었습니다. 이러한 결정을 참을 수 없었던 안티오키아의 총대주교인 요한은 주교들을 모아서 공의회를 열었습니다. 네스토리우스도 이 공의회에 참석했고, 알렉산드리아 학파의 주교들도 불렀습니다. 그런데 알렉산드리아 학파의 주교들은 이미 공의회는 끝났는데 왜 참석해야 하냐고 우기면서 다시 열린 공의회에 들어가지 않았습니다.

그러자 안티오키아 학파의 주교들은 알렉산드리아 학파에서 내린 공의회의 결정을 무시하고 치릴루스 쪽을 이단으로 단죄한다고 결정했습니다. 이후에는 서로에 대한 비방과 소동이 이어졌습니다. 그런데 권모술수의 대가였던 치릴루스는 로마에 있는 첼레스티노 1세 교황에게 네스토리우스에 관련된 자료를 보내면서 자신의 의견에 동의해 달라고 편지를 썼습니다. 교황은 일련의 사태에 대해 정확하게 파악하지 못한 채 430년에 로마 주교 회의를 열어 치릴루스의 의견에 동의했습니다. 또한 네스토리우스에게 그의 주장을 철회하라고 명했습니다. 치릴루스는 이 동의 문서를 가지고 안티오키아 학파의 주교들을 밀어붙였고, 싸움은 가라앉기는커녕 점점 더 격해졌습니다.

다음 쪽의 그림을 보면 밑에 쓰러져 있는 사람들을 볼 수 있습니다. 양쪽이 서로 싸우는 현장을 목격하고 화가 난 테오도시우스 황제는 모두를 모아 놓고 "네스토리우스, 치릴루스, 둘 다 단죄한다! 공의회 결정은 다 무산시키고 둘 다 귀양 보낸다!"라고 선포했습니다. 네스토리우스는 황제의 명령에 따라서 순순히 귀양을 갔으나 치릴루스는 재빠르게 알렉산드리아로 도망갔습니다.

게다가 치릴루스는 황제가 내린 단죄를 풀기 위해서 알렉산드리아 교구에 있던 엄청난 돈을 모아 황제에게 보내, 돈으로 황제를 매수했습니다. 덕분에 치릴루스는 귀양에서 풀려났지요. 그러자 황제가 무산시켰던 에페소 공의회도 자연스럽게 공식적인 공의회로 인정받게 되었습니다.

하지만 이것이 에페소 공의회의 완성은 아니었습니다. 18년 후에 에페소에서 공의회가 또 열렸는데, 이 공의회에서는 더욱 부끄러운 일이 자행되었습니다. 치릴루스의 열렬한 지지자였던 에우티케스Eutyches(380~456년)가 단성론까지 주장하자 네스토리우스의 지지자들의 반발이 더욱 거세졌고, 다시 네스토리우스에 대한 단죄를 확인하기 위해서 공의회가 열렸던 것입니다. 이때 밖에 있던 폭력배들이 공의회장에 난입해서 네스토리우스의 단죄를 반대하던 주교들을 두들겨 팼습니다.

알렉산드리아 학파와 안티오키아 학파의 논쟁의 장이 된 에페소 공의회.

그런데 마침 이 자리에 레오 교황이 있었고, 교황은 논쟁에 대한 사태를 알고 있었습니다. 레오 교황은 "이런 일은 결코 벌어져서는 안 된다." 하면서 이 공의회를 '콘칠리움'이 아니라 '라트로치니움latrocínium'이라고 불렀습니다. 일명 '깡패 공의회'라는 명칭을 얻었던 것입니다. 그래서 이 공의회는 결국 공의회 명단에서 지워지게 되었습니다.

온갖 어려움에도 불구하고 네스토리우스는 마지막까지 자신의 신

쉬어 가기

오늘날 에페소의 모습

현재의 에페소는 과연 어떤 모습일까요? 한번 살펴보겠습니다.

먼저 위의 사진에서 보이는 건물은 에페소에서 유명합니다. 바로 첼수스 도서관이지요. 알렉산드리아 도서관의 50분의 1 정도밖에 안 되지만, 굉장히 아름다운 도서관입니다.

에페소 공의회가 열렸던 에페소는 또 다른 면에서 의미가 있었는데, 비록 성모님의 이름 때문에 빚어진 아픈 역사를 품고 있으나, 사실 최초로 성모님에게 바쳐진 성당이 있는 곳입니다. 에페소의 성모 성당이

에페소의 첼수스 도서관.

에페소의 성모 성당 유적.

있는 자리는 성모님이 요한 사도와 함께 예루살렘에서 옮겨와 살던 곳으로 알려져 있습니다.

오늘날의 에페소는 어두운 역사를 다 잊어버린 듯이 그 흔적들이 아름답게 남아 있습니다. 에페소 공의회가 열렸던 성당도 현재는 무너진 채 돌밖에 남아 있지 않지만, 에페소의 유적을 자세히 살펴보면 재미있는 것들도 발견할 수 있습니다.

에페소의 공중화장실 유적.

> 가령 제가 본 것 중에 제일 재미있던 것은 공중화장실이었습니다. 공중화장실인데 칸막이가 없더군요. 이런 것과 더불어 목욕탕의 흔적도 찾아볼 수 있고 그 외의 아름다운 것들도 발견할 수 있으니 에페소에 가게 되면 곳곳을 잘 찾아보면서, 이 유적은 무엇이고 어떤 의미를 담고 있는지 그 수수께끼를 풀어 보면 좋을 것 같습니다.

학을 버리지 않았습니다. 자신의 이름으로 책을 쓰면 불태워져 소실될 위험이 있었기에, 그는 익명으로 《헤라클레이데스의 책》을 썼습니다. 이 책은 오랫동안 잊혔다가 1895년에 시리아어 번역본으로 발견되었습니다. 그러면서 네스토리우스에 대한 연구가 활발해졌습니다. 연구 결과 이 책은 네스토리우스가 가장 마지막으로 쓴 책이며 그 내용은 정통 교리와 큰 차이가 없음이 밝혀졌습니다.

에페소 공의회에서는 네스토리우스가 했던 말이 정치적인 의미에서 정당하지 못한 방법으로 단죄를 받았지만, 그다음 공의회인 칼체돈 공의회에 이르러서는 정당한 방법으로 이것들이 인정되고 완성되었습니다.

네스토리우스에게는 추종자가 굉장히 많았습니다. 많은 사람들이 열정적으로 네스토리우스를 추종했고 그 결과 네스토리우스파는 동방에까지 전해졌습니다. 인도에서 수백만 명이 네스토리우스파를 믿

당나라의 경교(네스토리우스파) 사제들.

었고, 당나라 때는 '경교景敎'라는 이름으로 중국까지 전해졌습니다.

당나라 때의 비석 중에 '대진경교유행중국비大秦景敎流行中國碑'라는 것이 있습니다. 여기서 '대진'은 로마를 뜻하는 것으로 로마에서 온 경교가 이곳에 퍼졌다는 것을 의미합니다. 네스토리우스파의 신앙은 동방에까지 전해졌고, 나중에는 신라에도 전해졌다는 이야기가 있습니다. 신라의 유적을 보면 그 안에 십자가나 성모상이 보이기도 하는데,

당나라의 대진경교유행중국비.

이는 네스토리우스파와 관련된 것으로 추정되기도 합니다.

451년에 열린 칼체돈 공의회에서는 새로운 내용을 주장하지는 않았습니다. 예수님의 신성을 강조한 알렉산드리아 학파가 그랬듯이, 신성이라는 무한한 바다에 인성이라는 물 한 컵은 흡수된다는 주장을 펼친 에우티케스의 '단성설'을, 칼체돈 공의회에서 단죄했습니다. 단성설에 따르면 그리스도의 인성이 신성에 흡수되어 소멸되기 때문에 인간의 구원이 위협받습니다.

칼체돈 공의회에서는 많은 주교들이 참여했고, 지금까지의 공의회보다 평화롭게 이루어졌습니다. 여기에서는 삼위일체, 즉 하나의 실체에 세 위격이 있으며, 예수 그리스도는 '신성'과 '인성'이라는 두 본성을 가지고 있지만 한 위격이라고 확정했습니다. 칼체돈 공의회에서는 새로운 신경을 쓰지 않았기 때문에 칼체돈 신경이라는 것은 반포되지 않았고, 그곳에서 추인된 니체아-콘스탄티노플 신경이 그리스도교의 공식적인 신앙 고백이 되었습니다.

그리스도교의 신앙 고백을 완성한 칼체돈 공의회.

지금까지의 흐름을 보다 보면 왜 쓸데없는 것으로 싸웠냐고 생각할 수도 있지만, 인간이 구원될 수 있는가 없는가 하는 중요한 문제가 예수 그리스도의 신성과 인성 문제에 달려 있었기 때문에 작은 차이에도 민감하게 반응했던 것입니다. 그런데 여기서 한 가지 기억해야 할 것이 있습니다. 그리스도교의 신앙 고백은 한 사람이 만들어 낸 것이 아닙니다. 즉 한 명의 뛰어난 신학자가 개별적인 취향으로 만든 것이 아니라, 신앙 고백 한 자 한 자가 교회 공동체를 이루는 여러 사람의 마음이 한데 모여서 교회의 전통 안에서 만들어진 것입니다.

처음에 니체아 공의회가 열리고 마지막으로 칼체돈 공의회가 열리기까지 126년이 걸렸는데 복잡한 사건들을 거쳐서 이 모든 것을 통합했고, 마지막 칼체돈 공의회에서는 모두 동의했습니다. 아마도 칼체돈 공의회에서는 "이것이야말로 우리의 신앙 고백이다! 니체아에서 외쳤던 우리의 신앙 고백이 완성되었다!"라고 환호했을 것입니다.

　우리가 신앙을 고백할 때는 불안할 수도 있고 믿기 힘든 점이 있을 수도 있지만, 서두르지 말고 조금만 기다려 보세요. 한 개인의 생각으로 그리스도교의 모든 교리를 완벽하게 표현할 수는 없습니다. 가족이라는 공동체 안에서, 그리고 예수 그리스도를 머리로 한 교회라는 공동체 안에서 서로 배려하고 사랑한다면 그 마음을 통해 우리의 신앙을 더욱 정확하게 표현할 수 있을 것입니다.

제7강

라틴어로 강생한 말씀

　니체아 공의회를 시작으로 콘스탄티노플 공의회, 에페소 공의회, 칼체돈 공의회를 통해 신앙 고백의 주요 내용이 확정되었습니다. 그런데 여기에 의문이 하나 있습니다. 과연 이렇게 결정을 내린 기준이 무엇인가 하는 것입니다. 하느님을 믿는 이들의 동의와 공감 같은 것들을 통해서 결정되었다고 했지만, 왠지 이보다 더 깊이 있는 기준이 있을 것 같습니다. 여기에서는 그 기준에 대해 이야기하겠습니다.

　라틴어는 로마 제국의 공용어였습니다. 그런데 5세기 서로마 제국이 멸망하면서 점차 사용이 줄어든 라틴어는 8세기를 넘기며 사어死語가 되었습니다. 그런데 그런 라틴어를 지속적으로 사용하는 곳이 있었습니다. 바로 교회였습니다.

　교회에서는 지금도 라틴어가 사용되고 있습니다. 예를 들어 예수 부활 대축일이나 예수 성탄 대축일 미사에 참석하면 '글로리아 인 엑

스첼시스 데오Gloria in excelis Deo' 하면서 생소한 언어로 노래를 부릅니다. 이것이 바로 라틴어입니다.

이처럼 교회에서는 라틴어를 계속 사용했는데, 그러다 보니 성경도 라틴어로 번역하게 되었습니다. 그렇다면 히브리어와 그리스어로 쓰인 성경이 어떤 과정을 통해 라틴어로 번역되었는지 알아보겠습니다.

성경의 형성 과정

성경을 제대로 읽지 않은 사람이라도 성경이 구약과 신약으로 되어 있음[1]은 알 것입니다. 성경의 권수에 대해서 가톨릭에서는 73권이라고 말하고, 개신교에서는 66권이라고 말합니다. 왜 이렇게 되었을까요?

성경을 하느님이 창세기부터 순서대로 불러 주고 영감을 받은 사람들이 그것을 받아 적은 것이라고 생각한다면 잘못된 것입니다. 성경은 역사의 흐름 속에서 서서히 형성된 것입니다. 구약의 시작인 창세기를 비롯하여 탈출기, 민수기, 레위기, 신명기 이 다섯 권을 묶어서 '오경' 혹은 '토라'라고 부르는데 이들이 형성되는 데 약 450~500년 정도 걸렸습니다. 그리고 예수님이 오시기 약 50년 전에 구약 성경 중 지혜서가 마지막으로 저술되었습니다.

이런 식으로 대략 900년 동안이나 구약이 저술되어 왔는데, 여기에 이름이 하나 생겼습니다. 사람들이 히브리어로 '하 세파림'이라고 불렀고 이는 '그 책들'이라는 뜻입니다. 이것이 그리스어로 번역되어 '두루마리', 즉 책이라는 뜻을 가진 '비블로스'가 되었고, '비블리온'이라고 축약하여 불렀습니다. 유대인들은 '오경', 즉 '펜타토이코스'를 가리킬 때 이 단어를 썼고, 이것이 라틴어로 넘어오면서 '비블리아'가 되었습니다. 이렇게 해서 우리가 아는 '바이블Bible', 즉 '성경'이란 이름이 되었습니다.

그런데 여기서 궁금한 점이 있습니다. 어떤 책들이 성경에 들어가 있고 어떤 책들이 성경에 속하지 못했을까요? 이와 관련하여 '정경正經'이라는 말이 있습니다. 정경이란 교회가 성경으로 받아들인 '공인된' 책들의 목록을 일컫습니다. 초대 그리스도교에서 저술된 책들 중에서도 그리스도교를 잘 가르쳐 주는 책들이 엄선되어 정경을 이루었습니다. 그중 어떤 책들은 정경에 들어왔고 어떤 책들은 들어오지 못했던 것입니다.

'정경Canon'이라는 말은 히브리어의 '카네'에서 나온 말로서, '막대기', '갈대'를 의미합니다. 대나무처럼 마디가 있어서 마치 자처럼 어떤 것을 재는 척도로 쓸 수 있다는 뜻에서 썼던 말입니다. 이 말은 그리스어로 '카논'이 되었고, 그 말의 뜻도 '자, 기준, 표준'의 뜻으로 변화했습니다. 그 후 이 말은 4세기경 그리스도교 신학에 들어와서 정경이라는 의미로 사용하게 되었습니다.

제3강에서 저는 알렉산드리아에서 성경과 관련된 중요한 변화, 즉 《칠십인역》이라는 그리스어 성경 번역이 이루어졌다고 이야기한 바 있습니다. 사실 성경 중에서 가장 먼저 완성된 형태로 만들어진 것이

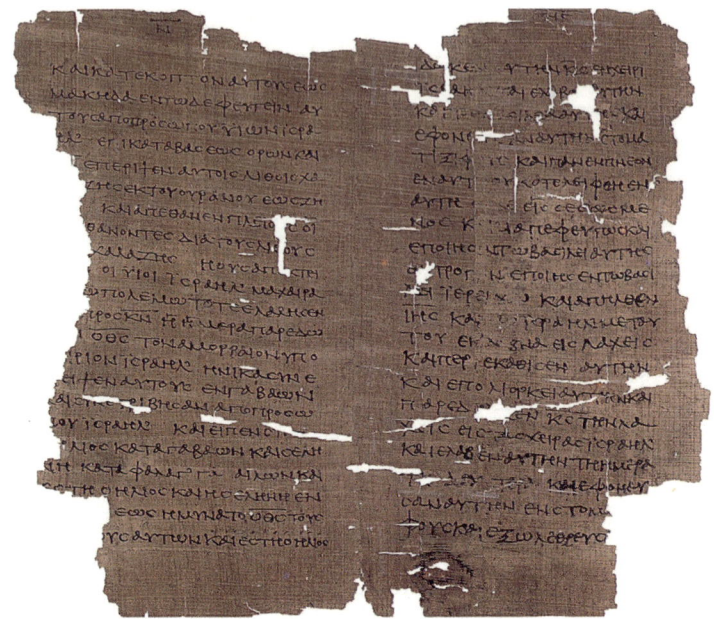

구약 성경의 그리스어 번역본, 칠십인역.

《칠십인역》입니다. 히브리어 성경이 있었음에도 불구하고 그리스어 번역인 《칠십인역》이 널리 읽히면서 기준이 되는 역할을 했던 것이지요. 본래 성경은 히브리어로 쓰였는데 왜 《칠십인역》이 먼저 완결되었다는 것인지 이해가 되지 않을 수도 있는데, 이는 책이 어떤 형태로 만들어졌는지 알면 이해할 수 있습니다.

성경이 지녔던 최초의 형태는 **두루마리**였습니다. 재료는 앞서 말한 바 있는 **양피지**나 **파피루스**였습니다. 이것들을 이어 붙여서 두루마리 형태로 만든 후 보관했습니다. 그런데 구약 성경 46권의 그 많은 내용을 한 두루마리로 만들었다면, 사람의 키보다도 큰 엄청난 분량이었을 것입니다. 그래서 그 내용을 한 두루마리로 만든 것이 아니라, 성경의 각 권마다 별도의 두루마리를 만들었습니다. 예를 들어 창세기 두루마리, 탈출기 두루마리, 이사야서 두루마리 등이 있었던 것입니다. 성경의 내용을 거의 암기하고 있고, 두루마리의 위치를 알고 있던 랍비나 예수님 같은 분은 회당에서 한 두루마리를 펼쳐서 원하는 부분을 찾아 읽을 수 있었을 것입니다.

이러한 방식의 장점은 성경 각 권의 내용을 한눈에 볼 수 있는 것이었습니다. 그러나 성경에 어떤 책들이 속하고 또 어떤 순서로 배열되는 것이 이상적인지는 중요한 문제로 다루어지지 않았습니다. 그러다가 알렉산드리아 도서관을 중심으로 책을 만드는 다른 방법이 널리 퍼지게 되었습니다. 우리가 일반적으로 읽는 책과 비슷한 형태로, 이를 '코덱스Codex'라고 부릅니다. 양피지나 파피루스로 만든 큰 종이를 접어서 실로 꿰매서 만든 책이지요. 이렇게 한 장 한 장 넘길 때마다 새로운 내용이 나오는 책이 되니 갑자기 순서가 중요해졌습니다. 두루마리의 경우는 각각 독립적이었기 때문에 이것을 벽감이나 보관용 금속통에 꽂아 놓으면 되었습니다. 그러나 코덱스가 되면서 앞에 묶여 있는 책들과 뒤에 묶여 있는 책들이 구분되었고 순서가 중요해지기 시작한 것입니다. 그리하여 성경의 순서가 가장 먼저 확정된 것이《칠십인역》이었습니다. 그러나 성경의 원문은 히브리어로 되어 있기 때문에, 히브리어 성경이 권위를 더 인정받는 경우가 생겼습니다.

성경의 순서 및 정경의 확정

기원전 450년 에즈라[2] 시대 때 구약의 '오경'이 가장 중요한 책으로 정해졌습니다. 그리고 이사야서, 예레미야서 등은 기원전 2세기가 되어서 정경으로 확정되었습니다. 나머지 구약 성경들은 예수님이 태어나신 지 90년, 돌아가신 지 60년이 지나서야 팔레스티나의 '얌니아'라는 장소에 유대인들이 모여서 "이것이야말로 우리 유대교의 정경이다."라고 결정했습니다. 이러한 사실에 대해서 의아해할 수도 있습니다. 얼핏 생각할 때 구약은 이미 다 정해져서 예수님께 전해졌고 예수님도 그 정해진 목록을 읽으신 줄 알았는데, 사실 유대교의 정경이 확정된 것은 나중의 일이었던 것이지요.

어쨌든 히브리 성경을 사용하던 유대인들은 구약 성경을 24권이라고 확정했습니다.[3] 얌니아 종교 회의에서는 히브리어 성경이 남아 있는 것들을 정경으로 채택했습니다. 그런데 이미 《칠십인역》은 기원전 2~3세기에 형성되었기에 권수가 차이가 났습니다. 게다가 그리스어 번역본은 있는데 히브리어 원본이 없는 경우가 있었습니다. 성경 학자들이 서로 논의했지만 원래 히브리어로 쓰인 것이 있었다가 소실된 것인지, 아니면 처음부터 그리스어로 쓰인 것인지 불확실했고 그래서 권수가 맞지 않았습니다. 히브리어 성경만 남아 있는 책이 39권이었지만, 여기에 들어 있지 않은 그리스어로 된 책 15권이 성경으로 존중받아 왔던 것이지요. 이 책들의 이름은 다음과 같습니다.

1) 토빗기 2) 유딧기 3) 솔로몬의 지혜 4) 바룩서 5) 예레미야의 편지 6) 마카베오기 상권 7) 마카베오기 하권 8) 수산나 9) 세 청년의 노래 10) 벨과 용 11) 에스테르 속편 12) 벤시락 또는 집회서 13) 에스드라스 상 14) 에스드라스 하 15) 므나쎄의 기도

유대교 사제, 에즈라.

이 책들은 히브리어 없이 오직 그리스어로만 되어 있었기에 어떻게 처리해야 할지 문제가 되었습니다. 가톨릭에서는 이들을 '제2경전'이라고 부릅니다. 그렇다면 제2경전은 정경에 들어갈까요, 들어가지 않을까요? 정경에 들어가기 때문에 제2경전이라고 부르는 것입니다. 가톨릭은 《칠십인역》을 기준으로 해서, 히브리어 성경 없이 그리스어로 된 것들도 인정하며 정경에 포함시켰습니다.[4] 그런데 유대인들은 히브리어로 된 것만이 경전이라고 생각하여 얌니아 종교 회의에서 39권만이 정경이라고 결정했습니다. 히브리어로 쓰인 정경은 '팔레스티나 정경'이라고 부르고, 《칠십인역》은 번역된 도시 이름을 따서 '알렉산드리아 정경'이라고 불렀습니다. 정리하자면, 팔레스티나 정경은 히브리어로 되어 있고, 알렉산드리아 정경은 그리스어로 되어 있다는 것만 알아두면 되겠습니다.

이제 가톨릭과 개신교의 정경의 차이를 보겠습니다. 가톨릭은 전통적인 것을 존중하는 입장에 따라 먼저 정경으로 채택되었던 알렉산드리아 정경을 그대로 유지했습니다. 그런데 1517년 종교 개혁을 시작한 **마르틴 루터**Martin Luther는 가톨릭 전통에 따라 추가된 것을 별로 좋아하지 않았고 그래서 원천, 즉 '성경으로 돌아가자'고 주장했습니다. 루터는 팔레스티나 정경만을 인정했던 것입니다.

이렇게 되면서 가톨릭과 개신교의 정경에 차이가 생겼습니다. 개신교에서는 히브리어로 된 성경을 따르기에 39권만을 구약으로 인정합니다. 가톨릭에서는 신약은 27권으로 개신교와 똑같지만, 구약의 경우는 그리스어로 된 성경을 따르기에 46권을 구약으로 인정합니다. 그래서 개신교에서는 구약과 신약을 더하면 '39+27'해서 66권이 나오고, 가톨릭에서는 '46+27'해서 73권이 나옵니다.

그런데 정경에 들어가지 않는 책들도 있었습니다. 왜 그 책들은 정경으로 선별되지 못했을까요? 초대 교회 때는 많은 책들이 있었습니다. 가톨릭에서는 외경外經, 개신교에서는 위경僞經이라고 부르는 책들이지요.

당시에는 베드로 복음서, 토마스 복음서 등과 같은 책들이 있었습니다. 어떤 복음서들은 신약 성경 학자들이 신약에서 마지막으로 쓰였다고 생각하는 베드로의 둘째 서간보다 먼저 존재했지요. 그런데 내용이 성경과 맞지 않는 경우가 있었습니다. 대표적인 예를 들어 보겠습니다.

외경이라 불리는 베드로 복음서와 토마스 복음서.

일반적인 복음서와 달리 토마스 복음서에는 예수님의 유년 시절 이야기가 재미있고 생생하게 나옵니다. 안식일인데 어린 예수님이 호숫가에 가서 흙장난을 하고 있었습니다. 손재주가 좋았는지 어린 예수님은 참새도 빚고 비둘기도 빚은 모양입니다. 그런데 이것이 엄격한 랍비나 유대인들이 보기에는 안식일에 금지된 일을 하는 것처럼 보였습니다. 그래서 그들은 예수님의 아버지 요셉에게 가서 당신 아들이 안식일인데 흙으로 무엇인가를 빚는 일을 하고 있다고 질책했습니다.

당황한 요셉이 어린 예수님을 찾아가서 "예수, 오늘은 안식일이야. 이런 일을 하면 안 돼."라는 식으로 타일렀습니다. 어린 예수님은 요셉을 빤히 쳐다보다가 "참새들아, 날아라!" 하고 외쳤습니다. 그랬더니 진흙으로 빚은 참새들이 푸드득거리며 날아갔습니다. 어린 예수님이 안식일에 금지된 일을 하고 있다며 요셉을 불러온 사람들은 민망해졌겠지요.

또 다른 이야기가 있습니다. 어린 예수님이 지붕에서 놀고 있었는데, 나쁜 친구들이 누군가를 괴롭히는 모습을 봤습니다. 예수님은 그것이 마음에 들지 않았나 봅니다. 그래서 눈을 부라리며 "떨어져라!"라고 외쳤고, 나쁜 친구들은 떨어져서 다리가 부러졌습니다. 그러나 성경을 읽어 보면 예수님이 누군가를 저주해서 다리를 부러뜨렸다는 내용은 없습니다.

이런 식으로 재미는 있으나 기존의 성경과 잘 맞지 않는 내용이 외경에는 많았습니다. 그래서 이것은 유익하지 않을 것 같다고 빼놓았던 것이지요. 이러한 외경에는 구약에 속하는 12성조의 유언, 에녹서, 유빌레움, 므나쎄의 기도, 제3에즈라기, 제3마카베오기 등이 있으며 신약에는 에피온인, 히브리인, 이집트인, 니코데모, 야고보, 베드로 복음서를 비롯하여 바오로 행전 등이 있습니다.

따라서 우리가 지금 읽는 성경은 그리스도교의 역사와 전통 안에서 형성된 것입니다. 그렇다면 이러한 사실은 성경이 성령의 영감을 받지 않았다는 뜻일까요? 그렇지 않습니다. 하느님이 우리가 지혜를 갖춰 서서히 성경을 만들어 나갈 수 있도록 준비시켜 주신 것입니다.

이러한 성경을 열심히 번역하며 발전시킨 학자가 있습니다. 앞서 말했던 오리게네스입니다. 오리게네스가 히브리어 성경과 다섯 가지 그리스어 성경 번역을 대조하고 대비시켜 《헥사플라》라는 책을 썼다고 했습니다. 그가 이런 작업을 한 것은 성경의 중요한 구절마다 모든 번역이나 판본을 비교해 가면서 가장 좋고 정확한 번역, 또는 구절의 정확한 의미가 무엇인지 찾아내기 위해서였습니다.

최초의 라틴어 성경, 《베투스 라티나》

이렇게 하여 정경이 확정되었습니다. 그런데 문제가 생겼습니다. 요즘 젊은 세대가 한자를 잘 모르듯이 당시에는 그리스어가 그랬습니다. 예전에는 그리스어를 다 공부했는데 그다음 세대들은 그리스어를 잘 모르게 되었습니다. 그래서 히브리어에서 그리스어로 번역한 것처럼, 이제는 그리스어를 라틴어로 번역할 필요성이 생겼습니다. 그런데 어떤 규정을 따라서 정교하게 번역이 되지 않고, 자유롭게 번역이 되었습니다. 그리스어 좀 안다는 선교사들이 읽으며 필요에 따라 급하게 라틴어로 번역을 하다 보니까 번역에서 사용된 용어가 매우 단순하고, 지나치게 구어체가 되어 버렸습니다. 이렇게 만들어진 라틴어 번역 성경을 '고대 라틴어 역본'이라고 해서, 《베투스 라티나*Vetus Latina*》라고 부릅니다.

그런데 다양한 번역들이 우후죽순으로 마구 나오면서 서로 일치가 되지도 않았고, 게다가 성경 학자도 아니었던 번역자들이 자신이 이해한 대로 번역했기 때문에 오역도 많았습니다. 이것은 큰 문제였습

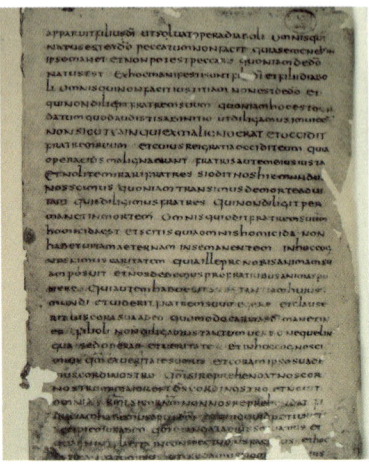
고대 라틴어 역본, 베투스 라티나.

니다. 단어가 조금만 바뀌어도 그 의미가 달라지고 엄청난 영향력을 미치는 것이 성경인데, 잘못된 번역으로 인해 성경의 의미가 달라졌던 것입니다.

예를 들어 마태오 복음서의 경우, 이사야서를 인용하면서 "보아라, 동정녀가 잉태하여 아들을 낳으리니"(마태 1,23)라고 되어 있습니다. 그런데 인용된 히브리어 성경의 이사야서에는 '동정녀'가 등장하지 않습니다. "보십시오, 젊은 여인이 잉태하여 아들을 낳고 그 이름을 임마누엘이라 할 것입니다."(이사 7,14)라고 되어 있지요. '동정녀'와 '젊은 여인'이 주는 느낌은 매우 다릅니다.

이러한 번역의 작은 차이가 후대에 예수님의 형제 이야기를 하면서 사람들이 성모님은 동정녀가 아니었다는 주장도 할 정도로 성경의 의미를 변화시켰습니다. 이렇듯 《베투스 라티나》는 틀리게 번역된 구절이 많아서 성경의 의미를 변질시킬 위험이 있었습니다. 그래서 제대로 된 번역을 해야 한다는 목소리가 나올 때, 혜성같이 등장한 인물이 있습니다.

최고의 성경 번역가, 히에로니무스와 《불가타》

성경을 라틴어로 번역한 히에로니무스.

그는 바로 '히에로니무스Eusebius Sophronius Hieronymus(347년경~420년)'입니다. 히에로니무스에서 첫 글자 'H'는 언어에 따라 종종 소리를 내지 않기 때문에 예로니무스로 읽을 수 있고 이것을 네 글자로 축약하면 '예로니모'가 됩니다. 우리에게 익숙한 예로니모 성인이 바로 히에로니무스입니다. 여기서 'I'를 'J'로 바꾸고 영어식으로 읽으면 '제롬Jerome'이 되지요.

히에로니무스는 로마 제국의 속주였던 달마티아의 스트리돈(지금의 크로아티아)의 귀족 집안에서 태어났습니다. 히에로니무스는 수사학과 라틴어, 그리고 고전 문학을 전공했습니다. 중세 언어 철학을 공부한 사람이라면 최고의 문법학자로 '도나투스Aelius Donatus'를 꼽는데, 히에로니무스는 바로 이 도나투스 밑에서 공부했습니다. 그런데 그때만 해도 히에로니무스는 그리스도교에 별로 관심이 없었습니다.

그러던 어느 날, 히에로니무스는 갑자기 중병에 걸리고 말았습니다. 꿈자리도 사납고 불안해진 히에로니무스는 '내가 기도하면 나을까?'라는 생각이 들었습니다. 그래서 기도를 했는데, 신기하게도 병이

히에로니무스의 스승, 아타나시우스.

치유됐습니다. 단지 마음속으로 기도를 했을 뿐인데 병이 낫는 놀라운 경험을 한 히에로니무스는 그 이후 그리스도교를 믿게 되었습니다. 한편 그는 뛰어난 능력을 인정받아 로마 제국의 서쪽에 위치한 트리어Trier라는 도시의 관리로 있었습니다.

그런데 거기서 '아타나시우스Athanasius(296/298년~373년)'라는 인물을 만나게 됩니다. 아타나시우스는 니체아 공의회에서 아리우스 이단을 물리치는 데 중요한 역할을 했지요. 그래서 니체아 신경을 '아타나시우스 신경'이라고 부르기도 합니다. 아타나시우스는 니체아 신경을 지키려다가 네 번이나 귀양을 가게 되었는데 귀양 중에 트리어에 와 있었습니다. 트리어에서 아타나시우스는 장래가 촉망되는 관리였던 히에로니무스를 가르쳤습니다. 머리가 좋고 언어에도 뛰어난 히에로니무스는 그리스어 공부도 잘했고 이때부터 성경 공부도 열심히 하기 시작했습니다.

그러다가 본격적으로 성경 공부를 하고 싶어진 히에로니무스는 콘스탄티노플, 안티오키아, 알렉산드리아가 있는 동방 지역을 여행하겠다는 마음으로 콘스탄티노플 쪽으로 넘어갔습니다. 그런데 히에로니무스는 스승 복도 많았던 모양입니다. 그는 거기서 또 다른 뛰어난 스승을 만났습니다. 바로 카파도키아의 세 교부 중 한 명인 나지안주스의 그레고리우스였습니다. 히에로니무스는 나지안주스의 그레고리우스의 강의를 들었는데, 그 강의에서 스승이 존경하던 멘토 오리게네스에 대해 배웠습니다. 그 후 히에로니무스는 오리게네스의 매력에 완전히 빠졌습니다.

이렇게 공부에 심취했던 히에로니무스도 어렸을 때는 사고를 많이 쳤던 모양입니다. 그가 어렸을 때 로마 제국에는 퇴폐적인 분위기가 널리 퍼져 있었습니다. 에페소의 유적지에 가면 도서관 근처에 유곽遊廓의 흔적이 지금도 남아 있습니다. 이렇게 도서관 근처에 일명 홍등가紅燈街가 있었던 모양입니다. 당시의 로마는 매우 자유분방했기 때문에 홍등가가 멀지 않은 곳에 있었고 성적 방종도 흔했습니다. 히에로니무스도 어렸을 때는 별로 죄의식을 갖지 않고 친구들과 술 한잔 걸치고 그런 곳에서 놀았다고 합니다. 그런데 그리스도교로 개종한 후 히에로니무스는 마음이 너무 아팠습니다. 자신이 젊었을 때 저질렀던 짓이 후회되었습니다. 밤만 되면 그는 과거에 본 것들이 떠올랐습니다. 꿈을 꾸면 무희들이 나와서 춤을 추었던 것입니다.

히에로니무스는 이런 욕구를 다스리려고 하다가 안 되면 옆에 있는 돌을 집어다가 자신의 가슴을 막 찧었습니다. 그러면서 그는 안티오키아 근처에서 4년 동안 은수 생활을 하며 성경 공부에 몰두했습니다. 그런데 아무리 해도 유혹이 없어지지 않자 히에로니무스는 히브리어 공부를 시작했습니다. 참 별나지요? 유혹을 이겨 내기 위해 자신의 머리를 어려운 언어로 가득 채우려고 하다니 말입니다. 그렇게 히브리어 공부를 하게 된 히에로니무스는 랍비에게 가서 짧은 시간 안에 히브리어를 배웠고, 얼마 되지 않아 히브리어 성경을 줄줄 외우게 되었습니다. 안티오키아 지역의 주교들은 그런 히에로니무스를 훌륭하다고 말하면서 그에게 자문을 구했습니다.

요즘에도 추기경이나 주교가 올 때 신학자를 대동하는 경우가 있습니다. 다마소 1세 교황(305~384년)에게 교회 회의에 참석하라는 부름을 받은 안티오키아의 주교들은 히에로니무스를 대동했습니다. 그렇게 로마에 갔는데 히에로니무스가 어떤 어려운 신학적인 질문을 해도 어려운 용어에 대한 설명을 덧붙여 정확하게 대답하는 것이었습니다. 그 자리에 있던 사람들은 모두 놀랐습니다.

다마소 1세 교황도 예외가 아니었습니다. 나이가 많았던 교황은 안티오키아 주교의 손을 꼭 잡으며 히에로니무스를 자신의 곁에 두어도 되겠냐고 부탁했습니다. 이렇게 교황은 히에로니무스를 자신의 비서로 채용했습니다.

다마소 1세 교황은 히에로니무스에게 《베투스 라티나》의 구약 성경 내용이 뒤죽박죽이니 이것을 수정하라고 명령을 내렸습니다. 히에로니무스는 수정 작업에 들어갔고, 새로운 번역에서 뛰어난 능력을 발휘했던 그에 대해 사람들 사이에 소문이 퍼지기 시작했습니다. "히에로니무스라는 분이 왔는데 그리스어, 히브리어도 줄줄이 외우고 능력도 뛰어나고 진짜 대단하대." 하는 소문이 로마에 퍼졌던 것이지요. 그리하여 로마 귀족들 중에 성경 공부를 열심히 하던 부인들 한테 히에로니무스는 스타로 떠올랐습니다.5

히에로니무스를 비서로 삼은 다마소 1세 교황.

그런데 이렇게 인기도 많고 잘 나가는 사람한테는 꼭 시기하는 사람들이 있기 마련입니다. 히에로니무스의 적대자들은 그를 골탕 먹이려고 했습니다. 하루는 그들이 히에로니무스가 자는 침상에 여성복을 늘어놨습니다. 히에로니무스가 입는 옷과 비슷하게 생긴 여성복을 말입니다. 사제였던 히에로니무스가 새벽 미사를 드리기 위해 일어났는데, 비몽사몽 중에 자신의 옷인 줄 착각하고 그 여성복을 입고 미사에 들어가게 되었습니다. 어떻게 되었을까요? 여성복을 입고 나타난 히에로니무스를 적대자들은 비아냥거리며 마구 헐뜯었습니다.

히에로니무스를 신뢰하던 다마소 1세 교황은 이런 비난을 다 막아 주었습니다. 그러나 384년 겨울에 교황이 그만 세상을 떠났습니다. 그 후 사람들은 새로운 교황을 옹위했는데, 그 교황은 히에로니무스가 로마에 있는 것을 굉장히 싫어했습니다. 이렇게 주변에서 계속 문제가

베들레헴에 있는 히에로니무스의 경당.

생기자 히에로니무스는 자신이 얻었던 모든 명성을 버리고 팔레스티나로 가서 '교황 성하께서 나에게 명령하신 라틴어 번역을 마치자.'라는 계획을 실천에 옮기게 되었습니다.

사실 이러한 결정을 내리게 된 계기 중 하나가 히에로니무스가 꾸었던 꿈입니다. 히에로니무스는 그리스 철학을 매우 잘 이해하고 있었는데, 어느 날 꿈에 예수님이 나타나서 "너는 나의 제자라고 이야기하고 다니며 사제로서 살아가고 있지만 너는 키케로Cicero(로마 제국의 유명한 인문 학자)의 추종자이지, 그리스도인이 아니다. 네 보화가 있는 곳에 네 마음이 있기 때문이다."라고 하셨습니다. 히에로니무스는 놀라서 벌떡 일어났습니다. 그리고 '아, 이것은 무슨 이야기인가? 주님께서 내가 아직 성경에 충분히 익숙하지 못하다고 야단치시는 모양이다.'라고 생각했습니다.

그때부터 히에로니무스는 그의 전 생애에 걸쳐 성경 번역에 몰두했습니다. 베들레헴의 주님 탄생 성당 옆에는 작은 동굴 같은 히에로니무스의 경당이 하나 있습니다. 이 경당에서 386년부터 404년까지 총 18년 동안 히에로니무스는 스스로 자신을 그곳에 가두다시피 하며 열심히 성경을 번역했습니다.

히에로니무스와 관련된 아주 유명한 일화를 하나 소개하겠습니다. 어느 날 히에로니무스가 열심히 성경을 번역하고 있는데 바깥이 시끄러웠습니다. 사람들이 소리를 지르면서 여기저기 도망 다니는 것 같았습니다. 히에로니무스가 무슨 일인지 확인하려고 나가 보니, 사자가 어슬렁거리고 있고 사람들이 바들바들 떨고 있었습니다. 워낙 대담했던 히에로니무스는 사자를 피하기는커녕 정면으로 쳐다봤는데, 사자가 좀 이상해 보였습니다. 사자가 절뚝거리고 있었던 것입니다.

히에로니무스가 사자에게 다가가자 주변 사람들은 제발 그러지 말라며 난리가 났습니다. 그래도 히에로니무스는 사자에게 가서 사자의 발을 들어 보았는데, 사자는 으르렁거리며 반항하기는커녕 강아지처럼 발을 그에게 내밀었습니다. 발을 살펴보니 두꺼운 가시가 박혀서 피가 뚝뚝 떨어지고 있었습니다. 그래서 히에로니무스는 그 가시를 뽑아 준 후 사자를 강아지처럼 쓰다듬어 주었습니다. 그런데 그 후 사자가 히에로니무스 곁을 떠나지 않는 것이었습니다. 사자는 히에로니무

사자의 발에서 가시를 빼 주는 히에로니무스.

스가 집필하고 있을 때 으르렁거리며 시끄럽게 하지도 않으면서 듬직하게 그의 곁에 남아서 그를 지켰다고 합니다.

이러한 상황에서 히에로니무스가 완성한 책이 바로 《불가타*versio vulgata*》라는 라틴어 성경입니다. 《불가타》는 널리 사람들에게 읽힐 수 있는 책이라는 의미로서, 공식 라틴어 성경입니다. 16세기 르네상스에 이르기까지 《불가타》는 최고의 성경으로 자리매김하며 사람들이 읽는 주된 경전으로 꼽혔습니다.

히에로니무스는 오리게네스가 편집한 《헥사플라》를 철저하게 분석했습니다. 가장 정확하게 번역하기 위해서 이것을 공부했던 것입니다. 또한 구약을 그리스어로부터 번역한 것이 아니라 히브리어로부터 전부 다시 번역했습니다. 물론 그도 번역에 실수를 하긴 했지만,[6] 한 명이 번역한 것 중에서 이렇게 완벽한 번역은 찾아보기 힘듭니다. 당시에는 그 누구도 히에로니무스만큼 훌륭한 번역을 해내지 못했습니다. 《불가타》는 그의 노력과 재능만큼 뛰어나면서도 비교적 정확한 내용을 담게 되었습니다.

성경을 이해하는 방법

성경은 역사 안에서 오랜 시간에 걸쳐 완성되었습니다. 구약만 해도 무려 900년 동안 저술되었고, 신약은 정경이 확정되는 데 300년이 걸렸습니다. 구약이 집필되기 시작한 이후 거의 1,400년이 지나서야 73권의 성경이 확정된 것입니다. 그렇기 때문에 책마다 성격이 다릅니다. 구약만 해도 역사서도 있지만 지혜서도 있고 시편도 있고 굉장히 다양합니다. 그렇지만 모두 하나의 정신으로 이루어졌습니다. 하느님에 대한 말씀을, 그리스도에 대한 말씀을 전달해 주기 위한 책들로서 수준은 서로 다르지만, 하나의 주제를 지닌 책으로 통일되고 있습니다.

여기서 주목할 것은 가장 중요한 역할을 하신 분이 바로 하느님이시고, 그분의 성령이 영감을 주신 것입니다. 그런데 여기에 또 다른 중요한 요소가 들어갑니다. 바로 사람이 적었다는 것입니다. 성경은 시대와 문화의 배경에 따라 쓰였습니다. 성경을 공부할 때 유대 지방의 풍습과 그리스의 문화를 배우는 이유는 이것을 잘 이해하기 위한 것입니다.

문자적 의미

| 우화적 (Allegorical) 의미 | 도덕적 교훈적 의미 | 예언적 신비적 의미 |

성경 해석의 4중 체제.

하느님의 측면에서 보면, 성경은 그 내용에 오류가 없는 책입니다. 어려운 용어로 '무류성無謬性'이라고 하지요. 그러나 기록자인 인간의 측면에서 보면, 성경도 인간의 시대적인 한계를 안은 채 기록된 책입니다. 그렇기에 성경은 문자 그대로 읽는다고 끝나는 것이 아닙니다. 시대와 문화 속에 사는 인간이 그 배경에 따라 쓴 이야기들은, 강론과 설교를 통해서 살아 있는 말씀으로 다가오게 해야 합니다.

그런데 문제가 되는 것이 있습니다. 성경의 내용 중에 모순처럼 보이는 게 많다는 것입니다. 성경에 나오는 말씀을 이해하기 위해서는 해석의 방법이 필요했습니다. 그 해석의 방법이 무엇일까요?

성경에는 다양한 의미가 들어 있습니다. 기본적으로 글자를 읽으면서 알 수 있는 문자적 의미도 있지만, 해석과 관련되는 영적인 의미도 있습니다. 전문가들이 우의적이라고 부르는 우화적 의미도 있고, 도덕적인 의미, 예언적인 의미 등도 있습니다. 여기서 문자적 의미와 영적인 의미는 기억해 둘 필요가 있습니다. 이 두 가지 의미를 잘 이해하면서 성경을 읽어야 그 안의 말씀이 살아 있는 말씀으로 다가올 수 있습니다.

성경의 가장 핵심적인 이야기, 가장 큰 계명은 무엇일까요? 이것은 두 가지 사랑으로 요약할 수 있는데 이에 대해 예수님과 유대교의 랍비들도 동의했습니다. 바로 하느님 사랑과 이웃 사랑입니다. 성경은 지식을 자랑하기 위한 것이 아니라 실천하기 위한 것입니다.

따라서 하느님 사랑과 이웃 사랑을 실천해야 합니다. 앞서 이야기한 팔레스티나 정경, 알렉산드리아 정경 혹은 히에로니무스에 대한 지식들을 아는 것보다 훨씬 중요한 것이, 하느님의 살아 있는 말씀을 알고, 하느님 사랑과 이웃 사랑을 실천하며, 그 말씀이 나의 삶 안에서 살아 있게 하는 것이 아닐까 싶습니다.

제8강

흔들리는 로마 제국과
눈물로 키운 신앙

로마 제국은 수 세기 동안 지중해 연안을 모두 점령하여 다스리고 있었습니다. 그런데 이 대제국도 서서히 몰락해 갔습니다. 외적外敵이 위협하는 위기의 상황에서는 서로 똘똘 뭉쳐서 견고하지만, 외적이 사라지고 평화로운 시기가 되면 오히려 서로 싸우면서 분열이 생기기 쉽습니다.

이렇게 로마 제국이 몰락하기 시작한 건 빈부 격차가 심해지면서 사회 불안이 야기되고 경제적인 형편이 급속히 나빠졌기 때문입니다. 예전에는 예루살렘 성전을 약탈해서 그 재정으로 콜로세움을 세우는 등 지중해 주변의 국가들을 점령하면서 국가 재정이 매우 넉넉했습니다. 그런데 로마 제국이 지중해 연안을 점령한 후에는 그런 식으로 점령하고 약탈할 수 있는 새로운 곳이 없었습니다. 이렇게 외부에서 새롭게 돈을 유치할 곳은 없는데, 사치스럽고 방탕한 분위기 속에 있던

향락을 즐기는 퇴폐기의 로마인들.

로마에서는 생활비가 몇 배로 나갔습니다. 그러자 로마 제국의 고급 관리들은 점령지에서 세금을 많이 걷었고 결국 사람들은 생활이 점점 더 힘들어졌습니다.

또한 로마는 원래 전쟁이 일어나면 용병을 쓰지 않고, 가장 힘들고 격렬한 전투에도 로마인들이 직접 나가 싸워서 명성을 얻었는데 이마저 바뀌게 되었습니다. 부유한 이들 중에 자신의 아들을 사지로 내몰고 싶은 부모가 어디 있을까요? 더욱이 로마인들은 실용적인 민족이었기에, 로마 제국 후기에 귀족 자제들은 용병을 두세 명 사서 자기 대신 입대시켰습니다. 그 당시 용병으로 제일 인기 있던 민족이 있었는데, 그 민족이 바로 게르만족이었습니다. 그런데 이렇게 용병을 자꾸 고용하다 보니 로마군의 전투력이 서서히 약화되었습니다.

국가 재정과 국방이 위태로움에도 불구하고 로마 제국은 향락적인 분위기에 빠졌고, 서로를 불신하는 풍조가 만연했습니다. 사기꾼도 많았고, 콜로세움에서는 사람의 목숨을 갖고 도박을 즐겼습니다. 로마 사회에서 불신과 이기주의가 생겨나기 시작했습니다.

아우구스티누스의 탄생과 성장

이렇게 로마 제국이 몰락하던 때에 한 위대한 사상가가 태어납니다. 바로 '아우구스티누스Augustinus(354~430년)'입니다. 가톨릭 교회에서는 '아우구스티노', 영어식으로는 '어거스틴Augustine'이라고 부르지요. 476년에 서로마 제국이 완전히 멸망하는데, 이 서로마 제국의 쇠퇴기에 아우구스티누스가 태어났던 것입니다.

오른쪽 지도를 보면 북아프리카에 '카르타고'라고 표시된 부분이 있습니다. 이 지역에 속하는 '타가스테Tagaste'[1]에서 아우구스티누스가 태어났습니다. 카르타고를 중심으로 한 지중해 연안 지역은 로마 제국에 속해 있었을 뿐 아니라, 그리스어와 라틴어를 혼용하는 그리스-로마 문화권의 핵심 지역이었습니다. 바로 그런 문화권에서 아우구스티누스가 태어났습니다. 아우구스티누스는 그리스-로마 문화와 그리스도교 사상을 융합하기 위해 노력했고 그것을 완성했습니다. 그래서 저는 아우구스티누스야말로 '그리스도교 최고의 스승'이라고 감히 말하고 싶습니다.

아우구스티누스가 어떤 역할을 했는지 이해하기 쉽도록 음식에 비

동과 서로 갈라진 로마 제국 말기의 지도.

유해 보겠습니다. 테르툴리아누스처럼 그리스 철학을 반대하는 입장이 있었고, 오리게네스처럼 그리스 철학을 적극적으로 수용하고자 하는 입장도 있었으며, 카파도키아의 세 교부들처럼 적절한 조화를 꾀했던 입장도 있었습니다. 이들은 비빔밥을 만들기 위해 재료를 준비해 준 것입니다. 이렇게 비빔밥을 만들기 위한 재료들이 준비되었는데 정작 중요한 것이 빠져 있었습니다. 아직 참기름이랑 고추장이 준비가 안 된 것입니다. 그것을 준비한 것이 바로 아우구스티누스입니다. 그리스-로마 문화와 그리스도교 사상이라는 재료를 섞고 참기름과 고추장까지 넣어서 맛있는 비빔밥을 만든 인물인 것이지요.

이렇게 말하면 아우구스티누스가 정말 대단해 보이지만 사실 그도 우리와 같은 보통 사람이었습니다. 유혹에도 빠지고 잘못을 저지르기

그리스도교의 위대한 스승, 아우구스티누스.

도 하고 그 잘못을 뉘우치기도 했지요. 그래도 결국 많은 이들에게 존경받게 되었습니다. 그런데 뛰어난 사람에게는 그를 반대하는 사람이 꼭 있기 마련입니다. 뛰어난 학자였던 오리게네스나 히에로니무스에게도 반대자들이 있었습니다. 아우구스티누스의 반대자들은 아우구스티누스를 매우 격렬하게 싫어했습니다. 그들은 원죄론原罪論을 발전시킨 아우구스티누스야말로 인간 이성이 지닌 가능성을 부정함으로써 인간의 품위를 손상시켰다고 비난했습니다.

그러면 도대체 아우구스티누스가 어떤 인물이고 왜 그리스도교 최고의 스승으로 불리는지, 그리고 그리스-로마 문화를 어떻게 그리스도교와 융합시켰는지에 대해 이야기해 보겠습니다.

아우구스티누스의 아버지 파트리치우스는 로마의 하급 관리였습니다. 그는 그리스-로마 문화의 분위기를 대변하는 사람으로서, 당시의 향락적인 문화를 따르고 세속적인 명예를 좋아했습니다. 반면 어머니인 모니카는 매우 훌륭한 여성이었습니다. 저는 이 모니카에게 '타가스테의 신사임당'이라는 별명을 붙이고 싶네요. 모니카는 신앙심이 매우 깊었습니다. 그래서 집안사람들을 전부 그리스도교로 개종시켜서 신앙인으로 만들었습니다.

그런데 말을 듣지 않는 사람이 꼭 있습니다. 그중 한 명이 남편 파트리치우스였습니다. 때로는 살짝 바람도 피우는 것 같은 그는, 가정생활에는 관심도 없으면서 권위만 내세웠습니다. 그러나 모니카는 이렇게 속썩이는 남편에게 한 번도 화를 내지 않았습니다. 그리고 언젠가는 남편도 그리스도교를 받아들이게 될 것이라고 믿고 기다렸습니다. 이런 모니카와 파트리치우스 사이에서 태어난 아들이 아우구스티누스입니다.

아우구스티누스의 아버지는 아우구스티누스가 높은 관직에 오르기를 바랐습니다. 파트리치우스는 매번 열심히 일해도 상급 관리한테 깨지는 하급 관리였기에, 똑똑하고 영리한 아우구스티누스가 '명령에 굴복해서 자존심을 죽여야 하는 사람'이 아닌 '명령하는 위치에 있는 상급 관리'가 되기를 바랐던 것입니다. 그 당시에 상급 관리가 되기 위해

아우구스티누스의 어머니, 모니카.

서 공부해야 하는 두 가지 학문이 있었는데, 바로 수사학과 법학이었습니다.

파트리치우스는 아우구스티누스에게 공부를 열심히 해서 자신보다 열 배는 훌륭한 사람이 되라고 부탁하며, 없는 돈을 탈탈 털어 아우구스티누스가 학교를 다닐 수 있게 해 주었습니다.

어린 시절 방황한 아우구스티누스

그런데 많은 가정에서 그렇듯이 아우구스티누스의 교육도 부모의 마음처럼 쉽게 되지는 않았습니다. 기껏 학교를 보내 주었는데도 아우구스티누스는 열심히 공부하는 모범생은 아니었습니다. 그런데 머리는 비상해서 열심히 공부하지 않아도 빨리 배울 수 있었습니다.

저도 오랫동안 학생들을 가르치다 보니 학생들이 두 종류로 구분될 때가 있습니다. 어떤 학생들은 머리가 좋고 비상합니다. 수업 시간에 딴짓을 하는 것 같아서 질문을 던지면 바로 대답합니다. 출석을 부르면 자리가 비어 있을 때가 많은데도 시험을 치를 때 답안지는 잘 씁니다. 반면 어떤 학생들은 맨 앞자리에서 고개를 끄덕이며 열심히 듣고 출석도 빠지지 않습니다. 그런데 막상 시험 때는 원하는 답을 비켜 가면서 다른 내용을 쓰니 이 학생들을 어떻게 가르쳐야 하나 고민이 됩니다. 전자의 학생들은 사실 가르치는 사람의 입장에서는 얄밉습니다. 수업도 열심히 안 듣는데 막상 시험은 잘 보니 뭐라 할 수도 없습니다. 요즘 교수들이라면 그런 학생들에게 "자네 같은 재주가 있으면 열심히 공부해야 하는데."라고 넌지시 말해 주고 가만히 내버려 두기도 합니다.

그런데 아우구스티누스가 다니고 있었던 타가스테의 학교는 그런 분위기가 아니었습니다. 아우구스티누스가 학교 다닐 때는 머리는 비상한데 스승의 말을 듣지 않는다는 이유로 엄청 맞았던 모양입니다. 아우구스티누스는 학교에서 맞고 집에 돌아와서 부모에게 위로를 받고 싶었습니다. 그러나 아버지는 "내가 너를 학교에 어떻게 보냈는데 공부도 하지 않고 이렇게 매를 맞고 돌아오느냐!" 하면서 화를 냈습니다. 심지어 어머니조차 "아우구스티누스, 학교 가면 선생님 말씀 잘 들어야 한다." 하면서 자신의 편을 들어 주지 않았습니다. 어린 아우구스티누스는 상심이 컸습니다.

그러다가 아우구스티누스는 마지막으로 믿을 만한 보루를 찾아냈습니다. 어머니가 좋아하는 하느님께 부탁하러 간 것입니다. 어린 아우구스티누스가 고사리 같은 손을 모으고 "하느님, 저 다른 거 다 필요 없고, 이제 말 잘 들을 테니깐 학교 가서 매 맞지만 않게 해 주세요."라고 기도했습니다. 그 기도가 이루어졌을까요? 이후에 아우구스티누스가 《고백록》에 기록한 내용에 따르면 이때 하느님이 자신의 기도를 들어주지 않으셨다고 합니다. 불쌍하게도 어린 아우구스티누스는 매번

매를 맞으면서 학교를 다녔던 것입니다.

그런데 그때에는 요즘보다 더 강하게 무조건 암기하라고 학교에서 주입식 교육을 했었나 봅니다. 그리스어를 달달 외우라고 강요하는데 못 외우면 때리니까 아우구스티누스는 학교가 점점 싫어졌습니다. 자의식이 굉장히 강했고 지기 싫어했던 아우구스티누스는 학교에서 공부 대신 싸움으로 1등을 했습니다. 키는 작았지만 싸움이 붙으면 절대로 물러나지 않았습니다. 알리피우스라는 덩치 큰 친구한테도 겁도 없이 막 덤벼드니 알리피우스도 "야, 됐어. 내가 졌어." 하면서 꼬리를 내릴 정도였다고 합니다.

이것으로 만족했으면 좋았을 텐데 욕심쟁이 아우구스티누스는 더 명성을 떨치고 싶었습니다. 혹시 '서리'라고 들어본 적이 있나요? 참외밭이나 수박밭에서 작물을 몰래 훔쳐 먹는 것을 서리라고 하지요. 타가스테에도 과수원들이 있었는데 거기에서 아우구스티누스도 서리를 했습니다. 그런데 아우구스티누스는 서리를 이른바 '기업형'으로 했습니다. 자기를 따르는 친구들을 전부 몰고 가서 앞장서 나무에 올라가 과일을 따서 던지며 큰 배나무를 통째로 털었습니다. 너무 많아서 다 먹지도 못하고 짊어져서 가져오기도 힘들 정도였습니다.

그런데 아우구스티누스가 서리를 한 것은 과일을 먹기 위해서가 아니었습니다. 자신의 용기를 보여 주고, 자신이 누구보다 과일을 더 많이 땄다는 것을 과시하기 위해서였습니다. 큰 도시도 아니고 두 집 걸러 서로 다 아는 타가스테라는 마을에서 서리를 했으니 누가 했는지

북아프리카의 항구 도시 카르타고의 유적들.

모를 리가 없었습니다. 피해를 본 사람들이 아우구스티누스의 아버지와 어머니를 찾아와서 따졌습니다.

이러한 상황에서 부모들이 보이는 전형적인 반응이 있습니다. "우리 아들은 착한데 친구를 잘못 만나서 그래요."라는 것이지요. 아우구스티누스의 어머니도 그렇게 생각했습니다. 서리의 주범이 아들 아우구스티누스인데 친구 탓을 했던 모양입니다. 그래서 그런 친구들로부터 아우구스티누스를 격리시켜야겠다고 생각했고, 아우구스티누스를 타가스테 근처 마다우라Madaura² 로 보냈습니다. 그렇지만 친구들이 그곳까지 몰려가서 아우구스티누스와 어울리자 또 사고를 칠 것을 두려워한 그의 부모는 300킬로미터나 떨어진 곳에 아들을 유학 보냈습니다. 그곳이 바로 당시 북아프리카 최고의 도시였던 **카르타고**³ 입니다.

카르타고는 엄청난 규모의 항구 도시였습니다. 오늘날까지 그 흔적이 남아 있을 정도로 대단히 발전했던 도시였던 카르타고는 로마 제국 최대의 곡물 수출항이었습니다. 그 당시 아프리카 지중해 연안은 나일

제8강. 흔들리는 로마 제국과 눈물로 키운 신앙 **187**

카르타고의 포에니 항구.

강 유역 못지않은 곡창 지대였습니다. 그래서 카르타고는 엄청난 부를 축적했습니다. 그런데 이런 부유한 도시에는 꼭 홍등가가 발달하기 마련이지요. 기껏 정신 차리고 열심히 공부하라고 카르타고에 유학 보냈더니 혈기왕성한 사춘기 소년 아우구스티누스는 그만 이러한 곳에 더 큰 관심을 보이게 됩니다. 아우구스티누스는 부모가 대주는 유학비를 신나게 노는 데 다 써 버렸습니다.

그러던 와중, 아우구스티누스는 겨우 18세의 나이에 아기가 생겨 버립니다. 청천벽력 같은 소식이지요. 아우구스티누스의 아버지는 그 사이에 세상을 떠났기 때문에 어머니 모니카에게 이 소식이 전해졌습니다. 모니카는 이 소식을 듣고 하늘이 무너지는 것 같았습니다. 공부하라고 보냈더니 하라는 공부는 안 하고 자식이 딸린 미혼부가 되어 버렸기 때문입니다. 심지어 그 아들을 낳은 여인은 신분이 너무 낮은 하층민이어서 법적으로 결혼할 수도 없는 처지였습니다.

그러나 아우구스티누스는 그런 내연녀와 함께 아들을 길렀습니다. 그런데 아들의 이름이 참 기가 막힙니다. 이름을 '아데오다투스Adeodatus'라고 지어 놓은 것입니다. '아'는 '~부터'라는 뜻이고, '데오'는 '하느님'이라는 뜻이며, '다투스'는 '주어진 것'이라는 뜻입니다. 즉, '아데오다투스'는 '하느님으로부터 주어진 선물'이라는 의미입니다. 이에 대해 전기 작가들은 아우구스티누스가 비록 사고를 쳤지만, 모니카가 전해 준 그리스도교 신앙이 그의 가슴속 깊은 곳에 있었다고 좋게 평가합니다. 그러나 날카로운 비판가들에게 젊은 아우구스티누스는 건방지기 이를 데 없는 방탕아였을 뿐입니다.

지혜를 찾으려다가 성경에 실망한 아우구스티누스

그런데 후에 아우구스티누스도 회상하듯이, 하느님은 나쁜 일도 선한 일로 바꾸시는 것 같습니다. 제멋대로 살았던 아우구스티누스에게 어린 아들 아데오다투스가 생기자 생활에 변화가 일어났습니다. 공부도 하지 않고 흥청망청 살아서는 아기와 부인을 먹여 살릴 수 없었기에, 아우구스티누스는 공부해서 돈을 벌어야겠다고 생각했던 것입니다. 그리하여 그는 책을 읽기 시작했습니다.

처음에 접한 책은 키케로의 《호르텐시우스Hortensius》(대중적이고 정치적인 생활에 골몰해 있는 사람이라도 비판적인 판단을 하려면 철학적 사고가 필요하다고 역설한 책)였습니다. 책을 쭉 읽어 나가다가 '필로소피아philosophia'라는 단어가 눈에 들어왔습니다. 여기서 '소피아'는 '지혜'라는 뜻을 가진 단어입니다. '필로'는 '필하모닉philharmonic'이라는 단어의 어근에서처럼 '사랑'이라는 뜻을 지니기 때문에, '필로소피아'는 '지혜에 대한 사랑'을 뜻합니다. 아우구스티누스는 '지혜에 대한 사랑'이라는 단어에 온 정신을 집중했습니다. 그의 마음에 '아버지는 매번 수사학과 법학을 공부하라고 하셨지만, 내가 공부하고 싶은 것은 바로 이 지혜에 대한 것이었어!' 하는 열정이 불타올랐습니다.

'지혜'라는 단어를 보고 아우구스티누스는 어떤 책을 떠올렸습니다. 바로 성경이었습니다. 그의 어머니는 지혜로워지기 위해서는 반드시 이 책을 읽어야 한다고 했지요. 아우구스티누스는 지혜에 대한 사랑에 도달하기 위해 도서관으로 달려가 성경을 펼쳐 들었습니다. 그런데 성경을 읽다 보니 성경이 이상하다는 생각이 들었습니다. 키케로의 책들은 아주 유려한 문장으로 멋지게 쓰인데 반해 성경의 문체는 딱딱하고 표현력도 뛰어나지 않았습니다. 당시 아우구스티누스는 수사학과 법학 등 여러 공부를 했고, 뛰어난 표현들에 익숙했기 때문에 성경의 거친 문체를 처음 접했을 때 당황했습니다. 심지어 번역도 제대로 되지 않은 것 같았습니다. 성경이 너무 거친 음식과 같아 아우구스티누스는 이를 소화하기 어려웠습니다. 왜 그랬을까요?

아우구스티누스는 앞서 말했던, 번역이 제대로 되지 않은 고대 라틴어 번역본, 즉 《베투스 라티나》를 읽었던 것입니다. 성경의 거친 문체가 그 내용에 집중하는 것을 방해했습니다. 저도 학생들의 리포트를 채점할 때 리포트에 쓰인 문장들의 문법이 너무 많이 틀리면 속으로 짜증이 날 때가 있습니다. 교육을 받은 아우구스티누스의 입장에서 볼 때 《베투스 라티나》가 잘 번역된 책이 아니었기에 실망할 수밖에 없었습니다. 그래도 그는 계속 읽어 나갔는데 또 이상한 점들을 발견했습니다. 성경 안에 앞뒤가 맞지 않는 내용이 있었던 것이지요.

창세기를 읽으면 창조가 며칠에 걸쳐 이루어졌는지 나옵니다. 하느님은 7일 중에 하루는 쉬셨기에 6일까지 창조하셨던 것입니다(창세 2,1-4 참조). 그러면 해와 달과 별이 창조된 것은 며칠째였을까요? 일반적인 상식으로는 첫째 날에 창조되어야 맞는 것 같은데, 하느님은 첫째 날은 "빛이 생겨라."라고 하셨고, 넷째 날에 해와 달과 별을 창조하셨습니다(창세 1,3-5; 14-18 참조). 이렇게 창세기에는 첫째 날, 둘째 날이라고 나오는데 우리는 해가 떠서 지는 것을 '날(하루)'이라고 부르고 그것으로 첫째 날, 둘째 날을 셉니다. 그런데 창세기에 따르면 해와 달과 별은 넷째 날이 되어야 생겼고 그 전에는 이런 것들이 없었는데 어떻게 첫째 날, 둘째 날을 알 수 있었을까요? 아우구스티누스는 이런 것들을 이상하게 생각한 것입니다.

그런데 그가 이상하게 생각한 것은 그것뿐만이 아니었습니다. 최초의 인간인 아담과 하와에게는 두 아들 카인과 아벨이 있었지요. 그런데 카인이 아벨을 죽였습니다. 그러면 세상에 몇 명이 남아 있어야 하나요? 아담, 하와, 카인 이렇게 세 명이 남아 있어야 합니다. 그런데 카인은 동생인 아벨을 죽였기 때문에 "세상을 떠돌며 헤매는 신세가 되어, 만나는 자마다 저를 죽이려 할 것입니다."라고 하며 두려워합니다. 그래서 주님은 카인에게 표(인호)를 찍어 주셔서, 어느 누가 그를 만나더라도 죽이지 못하게 하셨습니다(창세 4,8-15 참조). 이상하지 않나요? 남은 사람은 세 명뿐이니 카인을 죽일 수 있는 사람은 부모인 아담과 하와밖에 없습니다. 그렇다고 아담과 하와가 "네가 네 동생을 죽였지!" 하면서 아들 카인을 죽이려고 하지는 않았겠지요.

아우구스티누스는 어머니가 좋아하는 아브라함 이야기도 읽었습니다. 믿음의 조상 아브라함이라고 해서 아브라함이 좋은 일만 한 줄 알았는데, 정작 아브라함은 이집트의 파라오에게 갔을 때 자신의 목숨을 구하기 위해서 아내 사라이한테 자신의 아내가 아니라 누이인 것처럼 거짓말을 하라고 시키는 것입니다(창세 12,10-20 참조).

아우구스티누스가 구약을 읽다 보니 성조들의 비도덕적인 이야기, 근친상간에 대한 이야기, 수간(獸姦)에 대한 이야기, 거짓말에 대한 이야기 등 범죄로 얼룩져 있었습니다. 아우구스티누스는 이렇게 구약에서 여러 추한 모습들을 발견하고 그것들을 논리적으로 하나하나 확인하다가 짜증이 나서 더 이상 구약을 읽을 수가 없었습니다. 그는 구약을 버리고 신약으로 넘어갔습니다.

신약에서 가장 앞에 있는 책은 마태오 복음서입니다. 알다시피 마태오 복음서는 예수님의 족보로 시작합니다(마태 1,1-17 참조). 보통 사람들은 잘 읽지 않는 족보를, 날카로운 아우구스티누스는 족보를 하나하

나 따져 읽었고 족보가 한 번 더
나온다는 사실을 알아냈습니다.
바로 루카 복음서입니다(루카 3,23-
38 참조). 마태오 복음서에서는 아
브라함으로부터 시작하여 요셉까
지 내려간다면, 루카 복음서에서
는 요셉부터 시작하여 아담까지
올라갑니다.

선신 아후라 마즈다와 악신 아리만.

   아우구스티누스는 이 족보를
서로 맞춰 보았습니다. 그런데 족
보가 맞지 않는 것입니다. 신약에서 가장 중요한 예수님을 이야기하기
위한 족보가 서로 맞지 않는다면 이것을 어떻게 믿을 수 있겠느냐며
아우구스티누스는 성경을 던져 버렸습니다. 온갖 범죄와 모순으로 가
득 찬 성경을 거룩한 책으로 인정할 수 없었던 것입니다. 그때 아우구
스티누스의 눈에 들어온 다른 책이 있었습니다. 바로 앞서 설명한 바
있는, 영지주의와 마르키온 이단의 종합판인 마니교입니다.

마니교에 심취한 아우구스티누스

   마니교에서는 선신善神과 악신惡神의 싸움을 이야기합니다. 정신과
물체 사이의 싸움이지요. 위 그림에서 사자처럼 생긴 것이 악신 아리만
이고, 사람 모양을 한 것이 오르무즈드 혹은 아후라 마즈다라고도 불리

는 선신입니다. 아우구스티누스는 마니교가 말하는 선신과 악신의 싸움에 대해 읽기 시작했는데 글의 문체가 매우 뛰어났습니다. 마니교 신자 중에는 제법 공부한 사람이 많았기 때문에 자신들이 믿는 이야기를 그럴듯하게 써 놓았지요. 그리하여 아우구스티누스는 마니교에 푹 빠져 버렸습니다.

그런데 쾌락적인 삶을 즐겼던 아우구스티누스에게 걸림돌이 생겼습니다. 정신과 물체 중에 어떤 것이 악신의 원리일까요? 마니교에 따르면 물체는 악신의 원리입니다. 그래서 마니교에서는 육체적인 것을 싫어했습니다. 이단이라고 방탕하게 살 거라고 생각할 수 있는데 그런 것이 아니었습니다. 마니교는 결혼도 하면 안 되고 금욕적으로 살아야 한다고 강조했습니다. 아우구스티누스는 욕정이 강했기에 마니교의 지도자가 되는 것이 망설여졌습니다.

그런데 마니교에는 이를 잘 피해 갈 수 있는 시스템이 마련되어 있었습니다. 그리스도교에서 성직자와 평신도가 나뉘듯, 마니교에서도 나뉘어 있었습니다. '엘렉티'라는 선택된 자들을 뜻하는 성직자 계급이 있었고, '아우디토레스'라는 청종자聽從者를 뜻하는 평신도 계급이 있었습니다. 평신도들은 금욕적으로 엄격하게 살 필요가 없었습니다. 성직자들의 이야기만 잘 들으면 된다고 생각했던 것입니다. 그리하여 아우구스티누스는 평신도, 즉 청종자 역할을 하는 계층으로 들어갔습니다. 그러나 아우구스티누스는 명성을 얻고 싶었습니다. 그래서 그는 청종자 중에서 가장 존경받는 마니교의 교사가 되었습니다.

아우구스티누스는 '지혜에 대한 사랑'을 마니교에서 찾았으니 이제 자신은 다 배웠다고 생각했습니다. 그는 법학과 수사학을 공부하기 위한 돈을 모두 마니교를 배우는 데 써 버리고는 타가스테로 돌아갔습니다.

이 모습을 보고 가장 가슴이 찢어졌던 사람은 어머니 모니카였습니다. 모니카는 화가 난 나머지 "너는 내 아들도 아니다. 다른 건 몰라도 마니교에 빠진 것은 도저히 용납할 수 없다."라고 하면서 아우구스티누스를 집에서 내쫓아 버렸습니다. 그런데 쫓겨난 아우구스티누스는 오히려 기뻐했습니다. 그는 자유롭게 친구의 집, 은인의 집을 돌아다니면서 타가스테에 살던 친지들을 마니교로 개종시켰습니다. 이렇게 어머니의 마음을 아프게 하던 철부지 아우구스티누스에게 슬픈 일이 일어났습니다.

아우구스티누스는 뛰어난 언변으로 그의 친구들 대부분을 마니교로 개종시켰습니다. 그런데 개종하려던 한 친구가 그만 열병에 걸리고 말았습니다. 그러자 그 친구는 "아우구스티누스, 나 아무래도 그리스도교에서 세례를 받아야 될 것 같아."라고 말했습니다. 아우구스티누스는 "그리스도교가 얼마나 모순적이고 비도덕적인데 무슨 소리야! 참된 종교는 마니교밖에 없어!"라면서 펄쩍 뛰었습니다. 친구가 오늘은 너무 힘드니 가만히 내버려 두라고 하자 아우구스티누스는 친구에게 손가락질을 하며 "내일부터 내가 와서 다시 교리 가르칠 테니깐 기다리고 있어."라고 으름장을 놓고 갔습니다. 그런데 열병에 걸린 친구는 그날 위독해져 그리스도교 세례를 받은 후 그만 세상을 떠나고 말 았습니다.

다음 날 이 사실을 알게 된 아우구스티누스는 온몸에 힘이 빠지며 자기 자신을 원망했습니다. '그렇게 죽을 줄 알았으면 모질게 대하지 않았을 텐데.'라는 후회감과 죽어서 다시 만날 수 없다는 절망감이 들었습니다. 친구가 마니교였다면 같은 신앙을 가지고 있으니 나중에 다시 만날 거라고 기대할 수 있지만, 친구는 그리스도교로 가 버렸기 때문에 다시 만나리라는 희망이 사라졌습니다. 아우구스티누스는 고향인 타가스테에 돌아와서 너무 좋았는데 이젠 어디를 가도 만날 수 없는 친구의 얼굴이 어른거렸습니다. 아우구스티누스는 이때의 심정을 《고백록》에 써 놓았습니다.

> 내 마음은 슬픔으로 매우 어두워져서 사방을 둘러봐도 보이는 것이라고는 죽음뿐이었습니다. …… 그와 함께 말하고 했던 모든 일들이 그가 없음으로 해서 내게는 괴로움밖에 되지 않았습니다. 내 눈은 사방을 두루 살펴 그를 찾았으나 그를 보지 못했습니다. 그래서 나는 그가 있지 않은 모든 장소를 싫어했습니다. 《고백록》 IV,4,9)

이런 일을 겪은 후, 그렇게 천방지축이고 잘난 척하고 돌아다니던 아우구스티누스는 말이 없어졌습니다. 죽음은 누구에게나 다가오니 이제부터라도 의미 있는 일을 해야겠다고 다짐한 아우구스티누스는 다시 카르타고로 돌아갔습니다. 거기서 차분해진 마음으로 열심히 공부한 아우구스티누스는 곧 다양한 분야에서 두각을 나타냈습니다. 그리고 수사학과 법학을 하는 교사로서 명성을 얻었습니다. 그는 예전만큼 마니교를 쫓아다니지는 않았지만 여전히 마니교의 예배에는 참석하고 있었습니다.

그러던 어느 날, 아우구스티누스는 마니교의 행전에서 이상한 점을 찾아냈습니다. 마니교는 구약을 버리고 신약만을 인정했는데, 신약 중에서도 루카 복음서나 바오로 사도의 서간 등 자신들의 입맛에 맞는 것만 추려 믿고 있었으며 거기에 자신들의 마니교 행전을 붙여 놨습니다. 바로 여기에 의문이 생겨난 것입니다. 마니교는 그리스도교에서 말하는 창세기는 모두 지어낸 이야기고 신화로서 신빙성이 하나도 없다고 했는데, 아우구스티누스가 보기에는 마니교의 행전에서도 신화로 보이는 것들이 많이 있었습니다.

마니교의 황당한 신화 중 하나를 예로 들어 보겠습니다. 일식日蝕에 대해 마니교에서는 일식이란 선신과 악신이 싸우는 현장이라고 말하면서, 그 싸움의 현장이 너무 잔혹해서 사람들이 보면 자지러질까 봐 가려 놓은 것이라고 설명했습니다. 그리고 일식을 보면 중심부는 가려져서 보이지 않지만, 그 주변이 빨갛게 된 것을 볼 수 있는데 이는 선신과 악신이 싸울 때 그들의 군대에서 피가 튀겨 그렇다고 했습니다.

여기서 아우구스티누스는 직접 올라가서 확인한 것도 아닌데 그런 사실들을 어떻게 아냐고 질문을 던졌습니다. 그런데 마니교 사람들이 이 질문에 대답하지 못하는 것이었습니다. 그래도 아우구스티누스가 계속 질문을 던지자 그들은 "우리는 아직 많이 배우지 못해서 잘 모르지만, 우리의 훌륭한 파우스투스 주교님이 오시면 모두 대답하실 것입니다."라고 말하며 대답을 회피했습니다. 그래서 아우구스티누스는 파우스투스 주교가 오기를 기다렸습니다.

드디어 마니교의 주교가 카르타고로 오고 있다는 소식이 들렸고, 자신의 의문점이 모두 해결될 것이라고 기대한 아우구스티누스는 신이 났습니다. 카르타고에 도착한 파우스투스 주교는 설교를 시작했고, 아우구스티누스는 청년 대표로 맨 앞자리에 앉아서 설교를 들었는데, 사람들을 쥐락펴락하는 부드러운 설교에 그는 심취했습니다. 그리고 청년 대표로 참여한 식탁에서 드디어 주교에게 질문할 기회를 얻었습니다.

그런데 파우스투스 주교는 너무 솔직했습니다. 무엇을 물어도 "훌륭한 질문입니다. 그런데 잘 모르겠네요."라고 답하는 것이었습니다. 자신의 무지無知를 인정하는 것은 좋은데 계속 물어도 똑같은 답이 돌아오니 아우구스티누스는 답답해졌습니다. 저에게 학생들이 질문을 하는데 "잘 모르겠네요."라고 계속 답하면 학생들이 다음부터 제 강의를 들으려고 할까요? 아마도 듣지 않을 것입니다. 이처럼 아우구스티누스는 이런 파우스투스 주교를 도저히 스승으로 모실 수 없었습니다. 결국 아우구스티누스는 마니교에 대해서 크게 실망하게 되었습니다.

회의론에 빠진 아우구스티누스

결국 아우구스티누스는 회의론에 빠졌습니다. 그리스도교도 아니고 마니교도 아니라면 도대체 참된 진리는 있긴 한 것인지 의문이 들었습니다. 그 당시에 유행하던 것이 있었는데, 이렇게 해도 잘못에 빠지고 저렇게 해도 잘못에 빠지니 처음부터 판단을 하지 말자는 아카데미아 학파의 회의론이었습니다. 하느님이 존재하는지 존재하지 않는지, 선신과 악신이 있는지 없는지 등 모든 것에 대해 판단을 애초에 하지 않으면 오류에 빠지지 않는다는 것입니다. 아우구스티누스는 이러한 회의론에 빠졌던 것입니다.

문제가 많은 신흥 종교나 이단에 빠진 사람들의 눈빛을 보면 확신에 차 있습니다. 아우구스티누스도 마니교에 빠져 있던 9년 동안 별 어려움 없이 지냈습니다. 자신이 믿는 것이 진리라는 확신 때문이었지요. 그런데 이제는 아무것도 확신할 수 없게 되고 회의가 들기 시작하면서 마음이 불편해졌습니다.

그런데 엎친 데 덮친 격으로 카르타고 학생들의 분위기도 좋지 않았습니다. 술을 마시고 있던 학생이 공부하는 학생들을 방해하기 위해서 난동을 피운 것입니다. 이런 모습에 아우구스티누스는 실망했습니다. 개구리 올챙이 적 생각 못 한다고 자신도 어렸을 때 사고를 많이 쳤지만 교사로서 학생들의 난동은 참기 힘들었습니다.

이렇게 아우구스티누스가 자신이 수사학 교사를 하는 것이 과연 의미가 있는지 회의가 들 때 즈음에 로마에서부터 편지 한 장이 날아왔습니다. 어렸을 때 아우구스티누스와 싸운 적이 있던 덩치 큰 친구 알리피우스로부터 온 것이었습니다. 알리피우스는 로마에 가서 훌륭한 관리가 되어 있었습니다. 그는 편지에서 "아우구스티누스, 왜 카르타고 같은 후진 곳에서 공부를 가르치고 있어? 로마에 와 봐. 학생들 눈빛이 완전히 달라."라고 말했습니다.

편지를 받은 아우구스티누스는 로마에 가고 싶어졌습니다. 그런데 어머니 모니카가 반대했습니다. 카르타고로 유학을 보냈다가 미혼부도 되고 마니교에 빠졌는데 로마는 더 방탕하고 분위기가 좋지 않다고 들었기 때문입니다. 모니카는 아우구스티누스가 로마에 가면 더욱 그리스도교 신앙심을 잃고 하느님으로부터 멀어질 것을 염려했습니다. 그래서 아우구스티누스는 알리피우스가 책을 빌려 달라고 해서 부쳐 준다며 어머니에게 거짓말을 하고 많은 책을 미리 로마로 보냈습니다.

그런데 보통 어머니들은 자식이 거짓말을 하면 알아챕니다. 모니카도 눈치를 챘는지 아우구스티누스를 철저히 감시하며 좀처럼 곁에서 떨어지려고 하지 않았습니다. 어머니를 떼어 놓아야 로마행 배를 탈 수 있는데 그럴 수가 없자 아우구스티누스는 잔꾀를 부렸습니다. 그는 "어머니, 제 친구가 로마로 떠나는데 불안합니다. 어머니의 기도가 꼭 필요해요. 저 앞에 경당이 있는데 그곳에 가서 제 친구를 위해서 기도해 주세요."라고 거짓말을 했습니다. 기도해 달라는 부탁에 신앙심이 깊은 모니카는 아들의 친구를 위해 몇 시간 동안 기도를 해 주었는데 그사이에 아우구스티누스는 잽싸게 로마행 배를 타고 도망갔습니다.

우여곡절 끝에 아우구스티누스는 로마행 배를 탔습니다. 그런데 배를 처음 타 봐서인지 멀미도 하고 생고생을 했던 모양입니다. 로마 근처의 오스티아 항구에 들어왔을 때, 아우구스티누스의 얼굴은 누렇게 떠 있었고 건강도 좋지 않았습니다.

마니교에서 마음이 떠난 아우구스티누스였지만 그는 명성을 얻기 위해서 마니교 친지들의 도움을 받았습니다. 그들은 숙소 등 많은 것을 아우구스티누스에게 마련해 주었고 유력한 인사들 중에도 마니교 신자들이 많았기에, 아우구스티누스는 이런 도움을 통해서 최고의 수사학 학교 중 한 곳의 교사가 될 수 있었습니다.

그리하여 아우구스티누스는 로마의 학교에서 가르치기 시작했는데, 친구 알리피우스의 말대로 로마 학생들의 수준이 대단했습니다. 질문하면 대답도 바로 나오고 학생들의 학구적인 분위기가 좋았습니다. 카르타고처럼 난동을 피우는 학생도 없었습니다. 로마에서의 성공이 곧 로마 제국에서의 성공으로 이어졌기 때문에 로마 학교의 학생들은 열심히 공부했던 것입니다.

그런데 아우구스티누스의 마음을 괴롭히는 것이 하나 있었습니다. 바로 로마에 있는 '등록금 후불제' 때문이었습니다. 강의를 다 들은 후에 만족하는 강의에서만 돈을 내는 것이었습니다. 그러면 더 좋은 강의를 제공하기 위해 교사들은 끊임없이 노력하겠지요. 이런 좋은 취지의 제도였음에도 문제가 생겼습니다.

황실 수사학 학교 교사가 되어 밀라노로 떠나는 아우구스티누스.

예를 들어 30일 동안 강의를 듣고 돈을 내야 한다면 학생들은 딱 28일 정도만 강의에 나왔습니다. 그리고 이틀 후에는 다른 교사에게 가서 수업을 들었습니다. 강의가 만족스럽지 않으면 돈을 내지 않아도 되었기 때문에, 이것을 악용한 학생들이 강의를 열심히 듣다가, 돈을 내야 하는 때가 다가오면, 강의가 만족스럽지 못한 것처럼 강의에 나오지 않았던 것입니다. 식당에서 음식을 맛있게 다 먹어 놓고는 돈을 내야 할 때 갑자기 맛이 없었다면서 도망치는 격이지요.

이렇듯 로마의 학생들은 등록금 후불제를 악용하며 수단과 방법을 가리지 않고 부와 명예를 얻는 데에만 관심을 가지고 있었습니다. 그리하여 아우구스티누스는 로마에서도 크게 실망했습니다. 이런 학생들에게 수사학과 법학을 가르쳐 봤자 사기꾼만 양성할 것 같았기 때문입니다.

그런데 실망한 아우구스티누스에게 더 좋은 기회가 찾아왔습니다. 당시의 황제는 로마에 있지 않았습니다. 워낙 로마 제국이 컸기에 알프스 이북까지 잘 다스리기 위해서 로마에서 기차로 6시간 정도 거리에 있는 밀라노에 황제의 궁궐이 위치해 있었습니다. 아우구스티누스는 그 밀라노에서 한 통의 편지를 받고 매우 놀랐습니다. 황실 수사학 학교 교사로 자신이 임명되었기 때문입니다. 이 자리는 우리나라로 치면 청와대 대변인과 교육부 장관의 역할을 묶어 놓은 것만큼 대단한 자리였습니다. 수사학 교사로서 활동을 시작한 청년에게는 매우 빠른 성공이었습니다.

이제 아우구스티누스는 타가스테라는 작은 마을에 살았던 청년이 아니라, 황제의 말을 전하고 학문을 가르치는 황실 수사학 학교의 교사가 되었습니다. 그리고 이때부터 아우구스티누스의 인생에 중요한 변화가 나타납니다.

쉬어 가기
성 아우구스티누스 성당

　이탈리아 토스카나 주 시에나 현에 있는 도시 산 지미냐노는 중세의 건축이 잘 보존되어 있는 곳으로, 유네스코 세계 유산으로도 등록되어 있습니다. 바로 이곳에 성 아우구스티누스 성당이 있는데, 이 성당에는 아우구스티누스의 생애 전체를 그린 프레스코화가 있습니다. 이 강의에서 소개된 그림들은 이 성당에 있는 그림들입니다.

산 지미냐노의 성 아우구스티누스 성당.

아우구스티누스의 생애가 그려진 프레스코화.

제9강

멘토와의 만남을 통한
신앙의 성장

아우구스티누스가 로마에서 세속적인 부와 명예에 집착하는 학생들을 가르치는 데에 실망했을 무렵, 밀라노의 황실 수사학 학교의 교사 자리를 제안받았습니다. 당시의 밀라노는 요즘의 밀라노와 같은 고급스러운 도시였습니다. 부유한 사람들이 밀라노에 있었고, 황실도 밀라노에 있었기 때문입니다. 이런 밀라노라는 도시에서 수사학 학교의 교사가 된 것은 아우구스티누스에게 최고로 성공할 수 있는 절호의 기회가 주어진 것이었습니다.

밀라노에서 이루어진 신플라톤주의와의 만남

아우구스티누스가 밀라노에 도착했을 때 중요한 만남이 이루어집니다. 황제의 손자, 로마 집정관의 아들 등 대단한 사람들이 나와서 "오, 새로 부임한 수사학 교사이군요. 반갑소." 하면서 인사했습니다. 그들은 우리나라에 비교하자면, 강남에서 외제차를 끌고 다닐 만한 재력과 명성이 있는 사람들이었습니다. 이런 최고의 귀족 가문 자제들은 방탕한 생활을 하는 것이 아니라 모여서 철학 책을 읽었습니다. 그들이 즐겨 읽은 철학 책이 바로 **신플라톤주의**에 관련된 것이었습니다.

신플라톤주의에 대해서는 여러 번 언급한 바 있습니다. 호교론자 유스티누스도 신플라톤주의를 좋아했고, 오리게네스도 신플라톤주의를 중시했으며, 아리우스는 신플라톤주의를 너무 경직되게 믿다가 이단에 빠졌다고 했지요. 그렇다면 신플라톤주의에서 말하는 것은 무엇일까요? 일반적으로 우리는 눈으로 보고 귀로 듣는 감각적인 세계에서 살아가지만, 가장 소중한 것은 정신적인 것이고 이런 것에 의미를 두고 살아가야 한다는 것입니다. 감각적인 세계 너머에 정신적인 영역의 세계가 있음을 강조한 것이 신플라톤주의의 특성입니다.

여기서 신플라톤주의에 대해 좀 더 자세히 설명하도록 하겠습니다. 먼저 신플라톤주의는 플라톤의 사상을 새롭게 변형시켰다는 뜻입니다. **플라톤**Plato(기원전 427~기원전 347년)은 제가 1년 내내 강의해도 시간이 모자랄 정도로 매우 중요한 철학자이지만, 플라톤에 대해서는 간략하게만 이야기하겠습니다.

정신적이고 이상주의적인 사랑을 일컫는 '**플라토닉 러브**Platonic Love'라는 단어를 들어 보았을 것입니다. 플라톤은 스승 소크라테스로부터 가르침을 받았습니다. 그러다가 소크라테스가 억울하게 재판을 받고 사형당하는 모습을 본 후 아테네를 떠나서 방황했습니다. 그는 노예로

그리스 철학의 대표자, 플라톤.

팔려 갈 뻔했다가 자신의 몸값으로 받은 돈으로 최고의 학교를 세웠습니다. 그것이 바로 고향 아테네에 설립한 '아카데미아'라는 학교입니다.

카파도키아의 세 교부 중 두 사람인 대 바실리우스와 나지안주스의 그레고리우스가 유학을 갔던 곳도 여기입니다. 플라톤이 세운 아카데미아는 현재의 하버드 대학교나 예일 대학교와 같이 뛰어난 수준의 학교였습니다. 이 학교 앞에는 "기하학을 모르는 자는 들어오지도 말라."라고 적혀 있었습니다. 이 말은 수학 시험을 보고 통과한 사람만 이 학교에 들어올 수 있다는 규정 이상의 의미가 있었습니다.

어쨌든 오랜 세월이 지난 지금도 곳곳에서 플라톤의 사상을 배우고 있고, 서양의 2천 년 철학은 모두 플라톤의 각주에 불과하다는 말이 있을 만큼 플라톤의 철학은 매우 중요합니다. 여기서는 플라톤의 철학 중 **이데아론**에 대해서만 짧게 이야기하겠습니다. 플라톤은 영원불변한 세계의 것들을 비유를 통해 말했습니다. 그중 동굴의 비유를 들어 보겠습니다.

플라톤의 '동굴의 비유'를 표현한 17세기의 그림.

　죄수들은 땅 밑에 있는 동굴 안에 있으며, 태어나면서부터 목과 손발이 사슬에 의해 의자에 붙들어 매여 있어서, 뒤돌아볼 수도 없으며, 항상 출입구와 맞서 있는 벽밖에 볼 수가 없습니다. 이 갇혀 있는 자들의 뒤쪽에, 즉 입구 쪽에, 동굴을 가로질러 사람 키만 한 벽이 있고, 그 뒤에서 불이 타고 있습니다. 그런데 이 불과 벽 사이를 인간이 자신의 머리 위에 동물이나 여러 도구들을 짊어지고 지나다니면, 불 때문에 사람 키보다 높은 곳에 있는 사물들의 그림자가 동굴의 벽에 비치게 됩니다. 그리고 거기에서 지나다니는 사람들이 내는 소리의 울림도 갇혀 있는 사람들의 귀에 들리게 됩니다. 이 갇혀 있는 사람들은 그림자와 울림 이외의 다른 것을 알지 못하기 때문에 이들은 이런 그림자나 가상假像을 참된 현실이라고 생각합니다.

　만약에 이들 중에 한 사람이 어떤 이에 의해 풀려나서 뒤를 돌아볼 수 있고, 여태까지는 그 그림자로만 보았던, 대상 자체를 직접 불빛 속에서 볼 수 있다면, 그리고 그 울림 대신에 소리 자체를 직접 들을 수 있다면 이러한 새로운 현실에 대해 깜짝 놀랄 것입니다. 더 나아가 이 사람이 동굴 입구에서 흘러들어 오는 빛을 향하여 동굴 벽을 타고 기어올라 동굴에서 빠져나온다면, 동굴 밖으로 나온 사람은 처음에는 너무나 밝은 빛에 아무것도 보지 못할 것입니다. 그러다 시간이 지나면 차차 그의 눈이 태양빛에 적응해서 처음에는 연못에 비친 그림자를, 나중에는 태양광선 속에서 살아 있는 인간, 살아 있는 동물 및 진짜 사물들을 볼 것입니다.

　밖에 있던 이가 동굴에 머물러 있던 동료 죄수들을 기억하고 이들을 안타깝게 여겨 동굴 밖의 현실을 알려 주기 위해 다시 어렵게 동굴을 찾아 돌아온다면, 동굴 밖에 나갔을 때와 반대로 동굴 안으로 들어온 이는 어두움 때문에 한동안 아무것도 보지 못할 것입니다. 그러나 이 사람이 동굴 안으로 돌아와 그곳에 머물러 있는 죄수들에게, 그들이 보고 듣고 하는 것은 본래적이고 참된 현실이 아니라고 설명해 준다면, 아마 아무도 그를 믿지 않을 것이며, 그를 비웃기만 할 것입니다. 그리고 만약에 이 동굴 밖에 나갔던 이가 갇혀 있는 죄수들을 풀어 주어, 참된 세계의 빛으로 인도해 주려고 노력한다면 이 사람은 죽임을 당하게 될지도 모릅니다.

플라톤은 이 비유를 통해 무엇을 말하고 싶었을까요? 사실 여기에는 굉장히 비판적인 의도가 담겨 있습니다. 사람들은 일반적으로 진정 중요한 것을 보지 못하고, 동굴 벽에 드리워진 그림자처럼 허상에 불과한 부와 명예를 좇습니다. 어떤 사람이 엄청난 부와 명예를 손에 넣는다고 해도 결국 시간이 지나면 손에 쥐고 있던 모래알이 손 틈 사이로 빠져나가듯 부도 명예도 사라져 버립니다. 플라톤은 사람들이 허상에 불과한 이런 쓸모없는 것들을 추구한다고 비판합니다.

그런데 여기서 플라톤은 동굴 밖에 아름다운 세계가 있다고 말하는데, 그것이 바로 이데아의 세계입니다. 플라톤은 영원불멸한 이데아를 추구하는 것이 진정한 의미에서 인간의 행복을 찾는 길이라고 주장합니다. 정말 멋진 이야기지요? 동굴 밖의 세계인 이데아의 세계는 인간의 지성으로만 도달할 수 있는 세계여서 '가지계可知界'라고 부르고, 동굴 안의 세계는 인간이 눈으로 보고 경험하는 감각적인 세계여서 '가시계可視界'라고 부릅니다. 그런데 가지계와 가시계, 이 두 세계는 서로 어떻게 연결되는 것일까요? 이 문제를 플라톤은 해결하지 못했습니다. 그리고 이 문제를 해결하는 것이 신플라톤주의의 숙제였습니다.

즉 플라톤이 주장한 가지계와 가시계 사이의 이원론을 극복하기 위한 이론 체계를 만드는 것이 신플라톤주의가 해결해야 했던 문제였습니다. 이러한 신플라톤주의의 이론을 '유출설流出說'이라고 합니다.

유출설을 이해하기 위해서는 분수를 연상하면 좋습니다. 분수에서

콸콸 물이 흘러나오면 물이 아래로 흘러서 밑에 있는 것까지 다 적시겠지요? 이런 식으로 만물이 **일자**로부터 흘러나와 **정신**을 거쳐서 세계혼, 그리고 그 밑에까지 내려갑니다.

다음 쪽의 그림을 보면 일자와 정신 사이에 금이 그어져 있는 것을 알 수 있습니다. 이는 일자가 범접할 수 없을 만큼 초월적이고 중요한 것이어서 그렇습니다. 앞서 아리우스는 성부·성자·성령을 이 도식에 끼워 맞춰, 일자는 성부이고, 정신은 성자, 세계혼은 성령이라고 말했습니다. 그런데 신플라톤주의에 강하게 매몰되었던 아리우스는 하느님은 오직 일자인 성부뿐이고 성자인 예수님을 '이급 신'이라고 부르며, 예수님을 하느님도 인간도 아닌 애매모호한 존재로 격하하여 문제가 되었던 것입니다.

한편 세계혼 밑에 '**이성혼**'이라 불리는 영혼을 지닌 존재, 즉 인간이 있고, 그 밑에 '**감각혼**'만을 지닌 **동물**이, 그 밑에 '**생장혼**'만을 지닌 **식물**이, 그 밑에 아무런 혼을 지니지 못한 **무생물**과 아무런 형상도 지니지 않은 **질료**가 있습니다. 분수의 꼭대기에 있는 것이 가장 중요하고 완전하며 밑으로 내려갈수록 그 완전성이 떨어진다는 것이 신플라톤주의의 유출설에서 설명하는 위계질서의 구도입니다.

이렇게 말하면 왠지 가장 완전한 일자에 머무르고 싶어집니다. 유출설에는 '**발출**exitus'과 '**귀환**reditus'이라는 것이 있습니다. 쉽게 말하면 발출은 일자에서 내려오는 것이고, 귀환은 일자로 올라가는 것입니다.

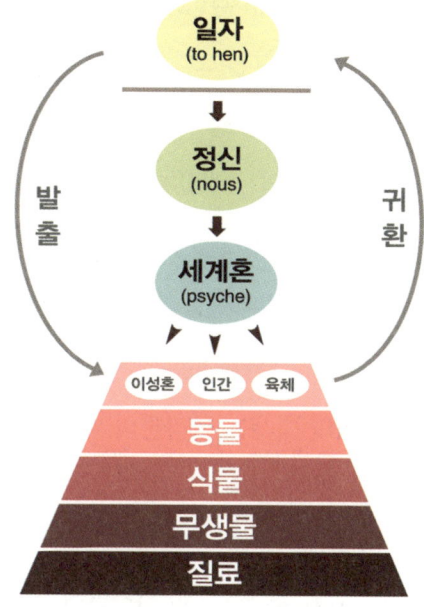

신플라톤주의의 유출설.

　모든 것은 일자로부터 나왔기에 일자는 고향과도 같습니다. 신플라톤주의의 유출설에 따르면 인간이나 동물, 식물 등 혼을 지닌 모든 것은 자신의 고향인 일자로 되돌아가고 싶어 하는, 귀환 성향을 지닙니다.
　쉬운 예를 하나 들어 보겠습니다. 유명 가수가 공연을 하는데, 무대에서 아주 강한 조명이 앞을 비추어 밝히고 있습니다. 그러면 어디가 제일 밝을까요? 제일 앞줄에 있는 관객들 쪽이 가장 밝고, 그다음에 두 번째, 세 번째 순으로 밝을 것이고, 무대 조명에서 멀리 떨어져서 구경하는 사람들 쪽은 어두울 수밖에 없을 것입니다.

이와 비슷하게, 일자라는 가장 강하고 완전한 빛이 있다면, 이 빛을 제일 많이 받는 것은 정신입니다. 그다음이 세계혼이고, 그다음이 인간입니다. 인간은 동물이나 식물 등 여타의 생물보다 빛을 많이 받는 존재인 것입니다. 한참 밑에 있는 질료까지 내려오면 빛을 너무 못 받아서 완전함이 거의 보존되어 있지 않습니다.

이렇게 플라톤의 영향을 받은 신플라톤주의에서도 정신적인 것을 강조했습니다. 그런데 신플라톤주의는 일원론도 강조했습니다. 앞서 말했듯이 신플라톤주의의 숙제는 플라톤의 이론에서 나타나는 이원론의 문제를 해결하는 것이었습니다. 일원론은 무엇과 반대될까요? 이원론이나 다원론과 반대됩니다. 마니교만 보아도 선신과 악신으로 구분해서 둘 사이의 싸움을 이야기하는 이원론이 두드러집니다.

그래서 한때 아우구스티누스는 마니교가 이 세상에 있는 악을 가장 잘 설명한다고 생각해서 심취했던 것입니다. 그런데 신플라톤주의에서는 다르게 설명했습니다. 일원론적인 것을 통해서도 충분히 모든 것을 설명할 수 있다고 보았습니다. 일원론적인 것을 강조하는 점은 그리스도교에서 말하는 유일신 사상과 잘 맞아떨어졌습니다.

아우구스티누스는 이런 신플라톤주의에 대해 읽으면서 소년이 어여쁜 소녀를 보고 한눈에 반하듯 가슴이 콩닥거렸습니다. 신플라톤주의가 말하는 고귀한 생각에 반했던 것입니다. 아우구스티누스는 지혜에 대한 사랑, 철학을 추구한다면 바로 이런 것을 배워야 한다고 생각했습니다. 그래서 그는 신플라톤주의자들을 '사상의 귀족'이라고 부르며, 멋있는 사상을 발견했다는 기쁨에 넘쳤습니다.

아우구스티누스가 밀라노에 온 보람이 있었습니다. 돈도 벌고, 유명해지고, 그의 일생을 좌지우지할 신플라톤주의라는 멋진 철학 사상까지 접하게 되었으니 말입니다. 그런데 진짜 중요한 만남은 지금부터 이루어집니다.

밀라노에서 만난 최고의 멘토, 암브로시우스

아우구스티누스가 신플라톤주의를 공부하고 있을 때, 그의 동료들이 "야, 너 암브로시우스 주교님의 강론 들어 봤어? 정말 감동적이더라고."라고 말하며 호들갑을 떨고 있었습니다. 그 당시 밀라노에서 **암브로시우스**Ambrosius(340~397년)의 인기는 매우 높았습니다.

암브로시우스에 대해 호기심이 생긴 아우구스티누스가 귀를 쫑긋하는데, 그들이 "주교님의 수사학적인 능력은 정말 대단하던데."라고 말하자 관심이 더욱 커졌습니다. '수사학'이라는 단어에 꽂힌 것입니다. 명색이 황실 수사학 학교 교사인데, 사람들이 아우구스티누스의 수사학을 칭찬하기보다 암브로시우스의 수사학을 칭찬하니까 질투가 난 것이지요. 아우구스티누스는, 암브로시우스 주교는 종교에 관해서나 신경 쓸 것이지 왜 수사학까지 마수를 뻗쳐 남의 밥그릇을 위협하는가 하는 생각이 들면서 저항감도 생겨났습니다.

그러던 어느 날, 황실에서의 잔치가 끝나고 드디어 암브로시우스를 만날 기회가 생겼습니다. 암브로시우스는 키도 작고 볼품이 없었지만

아우구스티누스의 멘토, 암브로시우스.

차분한 목소리로 친절하게 말했기에, 아우구스티누스는 그와의 첫 만남에서 그의 인품이 훌륭하다는 느낌을 받았습니다. 암브로시우스는 마치 아버지가 자식을 대하듯 아우구스티누스를 잘 대해 주었습니다. 그런데 암브로시우스를 경쟁자로 생각한 아우구스티누스는 만족하지 못했습니다.

결국 아우구스티누스는 암브로시우스를 보기 위해 밀라노 대성전에 갔습니다. 호랑이를 잡으려면 호랑이 굴에 들어가야 하니까요. 아우구스티누스는 '암브로시우스 주교가 설교를 잘해 봤자 나만큼 하겠어?'라는 건방진 생각을 하며 성당 안으로 들어갔습니다. 그리고 암브로시우스가 본격적으로 입을 열 때를 기다렸습니다.

드디어 암브로시우스가 설교를 시작했습니다. 마이크도 없던 시대인데 암브로시우스의 잔잔한 목소리가 성당 끝까지 들렸습니다. 그런데 설교 내용이 기가 막혔습니다. 아우구스티누스가 읽었던 키케로, 베르길리우스(고대 로마의 시인. 로마의 건국과 사명을 노래한 민족 서사시 《아이네이스》를 썼음)의 저서의 내용들을 암브로시우스가 줄줄이 말하는 것이었습니다. 어느새 아우구스티누스는 암브로시우스를 정면으로 바라보며

암브로시우스의 설교를 경청하는 아우구스티누스와 모니카.

설교를 경청하게 되었습니다. 암브로시우스의 설교가 굉장한 흡입력이 있었던 것이지요.

그런데 암브로시우스의 설교 중에 그동안 아우구스티누스가 의문을 품었던 내용이 나왔습니다. 이전에 아우구스티누스는 성경에는 모순이 많고 성조들이 윤리적이지 못해서 성경을 더 이상 못 읽겠다며 던져 버렸던 적이 있었지요. 바로 그와 관련된 내용을 다루었던 것입니다.

제9강. 멘토와의 만남을 통한 신앙의 성장 **217**

즉, 아브라함과 이사악에 대한 이야기를 했던 것입니다. 하느님이 이사악을 바치라고 하셨을 때 믿음의 조상이라 불리는 아브라함이 아들을 바치는 일을 한 치의 고민도 없이 쉽게 행했다고 생각할 수 있습니다. 그러나 정말 그랬을까요? 아브라함이 이사악을 바치라는 이야기를 들었을 때 부모 된 마음으로는 내키지 않았을 것입니다. 암브로시우스는 이것을 정확하게 파악하고 있었습니다. 그는 아브라함과 이사악의 이야기를 하면서 "혹시 여러분은 아이들이 아플 때의 부모 마음을 헤아려 보셨습니까? 부모라면 아이들 대신 아파하고 싶을 것입니다. 하물며 자기 아이의 생명을 바치라는 하느님의 말씀을 들었을 때 아버지로서 아브라함의 마음은 어땠을지 한번 생각해 보십시오."라고 말한 것입니다.

이렇게 암브로시우스가 사람들의 마음을 어루만지듯 잔잔하게 묘사하니 사람들의 감정도 점점 고양되며 이야기에 심취했고, 모리야 산에서 아브라함이 이사악을 죽이려는 순간까지의 이야기에 도달하니 감정은 최고조에 달했습니다.

고전학에 대한 뛰어난 지식과 신자들의 마음을 어루만지는 묘사로 관심을 한 몸에 받은 암브로시우스의 이 이야기는 서막에 불과했습니다. 이를 토대로 암브로시우스는 본격적으로 설교를 했습니다. 그는 "이제 함께 생각해 봅시다. 아브라함은 이사악을 실제로 바치지 않았습니다. 그런데 자신의 아들을 우리에게 실제로 바치신 분이 있습니다. 누구일까요? 바로 우리의 하느님이십니다."라고 말했습니다. 성

이사악을 하느님께 제물로 바치려는 아브라함.

부 하느님이 성자 예수님을 인간들을 위해 내어 주셨다는 이야기를 하니 그때서야 사람들이 "아하!" 하고 마음이 울리는 깨달음을 느꼈습니다.

암브로시우스는 구약의 사건들은 신약에서 일어날 사건들의 '예표豫表', 즉 미리 보여 주는 것이라고 말했습니다. 이 말을 듣고 아우구스티누스는 머리를 한 대 얻어맞은 것 같았습니다. 그동안 문자적 의미에만 몰두해서 논리적으로 따지며, 성경은 앞뒤가 맞지 않는 내용이 많다면서 비판해 왔기 때문입니다. 그런데 암브로시우스의 설교를 듣고 나서

제9강. 멘토와의 만남을 통한 신앙의 성장 **219**

야 처음으로 성경을 제대로 읽으려면 영적인 의미를 찾아야 함을 깨달았습니다.

성경에는 분명 모순적으로 보이는 내용들이 있습니다. 비판적인 사람이 읽으면 아우구스티누스처럼 던져 버릴지도 모릅니다. 하지만 암브로시우스는 모순을 해명하기 위해서는 성경에 여러 차원의 의미가 있음을 알아야 한다는 것을 보여 주었습니다.

성경을 적혀 있는 문자 그대로 읽는 것은 지금도 조심해야 하는 부분입니다. 옛날에는 성경에 기록된 내용을 그대로 차용해서 노아는 900살이고 누구는 몇 백 살이라는 등 나이를 토대로 창조의 시간을 계산하기도 했습니다. 예수님이 태어나시기 4천 년 전에 창조가 이루어졌음을 오직 성경에 적힌 내용만으로 밝힐 수 있다는 것이지요. 그런데 이런 근본주의적인 입장의 해석을 받아들일 수 없다는 사실은 이미 오리게네스나 암브로시우스 등이 증명해 주었습니다.

물론 성경을 이해할 때 문자적 의미가 가장 기본입니다. 이것을 무시할 수는 없습니다. 하지만 모순이 나타난다면 그것을 다양한 영적인 의미를 통해서 이해해야 합니다. 그리스도교를 믿으면서도 목에 가시가 걸린 것처럼, 갑자기 어떤 것이 걸려 더 이상 다가가기 힘들다는 거부감을 경험한 사람이 있을 것입니다. 바로 아우구스티누스가 그랬는데 암브로시우스가 아우구스티누스의 목에 걸린 가시를 제거해 주었습니다. 성경에 대한 회의가 사라지자, 아우구스티누스는 그동안 무시했던 성경을 다시 읽고 싶다는 생각을 하게 되었습니다.

세속적인 성공에도 불행했던 아우구스티누스

그때부터 아우구스티누스는 다시 성경을 열심히 읽었습니다. 그 무렵 모니카가 밀라노에 나타났습니다. 모니카는 훌륭한 어머니였지만 그럼에도 불구하고 한두 번 잘못한 적이 있는데 그중 하나가 이때 벌어졌습니다. 모니카가 아들을 보러 밀라노에 왔더니 놀랍게도 아들이 황실 수사학 학교 교장이 되어 잘나가는 것이었습니다. 이런 행복한 상황에서 모니카에게 눈엣가시처럼 걸리는 사람이 있었습니다. 아우구스티누스와의 사이에서 아데오다투스를 낳은 여자였습니다. 모니카는 신분이 너무 낮아 결혼하기도 힘든 여자가 아우구스티누스의 성공을 가로막는 것 같아 보였나 봅니다. 그래서 아데오다투스를 낳은 여자한테 "우리 아들과 헤어져!" 하며 그녀를 카르타고로 돌려보내 버렸습니다. 그리고 아우구스티누스를 엄청난 권력을 지닌 귀족의 딸과 약혼시켰습니다.

그런데 모니카의 욕심이 좀 과했던 것 같습니다. 약혼녀 나이가 열 살에 불과했기 때문입니다. 모든 것에 열정적이었던 아우구스티누스는 성욕도 강했는데, 그렇다고 해서 열 살짜리 아이를 데리고 어떻게 할 수는 없었습니다. 결국 아우구스티누스는 또다시 홍등가에 다녀왔는데 이번에는 카르타고에서 갔을 때와 느낌이 달랐습니다. 밀라노의 홍등가를 다녀온 아우구스티누스는 씁쓸하기만 했습니다. 신플라톤주의에서 정신적인 것이 중요하다고 배웠고, 성경을 공부하면서 어느 길로 가야 하는지 머리로는 알고 있는데 몸이 따라 주지 않았습니다.

아우구스티누스는 나쁜 습관이 몸에 배어 자신을 옭아매는 모습을 발견하고 괴로웠습니다.

더구나 아우구스티누스는 높은 지위에 있는 만큼 행복해질 줄 알았는데 그렇지 않다는 느낌이 들었습니다. 황제의 대변인으로서 황제의 말을 그대로 사람들에게 전해야 하는 게 임무였지만, 아우구스티누스는 황제의 말에 동의하지 못하는 경우가 많았습니다. 그래도 앵무새처럼 황제의 말을 전하는 수밖에 없었습니다. 아우구스티누스는 자신의 의견과 상관없이 황제의 의견을 전달하며 사람들을 현혹시키는 일이 괴로웠습니다.

그러던 어느 날, 가슴이 찢어질 듯 너무 슬퍼서 술을 마시고 있는데 옆에 거지가 술에 취해서 노래를 부르며 지나가는 모습을 보았습니다. 자신은 돈과 명예를 모두 쥐고 있어도 행복하지 않은데 노래를 흥얼거리는 술 취한 거지는 너무 행복해 보였습니다. 아우구스티누스는 《고백록》에 다음과 같이 썼습니다.

> 우리의 모든 노력의 목적은 행복한 상태에 도달하고자 하는 것인데 저 거지는 이미 우리보다 먼저 그 경지에 이르렀고 우리는 그곳에 결코 이르지 못할 것 같았습니다. …… 물론 그가 소유한 행복은 참 행복이 아니었습니다. 그러나 내 욕심이 찾고 있었던 행복은 훨씬 더 거짓된 것이었습니다. 《고백록》 VI,6,9)

아우구스티누스는 거지가 적어도 술에 취해 흥에 겨워 노래하는 그 순간은 행복하다고 느끼는 것 같다는 생각이 들었습니다. 그런데 자신은 행복을 끊임없이 추구했는데도 여전히 행복하지 않다는 생각이 들자 마음이 아팠습니다. 자신은 거지보다도 못한 생활을 하는 것 같았지요. 그리하여 마음속에 큰 갈등이 나타났습니다. 그때 우리가 아우구스티누스 하면 떠오르는 유명한 사건이 벌어졌습니다.

아우구스티누스의 극적인 회심

아우구스티누스가 동료들과 성경을 공부하던 어느 날, 그는 갑자기 성경을 내려놓고 감정에 북받쳐서 울기 시작했습니다.[1] 남자는 일생에 세 번만 울라고 하지만, 아우구스티누스는 자주 울었습니다. 그날도 아우구스티누스는 성경을 읽으면서 어디로 가야 하는지 머리로는 아는데 몸은 과거의 사슬에 묶여 있는 자신을 발견하고는 목 놓아 울었지요. 언제쯤 자신이 자유로울 수 있을지 고뇌하는데, 바깥에서 노랫소리가 들렸습니다. "톨레 레게, 톨레 레게Tolle, Lege, Tolle, Lege!" 하는 소리가 들린 것이었습니다. '톨레 레게'는 '집어라, 읽어라'라는 뜻입니다.

이 노랫말이 마치 아우구스티누스 자신을 향하는 것 같았습니다. 그것은 누군가가 아우구스티누스의 귀에 대고 방금 전에 읽고 있던 성경을 '집어서 읽으라'는 소리로 들렸습니다. 아우구스티누스는 황급히 성경을 두고 온 장소로 달려가 어디를 읽을지 정하지 않고, 손에 잡히는 대로 성경의 한 면을 펼쳤습니다. 이것을 아우구스티누스의 성경 묵상법이라고 합니다. 이는 너무 괴로워서 스스로 결정을 내리지 못할 때 그냥 손에 잡히는 대로 성경의 한 면을 펼쳐서 그 순간 눈에 들어오는 구절을 읽는 방법으로, 아우구스티누스에게서 시작되었습니다.[2] 아우구스티누스가 성경을 펼쳐 눈에 보이는 구절을 읽었는데 이런 내용이 나왔습니다.

> 밤이 물러가고 낮이 가까이 왔습니다. 그러니 …… 흥청대는 술잔치와 만취, 음탕과 방탕, 다툼과 시기 속에 살지 맙시다. 그 대신에 주 예수 그리스도를 입으십시오. 그리고 욕망을 채우려고 육신을 돌보는 일을 하지 마십시오. (로마 13,12-14)

아우구스티누스는 이 구절을 읽고 등골이 오싹해졌습니다. 성경의 한 구절 한 구절을 하느님이 자신의 마음에 새겨 넣으시는 것 같았습니다. 이 구절을 읽은 아우구스티누스는 진심으로 회개했습니다. 지금까지 부와 명예 등을 추구해 오면서 오만했던 자신을 반성하고 극적인 회개를 하게 된 것입니다.

그 길로 아우구스티누스는 '카시키아쿰Cassiciacum'이라는 곳에 들어갔습니다. 그곳에 어머니 모니카와 아들 아데오다투스도 같이 갔는데, 그 당시에는 유아 세례가 없어서 그의 친구나 제자들 중에는 아무도 세례를 받지 않았기에, 아우구스티누스가 그리스도교 세례를 준비하

'톨레 레게'라는 노랫소리를 듣고 로마서를 읽는 아우구스티누스.

자 뜻을 같이하는 이들이 몰려왔습니다. 그렇게 모두 카시키아쿰에 모여서 성경을 공부하며 8개월 동안 세례를 위한 준비를 했습니다.

카시키아쿰에서의 8개월이 지나고 예수 부활 대축일이 다가왔을 때, 아우구스티누스는 세례를 받기 위해 암브로시우스를 찾아갔습니다. 암브로시우스에게 세례를 받은 후, 아우구스티누스는 새로운 삶을 살겠다고 다짐했습니다. 황실 수사학 학교 교사로 지내면 더 높은 집정관 자리까지 올라갈 수 있었지만 자신한테는 이것이 의미가 없다고 생각했습니다. 지혜와 진리를 찾았으니 이제부터는 지혜를 가르치는 교사가 되겠다고 결심한 그는 고향인 타가스테로 돌아가겠다고 말했습니다.

모니카의 눈물과 되찾은 영적인 기쁨

이 말을 듣고 가장 기뻐한 사람은 모니카였습니다. 모니카도 아데오다투스의 어머니를 매정하게 쫓아내면서 잘못을 저지른 적은 있었지만 아우구스티누스의 회개와 함께 다시 정신이 들었습니다. 카시키아쿰에서 모니카는 아우구스티누스가 세례 준비하는 것을 도왔습니다. 아우구스티누스는 하느님께 다음과 같이 기도했습니다.

이제 당신은 나를 당신에게로 전향ad te하게 하셨으니 나는 아내나 세상의 어떤 다른 희망도 찾지 않기로 결심했습니다. 나는 오래전에 당신이 나에 대해 꿈으로 어머니께 보여 주셨던 그 '신앙의 잣

대 regula fidei' 위에 굳건히 서 있었던 것입니다. 《고백록》 VIII,12,30)

여기서 '신앙의 잣대'는 무엇을 말하는 것일까요? 이는 모니카의 꿈과 관련이 있습니다. 모니카는 꿈을 자주 꾸는 여인이었습니다. 하루는 모니카가 어떤 꿈을 꾸었습니다. 그 꿈을 꾸고 나서 모니카는 아우구스티누스에게 말했습니다. "내가 꿈을 꾸었는데 어떤 예언을 들었단다. 내가 어떤 잣대 위에 서 있었는데, 하얀 옷을 입은 청년이 나타나서 나에게 '당신의 아들도 당신이 서 있는 그 잣대 위에 있을 것'이라고 말해 줬어."

이때 마니교에 빠져 있었던 아우구스티누스가 그 이야기를 듣더니 오히려 모니카에게 "거봐요, 어머니. 제가 말씀드렸잖아요. 천사가 나타나서 어머니도 마니교로 들어오게 될 것이라고 말한 거예요."라고 답했습니다. 이에 모니카는 정색을 하면서 "그건 아니야! 네가 있는 곳에 내가 있을 것이라고 말하지 않았다. 그 청년은 분명히 내가 있는 곳에 당신 아들도 서 있을 것이라고 말했어!"라고 명확하게 이야기했습니다《고백록》 III,11,20 참조). 어머니가 자신감에 차서 강하게 말하니 아우구스티누스에게 그것이 무척 인상 깊었던 모양입니다. 그래서 그것을 기억하고 있었는데 회개하고 나서야 그 꿈에서의 예언대로 자신이 어머니가 있는 곳에 가게 되었다는 것을 깨달았습니다.

아우구스티누스와 관련된 유명한 일화 중에 모니카가 주교를 찾아가서 간청한 이야기가 전해집니다. 아우구스티누스가 타가스테에 있을 때, 모니카는 타가스테의 한 주교를 찾아가 자신의 아들이 깨우칠 수 있도록 도와 달라고 간청했습니다. 요즘에도 자식이 말을 듣지 않으면 부모가 선생님을 찾아가서 야단 좀 쳐 달라고 부탁하는 모습을 볼 수 있지요. 아들을 너무나 구하고 싶었던 모니카는 주교의 수단 자락을 붙들고 늘어졌던 것입니다.

그런데 주교는 아들을 그냥 가만히 놔두라고 답했습니다. 주교는 아우구스티누스가 주체 의식이 강해서 무슨 말을 해도 듣지 않을 것이지만, 똑똑한 아이기 때문에 책을 읽다가 오류를 발견하고 하느님께 돌아올 것이라고 말했습니다.

그런 예언을 듣고도 불안했는지 어머니 모니카는 계속 간청했습니다. 그러자 주교는 자신도 예전에 마니교였지만 책을 읽고 마음이 떠났다고 하면서, 당신의 아들은 자신보다도 더 똑똑하니 분명 돌아올 것이라고 말했습니다. 아들을 기다려 주면 언젠가는 분명히 돌아오니 아무런 걱정을 하지 말고 믿으라고 조언했습니다. 그래도 불안해하며 눈물을 흘리는 어머니 모니카에게 주교는 안타까웠는지 이런 말을 했습니다. "이렇게 눈물을 흘리게 하는 자식이 망할 리 없습니다."《고백록》III,12,21 참조)

아이가 말을 듣지 않아 고민하는 어머니라면 기도하는 마음으로 인내심을 가져 보세요. 타가스테의 주교가 말했듯이 눈물로 기도하면서 기른 자식들은 망할 리 없습니다.

아우구스티누스는 모든 것을 버리고 큰 결심을 했습니다. 그동안 어머니를 존경은 했지만 그리스도교에 대한 생각 차이로 자주 엇갈렸는데, 이제는 그렇지 않았습니다. 어머니와 함께 타가스테로 돌아오는데 어머니와 이야기가 잘 통했습니다.

사실 모니카는 교육을 별로 받지 못했습니다. 공부하는 사람들 옆에서 뜨개질을 하거나 음식을 준비하면서 그리스도교 신앙생활을 했는데, 가끔 아우구스티누스를 깜짝 놀라게 하는 이야기를 던질 때가 있었습니다. "아우구스티누스, 꼭 그렇게 생각할 필요는 없지 않니?" 하면서 아우구스티누스는 생각도 못한 것을 말할 때가 있었지요. 그만큼 굉장한 통찰력을 지녔고 중요한 것들을 잘 꿰뚫어 보았습니다. 아우구스티누스는 고향에 돌아가면서 어머니의 이야기를 듣고 많은 것들을 배웠습니다.

그런데 그만 슬픈 일이 일어났습니다. 무진장 속을 썩이는 자식이 갑자기 효자로 바뀌면 부모는 이제 죽어도 여한이 없다는 생각을 하게 되는 것 같습니다. 아들을 그리스도교에 돌아오게 하고 싶었던 모니카도 회포를 풀고 마음을 놓았는지 그만 병에 걸리고 맙니다.

아우구스티누스는 어머니와 함께 오스티아 항구에서 카르타고로 돌아가는 배를 기다리며 대화를 나눴습니다. 마음이 맞는 두 사람이 서로 이야기를 나누니 마치 황홀경에 빠져 시간이 멈춘 듯, 두 사람의 마음은 정말 기뻤습니다. 모니카가 "이제 정말 여한이 없구나. 나는 이런 날이 오기만을 바라고 있었는데 드디어 현실이 되었다. 하느님께서 우리 모자를 이렇게 사랑해 주시는구나."라고 말했습니다. 그런데 모니카에게 열이 나기 시작했고 결국 모니카는 배를 타지 못했습니다. 아우구스티누스가 정성껏 간호했지만 모니카는 고향으로 돌아오지 못하고, 그곳에서 열병으로 세상을 떠났습니다.

아우구스티누스를 계속 바라보며 지켜 주었던 모니카가 이렇게 세상을 떠났지만, 모니카의 모든 인상은 아우구스티누스의 마음에 그대로 남았습니다. 모니카가 받쳐 주지 않았다면 아우구스티누스는 마니교나 회의론, 욕정 같은 것에 빠졌던 험한 길로부터 돌아오지 못했을 것입니다. 어머니를 떠나 보낸 후 아우구스티누스는 기도하며 이렇게 말합니다.

> 이리하여 당신은 어머니의 슬픔을 기쁨으로 전향해 주셨습니다. 그 기쁨이란 어머니가 원했던 것보다 훨씬 더 풍성했고, 어머니가 내 육신을 통해서 보게 될 손자들을 원하는 것보다 훨씬 더 귀엽고 순결한 것이었습니다. 《고백록》 VIII,12,30)

요즘에는 너무 값싼 행복들을 이야기합니다. 고통을 받지 않으면서 행복해지는 길을 찾습니다. 하지만 저는 고통을 넘어선 행복에 대해 이야기하고 싶습니다. 그리스도교에서 말하는 행복은 단순히 고통이 없는 행복이 아닙니다. 고통이 다가오더라도 좌절하지 않고, 자신이 믿는 것을 향한 희망을 끝까지 포기하지 않는 사람에게 다가오는 기

암브로시우스와 아우구스티누스.

뿜과 행복, 이것이 아우구스티누스의 어머니 모니카가 보여 준 행복입니다.

부모가 함께 믿을 수 있는 신앙을 자녀에게 유산으로 물려주는 것은 아주 좋은 일입니다. 그런데 신앙의 모범이 꼭 부모만 있는 것은 아닙니다. 대자나 대녀를 둔 사람도 있을 것이고 가르치는 학생들을 둔 사람도 있을 텐데, 그들에게 보여 주는 신앙의 모범을 통해 가장 훌륭한 멘토의 역할을 할 수 있습니다.

아우구스티누스에게 멘토의 역할을 했던 인물이 바로 암브로시우

아우구스티누스와 모니카.

스였습니다. 회심을 한 아우구스티누스는 암브로시우스를 굉장히 좋아하게 되었습니다. 그의 말을 듣고 싶어서 주교의 방에 가서 기다리기도 했습니다. 하지만 암브로시우스는 독서에 열중하느라 계속 고개를 숙이고 있을 때가 많았습니다. 그냥 무식하게 뛰어 들어가서 주교를 부르면 바로 대답해 주었을 텐데, 아우구스티누스는 그러지 않았습니다. 마음속으로 '암브로시우스 주교님, 고개를 한 번만 들어 주세요. 여쭤보고 싶은 것이 많습니다.'라고 생각하면서도 주교를 존경하고 사랑하는 마음에 방해하지 않고 그저 지켜봤습니다.

암브로시우스 말고도 아우구스티누스에게 멘토의 역할을 했던 인물이 있습니다. 바로 아우구스티누스의 어머니 모니카입니다. 어머니란 존재가 주는 영향은 워낙 깊고 커서 사실 멘토의 역할 이상이라고 할 수 있지요. 부모는 신앙을 전해 주는 가장 좋은 멘토가 될 수 있습니다. 자녀를 사랑하는 마음에 신앙까지 담으면 금상첨화겠지요? 신앙이라는 인생의 향기, 나아갈 방향까지 자녀에게 준다면 자녀에게는 최고의 선물이 될 것입니다.

제10강

그리스도교 최고의 스승, 아우구스티누스

아우구스티누스는 밀라노에 와서 신플라톤주의를 알게 되면서 정신적인 것의 소중함을 배웠고, 암브로시우스로부터 성경의 영적인 의미가 무엇인지 배웠습니다. 그러면서 아우구스티누스는 변화했습니다. 이러한 변화를 이끌어 낸 가장 큰 원동력은 바로 모니카가 베풀어 준 사랑이었습니다. 아우구스티누스는 모니카를 통해서 하느님의 사랑을 체험할 수 있었습니다.

타가스테의 수도 공동체

아우구스티누스는 모든 것을 버리고 고향인 타가스테로 돌아왔습니다. 그리고 그곳에 자신의 친구들, 제자들과 함께 공부하면서 기도하는 공동체를 만들었습니다. 그런데 아우구스티누스가 타가스테로 돌아왔다는 소식이 북아프리카에 퍼졌습니다. 그러자 그리스도교

카르타고에 도착한 아우구스티누스.

를 향한 열정으로 공부하고 싶은 사람들이 타가스테의 공동체에 들어가고 싶어 했습니다. 수도 공동체를 설립한 후에 아우구스티누스는 그리스도교의 스승으로서 북아프리카 전역에 명성을 떨치게 되었습니다.

그런데 공동체에 곤란한 일이 벌어졌습니다. 요즘에는 주교를 뽑을 때 각 교구에서 훌륭하다고 인정되는 사제들이 후보자로 올라가고 로마 교황청에서 결정을 해 주어야 주교로 결정됩니다. 하지만 아우구스티누스가 살던 당시에는 사람들이 추대해서 주교를 뽑았습니다. 아우구스티누스의 멘토, 암브로시우스도 그런 식으로 사람들의 추대에 의해서 주교가 되었습니다. 이것과 관련된 유명한 일화가 있습니다.

암브로시우스가 밀라노에 왔을 때 그는 그리스도교와 아무 상관도 없었습니다. 트리어의 훌륭한 집안 출신인 암브로시우스는 밀라노에 집정관으로 와 있었습니다. 그런데 당시 밀라노에서는 공석이 된 주교의 선출을 두고 혼란이 일어나고 있었습니다. 아리우스 이단과 가톨릭 교회 쪽이 서로 대립하고 있었고, 양쪽에서 서로 자기편 사람을 주교로 선출하려 했기 때문에 주교가 계속 결정되지 못하는 상황이었습니다. 대다수의 민중들은 가톨릭 교회 쪽에 있었지만 황제의 어머니인 황후가 아리우스 이단을 밀고 있었습니다. 복잡하고 미묘한 정치적인 기류가 흘렀고, 주먹도 오고 가면서 매번 논쟁이 벌어졌습니다.

암브로시우스는 밀라노에 집정관으로 오면서 이 험악한 분위기를 중재했습니다. 그는 양쪽 진영을 설득시켰고, 다행스럽게도 양쪽 진영은 그에게 동의했습니다. 그리하여 이제 함께 모여 주교를 뽑는 일만 남았습니다. 그런데 같이 합의를 해서 주교를 뽑자고 했어도 막상 주교가 가톨릭 교회 쪽에서 나오면 아리우스 이단이 싫어하고, 주교가 아리우스 이단에서 나오면 가톨릭 교회 쪽이 싫어할 상황이었습니다. 암브로시우스가 서로 화합을 이룬 것을 칭찬하면서 주교를 추천해 달라고 하자 묘한 긴장감이 흐르면서 조용해졌습니다.

그런데 침묵을 깨고 저 뒤에서 한 소년이 손을 들어서 "암브로시우스를 주교로!"라고 외쳤습니다. 사람들의 정신이 멍해졌습니다. 요즘으로 치면 선거 관리 위원회 위원장을 대통령으로 뽑자는 엉뚱한 소리였기 때문입니다. 그런데 소년의 말을 듣고 사람들이 곰곰이 생각해 보니 그러지 못할 이유가 없었습니다. 사람들은 고개를 끄덕이며 "암브로시우스!"를 외치기 시작했습니다. 조용하던 성당에 암브로시우스의 이름이 울려 퍼졌습니다.

당황한 암브로시우스는 "무슨 말을 하는 것입니까? 저는 아직 세례도 받지 않았는데 어떻게 주교가 되겠습니까?"라고 말하며 거절했습니다. 하지만 사람들은 끝까지 암브로시우스를 외쳤습니다. 이렇게 열정적으로 외치는데 계속 거절하면 폭동이라도 일어날 것 같아서 암브로시우스는 결국 고개를 푹 숙였고 곧바로 사제들이 나와서 일사천리로 암브로시우스를 주교로 만들어 버렸습니다.

제가 신학교에 가서 이런 이야기를 들려주면 신학생들은 굉장히 억울해합니다. 자신들은 군대 다녀오고 10년 가까이 열심히 공부해서 간신히 사제가 되는데, 암브로시우스는 짧은 시간 안에 주교까지 되었으니까요. 전설에 따르면 사흘 만에 주교가 되었다고 전해지는데, 사실이든 아니든 암브로시우스는 짧은 기간에 세례와 주교품까지 받았습니다.

그럼 다시 아우구스티누스 이야기로 돌아가겠습니다. 암브로시우스가 사람들의 추천으로 주교가 된 관례가 있었기 때문에, 다른 지역 사람들은 아우구스티누스와 함께 생활하던 타가스테 공동체의 젊은 이들에게 관심을 보였습니다. 그래서 아우구스티누스가 어떤 젊은이에게 과제를 주면서 다른 마을로 보내면 그 젊은이가 돌아오지 못하는 상황이 벌어졌습니다. 그 마을에 주교가 없으면 마을 사람들이 타가스테 공동체 출신이라는 이유로 아우구스티누스가 보낸 젊은이에게 몰려와서 주교가 되어 달라고 간청했던 것입니다. 결국 타가스테 공동체의 회원들 중 몇 사람은 북아프리카 도시들의 주교가 되었습니다.

이런 상황이 벌어지자 아우구스티누스는 타가스테의 공동체 회원들에게 주교가 없는 마을에는 들어가지 말라고 명령을 내렸습니다. 지금 생각하면 참 황당한 명령이지요? 요즘 같으면 주교직을 맡는 것을 큰 영광으로 여길 텐데 말입니다. 아우구스티누스는 명예보다도 하느님께 봉사하며 기도하는 것이 더 중요하다고 생각했기 때문에, 공동체에 주교직이 비어 있는 마을에는 들어가지 말라고 했던 것입니다.

그런데 정작 아우구스티누스 자신이 이것을 실천하지 못하게 되는 일이 벌어졌습니다. 아니, 실천을 하기 위해 노력하긴 했지만 자신의 의도와 다르게 일이 진행되었습니다. 아우구스티누스와 함께하고 싶었던 많은 젊은이들이 타가스테에 몰려왔는데, 이 사람들을 다 받아 주기에 타가스테는 너무 작은 마을이었습니다. 그래서 아우구스티누스는 제2의 수도 공동체를 만들 필요성을 느꼈고 위치를 물색하러 갔습니다. 어느 정도 큰 도시이면서 카르타고처럼 너무 위험하지는 않은, 수도 생활을 방해하는 요소가 없는 장소를 물색하다가 '히포 Hippo(타가스테에서 70킬로미터쯤 떨어진 도시로, 현재 알제리의 아나바에 해당됨)'라는 곳을 후보지로 찍었습니다.

히포의 로마 시대 유적과 아우구스티누스 성당.

히포의 주교, 아우구스티누스

히포는 북아프리카에서 두 번째로 큰 항구였습니다. 그러나 무역항이 아니고 주로 어선들이 많았기 때문에 분위기가 차분했습니다. 무엇보다도 그곳에는 훌륭한 주교가 있다는 소문을 들어서 아우구스티누스는 아무런 걱정 없이 제자들을 데리고 히포로 향했습니다.

그러자 히포에 아우구스티누스의 타가스테 공동체 회원들이 온다는 소문이 퍼졌습니다. 아우구스티누스가 이끄는 일행은 히포에 도착하여 주일 미사에 참석했습니다. 히포의 발레리우스 주교가 미사를 집전하며 둘러보는데 유독 한 사람이 눈에 띄었습니다. 그리고 그가 아우구스티누스라는 것을 알아챘습니다.

발레리우스 주교에게는 한 가지 어려움이 있었습니다. 그는 그리스

발레리우스 주교 앞에서 설교하는 아우구스티누스.

어를 모국어로 쓰는 외국인이었습니다. 그래서 라틴어로 강론할 때 항상 어려움을 느꼈습니다. 아우구스티누스를 발견한 그는 강론대에서 "여러분도 아시겠지만, 오늘 훌륭한 손님이 오셨습니다. 아우구스티누스 선생님, 나와 주세요."라고 어정쩡한 발음으로 말했습니다.

주교가 갑자기 청하자 아우구스티누스는 얼떨떨한 표정을 지으면서 강론대에 올라가 5분 정도 짧은 연설을 했습니다. 그런데 이것이 결정적인 실수였습니다. 사람들이 그만 그의 연설에 반해 버린 것입니다. 많은 나이만큼 경험도 많았던 발레리우스 주교는 이 기회를 놓치지 않고 "여러분, 이런 강론을 매주 들을 수 있다면 얼마나 좋겠습니까?"라고 말했습니다. 그러자 전에 암브로시우스를 주교로 뽑을 때 사람들이 암브로시우스를 외쳤듯이, 발레리우스 주교의 말을 들은 사람들이 갑자기 "아우구스티누스! 아우구스티누스!"라고 외치기 시작했습니다.

아우구스티누스는 당황해서 "주교님, 안 됩니다. 저는 이 공동체를 이루고 있기 때문에 이곳에 머무를 수 없습니다. 모두 함께 일생 동안 하느님을 찬양하면서 살아가기로 약속했기에 저희는 헤어질 수 없습니다."라고 말했습니다. 그러자 발레리우스 주교는 같이 온 회원이 몇 명이냐고 물었습니다. 아우구스티누스는 "30명에 가깝습니다."라고 답했습니다. 이에 주교는 "제 주교관은 넓습니다."라고 말하는 것이었습니다. 발레리우스 주교는 자신의 주교관을 내주면서까지 아우구스티누스를 사제로 삼고 싶었습니다.[1] 곤란한 상황에 처한 아우구스티누스가 "안 됩니다. 저는 세례를 받은 지 얼마 되지 않았고 성경도 잘 모릅니다."라며 버텼습니다. 발레리우스 주교도 물러나지 않고 "그럼 기다리겠습니다. 5년 동안 성경을 공부하고 난 다음에 가르쳐 주면 되지요."라고 답했습니다. 발레리우스 주교의 고집 앞에서 아우구스티누스는 더 이상 거절할 수가 없었습니다.

결국 아우구스티누스는 어쩔 수 없이 히포의 주교좌성당에서 사제품을 받았습니다. 아우구스티누스가 성경을 잘 모른다고 한 것은 사실이 아니었습니다. 아우구스티누스는 이미 카시키아쿰에 있을 때부터 성경을 많이 공부했고, 그 이후로도 성경을 열심히 읽었기 때문입니다. 그는 그 뛰어난 머리와 재능으로 성경의 핵심적인 내용을 파악하고 있었습니다.

발레리우스 주교는 나이가 많았기 때문에 아우구스티누스가 사제가 되자마자 자신의 일을 양보했고, 아우구스티누스는 주교를 대신하여 주교 회의 등 여러 중요한 종교 회의를 주관했습니다.[2] 그러면서 아우구스티누스는 북아프리카의 최고의 스승으로 등극하게 되었습니다. 그리고 몇 년 후에 발레리우스 주교가 세상을 떠나자 아우구스티누스가 주교직에 오르게 되었습니다.

히포의 주교가 된 아우구스티누스는 열심히 활동했습니다. 특히 그는 성경에는 문자적인 의미뿐만이 아니라 영적인 의미가 있음을 알았기에, 성경의 모순을 플라톤 철학의 도움을 받아서 영적으로 풀어냈습니다. 또한 교회에서 정치적으로도 아우구스티누스가 해결해야 할 일이 많았기에 그는 외부 활동도 많이 했습니다. 그러나 열성적인 사람인 만큼 결코 기도 생활을 소홀히 하지 않았습니다.

아우구스티누스의 멘토가 암브로시우스라고 말한 바 있습니다. 암브로시우스는 주교로서 여러 가지 활동을 하며 책도 저술했습니다. 아우구스티누스 역시 주교로서 암브로시우스의 모범을 잘 따랐지요.

암브로시우스의 저술 중에 《나봇 이야기》라는 책에 대해 잠시 소개하겠습니다. 이 책은 구약에 나오는 이야기를 바탕으로 합니다.

유대 임금 아합 시대 때 아합과 그의 표독한 아내 이제벨에게 죽임

히포의 주교, 아우구스티누스의 생활.

제10강. 그리스도교 최고의 스승, 아우구스티누스

을 당하고 포도원을 뺏긴 사람이 나봇(1열왕 21,1-19 참조)인데, 이 이야기를 바탕으로 권력과 부를 가진 자와 그렇지 못한 자 사이의 관계에 대해 암브로시우스는 멋지게 말합니다. 그 내용 중 하나가 하느님을 빚쟁이로 만들라는 것입니다. 이것이 사채업자가 되라고 가르치는 것이냐며 당황해할 수도 있는데, 암브로시우스의 말을 잘 들으면 이해하게 됩니다.

마태오 복음서에서 예수님은 가장 작은 이에게 해 주는 것이 바로 당신에게 해 주는 것이라고 하셨습니다(마태 25,40 참조). 이것을 '가난한 이들에 대한 우선적 선택Option für die Armen'이라고 하는데, 가난한 이들 안에서 하느님의 모습을 발견하라는 이야기입니다. 가난한 이들을 도와주는 것은 하느님께 돈을 빌려 드리는 것과 같습니다. 암브로시우스는 부자들의 경우 그 돈을 먼저 가난한 이들에게 쓰기로 선택한다면 그것이 하느님을 빚쟁이로 만드는 방법이라고 말했습니다. 그것을 통해 천국에 들어가면 하느님이 반가워하시면서 "아, 드디어 내가 너한테 빚을 갚을 수 있겠다!"라고 말씀하시겠지요?

이렇게 암브로시우스는 사목적인 배려를 보여 주었습니다. 그런데 아우구스티누스는 이것을 훨씬 더 체계적이고 조직적으로 해 나갔습니다. 저술들도 방대하고 내용면에서도 뛰어났습니다. 그리고 암브로시우스의 모범을 따라서 자신의 가르침이 이웃 사랑을 실천하는 데 활용될 수 있도록 노력했습니다.

아우구스티누스의 주요 작품

아우구스티누스가 저술한 책들 중 몇 가지를 소개하겠습니다. 지금까지 한 아우구스티누스에 대한 이야기들이 소설처럼 지어낸 것 아니냐며 의문을 품을 수도 있는데, 이는 아우구스티누스의 책에 나와 있는 내용입니다.

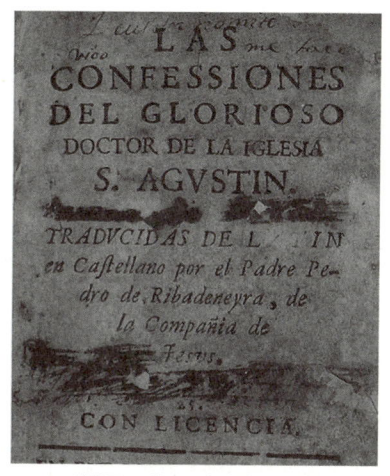

아우구스티누스의 역작, 고백록.

아우구스티누스가 자신의 일생에 대해서 쓴 책이 있습니다. 바로 《고백록 Confessiones》으로, 주교가 된 다음에 과거를 회상하면서 쓴 책입니다. '참회록'이라고도 불리는 이 책을 길게 쓴 반성문 정도로 생각하는 사람들이 많습니다. 그러나 이것은 오해입니다.[3]

종교에서는 종종 지나치게 죄를 강조할 때가 있습니다. 하지만 이것을 다른 관점에서 볼 필요가 있습니다. 예를 들어 주일 미사를 한 번 빠졌다면, 빠졌다는 결과가 중요한 것이 아니라 왜 그런 일이 벌어졌는지 생각해 보는 것이 중요합니다. 생계 때문에 혹은 다른 사람에게 봉사하기 위해 주일 미사를 못 본 것과, 그냥 게을러서 미사를 나가지 않은 것은 차원이 다르지요. 아우구스티누스는 단순히 '죄'라는 결과가 중요한 것이 아니라 하느님의 사랑이 먼저라는 것을 깨달았습니다. 하느님이 어머니 모니카를 통해서 사랑을 보여 주셨는데 자신이 이 사랑을 제대로 다시 돌려주지 못한 것이 죄라고 고백합니다.

아우구스티누스의 《고백록》은 '불효자는 웁니다.'라고 간략히 요약할 수 있습니다. 하느님이 보여 주신 사랑을 제대로 갚지 못한 것에 대한 후회이자 그 크신 사랑에 대한 찬양입니다. 하지만 궁극적으로는 하느님의 사랑에 대한 찬양이 먼저입니다. 따라서 《고백록》은 단순한 반성문이 아니라 하느님께 드리는 아름다운 찬양문인 것입니다.

또 다른 유명한 저서로 《삼위일체론 De Trinitate》이 있습니다. 우선 삼위일체란 무엇일까요? 하느님이라는 하나의 실체 안에 세 위격이 있다는 것입니다. 하나의 동일 본질 안에 성부 · 성자 · 성령이 계시다는 것이지요. 사실 이런 내용을 일반 신자들이 이해하기는 굉장히 어렵습니다. 그래서 아우구스티누스는 책을 써서 이것을 설명해 줘야겠다는 생각을 했습니다. 그러나 삼위일체를 어떻게 설명해야 좋을지 막막했습니다. 그래서 산책을 나갔습니다. 서양에서는 머리가 꽉 막히고 답답할 때 산책을 나갑니다. 외국의 유명한 도시에 가면 철학자들의 산책길도 있습니다.

아우구스티누스도 답답함을 풀기 위해 히포의 바닷가를 산책하고 있었습니다. 그러다가 귀엽게 생긴 금발의 아이를 보았습니다. 그 아이는 자기 몸통만 한 조개를 들고 커다랗게 파인 모래 구멍에 바닷물을 퍼서 붓고 있었습니다. 그런데 놀고 있다고 보기에는 너무 진지한 표정으로 그 일을 하고 있었습니다. 이를 보고 있던 아우구스티누스가 궁금해져서 "얘야, 지금 뭐하고 있니?"라고 묻자 그 아이는 "내가 저 바닷물을 여기 웅덩이에 다 집어넣을 거예요!"라고 답했습니다. 이 말을 듣고 아우구스티누스는 안쓰러워하며 "얘야, 그것은 안 된단다. 바닷물은 무한해서 네가 아무리 퍼서 넣어도 이 모래 웅덩이에 바닷물을 다 채울 수는 없단다."라고 했습니다. 그런데 이 아

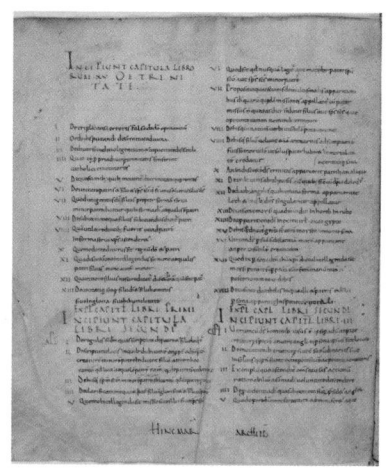
아우구스티누스의 삼위일체론.

이가 당돌하게 "할아버지도 나와 똑같은 일을 하면서 뭘 그러세요?"라고 하는 것입니다. 아우구스티누스가 당황하며 놀란 눈으로 아이를 쳐다봤을 때 아이는 이미 사라졌다고 합니다.

아우구스티누스는 아이가 한 말이 무슨 뜻인지 생각해 보았습니다. 그러다가 바닷물이 하느님의 신비인데, 모래 웅덩이와 같은 인간의 머리로 그 무한한 하느님의 신비를 전부 담으려는 것이 무모한 행동임을 깨달았습니다.

그럼에도 불구하고 아우구스티누스는 《삼위일체론》을 저술하는 것을 그만두지 않았습니다. 그는 많은 비유를 통해 삼위일체를 설명해주려고 노력했습니다. 삼위일체를 인간의 머리로 온전히 다 이해할 수 있다고 생각하지는 않았지만, 사람들이 최대한 이해할 수 있도록 설명

바닷물을 퍼 담는 아이를 만난 아우구스티누스의 환시.

해 주는 것은 중요하다고 생각했습니다.

아우구스티누스가 자주 사용했던 비유 하나를 소개하겠습니다. 태양이 있고, 태양에서부터 나오는 빛이 있습니다. 뜨거운 여름에는 사람들이 모두 그늘로 숨어 버리지만, 추운 겨울에는 양지에 나와서 햇볕을 쬡니다. 여기서 태양, 햇빛, 햇볕은 하나인가요, 아니면 여럿인가요? 우리는 모두 답을 알고 있습니다. 우리는 이것들이 하나로 일치되어 있음을 알면서도, 태양 자체와 태양으로부터 나오는 빛과 사람들이 쬐는 햇볕을 구별할 수 있습니다. 하나의 일치를 이루면서도 서로 구별될 수 있는 것, 이것이 삼위일체의 중요한 가르침 중 하나입니다.

신플라톤주의와 그리스도교

아우구스티누스는 신플라톤주의를 받아들였고 그것을 통해 그리스도교를 설명했습니다. 신플라톤주의는 어떤 식으로 그리스도교와 연결될 수 있었을까요? 당시 로마에 자리 잡던 다신교에 대항하여 신플라톤주의의 '일자'에 대한 이야기를 통해 그리스도교의 유일신 사상을 강조할 수 있었습니다. 일자에서 모든 것이 나왔다는 유출설은 하나의 근원으로부터 모든 것이 나왔다는 그리스도교의 창조 사상과 연결될 수 있었습니다. 그리고 일자로 돌아가는 '귀환'에 대한 이야기는 그리스도교에서 우리를 창조하신 하느님께로 되돌아가는 것과 연결될 수 있었습니다.

이런 식으로 아우구스티누스는 신플라톤주의를 그리스도교와 연결해서 설명해 주었습니다. 그러나 두 사상의 차이점도 분명히 강조했습니다. 신플라톤주의의 일자에 대한 사상은 거의 자연법칙과 같습니다. 위에서 사과를 놓으면 아래로 떨어지듯이, 가장 초월적인 일자에서 모든 것이 유출되는 것은 마치 자연법칙처럼 필연적으로 이루어집니다.

그런데 우리가 자연법칙에 기도하지는 않습니다. 그 누구도 "자연법칙이 잘 이루어지게 해 주세요."라고 기도하지는 않지요. 자연법칙은 때가 되면 이루어지는 것이기 때문입니다. 즉 일자를 향해 기도할 필요는 없습니다. 그런데 그리스도교에서는 왜 기도를 하나요? 여기에서 신플라톤주의와 그리스도교의 핵심적인 차이가 드러납니다.

삼위일체를 나타낸 이콘(왼쪽이 성부, 가운데가 성자, 오른쪽이 성령).

그리스도교의 하느님은 일자와 같은 역할을 하시지만 먼저 사랑을 베풀어 주시는 분입니다. 아우구스티누스는 《고백록》에서 사랑이 먼저 다가왔다고 말했습니다. 하느님은 사랑을 베풀어 주시는, 생동감 넘치고 살아 있는 신입니다. 이것을 전문적인 신학 용어로는 '인격적인 신'이라고 부릅니다. 하느님은 "나는 있는 나다."(탈출 3,14)라고 하시면서 모든 것을 창조해 낸 분이 당신 자신이고, 존재 자체가 당신 자신임을 가르쳐 주셨습니다.

이런 것은 신플라톤주의에는 나오지 않습니다. 하느님이 사람을 만들어 내신 것이 어떤 필연적인 법칙을 따라서 이루어진 것일까요? 단순히 법칙을 따라서 만들어진 것이라면 감히 '창조'라고 부를 수도 없을 것입니다. 일자가 모든 것을 만들어 내는 것은 필연적이지만, 하느님은 자유로우신 분이고 사람을 만들지 않았을 수도 있었습니다. 하지만 하느님은 사랑하는 마음에서 사람을 자유롭게 창조하셨습니다.

이렇게 아우구스티누스는 신플라톤주의를 융통성 있는 태도로 그리스도교에 맞게 적절히 변형하여 수용했습니다.

진정한 행복 찾기

누구나 행복을 누리고 싶어 합니다. "나는 꼭 불행해지겠어!"라고 말하는 사람은 없지요. 그런데 아우구스티누스는 행복해지고 싶냐는 질문에 "네!"라고 답한 사람은 진정으로 행복한 사람이 아니라고 말합니다. 그의 논리에 따르면 진짜 행복한 사람은 더 행복해지고 싶은 마음이 없습니다. 이미 행복하니까요. 행복해지고 싶다는 것은 아직 행복하지 않다는 것을 보여 줍니다. 밥도 굶지 않고 나름대로 괜찮은 삶을 살고 있어도 여전히 뭔가 더 좋은 것이 있으면 좋겠다고 생각하는 것이지요. 아우구스티누스가 보기에 행복을 계속 추구하는 이런 상태는 완전히 행복한 상태는 아니었습니다.

일반적으로 사람들은 언제 행복하다고 느낄까요? 열심히 공부해서 대학에 붙었을 때, 수많은 면접 끝에 취직했을 때, 오랫동안 기다린 자녀가 태어났을 때, 신학생들의 경우는 사제가 되었을 때 등 사람들은 원하는 것을 소유했을 때 행복하다고 느끼는 것 같습니다. 그런데 아우구스티누스는 원하는 것을 소유했다고 해서 다 행복해지는 것은 아니라고 말합니다. 어떤 것을 소유했는데 그것이 언젠가 사라진다면, 그것을 소유하는 것은 진정한 의미에서 좋은 것이 아닙니다. 언젠가 변해 버리거나 없어질 수 있는 것을 소유하는 데서 느끼는 행복은 그리 오래가지 않습니다.

이런 것들을 아우구스티누스는 이미 체험을 했습니다. 일상적으로 행복을 느끼는 대상들, 예를 들어 명예도 얻은 적이 있고 부도 가진 적이 있었습니다. 그런데 이런 것들은 진정한 행복을 가져다주지 못했습니다. 이런 체험을 바탕으로 아우구스티누스는 진정한 행복을 찾기 위해서는 영속적이면서 자신과 필연적인 관계를 맺고 있어 자신을 배반하지도 않고 누가 훔쳐 갈 수도 없는 그런 대상을 원해야 한다고 했습니다. 그 대상이 무엇일까요? 영원한 존재이면서, 우리를 사랑하시고 우리를 만드신 분, 우리와 절대 떨어지시지 않는 분, 바로 하느님입니다.

즉 원하는 대상 자체가 영속적이고 우리와 필연적인 관계를 맺고 있어야 하는데 이 조건들을 모두 충족하는 하느님을 소유해야 진정한 의미에서 행복해진다는 것입니다. 그런데 어떻게 하느님을 소유할 수 있을까요? 물건을 구매하듯이 하느님을 가질 수는 없는 일입니다. 이에 대해 아우구스티누스는 "내면으로 들어가라."라고 말합니다. 우리의 마음 안에 이미 하느님이 들어와 계신다는 것입니다. 그는 우리가 자신을 돌아볼 때 자신이 생각하는 것보다 더 깊은 곳에 하느님이 계신다고 말합니다.

따라서 하느님을 만나려면 안으로 들어가야 합니다. 자신의 내면으로 들어가면 진정한 스승을 만날 수 있습니다. 아우구스티누스는 무엇이 올바르고 무엇이 진리인지 가르쳐 주는 내적인 스승을 만나는 것이 하느님의 진리이자 로고스인 그리스도를 만나는 것이라고 했습니다.

사랑의 윤리

이제 사랑의 윤리에 대해서 이야기하면서 정리해 보겠습니다. 그리스 철학에서는 전통적으로 윤리에서 지성을 중요시했습니다. 그래서 **소크라테스**Socrates(기원전 470년경~기원전 399년)와 같은 사람들은 무지가 곧 죄라고 말하면서 무엇이 올바른지 아는 것이 얼마나 중요한지, 윤리를 행하기 위해 지성의 역할이 얼마나 중요한지 강조했습니다.[4] 그런데

'너 자신을 알라'고 말한 소크라테스.

아우구스티누스는 이런 흐름과 다른 길로 갔습니다.

누구나 머리로는 알지만 몸이 따라 주지 않는 경험을 한 적이 있을 것입니다. 어머니들의 경우, 자식이 잘못했을 때 무조건 화를 내기보다는 "비록 잘못은 했지만 괜찮아. 다음에는 그러지 마." 하면서 타일러야 한다는 것을 머리로는 알고 있습니다. 그런데 막상 그런 상황이 오면 "너 진짜 매번 이럴래!" 하면서 성질을 냅니다. 몰라서 안 하는 것이 아닙니다. 알고 있지만 잘 통제되지 않아서 그러는 것이지요.

아우구스티누스는 자신의 체험을 통해 이런 것을 알고 있었습니다. 우리는 많은 경우 무엇이 옳은지 잘 알고 있습니다. 아우구스티누스도 신플라톤주의를 공부하면서, 그리고 성경을 읽으면서 어떤 길이 올바른지 머리로는 알고 있었습니다. 그런데 자꾸 욕정에 빠져 실천이 되지 않았지요. 그래서 아우구스티누스는 이 체험을 바탕으로 윤리에서 '의지voluntas'가 가장 중요하다고 말합니다.[5] 의지 중에서도 특히 '사랑'이 중요하다고 말합니다. 이런 내용을 정리해서 아우구스티누스는 "사랑하시오, 그리고 당신들이 원하는 것을 하시오Dilige, et quod vis fac!"

《요한 1서에 관한 설교》 7,8)라고 이야기합니다.

이것은 무엇을 의미할까요? 어떤 학생이 독서실에서 열심히 공부하는 친구를 질투한다고 상상해 봅시다. 그 학생은 친구가 더 이상 공부하지 못하게 하려고 그 친구에게 전화를 해서 친구의 집안에 큰 일이 생겼다고 거짓말을 했습니다. 친구는 전화를 받고 황급히 독서실을 나왔습니다. 그런데 그 후 독서실에서 불이 났고 독서실을 빠져나왔던 친구는 목숨을 건졌습니다. 그 학생은 친구가 공부를 못하게 하려고 거짓말을 했던 것인데, 이 거짓말 덕분에 친구는 살 수 있었습니다. 그렇다면 그 학생의 행위는 윤리적이었나요? 아닙니다. 행위의 결과가 좋다고 해도, 사랑이 결여되어 있는 행위는 윤리적인 행위일 수 없습니다. 그래서 아우구스티누스는 무엇이든 윤리적인 행위가 되려면 먼저 사랑이 필요하다고 말한 것입니다.

그런데 사랑한다는 명목으로 행하면 다 윤리적인 행위가 될 수 있을까요? 최근 들어 사랑한다면서 스토커처럼 쫓아다니고, 심지어 죽이기까지 하는 사건들이 자주 발생하고 있습니다. 그런 짓을 저지르는 사람들에게 왜 그런 행동을 했냐고 물으면 "너무 사랑하기 때문에 그랬습니다."라고 말합니다. 이런 사람들이 아우구스티누스가 "사랑하시오, 그리고 당신들이 원하는 것을 하시오."라고 말한 것을 알게 된다면, 자신들의 행위를 변호하기 위해 이 말을 악용할지도 모르겠습니다.

때로는 아가페적인 사랑을 행한다고 알려진 어머니들도 잘못된 행

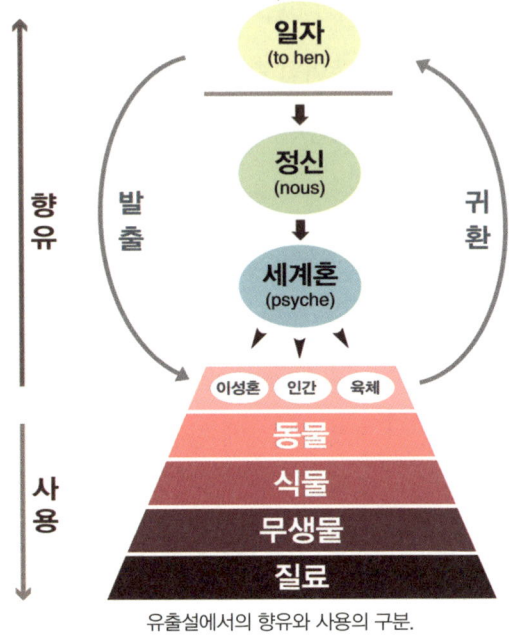

유출설에서의 향유와 사용의 구분.

동을 하기도 합니다. 아이에게 자신의 뜻을 강요하며 자신이 원하는 대로 아이를 만들어 놓기 위해서 애를 씁니다. "다 너를 위해서 엄마가 이러는 거야."라고 말하면서 말이지요. 그런데 그런 아이들은 잘 자라지 못하는 경우가 많습니다. 아우구스티누스는 사랑이라고 해서 모든 사랑이 윤리적인 행동으로 연결되는 것은 아니라고 생각했습니다. 올바른 사랑을 해야 하는 것이지요. 그렇다면 올바른 사랑이란 무엇일까요?

아우구스티누스는 사랑을 두 종류로 나누어 설명했습니다. 하나는 '향유frui'이고, 나머지 하나는 '사용uti'입니다. 향유는 오직 대상 자체를 목적으로 사랑하는 것입니다. 그리고 사용은 어떤 대상을 특정한 목적을 이루기 위한 수단으로 사랑하는 것입니다. 영어에도 이 표현의 흔적들이 남아 있습니다. 향유는 '후루이frui'라고 하는데 영어로는 '프루트fruit'로서 '과일' 혹은 '즐길 만한 것'이라는 의미며, 사용은 '우티uti'인데 이것은 '유틸라이즈utilize', 즉 '사용하다'라는 의미입니다. 이러한 두 가지 사랑 방식 중에 어떤 것이 진정한 사랑에 가까울까요? 왠지 향유가 더 가까울 것만 같습니다. 그런데 아우구스티누스는 쉽게 말해 "그때그때 달라요."라는 입장이었습니다.

그런데 이 "그때그때 달라요."라는 것이 제멋대로 아무런 사랑이나 해도 좋다는 것은 아닙니다. 이렇게 말한 이유는 사랑하는 대상이 어디에 속하는지에 따라서 달라지기 때문입니다. 아우구스티누스의 말에 따르면 '가치의 질서'는 '존재의 질서'를 따릅니다. '존재의 질서'라는 말이 나오면 신플라톤주의를 떠올리면 됩니다. 일자로부터 밑으로 내려오는 존재의 질서를 볼 수 있지요.

이 질서에 맞게 향유와 사용을 해야 하는데, 신플라톤주의에서 말하는 존재 질서의 체계 중에서 윤리적인 행위를 해야 하는 층은 어디일까요? 일자도 아니고 동물이나 식물도 아닌, 오직 인간에게만 윤리적인 행위가 요구됩니다. 배고픈 사자가 어슬렁거리다 토끼가 보이면 잡아먹겠지요. 그렇다고 해서 사자한테 "토끼를 죽인 놈아! 윤리적이지 못하게 왜 그런 행동을 했어?"라면서 따질 수는 없는 법입니다.

　아우구스티누스는 인간을 중심으로 해서 존재의 질서에서 인간보다 위의 것은 향유해야 하고, 아래의 것은 사용해야 한다고 말합니다. 그리고 그는 인간보다 아래에 있는 동물, 식물, 무생물, 질료를 나쁜 것으로 치부하지 않습니다. 이런 것들도 모두 하느님이 만드신 것이기 때문입니다. 존재하는 모든 것은 선합니다. 인간보다 아래에 있는 것들의 존재가 문제가 아니라, 이것들을 어떤 방식으로 사랑해야 하는지가 문제입니다.

　어떤 행위를 했는데 의도치 않게 좋은 결과를 얻고 칭찬을 받게 되는 경우가 있습니다. 이런 경우 대부분 어떻게 하나요? 손사래를 치며 선한 의도로 한 것이 아니었다고 해명하기보다는 그냥 미소를 지으며 칭찬을 받아들이곤 합니다. 저도 종종 학생들에게 의도치 않게 칭찬을 받는 경우가 있습니다. 별로 신경도 쓰지 않고 그냥 지나가듯이 한 말인데 학생들이 "교수님, 그 말씀이 저에게 정말 큰 힘이 되었습니다. 감사합니다!" 하면서 고마워하는 것입니다. 이런 소리를 들을 때면 왠지 마음이 찔리기도 합니다. 그래서 저는 제 방에 '처음처럼'이라고 써 놓았습니다. 늘 처음처럼 학생들을 사랑하는 마음을 갖자는 의미로 말입니다. 교수로서 학생들을 가르치기 위해 무엇보다도 필요한 것은 학생들을 사랑하는 마음이라고 생각합니다.

　사랑을 기반으로 해서 모든 일을 한다면 아우구스티누스가 말하듯

하느님을 소유하는 데 가까이 다가갈 수 있을 것입니다. 자신의 마음을 한번 들여다보세요. 마음을 가득 채운 것이 보일 것입니다. '나는 무엇을 사랑하는가' 자신에게 물어보세요. 내가 어떤 것에 마음을 쏟고 있는지, 만약에 슬프다면 왜 슬픈지, 혹은 기쁘다면 왜 기쁜지 살펴보세요. 아우구스티누스는 어떤 대상을 어떻게 사랑하는지 우리에게 질문을 던집니다. 이러한 질문이 향유와 사용이라는 사랑과 어떻게 연결될까요?

제11강

하느님의 나라, 땅의 나라

　아우구스티누스는 사랑에 대해 대상 자체를 목적으로 사랑하는 향유와, 대상을 다른 목적을 위한 수단으로 사랑하는 사용으로 구분했습니다. 그리고 인간을 중심으로 인간보다 상위의 것들은 향유를 해야 하고, 인간보다 하위의 것들은 사용해야 한다고 했습니다. 이것에 대해 더 자세히 이야기해 보겠습니다.

향유와 사용

　동물들을 사랑하는 마음은 분명히 좋은 것입니다. 유기견을 돌보는 사람들을 보면 참 아름답다는 생각이 듭니다. 그러나 동물에 대한 사랑이 인간의 생명을 위협할 정도로 지나치면 해가 됩니다. 아우구스티누스가 주장한 바에 따르면, 인간보다 하위에 있는 동물을 인간보다 더 상위에 두고 사랑해서는 안 됩니다. 동물과 식물을 사랑하는 것도 좋지만, 아우구스티누스가 볼 때 동물과 식물은 인간보다 하위에 있으므로, 동물과 식물보다 더 상위의 존재인 인간이 우선되어야 질서에 따른 올바른 사랑이 이루어진다는 것입니다.

그렇다면 존재의 질서에서 돈은 어디에 속할까요? 돈이 정신이나 세계혼에 속한다고 생각하는 사람은 없을 것입니다. 그렇다면 동물, 식물, 무생물, 질료 중에 어디에 해당될까요? 돈이 식물에 속하면 좋겠다는 생각이 들기도 합니다. 돈을 심어 놓고, 외출하기 전에 깻잎처럼 한 장 한 장 뜯어서 가지고 나갈 수 있으면 얼마나 좋을까요? 물을 주면 다시 돈이 생기고 말입니다. 그러나 돈은 무생물에 속합니다.

이런 돈 때문에 고통받는 사람들이 참 많습니다. 그렇다면 돈은 나쁜 것인가요? 아우구스티누스는 돈 자체가 나쁘다고 생각하지 않았습니다. 다만 돈을 어떻게 사용하는지에 따라서 달라집니다. 동물이나 식물을 지키고 자연을 보호해서 아름다운 세상을 만드는 데 돈을 쓴다면, 혹은 어려운 처지의 사람을 돕기 위해 돈을 쓴다면 무슨 잘못이 있겠습니까? 아우구스티누스 자신도 돈이 소중하다고 느낀 체험에 대해 솔직하게 이야기합니다. 로마 제국에서는 주인이 노예를 방면해 주는 권한이 있었는데, 자선을 베풀기 위해 노예들을 사서 풀어 주는 관습이 있었습니다. 아우구스티누스는 교구에 재산이 많다면 그 재산을 다 팔아서라도 비인간적인 대우를 받는 노예들을 풀어 주고 싶다고 했습니다. 돈 자체가 나쁜 것이 아니라 어떻게 사용하는지에 따라 좋게도 또는 나쁘게도 사용될 수 있는 것입니다.

그러나 돈 자체가 목적이 된다면, 아우구스티누스의 표현에 따라 사용의 대상이 아닌 향유의 대상이 된다면 문제가 생깁니다. 그렇게 되면 돈을 벌기 위해서 무슨 일이든지 하는 사태가 벌어집니다. 삼풍백화점 붕괴, 세월호 침몰 등 많은 인재人災들에서 드러나듯이 인간의 생명보다 돈이 우선시되는 일들도 있습니다. 돈이 향유의 대상이 되는 순간부터 왜곡이 시작되는 것입니다. 돈은 인간보다 하위이며 인간을 위해 사용해야 할 대상이지, 인간보다 상위로 두어 향유해야 할 대상이 아닙니다.

그런데 아우구스티누스는 사용해야 할 대상을 향유하는 것보다 그 반대의 현상, 즉 향유해야 할 대상을 사용하는 것을 더 경계했습니다. 이 반대의 현상을 알아채기 쉽지 않기 때문입니다. 어떤 경우가 있을까요?

하느님의 이름으로 전쟁을 일으킨 경우를 생각해 보세요. 대표적으로 십자군 전쟁(11세기부터 14세기까지 이슬람교도에게 빼앗긴 예루살렘을 탈환하기 위해서 유럽 그리스도교가 주도한 원정 전쟁)이나, 독일 30년 전쟁(1618~1648년까지 신성 로마 제국을 중심으로 가톨릭과 프로테스탄트 간에 벌어진 전쟁)이 있습니다. 이는 종교 자체가 문제가 되어 일어난 일이 아니라, 종교를 이용해서 인간들이 다른 것을 탐하려고 해서 일어난 일입니다. 하느님은 향유해야 하는 대상인데 인간들은 자신의 탐욕을 위해서 하느님을 사용했습니다. 아우구스티누스는 이런 경우가 더 큰 잘못이자 죄라고 말합니다.

그런데 향유해야 할 대상을 사용하는 경우가 종교 전쟁만 있는 것은 아닙니다. 요즈음의 일부 대형 교회들처럼, 교회가 부유해지면 더 이상 하느님이 목적이 아니라, 교회를 이루는 집단의 명예와 부를 추구하기 위한 수단으로 사용될 수 있는 위험이 있습니다. 아우구스티누스는 이런 문제에 대해서 비판을 했던 것입니다.

아우구스티누스의 이런 설명을 듣고 동의하는 사람이 많을 것 같지만, 그의 생존 시에는 많은 반대에 부딪혔습니다. 아우구스티누스가 훌륭한 스승으로서 인정받았고 주교로서도 모범을 보였음에도 불구하고, 자신의 입장을 관철하기 위해 열정적으로 투쟁해야 하는 일이 벌어졌습니다.

교회와 성사에 관한 도나투스파와의 논쟁

당시 북아프리카에서 막강한 영향력을 미치던 그리스도교의 한 분파가 있었습니다. 바로 **도나투스파**입니다. 도나투스파는 진정한 교회가 어떤 것인지에 대한 문제에서 아우구스티누스와 충돌했습니다.

테르툴리아누스를 떠올리면 알 수 있듯이, 북아프리카에서는 신앙을 위협하는 박해가 다가오면 신앙에 대한 열정 때문에 많은 사람들이 순교했습니다. 그런데 도나투스파의 가르침에 따르면, 일반 신자들의 경우에 잘못을 저질렀어도 회개를 하면 다시 돌아올 수 있었지만, 성직자들이 잘못한 경우에 문제가 되었습니다. 죽을 죄[死罪]에는 살인, 간음에 이어 배교가 있는데, 배교한 성직자들이 회개하고 돌아왔을 때

다시 교회의 지도자로서 역할을 맡아도 되는지 논란이 있었습니다.

이에 대해 도나투스파는 강경했습니다. 교회는 신성하고 좋은 것이어야 하므로 한 번이라도 배교한 이는 절대 받아들일 수 없다는 배타적인 입장이었습니다. 가장 이상적이고 완벽한 성직자들이 일을 제대로 할 수 있으며, 그들만이 교회를 이끌어야 하고 신자들도 그렇게 되어야 한다고 했습니다. 굉장히 매혹적인 주장이지요. 이렇게 하면 정말 교회를 신성하게 지킬 수 있을 것 같습니다.

그런데 아우구스티누스는 잘못을 저지른 성직자들도 진정으로 회개한다면 교회로 받아들여야 한다고 주장했습니다. 우리의 마음을 들여다보면 아우구스티누스의 입장을 이해하는 데 도움이 될 것 같습니다. 우리는 인간으로서 늘 부족하기 마련입니다. 부족한 인간들이 모인 교회도 마찬가지겠지요. 사실 옆에 있는 가족들만 보아도 완벽하지 않음을 알 수 있습니다. 그런데 부족한 모습을 보인다고 가족들이 "너는 완벽하지 않으니깐 우리 가족 구성원이 될 자격이 없어."라며 배격할 수 있을까요? 가족들은 부족하거나 차이를 보여도 모두 받아들입니다. 상처받고 결함이 있어 보이는 이들을 내보내고 교회를 구성한 사람들이 순수하고 완벽해 보이는 사람만 있는 집단으로 포장하는 것은 중요한 일이 아닙니다. 아우구스티누스가 볼 때 진정한 교회라면, 또 진실한 신자라면 흠이 있는 이들도 끌어안으면서 함께 하느님의 길로 나아가야 하는 것입니다.

하지만 도나투스파는 강경했고 결함이 있는 동료들을 참을 수 없었

아우구스티누스와 도나투스파와의 논쟁.

습니다. 종종 한 종교가 다른 종교를 무시하고 피해를 끼치는 경우가 있는데 그 원조 격이라 할 수 있는 집단이 도나투스파입니다. 그들은 박해 시대 때부터 은근슬쩍 이교도 신전에다 낙서를 하고, 이교도 신 석상의 코를 잘라 놓는 등의 일을 해 왔습니다. 밀라노 칙령 이후에는 가톨릭 교회를 표적으로 삼았습니다. 느슨하게 죄인들까지 다 받아들이는 가톨릭 교회는 참된 교회가 아니라고 도나투스파는 생각했습니다. 그래서 반란을 일으켜서라도 가톨릭 교회를 없애야 한다고 주장했고, 아우구스티누스가 아끼는 사제를 탑에서 떨어뜨려 불구로 만드는 등 폭력을 자행했습니다.

그들은 하느님을 사랑한다는 명목하에, 하느님의 이름으로 이런 만행을 저질렀습니다. 아우구스티누스는 이것을 받아들일 수 없었습니다. 아우구스티누스가 열정적으로 "도대체 이것이 무슨 하느님의 사랑입니까?" 하고 물으면, 도나투스파는 흥분하여 그와 가톨릭 교회를 거슬러 과격하게 투쟁을 벌였습니다. 하지만 결국 승세는 아우구스티누스 쪽으로 기울어졌고, 교회의 역할과 관련된 부분은 아우구스티누스의 생각을 따르게 되었습니다.

은총과 자유에 관한 펠라지우스와의 논쟁

아우구스티누스는 펠라지우스라는 인물과도 열정적인 논쟁을 벌였습니다. **펠라지우스**Pelagius(360년경~420년)는 영국 출신으로 순회 설교가로서 활동했는데, 오리게네스 혹은 암브로시우스에 버금갈 정도로 설교를 잘했습니다. 펠라지우스가 여러 곳을 돌아다니다가 북아프리카에 오게 되었는데 여기서 깜짝 놀라고 말았습니다. 사람들이 세례를 받았으니 구원되었다고 생각하여 막 살고 있는 모습을 본 것입니다. 즉 이미 구원받았다고 생각해서 자신의 행실을 돌보지 않았던 것입니다.

펠라지우스는 이를 그대로 두면 안 될 것 같다는 생각을 했습니다. "인간의 구원이 전적으로 하느님의 은총에서 이루어지는가?" 또는 "이를 위해서 인간의 공로와 같은 노력이 필요한가?"라는 질문과 관련해서 펠라지우스와 아우구스티누스는 서로 다른 입장을 취했습니다.

펠라지우스는 인간의 의지와 노력이 중요하다고 보았습니다. 인간이 반드시 올바른 일을 해야 하느님께 갈 수 있는 것이지, 단지 입으로만 하느님에 대한 신앙 고백을 한다고 해서 갈 수 있는 것이 아니라는

입장이었습니다. 즉 펠라지우스는 인간이 노력해야만 하느님의 은총을 얻을 수 있다고 생각했습니다.¹

그런데 아우구스티누스는 다른 입장이었습니다. 그는 인간의 노력에 앞서 하느님의 은총이 있으며 이 은총이 더 중요하고 반드시 필요한 것이라고 말했습니다.² 펠라지우스가 은총이 바깥에서 오

은총에 대해 아우구스티누스와 논쟁한 펠라지우스

는 것으로 생각했다면, 아우구스티누스는 우리 안에 이미 은총이 들어와 있다고 생각했습니다. 그래서 아우구스티누스가 자신의 내면으로 들어가라고 말한 것입니다. 아우구스티누스에게 하느님의 은총은 이미 창조 때부터 안에 있는 것입니다. 하지만 펠라지우스는 은총을 바깥에 있는 것으로 여겨 열심히 노력해서 쟁취해야 하는 것으로 보았습니다. 마치 열심히 노력해서 좋은 성적을 받아야 아버지에게 칭찬받는 것처럼 생각했던 것입니다.

펠라지우스와 아우구스티누스 모두 인간의 본성이 하느님에 의해서 선하게 창조되었다고 생각했습니다. 그런데 은총과 관련한 문제에서는 왜 의견 차이가 났을까요?³ 아우구스티누스의 경험을 들여다보면 이해할 수 있습니다. 아우구스티누스는 나름대로 올바르게 살려고

제11강. 하느님의 나라, 땅의 나라 **267**

노력했지만 모두 실패로 돌아갔습니다. 아들인 아데오다투스를 낳을 때도 그랬고, 밀라노에서 또다시 욕정에 빠졌을 때도 그랬습니다. 욕정에서 벗어나려고 발버둥을 쳐도 오히려 더 깊게 빠져들었습니다.

아우구스티누스는 자신이 왜 그랬는지 고민하다가 문득 어떤 생각이 떠올랐습니다. 하느님이 인간을 선하게 창조하셨지만 인간이 자유 의지를 잘못 사용해서 원죄가 생겼다는 것이지요. 아담과 하와의 죄가 우리에게 **원죄**로서 다가왔다는 것입니다. 성경에는 아담과 하와가 죄를 지은 사건은 언급되어 있지만 '원죄'라는 단어는 나오지 않습니다. 아우구스티누스가 일부 교회에서 사용되던 원죄라는 단어를 받아들여 **원죄설**을 확립했던 것입니다.[4]

이 원죄는 교리 교육을 받기에 아직 어린 유아에게 베푸는 '유아 세례'와 관련이 있습니다. 저 같은 경우는 태어난 지 6일 만에 유아 세례를 받았지요. 아우구스티누스 자신은 나중에 어른이 되어서야 세례를 받았지만, 사실 유아 세례가 본격적으로 베풀어진 것도 아우구스티누스의 신학 이론으로부터 시작되었습니다.[5]

《신국론》의 집필 배경

'하느님의 나라, 땅의 나라'라는 11강의 제목은 아우구스티누스의 《신국론》이라는 책에서 등장합니다. 이 책의 탄생 배경을 간단히 이야기해 보겠습니다.

로마 제국 말기에 동쪽에서 훈족이 쳐들어오자 이것을 피해서 게르

게르만족의 로마 침입 경로.

만족이 로마 땅으로 몰려들었습니다. 로마에서는 게르만족을 용병으로 쓰기 위해서 그들을 받아들였는데, 제국 말기에 경제적인 상황이 나빠지자 제대로 보수를 지불하지 못하게 되었습니다. 게르만족에게 지급되던 식량까지 끊기자 그들은 굶주림에 시달렸습니다. 그러던 어느 날 게르만족은 반란을 일으켰습니다. 그런데 예상외로 그토록 강력했던 로마군이 저항도 제대로 못하고 너무나 쉽게 무너졌습니다. 그리하여 410년에 게르만족이 대제국 로마를 함락하는 충격적인 일이 벌어졌습니다.

로마를 파괴하는 게르만족.

로마 제국에 들어와 있던 알라리쿠스Alarich(370~410년)는 자신의 왕국을 선포했고 이어서 게르만족이 로마에 본격적으로 쳐들어왔는데, 로마는 이것을 막지 못했습니다. 강건했던 로마 제국이 시간이 흐르면서 점차 부패해졌고 외부 침입에 준비도 하지 않으면서 흥청망청 살고 있었는데, 갑자기 게르만족이 쳐들어오자 그대로 당한 것입니다. 게르만족이 로마에 와서 보니 자신들은 밖에서 굶주리고 있었는데 정작 로마인들은 먹고 놀고 마시며 방탕하게 살고 있었던 것입니다. 이 모습을 본 게르만족은 분노해서 사람들을 죽이고 여성들을 강간했으며, 재산도 빼앗고 문화유산도 부숴 버렸습니다.

그리하여 많은 사람들이 살해당했는데, 대부분 노예였습니다. 돈을 가진 부유한 사람들은 재빨리 도망가서 카르타고가 있는 북아프리카 지역이나 스페인으로 넘어갔습니다. 그러자 사람들은 로마의 몰락에 대해서 왜 그런 일이 벌어졌는지 묻게 되었습니다. "영원한 도시일 것 같았던 로마가 어떻게 하루아침에 무너지게 되었는가?" 이것은 기둥이 무너진 것이나 다름없었습니다. 로마 같은 나라도 함락된 마당에 이 세상에 제대로 서 있을 수 있는 기둥이 있는지에 대한 의문이 생겼습니다.

그리하여 이러한 질문에 답변하는 사람들이 생겼는데, 그러면서 어떤 소문이 퍼지기 시작했습니다. "그거 알아? 20년 전인 392년에 테오도시우스 황제가 그리스도교를 국교로 선포했잖아. 그전까지 이런 일 일어나는 거 봤어? 예전에 로마 제국은 로마 군인 한 명이 죽으면 다른 사람 열 명을 십자가형에 처할 만큼 본때를 보여 주었잖아. 그리스도교가 사람들을 나약하게 만들어 로마가 약해진 거야. 그리스도교 때문에 로마가 몰락했어."라는 식으로 말입니다. 로마 제국의 멸망에 대한 책임을 그리스도교로 돌렸던 것이지요. 그러면서 사람들은 그리스도교를 향해 손가락질을 했습니다.

그리스도인들이 정말 자신의 잘못인가 하고 의문을 품고 움츠러들고 있을 때 "그렇지 않습니다!" 하고 분노한 인물이 있었습니다. 바로 아우구스티누스였습니다. 우리는 분노하면 고함을 지르거나 주먹질을 하기 쉬운데, 아우구스티누스는 대신 펜을 잡았습니다. 매우 독특하지요? 아우구스티누스는 이 소문이 사실이 아님을 밝히겠다며 무려 14년 동안이나 책을 썼습니다.[6] 그래서 완성한 책이 《신국론 De Civitate Dei》으로서, '하느님의 도성에 관하여'라고 번역되기도 합니다.

낡은 사람과 새 사람의 구분

아우구스티누스의 사랑의 윤리를 바탕으로 《신국론》의 배경이 되는 흥미로운 구분이 나타납니다. 아우구스티누스는 사람들이 사랑의 윤리에 따라 사는 방식을 보고 **낡은 사람**과 **새 사람**을 구분할 수 있다고 말했습니다. 어떻게 구분될까요?

낡은 사람은 보통 외적인 사람으로서, 부나 명예 등과 같은 외적인 것 혹은 육체적인 쾌락 같은 것을 좇습니다. 이런 사람을 낡은 사람, 땅의 사람, 외적인 사람이라고 부릅니다. 반면에 새 사람은 내적인 사람으로서 내적 스승의 말을 듣습니다. 새 사람은 하늘에다 자신의 마음을 두고 하느님의 성령에 의해서 새롭게 태어난 사람입니다.

과거에 아우구스티누스는 육체적인 욕정과 같은 세상의 것에 계속 매달려 있었습니다. 땅에 묶여 있는 낡은 사람이었지요. 그러다가 밀라노에서 "톨레 레게", 즉 "집어라, 읽어라."라는 말을 듣고 성경을 집어서 읽고 회개함으로써 새 사람이 되었습니다. 그렇다면 어떤 사람은 태어날 때 낡은 사람으로 태어나고 어떤 사람은 새 사람으로 태어날까요?

사실 플라톤은 금의 재주를 가지고 태어나는 사람, 은의 재주를 가지고 태어나는 사람, 철의 재주를 가지고 태어나는 사람 등 태어날 때부터 사람들이 갈라지는 것으로 보았습니다. 그런데 아우구스티누스는 그렇게 보지 않았습니다. 아우구스티누스는 사람들은 태어날 때부터 낡은 사람과 새 사람으로 갈라지는 것이 아니라, 낡은 사람으로 태어날 수밖에 없다고 보았습니다.

아우구스티누스가 쌍둥이를 관찰한 적이 있었습니다. 아기를 좋아하는 사람들은 아기에 대한 환상이 있습니다. 왠지 다 천사 같을 것만 같거든요. 그런데 아기가 천사 같다는 말을 하면 어머니들은 한숨을 푹 내쉬면서 "잠잘 때만 천사예요."라고 말합니다. 《고백록》에도 이런 비슷한 이야기가 나옵니다. 어머니는 생체적으로 쌍둥이까지 다 책임질 수 있도록 되어 있습니다. 어머니의 젖이 두 개니까 쌍둥이가 양쪽에서 하나씩 젖을 먹으면 좋겠지요? 그런데 쌍둥이가 서로 자기가 먹겠다면서 상대방을 밀어냈고 이를 본 아우구스티누스는 놀랐습니다. 그러면서 '이 아기들은 아직 사회에서 교육을 받기 전인데도 이러는 것을 보니 낡은 사람이지 않은가?' 하는 의문을 품었습니다.

그래서 아우구스티누스는 이러한 것을 원죄라고 보았습니다. 인간은 원죄를 가지고 있어서 태어날 때부터 낡은 사람일 수밖에 없고, 그것은 아직 사회에서 교육받지도 않은 쌍둥이가 서로 젖을 차지하겠다고 밀쳐 내는 것을 보면 알 수 있다는 것입니다. 하지만 더 중요한 것이 있습니다. 비록 인간이 부족함을 안고 있어도 성령으로부터 태어날 때 새로운 삶의 모습으로 나아간다는 것입니다. 낡은 사람으로 태어났어도 회개하고 새 사람으로 다시 살아갈 수 있습니다. 이런 식으로 아우구스티누스는 낡은 사람과 새 사람의 구분을 보여 줍니다.

그런데 아우구스티누스는 비슷한 사람들끼리 모인다는 것을 알게 되었습니다. 사람들은 꼭 끼리끼리 모여서 놀곤 합니다. 학생들의 경우도 몰려다니는 친구들끼리 서로 다른 듯해도 굉장히 닮아 있습니다.

옷차림도, 웃는 모습도, 좋아하는 것도 비슷합니다. 그리고 성당에 모여서 함께 봉사하는 사람들도 있지만, 밤늦게 클럽에 모여서 댄스와 술을 즐기는 사람들도 있습니다. 자신이 사랑하는 것에 따라서 사람들이 모이는 것 같습니다. 이런 식으로 아우구스티누스는 낡은 사람들과 새 사람들이 각각 무리 지어 있다고 보았습니다.

하느님의 나라와 땅의 나라의 구분

낡은 사람들은 땅의 나라에 모이고, 새 사람들은 성령으로부터 태어났으므로 하느님의 나라, 하느님의 도성에 모입니다. 그리고 추구하는 것에 따라 다른 삶을 살아가는데, 땅의 나라에 모인 사람들은 인간의 욕정을 따르는 생활을 하고, 하느님의 나라에 모인 사람들은 하느님을 따르는 생활을 합니다. 역사 안에서 땅의 나라와 하느님의 나라의 사람들은 각자 자신들의 영역을 넓히기 위해 끊임없이 노력하면서 서로 싸움을 합니다. 아우구스티누스의 이런 이야기는 마니교에서 말하는 선신과 악신의 싸움과는 다른 차원의 것으로 구별되어야 합니다.

아우구스티누스는 두 나라에 이름을 붙였습니다. 하느님의 나라는 어떤 도시의 이름을 붙였을까요? 하느님의 뜻을 따라서 모인 사람들이 산다고 여겨지는 도시, 예루살렘입니다. 땅의 나라는 한 국가 이름과 연관되어 있습니다. 바로 바빌론입니다. 왜 바빌론이라고 했을까요?

어떤 의미에서 바빌론이 예루살렘과 대비되는 관계에 놓였는지, 성경을 열심히 읽었다면 짐작할 수 있습니다. 바빌론은 유대에 쳐들어와

신국론에 묘사된 천국.

서 예루살렘 성전을 파괴하고 사람들을 포로로 끌고 갔지요. 그래서 하느님의 나라인 예루살렘을 상대하는 땅의 나라 이름을 바빌론으로 붙인 것입니다. 이 두 나라 사이에 끊임없이 싸움이 계속됨을 아우구스티누스는 《신국론》에 멋지게 그려 놓았습니다. 이 《신국론》은 분량이 매우 방대하여 읽기가 쉽지 않은데, 여기서 핵심적인 이야기 하나만 소개하겠습니다.

정말 올바른 국가란 무엇일까요? 마이클 샌델Michael Sandel은 자신의 저서 《정의란 무엇인가》에서 '정의'에 대해서 묻는데, 아우구스티누스도 '정의'에 대해서 묻습니다. 《신국론》에는 정의와 관련된 아우구스티누스의 중요한 가르침이 들어 있습니다.

오른쪽 그림을 보면 왕관을 쓴 인물이 보입니다. 이 사람은 누구일까요? 바로 알렉산드로스 대왕입니다. 알렉산드로스 대왕은 그리스에서 인도 땅까지 점령했던 위대한 왕이자 최고의 전술가였습니다. 알렉산드로스 대왕은 보급품 마련, 군수품 물자 조달이 가장 중요하다고 항상 강조했습니다. 그런데 어느 날, 일주일 정도를 버틸 만한 식량밖에 남지 않았는데 군수품이 오지 않고 있었습니다. 알렉산드로스 대왕은 어떻게 되었는지 알아 오라고 최정예 부대를 보냈습니다. 알고 보니 그리스로부터 터키로 넘어오는 군수품 보급선을 해적이 털어 버렸던 것입니다. 알렉산드로스 대왕의 최정예 부대는 그 해적들을 잡아 왔습니다.

알렉산드로스 대왕은 그 해적들이 살려 달라고 빌 것이라 기대했습니다. 그런데 해적들이 알렉산드로스 대왕 앞에서 머리를 꼿꼿이 들고 쳐다보는 것이었습니다. 알렉산드로스 대왕이 해적들의 두목에게 "네가 무슨 짓을 했는지 아느냐? 네가 국가의 대사를 다 망쳐 놓았다!"라고 호통쳤는데, 그는 오히려 "당신이나 나나 다를 것이 뭐가 있소?"라고 반문했습니다. 일개 도적에 불과한 자가 왕

알렉산드로스 대왕과 해적.

인 자신한테 이런 말을 하자 알렉산드로스 대왕은 당황했습니다.

알렉산드로스 대왕이 무슨 이야기를 하는 것이냐고 따지자, 해적들의 두목은 "나는 적은 수로 도적질을 하니 해적이라고 불리는 것이고, 당신은 대규모로 군대를 몰고 다니면서 도적질을 하니 대왕이라는 소리를 듣는 것이니 우리가 당신들과 뭐가 다르오!"라고 하는 것이었습니다. 알렉산드로스 대왕은 화가 나서 "네가 진정 죽고 싶어서 환장했구나! 나라에는 법이 있다!"라고 말했습니다. 그랬더니 그 두목은 "우리도 법이 있소!"라고 맞대응하는 것입니다. 우리나라의 조폭들도 나름대로 법이 있습니다. '배신하면 죽는다'와 같이 말이지요. 이런 식으로 해적들이 알렉산드로스 대왕 앞에서 자기들도 법이 있다고 주장하는 것이었습니다.

이 말을 듣고 알렉산드로스 대왕이 기가 막혀 할 때였습니다. 해적들의 두목이 "장군들 중에서 대왕을 위해 죽을 수 있는 자가 있소?"라며 선수를 쳤습니다. 그러자 장군들은 알렉산드로스 대왕과 눈을 마주치지 않으려고 피하며 고개를 숙였습니다. 해적들의 두목은 부하들을 보면서 자기를 위해서 죽을 수 있냐고 물었습니다. 그랬더니 부하들은 "명령만 내리십시오! 기꺼이 죽겠습니다!"라고 외치는 것이었습니다. 장군들과는 다르게 해적들은 두목을 위해 죽을 준비가 되어 있었습니다. 해적들은 그야말로 의리로 똘똘 뭉쳐 있었습니다.

외형적으로만 보면 강도떼와 국가가 다른 것이 무엇이 있겠는가 하는 질문을 아우구스티누스는 던졌습니다. 정의가 없는 국가는 강도떼나 마찬가지라는 것입니다. 진정한 의미에서 정의를 이루는 국가들만이 국가로서 불릴 수 있고 칭송받을 만한 자격이 있다고 아우구스티누스는 가르치는 것입니다.

아우구스티누스의 정의를 한마디로 말하자면 각자에게 각자의 몫을 주는 것입니다. 선한 정부와 법은 사람들이 다 함께 잘살 수 있게 하는 것입니다. 하느님이 우리가 누리는 것들을 모든 사람들을 위해서 창조하셨다면, 한 명이 자신의 욕심을 채우기 위해서 많은 것을 움켜쥐고 더 가지려고 노력하거나, 결국에는 자신이 다 쓸 수조차 없는 부를 축적하려고 욕심부려서는 안 됩니다. 오히려 다른 사람들에게 그 몫을 나누어 주어 모든 사람이 각자 자신의 몫으로 잘살 수 있도록 해야 합니다.

(평화, 힘, 분별, 관용, 중용, 정의의 덕목을 지닌) 좋은 정부의 비유.

구약에서 희년禧年에 대한 이야기를 들어 보았을 것입니다. 가난한 사람들이 땅을 팔려고 하면, 이것을 사서 열심히 일해 더 많은 수확을 얻어도 좋습니다. 그렇지만 7년씩 일곱 번이 지나 49년이 된 그다음 해에는 본래 그 땅의 주인에게 되돌려 주어 극도의 빈곤으로부터 벗어나게 해 주라는 것입니다. 어려운 사람들에게 우리가 가진 것을 적선해서 "이거나 먹어라!" 하는 식으로 던져 주라는 것이 아닙니다. 처음부터 하느님은 나누어 먹으라고 우리에게 주셨습니다. 그렇기 때문에 각자에게 정말 사람답게 먹고 살 만큼 나누어 줄 수 있는 나라가 정의로운 나라입니다.

어떤 이들은 사람들은 모두 저마다 욕심이 있기에 이런 정의의 실현은 불가능하다고 말할지도 모릅니다. 제가 유학 갔던 선진국 독일은 장학금 등 복지가 훌륭하게 갖추어진 나라였습니다. 저는 독일에서의 경험을 통해 나눔이 충분히 가능한 일임을 알 수 있었지요.

아우구스티누스에게 정의란 각자에게 자신의 몫을 나눠 주는 것인데 인간들의 욕심 때문에 이루어지지 않는다면, 정의롭게 변화할 수 있도록 해 주시는 분이 있다고 했습니다. 바로 내적인 스승인 그리스도입니다. 아우구스티누스는 그리스도의 말씀에 따라서 이웃 사랑을 실천하는 국가만이 참다운 국가로 나아갈 수 있다고 가르칩니다.

아우구스티누스가 말하는 하느님의 나라, 그리고 땅의 나라라는 구분이 오해를 불러일으킬 때가 있습니다. 하느님의 나라에는 성령에 의해서 새롭게 태어난 사람들, 즉 하느님의 뜻에 따라 살아가는 사람들이 모여 있습니다. 이런 사람들을 주로 어디에 가면 만날 수 있을까요? 많은 사람들이 교회에 가면 하느님의 뜻에 따라서 사는 사람들이 모여 있다고 생각합니다. 그런데 늘 그렇지는 않습니다. 몸은 교회에 있는데 마음은 하느님이 아니라 저 멀리 다른 데 가 있는 사람들을 볼 수도 있고, 혹은 처음에는 진실한 마음으로 하느님께 열심히 기도하려고 교회에 나오다가 오랫동안 교회를 다니면서 그만 초심을 잃고 형식적으로 기도하는 사람들도 볼 수 있습니다.

사람들은 아우구스티누스가 말한 하느님의 나라를 종종 교회와 동일시하고, 땅의 나라 바빌론을 종종 국가와 동일시했습니다. 즉, 어떤 특정한 상황에서 아우구스티누스의 이론을 이용해서 하느님의 나라를 교회와 일치시키고, 땅의 나라를 국가와 일치시키는 일이 벌어졌던 것입니다. 아우구스티누스는 정확하게 교회가 곧 하느님의 나라로, 국가가 곧 땅의 나라로 불리는 것은 아니라고 가르칩니다. 교회 안에서도 때로는 자신의 사욕을 탐하는 사람들이 있고, 국가 안에서도 올바른 일을 하는 사람들이 있기 때문입니다. 몸이 어디에 속하는지에 따르는 것이 아니라, 어떠한 것을 이상으로 삼고 있는지에 따라서 두 나라 중에서 내가 어디에 살고 있는지가 정해집니다.

국가와 관련하여 일을 하는 사람도 충분히 자부심을 갖고 자신의 마음을 하느님의 나라에 둘 수 있습니다. 혹시 행정 관료가 그리스도인이라면 선과 진리를 지지하면서 모든 국민이 올바르게 서로 사랑하는 길로 나아갈 수 있도록 이끌어 줘야 합니다. 이에 대해 아우구스티누스는 이렇게 말합니다.

> 우리는 이제 현세의 직무를 맡고 있을지라도 예루살렘의 시민, 즉 천상 왕국의 시민임을 알고 있다. 예컨대 홍의 재상으로서, 행정 장관으로서, 영조관營造官으로서, 지방 총독으로서, 황제로서 봉사하면서 지상의 국가를 지도하고 있을지라도 만일 그가 그리스도인이거나 충실한 신자라고 한다면 자신의 마음을 천상에 둘 것이다. …… 그러므로 천상 왕국의 시민들이 바빌론의 일에 종사하여 지상의 나라에서 현세적인 어떤 일을 하고 있음을 볼지라도 우리는 그들에게 실망하지 않을 것이다. 《시편 주해》 51,6

국가의 일을 하는 것이 절대로 잘못은 아닙니다. 내 마음이 있는 곳에 내가 속한 나라가 있습니다. 국가 기관에서 일해도 하느님의 뜻

(기만, 교만, 분노, 탐욕, 잔혹함, 허세 등을 지닌) 나쁜 정부의 비유.

에 따라서 하느님 사랑과 이웃 사랑을 실천하며 살아간다면 하느님의 도성에 있는 것입니다. 아우구스티누스는 이어서 다음과 같이 말합니다.

> 그리고 또 천상적인 일에 종사하는 사람들을 본다 하여 우리가 곧 그들을 기뻐하지는 않을 것이다. 왜냐하면 악덕의 자식들마저도 때로는 모세의 자리를 차지하기 때문이다. 그러나 그들을 매우 엄격하게 서로 갈라놓는 심판의 때가 올 것이다. 《시편 주해》 51,6

모세의 자리가 무엇일까요? 바로 교회 지도자와 같은 역할을 말합니다. 그런데 아우구스티누스는 악덕의 자식들마저도 이런 자리를 차지

한다고 강력하게 비판합니다. 이는 교회를 미워하는 사람이 교회를 헐뜯기 위해서 쓴 것이 아닙니다. 누구보다도 교회를 열정적으로 사랑했던 아우구스티누스는 자기 자신과 자신의 동료들에게 외치는 것입니다. 단순히 교회에서 어떤 역할을 맡고 있다는 사실에 만족하지 말아야 합니다. 그것이 하느님의 나라에 있다는 보증이 되지는 않습니다. 중요한 것은 내 마음이 어디에 있느냐는 것입니다. 우리 모두 '내가 하는 일이 진정한 의미에서 하느님을 위한 것인지, 나는 하느님을 향유하고 있는지, 아니면 하느님을 사용해서 자신의 명예를 얻으려고 하고 있지는 않은지' 스스로에게 물어보아야 합니다.

아우구스티누스가 《신국론》에서 한 마지막 이야기는 아무리 어려운 상황이 오더라도 단순하게 외적인 것에 대한 불안감에 떨지 말라는 것, 결국에는 하느님이 승리하신다는 내용입니다. 하느님 나라의 최종적인 승리에 대한 믿음이 《신국론》의 마지막 결론입니다. 하지만 이러한 희망이 이루어져서 그리스도교가 권력을 가지게 된다 해도, 절대 세속적인 권력과 같은 방식으로 권력을 행사해서는 안 될 것입니다.

이렇게 아우구스티누스는 열정을 불사르고 마지막까지 참회의 시편을 외우면서 430년에 세상을 떠났습니다. 당시 아우구스티누스가 있던 도시인 히포는 게르만계의 일족인 반달족에 의해 포위되어 있던 상태였습니다. 하지만 하느님이 보호하셨는지 히포의 도시까지 들어오지 못하고 있었습니다. 그런데 아우구스티누스가 세상을 떠나고 바

430년에 세상을 떠난 아우구스티누스.

로 다음 날에 히포가 함락되고 말았습니다. 히포에 쳐들어온 반달족들은 매우 무식하여 '반달리즘(다른 문화·예술 등에 대한 무지로 인해 문화 유적이나 공공시설을 파괴하거나 약탈하는 등의 행동을 가리킴)'이라는 말이 나올 정도였습니다. 그런 반달족들이 신기하게도 한 건물만은 불태우지 않았습니다. 바로 아우구스티누스의 책을 품은 아우구스티누스의 도서관입니다. 그리하여 아우구스티누스의 소중한 책들이 현재의 우리에게까지 전해질 수 있었습니다.

땅의 나라와 하느님의 나라, 외적으로 자신이 어디에 속해 있는지가 중요한 것이 아닙니다. 얼핏 바라볼 때 당연히 하느님의 나라에 있을 것 같은 성직자들, 수도자들, 그리스도인들도 자신이 어디에 속해 있는지 반문할 필요가 있습니다. 아우구스티누스의 가르침에 따르면 자신의 마음을 어디에 두는지에 따라서 땅의 나라에 속할지 아니면 하느님의 나라에 속할지가 결정됩니다. 모두 하느님이 창조하신 것이기에 땅의 나라에 속한 것들을 사용함이 나쁜 것은 아니라고 이야기했습니다. 다만 그것을 목적으로 삼고 매달리면 땅의 나라에 있게 됩니다. 마음을 천상의 사랑에, 하느님께 둘 때 우리는 하느님 나라의 백성이 될 것입니다.

제12강

서로마 제국의 몰락과 동방 교회의 분리

로마 제국 말기, 게르만족이 로마 제국 영토 안으로 들어오면서 거대한 로마가 무너지게 됩니다. 그리고 그로 인해 그리스도교의 문화 혹은 서양 문화가 큰 변화를 겪게 됩니다.

게르만족 문화의 특성

그동안 게르만족이 종종 언급되었는데, 도대체 게르만족은 어떤 민족일까요? 영어 단어 중에 '바바리안barbarian'이라는 단어를 들어 본 적이 있을 것입니다. 이 단어는 '야만인, 교양 없는 사람'이라는 뜻입니다. 우리나라로 치면 '오랑캐'에 해당하는 말이지요. 누군가가 외국어로 떠들고 있는데 못 알아들을 때 그리스어로 '바바'라고 썼습니다. 못 알아듣는 외국어는 이상하게도 빠르게 느껴집니다. 이런 상황에서 외국인들이 무슨 말 하는지 아냐고 물어보면 우리나라에서는 어떻게 말하지요? "몰라, 뭐라 뭐라 하던데." 하고 대충 얼버무립니다. 이처럼 그 당시에도 못 알아듣는 언어로 말하고 다니던 게르만족에 대해서 '바바' 하며 떠들고 다니는 민족이라고 불렀던 것입니다.

이렇게 말하니 게르만족은 미개하다는 느낌이 들 수 있는데, 사실 게르만족은 나름대로 자신들의 문화를 지닌 민족이었습니다. 그럼에도 불구하고 왜 그들이 야만족으로 비춰졌을까요? 바로 로마인들이 그들을 야만족으로 취급한 것이었습니다.

앞서 4분령 통치에 대한 이야기를 할 때 잠깐 언급한 바 있는 율리우스 카이사르가 자신의 전쟁 경험을 토대로 《갈리아 전기》를 썼는데, 여기에는 게르만족에 대한 흥미로운 묘사가 나옵니다.

알렉산드로스 대왕의 경우, 많은 이들은 대왕이 13년 동안 매일같이 싸움만 하고 다닌 줄 압니다. 그러나 사실 아주 중요한 전투들이 있었고, 진정한 의미에서 볼 때 알렉산드로스 대왕은 두 번의 커다란 전투에서 승리해서 인도까지 점령한 것이라고 합니다. 큰 전쟁에서 적진의 대군이 무너졌다는 소식이 퍼지면 알아서 다 항복해 와서 쉽게 점령할 수 있었던 것이지요.

그런데 로마 제국 시대에 이러한 점령 방식이 통하지 않는 민족이 있었습니다. 그 민족이 바로 게르만족이었습니다. 게르만족은 용맹하기 이를 데 없고 특히 전우애가 굉장히 강했습니다. 혹시라도 게르만 전사 중에 한 명이 죽으면 어떻게 되었을까요? 지레 겁을 먹고 도망갔을 것이라 생각했다면 잘못 생각한 것입니다. 〈브레이브 하트〉라는 영

게르만족을 묘사한 그림.

화를 보면 점령당한 전사들이 죽을 때까지 싸우는데, 게르만족도 이와 비슷해서 전우들의 시체가 쌓이더라도 도망가기는커녕 "감히 내 친구를 죽이다니!" 하면서 그 시체를 넘어 덤벼들었습니다.

이러한 게르만족의 특성을 고려할 때 카이사르에게는 게르만족을 점령해 봤자 금전적으로나 정치적으로 큰 의미가 없었습니다. 그래서 그는 "게르만족과는 싸우지 마라. 가급적이면 로마 제국 안에도 들여놓지 마라. 이들이 들어오면 복잡해질 것이다."라고 예언하기까지 했습니다. 로마인들이 게르만족을 습격하며 많은 전투를 겪어 보았기에 게르만족에 대한 소문은 이미 퍼져 있었습니다. 용맹한 민족이지만 길들이기는 힘든 민족, 자유로운 정신을 가진 민족, 종족의 일체감이 강한 민족이 게르만족이라고 말입니다.

많은 사람들이 만리장성과 같은 긴 성은 중국에만 있는 줄 알지만, 로마 제국에도 게르만족이 넘지 못하도록 만리장성처럼 쌓아 놓은 긴 성이 있었습니다. 이 성을 '리메스limes'라고 부르는데 라인 강을 경계로 해서 게르만족과의 접경 지역에 세워졌습니다. 그러나 두 민족은 이곳에서 털, 금은 세공품 등 물건도 사고팔고 문화적인 교류도 하면

리메스에서 이뤄지는 교역 상상도.

서 비교적 평화로운 관계를 유지했습니다.

그렇게 몇 백 년 동안 게르만족은 로마 제국의 바깥에서 잘 살고 있었습니다. 그러다가 기후 변화가 찾아왔고, 그들이 기르는 가축들이 먹을 풀들이 없어지기 시작했습니다. 그런데 이보다 더 큰 일이 벌어졌습니다. 훈족[1]이라는 종족이 나타난 것입니다.

우리는 서양인이 흑인보다는 우리와 같은 황인종을 더 친근하게 여길 것이라 생각하는데 그렇지 않습니다. 서양 문화에서는 이미 옛날부터 에티오피아와 같은 아프리카 지역에서 검은색 피부를 지닌 사람들을 봐 왔기 때문에 흑인이 매우 익숙합니다. 오히려 익숙하지 못하고 낯선 인종이 황인종이지요.

제가 독일에 유학을 갔을 때 초대를 받아서 시골에 간 적이 있었는

제12강. 서로마 제국의 몰락과 동방 교회의 분리 **289**

데, 그때 어린아이 하나가 저를 신기한 듯 계속 쳐다보더군요. 인적이 드문 시골에서 이 아이는 눈이 작고 머리가 까만 동양인을 처음 보고 눈이 휘둥그레진 것입니다. 우리 민족이 노란 머리에 파란 눈을 가진 서양인을 처음 봤을 때 놀랐던 것과 같은 것이겠지요.

이런 낯선 민족들이 동쪽에서 나타났을 때 서양인들은 어떻게 생각했을까요? 유명한 역사학자가 '황화黃禍'라는 표현을 썼는데, 동쪽 저 먼 곳에 황색 피부를 가진 사람들이 살고 있고 이 사람들이 나타나면 꼭 화를 입는다고 했습니다. 그 첫 번째가 훈족이었습니다. 이 훈족이 나타나면서 게르만족들이 로마로 밀려들어 오기 시작했습니다.

카이사르는 절대로 게르만족을 로마 제국 안에 들여놓지 말라고 충고했는데도 4세기의 로마인들은 그 말을 듣지 않았습니다. 왜 그랬을까요?

원래 로마인들은 위험한 곳에도 용병들을 쓰지 않고 직접 싸우러 나갔던 패기 넘치는 민족이었습니다. 로마인들이 쓰던 네모난 방패가 있는데, 적군들은 이것을 가장 두려워했습니다. 잘 훈련받은 로마의 병사가 네모난 방패로 자신을 덮으면 아무리 화살을 쏘거나 창으로 찔러도 소용없었습니다. 그 방패로 밀고 나가면서 열심히 싸우던 것이 로마인들의 초기 전투 모습이었습니다. 이런 용맹한 군인들 덕분에 지중해 연안을 로마가 모두 점령했지요.

로마가 지중해를 통일하고 부유해지자, 부모들의 마음이 변해서 소중한 자녀를 군대에 보내고 싶어 하지 않게 되었습니다. 그래서 용병을 사서 군대에 보냈습니다. 그런데 이미 잘 살고 있던 로마 시민들은 용병이 되려 하지 않았습니다. 그때 마침 로마의 국경으로 격투기 선수처럼 싸움을 잘하는 민족이 밀려들어 왔습니다. 그들이 바로 게르만족이었습니다. 로마인들이 보기에 게르만족이 용병으로 쓰기에 가장 적합했습니다.

이미 지중해 연안을 다 차지한 로마 제국으로서는 전쟁으로 빼앗을 것은 거의 없었습니다. 그러나 거대해진 로마를 지켜야 했기에 많은 군인들이 필요했습니다. 많은 군인으로도 우리나라와 같은 작은 땅조차 지키기 쉽지 않지요. 하물며 당시 로마가 우리나라보다 큰 이탈리아뿐만 아니라 영국부터 터키, 이집트, 북아프리카, 프랑스, 독일, 지금의 동유럽에 이르는 땅을 지키려면 얼마나 많은 군인들이 필요했을까요?

모든 길은 로마로 통했기에 로마인들은 그 길들의 집결지에만 로마 군인들을 배치하고 나머지 변방들은 용병으로 채웠습니다. 군인들이 더 필요하던 참에 용병으로 쓰기 좋은 민족이었기에 처음에는 게르만족이 환영을 받았습니다. 그런데 시간이 지나면서 게르만족은 점차 사람답지 못한 대우를 받았습니다. 로마의 재정이 어려워졌기 때문이지요. 예전에는 검소하고 올바르게 살던 로마 사람들이 전쟁에서 얻은 전리품으로 점점 사치스러워졌습니다.

유럽 대부분의 지역에 로마의 유적이 있는데, 가장 눈에 띄는 것이 로마의 목욕탕 유적입니다. 목욕 문화는 당시 로마 제국 전체에 퍼져 있었습니다. 우리나라에 사우나와 찜질방 문화가 발달했듯이 말이지요. 로마의 목욕탕에는 모든 편의 시설이 갖춰져 있었습니다. 도서관에서처럼 책도 읽고, 휴게실에서 휴식도 취하면서 하루 종일 놀 수 있었습니다. 그런데 점점 사치스러운 분위기로 변질되어서 어떤 황제가 목욕탕을 지으면 그다음 황제나 집정관이 더 사치스러운 목욕탕을 짓는 등 향락적인 문화가 퍼져 나갔습니다. 이렇게 하려면 무엇이 필요할까요? 엄청난 돈이 필요합니다.

로마 제국 초기에는 점령지를 약탈하면 되었기에 그나마 돈을 모으기 편했습니다. 그런데 지중해 연안의 대부분 지역을 점령한 후에는 더 이상 돈을 빼앗을 곳이 없었습니다. 2~3세기가 지나면서 로마 시민들의 숫자는 많아지고 부자들이 소유한 땅도 넓어졌습니다. 점점 더 많은 돈이 필요해졌는데 정작 새롭게 돈을 끌어낼 수 있는 수단은 줄어들고 말았습니다.

결국 로마 제국이 파산 상태에 들어가면서 용병들한테 지급할 돈이 없는 상황이 벌어졌습니다. 돈도 못 받고 굶어 죽을 위기에 처하자 용병으로 일하던 게르만족의 불만이 극에 달했습니다. 그리하여 그들은 "여기에 와서 목숨을 걸고 로마 제국을 지켜 주었는데 굶주리는 사태까지 도달한다면, 우리가 왜 로마 제국을 지켜야 하지? 굶어 죽느니 용사답게, 게르만의 전사답게 싸움이라도 한 번 하고 죽자!" 하고 반란을 일으켰습니다.

로마 지역의 집결지에는 로마의 정규군이 지키고 있었고 그 명성은 게르만족도 잘 알고 있었습니다. 그런데 로마가 얼마나 부패했는지 로마군은 게르만족 용병들에게 맞서 싸우기는커녕 모두 도망가 버렸습니다. 그리하여 로마 제국은 너무나 쉽게 무너지고 말았습니다. 그나마 동로마 제국은 당시 서로마 제국과 갈라져 있었기에 유지되었지만, 서로마 제국은 멸망했습니다. 서로마 제국의 멸망 이후 사실상 서유럽의 암흑기가 시작됩니다.

게르만족의 유물.

   게르만족의 유물을 보면 금은 세공이 발달된 것을 알 수가 있습니다. 게르만족은 철학이나 수학처럼 머리를 쓰며 생각하는 것들을 매우 싫어했습니다. 눈에 보이지도 않는 본질 등 뜬구름 잡는 이야기에는 관심이 없었습니다. 게르만족은 눈에 보이는 것, 실용적인 것에 관심이 있었습니다. 그들은 중요한 것이 중요해 보이도록 멋지게 장식하고 꾸미는 것을 좋아했습니다.

   대축일 미사를 바칠 때 사제가 황금색으로 덮이고 반짝반짝 보석들이 박힌 복음서를 들고 나오는 경우를 본 적이 있을 것입니다. 이것도 꾸미기를 좋아하는 게르만족의 문화에서 나온 것입니다. 복음서를 들고 게르만족에게 그리스도교에 대해 열심히 말로 설명해 봤자 소용이 없었습니다. 따라서 복음서와 같은 책에 황금색을 발라 중요한 책으로 보이게 했던 것입니다. 더 나아가 사파이어나 홍옥 등 온갖 보석들을 박았습니다.

그래서 게르만족이 만들어 놓은 중요한 책들을 보면 정말 화려합니다. 게르만족들은 이렇게 눈에 확 들어오게 해야 이것이 중요함을 알았을 만큼 단순했습니다. 애초에 머리 쓰는 것에는 관심도 없는, 단지 눈으로 볼 때 예쁘게 만들고 꾸미는 것을 좋아하는 민족이 로마를 점령해서 정치적인 권한을 잡은 것입니다.

그런데 게르만족이 다스리기에 로마는 너무나 큰 대제국이었기 때문에 문제가 생겼습니다. 군사적으로 점령은 했지만 큰 나라를 다스리는 행정 조직에 대한 경험이 없어서 앞으로 어떻게 다스려야 할지 난감한 상황에 부딪힌 것입니다.

우리나라가 해방되었을 때도 이와 비슷한 일이 벌어졌습니다. 몇몇 지성인들이 해방이 올 리 없다고 생각하고 친일파로 돌아섰는데 갑작스럽게 해방이 된 것입니다. 해방 후 임시 정부에 훌륭한 인물들이 많이 들어왔지만, 모든 것을 행정적으로 다스리기에는 역부족이었습니다. 그래서 결국 일제 강점기 때 친일 활동을 했던 지식인들을 다시 이용하게 되었습니다.

이렇게 게르만족에는 행정적으로 다스릴 수 있는 사람이 없었습니다. 로마의 수로水路 등 로마에 속한 것들을 활용할 줄 아는 사람이 없었던 것입니다. 결국 게르만족들은 로마인들을 다시 불러들였습니다.

그리하여 군대와 귀족층을 빼놓고는 중요한 행정적 역할을 모두 로마인에게 맡겼습니다. 이러한 이유로 로마에서 부유한 지도층들은 게르만족의 점령 이후에도 여전히 지도층으로 남게 된 것입니다.

> **쉬어 가기**
>
> ## 로마의 수로
>
> 고대 로마의 놀라운 건축물 중에서도 가장 경이로운 것으로 손꼽히는 수로는 당시의 건축 기술을 잘 보여 줍니다. 로마가 급속도로 커지며 개인 및 공중 목욕탕이 다수 건설되자 물에 대한 수요가 급증했고, 이에 따라 엄청난 길이의 수로가 건설되었습니다. 기원전 140년에 완공된 아쿠아 마르키아라는 수로는 길이가 92킬로미터에 달했습니다. 이 수로의 보호 관리에도 많은 노력과 기술이 필요해서, 로마에서는 한때 수로 관리 업무에 약 700명이 종사한 적도 있었습니다.
>
>
>
> 이탈리아 티볼리 근처의 아쿠아 마르키아.

제12강. 서로마 제국의 몰락과 동방 교회의 분리

로마 최후의 철학자, 보에티우스

서로마 제국이 멸망하고 게르만족이 로마를 지배하던 시기에 한 아기가 태어났습니다. 바로 **보에티우스**(480년경~525년경)입니다. 풀 네임은 '안니치우스 만리우스 토르콰투스 세베리누스 보에티우스Anicius Manlius Torquatus Severinus Boethius'입니다. 굉장히 길지요? 제일 중요한 것은 '안니치우스'로, 그는 최고의 명문 가문인 안니치우스 가문에서 태어난 사람이었습니다. 증조부가 집정관이었지요. 로마 명문가에서 태어난 보에티우스는 굉장히 지적이었던 만큼 그에 걸맞게 아카데미아에 유학갈 수 있는 기회가 생겼습니다. 앞서 말한 바 있는 아카데미아는 당시에 가장 유명한 학교였습니다.

보에티우스는 그야말로 천재였습니다. 그는 그곳에서 플라톤과 아리스토텔레스의 철학을 모두 배웠고, 엄청난 양의 지식을 가득 안고 로마로 돌아왔습니다. 보에티우스는 자신이 공부한 내용을 잘 활용해서 학자가 되어 플라톤과 아리스토텔레스의 사상들을 모두 번역하겠다고 마음을 먹었습니다. 사람들이 그리스어로 된 책을 못 읽으므로 자신이 라틴어로 번역을 해 놓아서 사람들이 읽을 수 있게끔 하자는 생각이었습니다. 이런 보에티우스에 대한 소문은 곧 널리 퍼져 나갔습니다.

게르만계의 부족인 동고트족의 지도자이자, 당시에 스스로를 황제라고 칭하던 테오도리쿠스 왕(454~526년)이 소문을 듣고 보에티우스에게 관직을 주었습니다. 보에티우스는 정치학에도 관심을 갖고 공부를 해 왔기 때문에 맡은 일을 잘 해결했습니다. 예를 들어 우리나라 돈으로 10억 원 정도의 세금이 걷혔던 지역에 보에티우스를 보내면 그가 세수를 완벽하게 계산해서 징수하여 20억 원의 세금이 걷힌 것입니다. 테오도리쿠스 왕은 그런 보에티우스가 마음에 들었습니다.

그리하여 테오도리쿠스 왕은 보에티우스를 계속 중용했는데, 그러면서 보에티우스를 싫어하는 사람들이 생겨나기 시작했습니다. 어느 시대든 뒤에서 검은 돈을 거래하고 비리를 저지르면서도 잡히지 않는 이들이 있기 마련인데 보에티우스에게는 그런 이들이 전혀 통하지 않았습니다. 불의가 있는 곳에 보에티우스가 나타나서 해결하고 다녔고 이에 사람들이 그만 나타나면 벌벌 떨었습니다.

그러면서 보에티우스는 점점 높은 자리에 올라서게 되었고 우리나라로 치면 국무총리 격인 자리에까지 올라갔습니다. 동고트족이 귀족의 위치에 있었는데 로마인 보에티우스가 실세 총리의 자리를 차지한 것입니다. 이렇게 되자 드라마와 같은 일이 벌어졌습니다. 사극 드라마를 보면 꼭 불의를 저지르는 이들이 단합해서 자신들을 위협하는 사람을 제거하려는 음모를 꾸미곤 하지요. 그런 이들 사이에서 보에티우스를 없애지 않고서는 자신들이 제대로 해 먹을 수 없다는 이야기가 나오기 시작했습니다.

그들은 보에티우스를 끌어내리고 싶었지만, 테오도리쿠스 왕의 두터운 신뢰를 받고 있어서 쉽지 않았습니다. 왕에게 직접 가서 보에티우스에 대해서 나쁘게 이야기해도 먹히지 않았습니다. 아무리 보에티우스를 모함하려고 해도, 보에티우스를 털려고 청문회를 열어도 보에

로마의 마지막 철학자, 보에티우스.

티우스는 걸리는 게 없었습니다. 그래서 어떻게 하면 보에티우스를 끌어낼 수 있을지 고민하다가 드디어 그의 아킬레스건을 찾아냈습니다.

서로마 제국이 멸망한 자리에서는 동고트족의 테오도리쿠스 왕이 다스리고 있었지만, 콘스탄티노플이 있는 동로마 제국은 여전히 남아 있었습니다. 그리고 보에티우스가 유학을 갔던 아테네는 동로마 제국에 속해 있었습니다. 그래서 아테네에서 유학했을 때 보에티우스가 만난 친구들 중 많은 이가 동로마 제국의 관리가 되어 있었습니다.

보에티우스를 몰아내려는 이들은 바로 이 점을 이용했습니다. 보에티우스는 동로마 제국에 있는 친구들과 편지를 주고받았고, 동로마 제국의 사람들이 보에티우스의 집에도 드나들었습니다. 이것을 보고 보에티우스를 모함하려는 자들은 왕에게 가서 넌지시 "동로마 제국의 사람들이 자꾸 보에티우스의 집에 드나듭니다."라고 말했습니다. 그런데 테오도리쿠스 왕은 "당연하다. 그쪽에서 유학해서 친구들이 많을 거야. 인품도 좋아서 친구들이 집에 찾아올 테고."라고 말하는 것이었습니다. 그래서 "보따리도 싸 가지고 들어갑니다."라고 말하면, 왕은 "보따리에는 책이 들었을 거다. 지금 번역하느라 책이 많이 필요하지. 낮에는 여기서 일하고 밤에는 번역하느라 바쁠 것이다. 너희들도 좀 배우도록 해라." 하며 보에티우스를 끝까지 변호하는 것이었습니다.

왕에게 보에티우스에 대한 모함이 계속 먹히지 않아서 그들이 고심하던 찰나, 보에티우스를 제

동고트족의 테오도리쿠스 왕.

대로 한 방 먹일 수 있을 만한 사건이 벌어졌습니다. 그때 로마인 출신의 사람을 재판하고 있었는데 보에티우스는 그 사람의 편을 들었습니다. 그런데 그 사람이 동로마로부터 온 편지를 가지고 있었던 것입니다. 이 일을 구실로 그들은 보에티우스를 반역자라고 험담했습니다.

이번에는 테오도리쿠스 왕이 모함하는 이들의 말에 흔들렸습니다. 왕권을 잃고 싶지는 않았기 때문에 로마인들이 동로마 제국과 내통하면 위협이 될 거라고 생각했던 것입니다. 테오도리쿠스 왕에게 직접적으로 보에티우스가 이상한 사람이라고 이야기했을 때는 왕이 넘어가지 않았는데, 왕권을 지키기 위해 예민할 수밖에 없는 문제인 동로마 제국을 끌어 들여 와 보에티우스를 모함하니 왕이 걸려든 것입니다.

보에티우스는 순식간에 반역자로 몰렸습니다. 그래도 재판에서 변호의 기회를 가질 수 있었다면 모함하던 이들을 무찌를 수 있었을 것입니다. 그는 수사학 전문가로서 논변이 뛰어난 학자였기 때문입니다. 그런데 그들은 의심이 쏠리자 로마법에 있는 재판 과정도 거치지 않고 보에티우스를 가두고 사형 선고를 내렸습니다. 최소한의 변호의 권리도 박탈당해서 입 한 번 뻥긋거리지도 못한 채 보에티우스는 하루아침에 사형수가 되어 버렸습니다. 정말 기가 막힌 일이 벌어진 것입니다.

보에티우스가 사형을 받기 전에 옥중에서 쓴 책이 있습니다. 바로 《철학의 위안De consolatione Philosophiae》입니다. 단순히 어떤 철학 책을 읽으면서 위안을 받은 내용이 나와 있을 것 같지만 사실 매우 심오한 내용을 다룹니다. 보에티우스처럼 올바르고 성실하게 살아왔는데 열심히 한 것들이 다 무너져 내린 체험, 전지전능하신 하느님에 대해 이야기를 해 왔는데 정작 하느님은 나를 봐 주시는 것 같지 않은 절망감을 체험한 이들이 읽으면 좋은 책입니다.

보에티우스의 경험에 비추었을 때, 이 책의 주요 주제는 무엇일까요? 왜 선한 사람들은 고통을 당하고, 나쁜 사람들이 승승장구하면서 성공하는 것처럼 보이는가에 관한 것입니다. 보에티우스가 자신의 생애를 돌아보니 그런 느낌이 들었던 것입니다. 학문에 대한 열정과 국가에 대한 충성심으로 열심히 살아왔는데 결국은 사형수가 되었기에 모든 것이 허망했습니다.

이런 허망함과 분노가 《철학의 위안》을 저술하게 된 계기였습니다.

이 책은 독특한 방식으로 되어 있는데 처음에 보에티우스의 마음을 나타내는 멋진 시가 하나 나오고,[2] 그다음부터 그 시에 제시된 주제에 대한 대화편으로 되어 있습니다.

화자는 두 명인데, 한 명은 보에티우스 자신이고, 다른 한 명은 철학의 여신입니다. 철학의 여신이 보에티우스에게 말을 걸어오

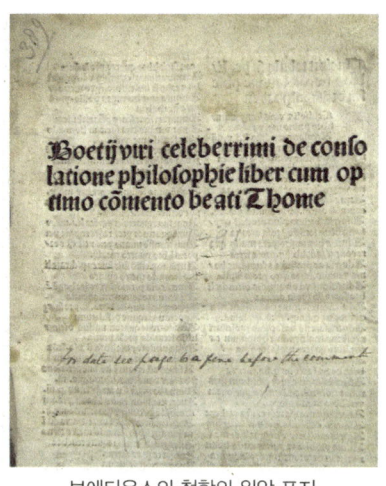

보에티우스의 철학의 위안 표지.

는데, 그 방식이 상당히 자극적입니다. "보에티우스, 난 네가 철학을 많이 공부해서 지혜를 사랑하는 철학자인 줄 알았어. 그런데 이제 와서 보니 아닌 것 같군."라는 식으로 말합니다. 염장 지르는 것도 아니고 철학의 여신이 왜 이러냐며 욱할 수도 있는데, 이 말에 담긴 뜻은 "보에티우스, 너 정도면 감정에 치우치지 않고 이 모든 것의 의미를 알아챌 줄 알았는데, 아직 너는 잘 이해하지 못하는 것 같다."라는 것이었습니다.

보에티우스가 어디서 위안을 얻는지 여기까지만 보아도 어느 정도 짐작이 갈 것입니다. 즉 하느님의 섭리를 인간이 어떻게 알 수 있겠는가, 하느님이 모든 일을 섭리로 이끄시는데 왜 인간은 이 섭리에 따르려고 자신의 자유 의지를 발휘하지 못하는가, 이런 문제에 대해 생각하며 자신의 상황을 새롭게 돌아보고 위안을 얻습니다.

철학의 여신과 대화를 나누는 보에티우스.

보에티우스가 제안한 '인격'에 대한 정의

《철학의 위안》이 보에티우스를 유명하게 만들어 주었지만, 사실 그를 유명하게 만든 것이 한 가지가 더 있습니다. 보에티우스가 내린 어떤 정의와 관련 있지요. 전에 '삼위일체'에 대해 이야기했을 때, '삼위'는 세 '위격'을 의미하고, '일체'는 하나의 동일 본질 또는 실체라는 것을 나타낸다고 했습니다. 그런데 사실 '위격'이라는 것에 대해서는 정의가 되어 있지 않았고, 사람들이 정확한 뜻도 모르고 저마다의 관습으로 해석해서 써 왔습니다.

한번은 보에티우스가 교회 회의에 들어갔다가 당황한 적이 있습니다. 신학자들이 저마다 다른 의미로 '위격'이라는 단어를 쓰고 있었던 것입니다. 그래서 보에티우스는 "제가 위격에 대해서 정리해도 되겠습니까? 저는 신학을 잘 모르니깐 혹시 틀렸으면 이야기해 주십시오."라고 동의를 구하며 위격을 정의했습니다. 그런데 그 정의를 들은 신학자들이 모두 놀랐습니다. 철학자들한테 배우지 않았기 때문에 신학자들은 위격이 그런 의미의 단어인지 몰랐던 것입니다.

보에티우스가 내린 위격에 대한 정의는 무엇이었을까요? 그것은 '인격은 이성적 본성을 지닌 개별적 실체다persona est rationalis naturae individua substantia.'입니다. 보통 여기서 사용된 '페르소나'라는 단어는 삼위일체와 관련해서는 '위격'이라고 번역하고 인간과 관련해서는 '인격'이라고 번역합니다.

그 이전까지 인간에 대한 가장 유명한 정의는 아리스토텔레스의 정의인 "인간은 이성적 동물이다."였습니다. 여기서는 인간을 보편적인 인간으로 만들어 주는 것이 무엇인지를 정의했다면, 보에티우스가 말한 인격에는 '개별적 실체'라는 굉장히 중요한 내용이 들어 있습니다. 그리스도교 사상에서 동물과 인간은 근본적으로 다릅니다. 동물들 사이에서 전염병이 퍼질 때 예방 차원에서 그 동물들을 전부 도살합니다. 그런데 인간의 경우는 다릅니다. 전염병이 유행하더라도 인간을 전부 죽이지는 않습니다. 그 대신에 한 명 한 명을 치유하기 위해 모든 노력을 기울이지요.

만약 동물과 인간이 차이가 없다면 왜 인간에 대해서만 그렇게 비효율적으로 대응하는지 반문해 볼 수 있을 것입니다. 그런데 보에티우스는 인간을 이성적 본성을 지닌 '개별적 실체'라고 말합니다. 단순하

이탈리아 파비아에 있는 보에티우스의 유해.

게 보편적으로 인간이라는 종이 유지되는 것이 중요한 것이 아닙니다.

현대 사회에서 나타나는 비극 중 하나가 바로 이런 개별적인 고유성이 묵살되는 현상입니다. 찰리 채플린Charlie Chaplin의 〈모던 타임즈〉라는 영화를 보면 기계의 부품이 닳으면 다른 부품으로 대체해서 기계를 돌리듯이, 인간들이 마치 부품처럼 다뤄집니다. 이에 대한 저항이 영화에 나타납니다. 개별적 인간은 그 무엇으로도 대체할 수 없는 고유성을 지닙니다. 보에티우스가 내린 정의에서 '개별적 실체'를 강조한 부분에서도 이런 느낌을 받을 수 있습니다.

개별적 실체라는 것은 대체 불가능성을 지니고 소중할 수밖에 없습니다. 이렇게 인격의 소중함을 알았던 보에티우스는 얼마나 억울했을까요? 최선을 다해서 일해 왔는데 자신을 마치 하나의 소모품처럼 다 활용하고 나서 내던져진 모습에 가슴 아파하며 쓴 책이 《철학의 위안》이었던 것입니다.

서로마 제국에서는 보에티우스가 최후의 철학자였습니다. 그 후 더 이상 보에티우스처럼 그리스 철학을 잘 아는 뛰어난 사람은 나타나지 않았고, 거의 400년 동안 서로마 제국은 어두운 시기를 보냈습니다.

하지만 동로마 제국은 좀 달랐습니다. 서로마 제국의 멸망 이후에도 동로마 제국은 무려 천 년 동안 비잔틴 제국이라는 이름으로 지속되었습니다. 이 동로마 제국의 황금기를 이룬 위대한 왕이 있습니다.

동로마 제국의 황금기, 유스티니아누스 대제

바로 유스티니아누스 대제 Justinianus(483~565년)입니다. 게르만족에 의해 서로마 제국이 멸망하자, 동로마 제국의 황제는 자신을 아우구스투스, 즉 로마 제국의 정통 후계자라고 칭하며 게르만족에게 빼앗긴 서로마 제국을 탈환하기 위해서 열심히 싸웠습니다. 동로마 제국은 카르타고 지역을 점령하는 등 빼앗겼던 많은 곳을 다시 차지하면서 독특한 문화를 발

동로마 제국의 전성기를 이룬 유스티니아누스 대제.

성 소피아 성당의 현재 내부 모습.

전시켜 나갔습니다.

터키의 이스탄불에 있는 성 소피아 성당을 지은 사람이 바로 유스티니아누스 대제입니다. 게르만족과 싸움이 벌어졌을 때 게르만족이 성당을 다 불태워 버리는 바람에 새롭게 지은 것이지요. 거대한 돔으로 된 성당 내부에는 그 이전까지는 건설하지 않았던 것들을 만들며 화려하게 꽃을 피웠던 동로마 제국의 흔적이 지금도 남아 있습니다.

동로마 제국은 비잔틴 제국이 되면서 그리스어를 자신들의 언어로 썼고, 서로마 제국은 게르만족에 의해 점령당했지만 라틴어를 중심으로 썼습니다.

그런데 7세기에 새로운 종교가 등장하면서 비잔틴 제국은 섬처럼 줄어들었습니다. 이슬람교가 등장한 것입니다. 이슬람 세력이 아라비아 사막으로부터 먼지바람을 일으키며 올라오면서 비잔틴 제국이 축소되었고 결국 1453년에 오스만 투르크에 의해 멸망했습니다. 그런데 그때 비잔틴 제국의 독특한 문화가 서유럽으로 넘어오면서 르네상스가 일어났습니다.

그리스도교를 받아들인 게르만족

한편 서로마 제국이 멸망하면서 로마의 국교였던 그리스도교도 몰락할 것만 같았습니다. 그런데 신기한 일이 벌어졌습니다. 서로마를 점령했던 게르만족은 샤머니즘처럼 자신들의 토속 종교가 있었음에도 불구하고 자신들이 점령한 지역의 종교를 받아들였습니다. 즉 그리스도교를 받아들인 것입니다.

만약 서로마 제국이 점령당하지 않고 계속 유지되었다면 로마인들만 그리스도인으로 남아 있었을 테고, 워낙 서로 교류도 없었기에 게르만족도 자신들의 토속 종교를 유지했을 것입니다. 그런데 게르만족이 로마 제국을 점령함으로써 게르만족이 그리스도교로 개종할 수 있게 되었습니다.

그들은 처음에는 아리우스 이단을 받아들였습니다. 실용적인 민족이었기에 눈에 보이지도 않는 신성에 대한 이야기보다는 나자렛 사람으로서의 예수님에 대한 이야기가 더 끌렸기 때문이지요. 그래서 성탄에 관련된 많은 풍습이 게르만족으로부터 나왔습니다. 그러나 나중에는 정통 그리스도교에 대해 알고 믿게 되면서 모두 그리스도교로

클로비스 왕과 그의 아내 클로틸데.

들어오게 되었습니다.

게르만계의 부족 중 하나인 프랑크족에 클로비스 왕(446~511년)이라는 인물이 있었습니다. 앞서 4강에서 콘스탄티누스 대제가 꿈을 꾸고 라바룸이 새겨진 깃발을 들고 전쟁터에 나가서 승리한 후, 그리스도교로 개종한 일화에 대해 이야기했는데, 클로비스 왕에게도 이와 비슷한 일이 벌어졌습니다.

클로비스 왕은 아직 그리스도인은 아니었고, 그의 부인이 그리스도인이었습니다. 어느 날 부인이 자신의 꿈 이야기를 클로비스 왕에게 해 주었습니다. 클로비스 왕은 두려움을 가지고 큰 민족과 싸우고 있었는데 부인이 이야기해 준 꿈과 비슷한 상황이 벌어지면서 대승을 거둘 수 있었습니다. 정말 중요한 교훈 하나를 얻을 수 있지요? 남편은 아내의 말을 잘 들어야 탈이 날 일이 없다고들 하는데, 클로비스 왕도 아내의 이야기를 듣고 전쟁을 해서 승리를 거두었기에, 아내를 따라서 그녀가 믿는 그리스도교로 개종했습니다.

그런데 사실 이런 혼란의 시기에 그리스도교가 유지되는 데 중요한 역할을 한 이들이 있습니다. 게르만족을 개종시키기 위해서는 진정한 의미에서 그리스도교적인 삶을 살아가는 사람들이 필요했지요. 그들은 바로 베네딕도회를 비롯한 수도회였습니다. 수도회들은 게르만족에게 점령당하여 문화적으로 몰락해 가던 서로마 제국의 땅에서 빛을 곳곳에 밝히고, 그리스도교를 튼튼하게 세우는 역할을 하게 됩니다.

영원히 망하지 않을 것만 같았던 로마 제국이 일개 용병들의 반란으로 끝이 났습니다. 저는 이것을 보며 인간들은 자주 오만해지는 것 같다는 생각이 듭니다. 모든 것을 해내려고 했던, 심지어 불로불사의 삶을 살려고 했던 중국 진나라의 시황제만 오만을 부렸던 것이 아니지요. 오만해하며 방탕하게 살던 로마인들은 게르만인들에게 꺾였습니다. 그런데 정작 게르만인들도 로마인들을 따라서 그리스도교로 개종하게 되었습니다.

여기서 한번 생각할 것이 있습니다. 문화와 종교는 반드시 군사적인 권력이나 금전적인 부분으로 연결되는 것이 아닙니다. 철학을 하면서 우리가 배울 수 있는 중요한 가르침 중 하나는 무엇일까요? 소크라테스는 "너 자신을 알라."라는 중요한 가르침을 주었습니다.³ 인간의 유한성을 자각하는 것이 철학에서의 중요한 가르침 중 하나입니다. 인간의 유한성을 깨우치면 종교에 대해서 많은 것들을 열어 놓을 수 있습니다.

그리스도인은 하느님의 섭리를 믿고 있습니다. 지금은 어렵고 힘들더라도 좌절하지 마세요. 《신국론》의 마지막 부분에서 아우구스티누스는 최종적으로는 하느님의 나라가 승리할 것임을 말하고 있습니다. 보에티우스도 사형수로 갇혀 있으면서도 끝까지 하느님에 대한 믿음을 놓지 않았습니다.

우리에게는 마지막 희망이 있습니다. 우리가 어떤 문이 열리지 않는다고 그 문을 붙잡으며 매달릴 때, 하느님은 생각지도 못하게 그 문이 아닌 다른 문을 열어 놓고 준비하실 수도 있습니다. 어느 때에 그 문을 발견할 수 있나요? 지금 우리가 인간적인 생각으로 붙잡은 것들을 놓아 버릴 때만 하느님이 열어 놓으신 문을 발견할 수 있습니다.

서로마 제국은 멸망했지만 그리스도교는 새로운 시작을 하게 되었습니다. 하느님의 놀라운 섭리, 끝까지 그 희망을 포기하지 않으려는 우리의 노력이 어우러질 때 아름다운 교회가 나타나고 그리스도교가 발전하며, 어쩌면 온 인류의 발전으로도 이어질 수 있을 것입니다.

제13강

기도하고
일하라

　오늘날에는 이름을 다 외우지 못할 정도로 다양한 수도회들이 있습니다. 그런데 수도회에도 중요한 흐름이 있습니다. 여기에서는 수도회가 어디서 유래했고 어떻게 발전되어 왔는지, 특히 문화의 변화에 따라서 수도회들이 어떤 모습으로 바뀌었는지 살펴보겠습니다.

수도 생활의 형태와 유래

　수도 생활은 라틴어로 '비타 렐리기오사 vita religiosa', 직역하면 '종교적인 (어떤) 생활'을 가리킵니다. 그런데 그리스도교의 수도 생활은 그리스도에 대한 추종의 한 형태로서, 모든 것의 중심에는 항상 그리스도가 있다는 점이 중요합니다. 물론 그리스도인들 모두가 그리스도라는 중심을 향해 살아가지만, 비유적으로 이야기하자면 수도자들이야말로 중심원에 더 가까이 들어가고자 노력하는 이들입니다.

수도자들은 세 가지 복음적 권고를 실천합니다. 즉 정결, 청빈, 순명을 지키는 것으로서, 사유 재산을 소유하지 않고 모든 것을 공동으로 나누며 독신 생활을 하는 것이 복음적 권고를 실천하는 삶의 모습입니다. 얼핏 보면 자신의 자유를 내놓고 모든 것을 포기하는 것 같습니다.

요즘에는 평생 결혼하지 않고 혼자 살겠다는 독신주의자들도 많이 있습니다. 형태상으로 보면 이러한 사람들도 독신 생활을 하는 수도자들과 같아 보입니다. 그런데 근본적인 차이점이 있습니다. 바로 목적이 다르다는 것입니다. 수도자들은 하느님의 영광과 하느님의 나라가 이 땅에서 구현되는, 세상의 구원을 위해 살아갑니다. 이성을 만날 수가 없거나, 구속받는 삶이 싫고 언제든 자신의 능력을 마음껏 발휘하며 살고 싶어서 혼자 지내는 것과는 근본적으로 다릅니다.

하느님의 뜻에 온전하게 응답하기 위한 것들이 바로 봉헌 생활이라고 할 수 있습니다. 이렇게 말하면 다소 추상적으로 느껴질 수도 있으니, 성경에 나오는 예를 들어 보겠습니다.

요한 세례자는 그리스도의 오심을 준비하며 낙타털로 만든 옷을 입고 메뚜기와 들에서 나는 꿀을 먹고 살았는데(마태 3,4 참조) 이런 모습이야말로 어떤 의미에서 수도자의 원형이라고 볼 수 있습니다. 베드로 사도의 경우는 장모에 관한 이야기가 언급되는 것으로 보아 결혼한 것이 분명하지만(마태 8,14; 마르 1,30; 루카 4,38 참조), 이와 대조적으로 바오로 사도는 평생을 독신으로 살았습니다. 그것은 다가올 하느님의 나라가 가까이 왔음을 선포하기 위해서였습니다(1코린 7,7-9 참조).

그런데 사실 그리스도교의 박해 시대 때는 이런 수도 생활이 없었습니다. 이때에는 그리스도인으로서 살아가는 것 자체가 이미 수도 생활과 마찬가지였기 때문이었겠지요. 언제 죽임을 당할지 모르는 위태로운 상황이었기에, 그리스도인이 되는 것 자체가 모든 것을 잃을 수 있는 큰 결단을 요구했습니다. 그렇다면 언제부터 요한 세례자의 삶과 유사한 수도 생활을 할 필요성이 나타났을까요? 그리스도교에 대한 박해가 중단되고 교회가 힘을 가지고 부유해졌을 때부터입니다. 이즈음 하느님의 복음에 완전히 일치하는 생활을 하겠다고 생각하는 사람들이 등장했습니다. 그들은 세속적인 도시에서의 생활을 버리고, 광야로 나아갔습니다.

이와 관련하여 은수 생활隱修生活이라는 것이 있습니다. 매우 소박한 은수 생활을 한 첫 번째 인물이 **이집트의 파울루스**Paulus(227년경~342년경)입니다. 그리고 두 번째 인물은 '수도자들의 아버지'라고 불리는 **이집트의 안토니우스**Antonius(251~356년)입니다.

프랑스 콜마르에 있는 박물관을 가면 이젠하임 제단화를 볼 수 있습니다. 그중에 〈성 파울루스와 성 안토니우스의 만남〉과 〈성 안토니우스의 유혹〉이라는 그림이 있는데 바로 다음 쪽에 있는 그림이지요. 그림을 자세히 보면 괴물 같은 것들이 나와서 안토니우스의 머리를 잡아당기며 끌고 가고 있습니다. 그리고 생김새가 악어 같기도 하고 독수리 같기도 한 것들이 안토니우스를 막대기로 때리려고 하고 있습니다. 그렇다면 이 괴물이 나오는 그림은 무엇을 보여 주는 것일까요? 은

성 파울루스와 성 안토니우스의 만남(왼쪽)/ 성 안토니우스의 유혹(오른쪽).

수 생활을 하면서 안토니우스가 혼자 조용히 묵상을 하고 있는데 온갖 유혹들이 떠올라서 고통을 당하는 모습을 그린 것입니다. 마치 광야에서 예수님을 악마가 유혹하려던 것처럼 말입니다.

사실 피정 같은 데 가면 조용해서 기도가 절로 될 것 같은데 실제로는 그렇지 않은 경우가 많습니다. 바깥이 고요하니 자신의 마음속에 있던 어두운 것들이 나타나는 것이지요. 그 모습이 이 그림에서 아주 잘 표현되어 있습니다.

앞서 카파도키아에는 구멍이 숭숭 뚫린 동굴들이 많았다고 했습니다. 은수자들은 이런 동굴에 들어가서 각자 자신의 은수 생활을 했습니다. 그런데 광야에서 혼자 생활하는 데에는 많은 어려움이 있었습니다. 한번 상상해 보세요. 혼자서 성경을 읽다가 배고프면 최소한의 음식만 먹으면서, 시간이 어떻게 흘러가는지도 모른 채 하루를 보냅니다. 그렇게 동굴 안에서 똑같은 생활을 반복하며 몇 십 년을 지낸다고 생각하면 어떤가요? 상상만 해도 견디기 힘든 생활임을 짐작할 수 있습니다. 그리하여 여러 가지 어려움 때문에 은수자들이 혼자서는 제대로 묵상 생활을 하지 못하는 경우가 생겨났습니다.

홀로 가는 길에 어려움이 발생하자 은수자들은 수도 생활을 혼자서 하기는 힘드니 함께 살면서 자신들을 이끌어 줄 스승이 있으면 좋겠다고 생각했습니다. 이와 같은 집단 은수 생활에 대한 바람이 수도자들 사이에서 생겨나기 시작했습니다.

공주共住 수도회의 등장

이러한 때에 **파코미우스**Pachomius(292~348년)[1]라는 인물이 등장합니다. 파코미우스는 동굴에 들어가서 혼자 사는 것이 아니라 제자들을 데리고 살자는 새로운 발상을 했습니다. 그는 세상과 떨어져 하느님께 온전히 몰두하기 위해서 광야로 나갔고, 움막으로 둘레를 쳐서 거기서 제자들을 데리고 함께 기도하는 생활을 했습니다. 이렇게 둘레를 치는 것에서부터 폐쇄나 격리를 뜻하는 '모나스테리움monasterium'이라는 라틴어가 나왔습니다. 영어로는 '모나스트리monastery'라고 하는데 현재 수도원을 의미하는 단어로 쓰고 있습니다.

수도자들이 모여서 하느님께 온전히 기도하는 장소가 만들어졌고, 그러면서 새로운 이상이 들어섰습니다. 초기 은수자들은 개인적으로

공주 수도회를 세운 파코미우스.

오직 하느님만 바라보자는 것이 목적이었습니다. 그런데 이제 함께 생활하면서 형제적 생활을 하고자 하는 새로운 면이 나타납니다. 모든 것을 내어놓고 함께 사는 이상을 실현하기 위해 스승(장상)에게 순명해야 할 필요성이 생긴 것입니다. 수도회에 입회하는 것은 영적인 아버지가 있는 학교에 입학하는 것과 다름없었습니다. 파코미우스는 영적인 아버지가 이끄는 수도원이 하느님 나라로 가는 길을 배우는 가장 올바른 학교라고 생각했습니다.

앞서 다루었던 카파도키아의 세 교부 중 한 사람, 대 바실리우스도 다른 이들이 수도 생활하는 모습에 감명을 받고 자신의 수도회를 세웠습니다. 자신은 남성 수도회, 그의 누나와 어머니는 여성 수도회를 세우고 열심히 수도 생활을 하며 살아갔습니다.

그런데 바실리우스가 중요하게 생각하고 실천했던 부분이 있습니다. 첫 번째는 지역 공동체와 함께 살아가는 것, 두 번째는 가난한 이들에 대한 봉사와 헌신이었습니다. 요즘 활동 수도회들도 봉사를 많이 강조하고 있지요. 바실리우스는 '바실리데스'라는 작은 마을을 만들었고 그곳에 사는 사람들은 수도자들과 함께 가난한 이들을 위해 봉사하고 헌신했습니다. 이처럼 바실리우스는 진정으로 그리스도를 사랑한다면 어떻게 사랑하는 것이 좋은지 몸소 보여 주었습니다.

이러한 정신은 안토니우스에게서 흘러 나왔습니다. 안토니우스의 이야기를 서방에 전달해 준 인물이 아타나시우스입니다. 앞서 히에로니무스에 대해 다뤘을 때 잠깐 언급했었지요? 그는 트리어에 유배를 왔고 거기서 히에로니무스를 만나서 그를 가르쳤습니다. 아타나시우스의 주된 저술 중 하나가 《안토니우스의 생애》인데, 이 저서 덕분에 안토니우스의 생애가 우리에게 전달될 수 있었던 것입니다.[2]

또한 앞부분을 열심히 봤다면 익숙할 인물들, 즉 아우구스티누스의 멘토였던 암브로시우스, 《불가타》 성경을 번역한 히에로니무스, 마지막으로 그리스도교의 큰 스승인 아우구스티누스, 이들 역시 수도 생활을 서방 세계에 전달하는 데 중요한 역할을 했습니다.

베네딕투스의 생애와 활동

그럼 이번 강의의 주인공에 대해 이야기해 보겠습니다. 바로 베네

서방 수도 생활의 아버지, 베네딕투스.

딕투스Benedictus(480년경~547년경)입니다. 서방 교회 수도자의 멘토라고 불리는 인물이지요. 성 베네딕도 수도회라고 들어 보았을 텐데, 베네딕도의 라틴어 원이름이 '베네딕투스'이고, 한문으로는 '분도芬道'라고 불립니다.

예전에는 수도자들이 스승을 찾아 돌아다니며 은수 생활을 했다면 베네딕투스에 와서는 한곳에 머무르며 수도 생활을 하게 됩니다. 그리고 공동체 생활에서 순명을 강조하는 모습은 베네딕투스의 생애에서 잘 드러납니다.

베네딕투스는 수도 생활에 새로운 개념을 도입합니다. 정주(定住, stabilitas) 생활, 수도자다운 생활conversatio morum, 아빠스Abbas에게 순명함인데, 정주란 수도원에 들어와서 한 번 서원하고 나면 다른 수도원으로 옮길 수 없다는 의미고, 수도자다운 생활이란 '회개'의 삶을 약속하고 생활을 바꾸어 세속적인 생활과는 이별한다는 뜻입니다. 또 베네딕투스에게 있어서 수도자가 된다는 것은 완덕의 길로 나아가는 데 안내를 받기 위해 영적 아버지, 즉 아빠스를 중심으로 살아가는 것을 의미합니다.

이탈리아의 시에나에서 동쪽으로 조금만 가면 '디 몬테 올리베토 마죠레 수도원Abbazia di Monte Oliveto Maggiore'이 있습니다. 이 수도원은 우

▲▲ 디 몬테 올리베토 마죠레 수도원.
▲ 베네딕투스의 생애를 그린 벽화가 있는 수도원 내부.

리나라 고성에 있는 올리베따노 성 베네딕도 수도회의 본산이 되는 수도원이기도 합니다. 이 수도원에 있는 그림들을 보여 드리면서 베네딕투스의 생애를 풀어 보겠습니다.

베네딕투스는 누르시아의 귀족 가문에서 태어났습니다. 그리고 귀

제13강. 기도하고 일하라 **319**

로마에서 유학 생활을 시작했지만 실망하고 떠나는 베네딕투스.

족 가문의 자녀가 흔히 그랬듯 로마로 유학을 가게 되었습니다. 당시에 로마 제국은 게르만족들이 점령하고 있었습니다. 보에티우스가 활동했던 시대보다 약간 후대였는데, 기대감을 가지고 로마에 갔던 베네딕투스는 실망하고 말았습니다. 로마는 세속적인 분위기가 지배하는 곳이었으며 정신을 쏙 빼놓을 만큼 어지러운 곳이었습니다. 영적인 것을 기대했던 베네딕투스는 로마에 크게 실망했습니다.

위의 왼쪽 그림을 보면 베네딕투스가 꼭 백마 탄 왕자님 같은데, 이처럼 그는 당당한 모습으로 로마에 유학을 간 것입니다. 그런데 오른쪽 그림에서는 세속적인 영예를 추구하려는 사람들 사이에서 베네딕투스가 슬그머니 빠져나오는 모습을 볼 수 있습니다. 베네딕투스는 조용히 기도하며 하느님을 찾기에 로마는 적절한 곳이 아니라고 생각했습니다.

　베네딕투스는 열심히 기도하는 사람이었지요. 하루는 이런 일이 있었습니다. 베네딕투스가 귀족이었기에 주변에 항상 시종이 붙어서 따라다녔는데, 어느 날 그 시종이 울고 있는 모습을 봤습니다. 그때는 체가 흙으로 빚어졌던 모양인데, 시종이 이웃집에서 빌려 온 비싼 체를 떨어트려서 깨트려 버렸던 것입니다. 그래서 베네딕투스가 그것을 들고 들어가서 조용히 기도한 다음에 다시 들고 나왔는데, 신기하게도 깨진 체가 붙어 있었습니다.

　그런데 이 일이 소문이 났습니다. 베네딕투스는 하느님께 기도해서 생긴 일이라며 하느님께 영광을 돌리고 싶었는데 정작 사람들의 관심 대상은 베네딕투스였습니다. 사람들은 베네딕투스를 기적을 부리는 이로 보았습니다. 베네딕투스가 모든 것을 다 고쳐 준다고 소문이 나서 사람들이 저마다 망가진 것들을 들고 고쳐 달라며 그에게 몰려왔습니다. 베네딕투스가 무슨 대장장이거나 초능력자도 아니었기에 이것들을 다 고칠 수는 없었습니다.

　결국 베네딕투스는 그곳을 빠져나와 수비아코Subiaco라는 곳으로 이동했습니다. 기도하려고 온 조용한 이 지역에 이미 선배 한 사람이 와 있었습니다. 로마누스라는 인물이었는데, 그는 수도자는 옷으로 차별을 둘 필요가 있을 것 같다며, 젊은 베네딕투스에게 수도복을 입혀 주었습니다.

　가끔 절벽에 세워진 우리나라의 불교 암자들을 보면 어떻게 저런 곳

유혹을 이겨 내기 위해서 가시덤불에서 뒹구는 베네딕투스.

에 암자를 만들었는지 신기할 때가 있는데, 그것처럼 베네딕투스는 누구도 쉽게 다가갈 수 없는, 절벽 아래 깊은 곳의 동굴에 들어가서 기도하기 시작했습니다. 그는 이 지역에서 3년 동안 열심히 기도했습니다.

앞서 안토니우스도 체험했던 것처럼, 조용한 곳에서 혼자 묵상하면 희한하게도 유혹하는 장면이 마음속에 떠오르는 경우가 있습니다. 베네딕투스도 어렸을 때 길을 지나가다가 한 아리따운 여인을 보았던 모양입니다. 특별히 이 여인과 어떤 관계를 맺은 것도 아니기에 그 여인을 잊은 줄 알았습니다. 그런데 수비아코 동굴에서 혼자 기도하는데 신기하게도 이 여인의 모습이 갑자기 떠오르는 것입니다. 종종 상상 속에서 만나는 첫사랑은 실물보다 훨씬 예쁩니다. 누구나 첫사랑에 대한 기억은 미화되기 마련이니까요.

왼쪽 그림에서 베네딕투스가 손가락을 들고 생각하는 모습이 보이나요? 하느님을 생각하는 표정이 아니라 '아, 나의 그녀.' 하면서 그 여인을 떠올리는 것 같습니다. 이런 생각을 하고 있으려니 하느님에 대해 묵상하는 것보다 시간이 굉장히 빨리 가는 것이었습니다.

그러다가 베네딕투스는 퍼뜩 정신이 들었습니다. "내가 지금 뭐하는 거지? 그런 생각을 하려고 이곳에 들어온 것이 아니지 않은가?" 하면서 그는 수도복을 벗어던졌습니다. 나태한 생활을 하면 안 된다면서 옷까지 벗어던진 것인데 때마침 가시덤불을 발견했습니다. 베네딕투스는 어떻게든 유혹을 털어 내겠다는 의지로 가시덤불에서 막 뒹굴었습니다.

이렇게 눈에 잘 띄지도 않는 동굴에서 혼자 조용히 생활했는데도 불구하고, 베네딕투스에 대한 소문이 났습니다. 베네딕투스로 인해 동굴 전체에서 빛이 나는 듯했습니다. 요즘에도 대단한 사람이 나타나면 그 아우라가 느껴진다고 말하는데, 베네딕투스에게서 그러한 아우라가 느껴졌는지 사람들이 어떻게 알고서 베네딕투스에 대해 이야기했습니다.

그즈음, 주변에 있던 비코바로라는 수도원에서 수도원 원장이 세상을 떠났습니다. 수도자들은 자신들을 이끌어 줄 새로운 스승이 필요했습니다. 그래서 그들은 베네딕투스를 찾아갔습니다. 그리고 베네딕투스에게 수도원장을 맡아 달라고 간청했습니다. 그들은 "저희들을 이끌어 주세요. 저희를 영적으로 이끌어 주실 수 있는 분은 당신뿐입니다."

라고 했습니다. 베네딕투스는 처음에는 거절했지만 계속 부탁을 하자 어쩔 수 없이 수도원장을 맡게 되었습니다.

시작은 좋았습니다. 그런데 우리가 처음 사랑을 시작할 때와 결혼 생활을 할 때를 생각해 보세요. 처음에는 모든 것이 좋아서 "난 너를 영원히 사랑해."라면서 불타오릅니다. 그러다가 결혼해서 함께 생활하다 보면 어느새 영원한 사랑이 '원수'가 되는 경우가 허다합니다. 다른 공동체 생활도 이렇게 되는 경우가 많은데 수도원 생활도 비슷하게 흘러갔습니다. 비코바로 수도원의 수도자들은 처음에는 싫다는 사람을 억지로 모셔 와서 수도원장을 시키더니 나중에는 무시무시한 음모까지 꾸몄습니다.

당시에 베네딕투스는 젊으면서도 매우 엄격했습니다. 은수 생활을 할 때 가시덤불에 뒹구는 모습만 봐도 그 엄격함을 느낄 수 있지요. 그런 베네딕투스가 수도원에 와서 보니 수도자들이 너무 나태했습니다. 베네딕투스는 그 모습을 가만히 두고 볼 수 없어서 수도자들이 더 철두철미한 수도 생활의 모습을 갖추도록 통제했습니다.

저도 젊었을 땐 혈기왕성했고 철두철미하게 규칙을 지키는 모범생이었다 보니, 주일 학교 교사를 하던 시절, 학생들에게 잔소리를 하면서 그들을 엄격하게 통제했습니다. 그런데 베네딕투스도 그만큼 엄격했던 모양입니다. 베네딕투스가 반드시 규칙을 지키라고 엄하게 명령하니 수도자들이 "어쩌다 저런 분을 모셔 왔지? 완전 잘못 뽑았어."라며 베네딕투스를 데려온 것을 후회했습니다. 순명까지 강조하니 수도

수도자들이 자신을 독살하려는 의도를 알고 떠나는 베네딕투스.

자들은 더 이상 참을 수 없었습니다. 그래서 그들은 상상할 수도 없는 일을 꾸몄습니다. 베네딕투스가 자연적으로 죽으면 딱 좋겠는데 그러기에는 너무 젊었습니다. 그래서 그들은 베네딕투스를 암살하려는 계획을 세웠습니다.

수도자들이 어디서 구했는지 독약을 옷자락에 감추고 들어와서는 베네딕투스의 잔에 그것을 털어 넣었습니다. 베네딕투스는 아무것도 모르고 식사 전 기도를 했습니다. 그런데 기도를 하는 순간 갑자기 잔이 깨지면서 독약을 탄 물이 쏟아졌습니다. 그것을 본 수도자들의 얼굴이 하얗게 질렸습니다. 이런 능력을 가진 이를 독살하려고 했으니 자기들은 이제 다 죽었다고 생각했습니다.

그러나 베네딕투스는 혼을 내기는커녕 오히려 침울해진 모습을 보였습니다. 베네딕투스는 잔이 깨진 것이 무슨 의미인지 알아차리고, 자신이 이들을 잘못 이끌었다는 것을 알고는 조용히 짐을 싸 들고 나왔습니다. 자신에게 독약을 먹일 정도로 미워한다면 자신이 먼저 떠나는 것이 맞겠다고 생각했던 것입니다. 베네딕투스는 비코바로 수도원을 떠나서 다시 예전에 수행했던 동굴이 있는 수비아코로 돌아왔습니다.

베네딕투스는 시간이 지나면서 수도회가 너무 커져 여러 사람들을 다스려야 할 때 문제가 생긴다는 것을 깨달았습니다. 베네딕투스는 수도원 원장 한 명이 이끌기에는 열두 명 정도의 소수 인원이 적절하겠다고 생각했습니다. 그런데 꽤 많은 사람들이 모여 있었기에 수도 공동체를 열두 개로 나누었습니다. 뭔가 연상되지 않나요? 예수님의 제자가 열두 명이었지요. 이런 상징성을 가지고 열두 명씩 열두 개의 수도회가 수비아코에 생겨났습니다.

가장 중심이 되는 수도원에 베네딕투스가 원장으로 있었습니다. 곧 소문이 퍼졌고 이 수도회에 들어가고 싶어 하는 사람들이 많이 생겨났습니다. 짧은 시간에 영적인 빛이 수비아코로부터 나와서 로마를 거쳐 어느새 이탈리아 전역으로 퍼졌지요. 나중에 성인이 되는 마우루스와 플라치두스를 비롯한 귀족의 자제들도 몰려왔습니다. 바로 이 제자들을 통해 기적이 일어난 일화가 있습니다.

게르만계의 부족, 고트족의 수도자들이 낫을 들고 열심히 일하고 있었습니다. 그러다가 낫의 날이 떨어져 호수에 풍덩 빠져 버렸습니다. 깊은 호수에 빠진 낫의 날을 꺼낼 수도 없어서 발만 동동 굴리고

호수에 빠진 낫을 다시 찾는 기적을 행하는 베네딕투스.

있었는데, 이 모습을 마우루스가 보고 스승인 베네딕투스를 모셔 왔습니다. 베네딕투스는 낫자루를 호수에 넣고 휘휘 저었습니다. 그리고 낫자루를 꺼냈는데 떨어져 나갔던 낫의 날이 자석처럼 딱 붙어서 나타났습니다. 왠지 우리나라에서 전해 내려오는 금도끼 은도끼 이야기에서 신선이 나와서 이 도끼가 네 것이냐고 묻는 장면이 떠오릅니다. 베네딕투스의 이 일화에서는 신선이 나오지는 않지만 유사한 방식으로 낫을 되찾았습니다.

또 다른 흥미로운 기적 이야기가 있습니다. 마우루스가 베네딕투스에게 열심히 가르침을 받고 있었습니다. 그런데 베네딕투스가 갑자기 "마우루스, 지금 당장 호숫가에 가서 플라치두스를 구해 오너라."라고 말했습니다. 마우루스는 반신반의하며 친구 플라치두스를 찾으러 나

베네딕투스의 명에 따라 호수에 빠진 플라치두스를 구해 오는 마우루스.

섰는데, 그를 발견했을 때는 플라치두스가 호수에 빠져 익사하기 직전이었습니다. 플라치두스는 헤엄을 못 쳤던 모양입니다. 마음이 급해진 마우루스가 플라치두스를 잡으려고 무작정 달려갔는데 어느 순간 정신을 차려 보니 자신이 호수 위를 달려가는 것이었습니다. 덕분에 플라치두스를 붙잡고 물 밖으로 끌고 나올 수 있었습니다. 플라치두스를 구하고 나서 돌이켜 보니 자신이 방금 전에 호수 위를 걸었다는 믿기지 않는 일이 떠올랐습니다. 조용히 미소를 짓는 베네딕투스를 바라보는 순간 마우루스는 그것이 자신의 능력으로 행한 일이 아니었음을 알았습니다.

성경에서 이와 비슷하게 예수님이 물 위를 걸으신 기적이 있습니다. 이때 베드로 사도도 물 위를 걸었는데 자신의 힘으로 걸었던 것은 아닙니다. 예수님의 명령으로 걸어가다가 바람을 보고서 두려움을 느낀 순간 물에 빠지고 말았지요(마태 14,28-30 참조). 이에 반해 마우루스는 스승의 말을 믿었고 친구를 구할 생각에 두려움을 느낄 새도 없이 그냥 물 위를 달렸습니다. 이런 기적 이야기들이 무엇을 뜻할까요? 베네딕투스를 통해서 하느님이 믿는 이를 이끄시는 뛰어난 모습들이 나타났던 것입니다.

이렇게 베네딕투스가 놀라운 기적을 행한다는 소문이 퍼지자 시기하고 질투하는 사람들이 생겨났습니다. 수도원 근처에 있는 플로렌티우스라는 본당 사제도 그러했습니다. 사람들이 베네딕투스에게 가르침을 받으러 수비아코 수도원으로 몰려갔기에 주일 미사에 오는 사람들의 숫자가 줄었고, 헌금 액수도 줄었습니다. 그래서 시기와 질투에 눈이 먼 플로렌티우스는 베네딕투스를 제거하지 않으면 안 되겠다는 생각을 했습니다. 앞서 독약을 탄 수도자들의 이야기를 했었는데 이때 사람들은 독약 타는 게 무슨 취미였던 모양입니다. 플로렌티우스도 베네딕투스를 독살하려는 계획을 세웠습니다.

플로렌티우스는 자신의 시종에게 독이 든 빵을 베네딕투스에게 갖다 주라고 했습니다. 다음 그림에서 그 시종이 베네딕투스에게 빵을 건네는 모습을 볼 수 있습니다. 그리고 그 옆을 보면 베네딕투스가 식탁에 앉아 있는데 그 밑에 까마귀가 있습니다. 사실 베네딕투스가 이 까마귀를 한 번 도와준 적이 있습니다. 우리나라로 치면 흥부전의 서양판인 셈인데, 이 까마귀가 흥부전의 제비 같은 역할을 합니다. 베네딕투

플로렌티우스가 보낸 독이 든 빵을 까마귀가 물어 가 살아난 베네딕투스.

스는 그 빵에 독이 든 것을 알고 식탁 곁에 있던 까마귀에게 독약이 든 빵을 멀리 가서 버리고 오라고 했습니다. 빵을 버리러 간 까마귀는 세 시간 후에 되돌아왔습니다. 이렇게 베네딕투스를 독살하려는 계획은 실패로 돌아갔습니다.

플로렌티우스는 독살 계획이 실패하자 다른 방법을 강구했습니다. 베네딕투스가 있는 수도원에는 젊은 수도자들이 많았는데 그들 앞에 일곱 명의 무희가 나타났습니다. 그들은 춤을 추면서 수도자들을 유혹하려고 했습니다. 하지만 베네딕투스는 이런 유혹으로 수도자들을 끌어낼 수 없다고 말했습니다. 결국 이 계획도 실패로 돌아갔습니다.

이렇게 베네딕투스를 끌어내리려는 모든 계획은 실패했습니다. 그러나 자신 때문에 고통받는 사람들이 있으니 자신이 비켜 줘야겠다고 생각한 베네딕투스는 또다시 떠나야겠다는 결심을 했습니다.

베네딕투스가 수도원을 떠나서 걸어가는데 수비아코에 남아 있던 수도자들 중 한 명이 쫓아와서 "원장님, 원장님을 해치려던 플로렌티우스 신부가 세상을 떠났습니다!"라는 소식을 전했습니다. 이런 경우에 요즘 말로 "쌤통이네."라고 하듯이, 베네딕투스를 쫓아온 수도자는 기쁘지 않냐고 물었습니다. 그렇지만 베네딕투스는 기뻐하지 않았습니다. 오히려 그가 마지막 회개는 하고 세상을 떠났는지 걱정하며 안타까워했습니다. 이렇게 베네딕투스는 자신을 독살하려고 한 사람까지 품어 주는 모습을 보여 주었습니다.

베네딕투스는 로마 남쪽의 몬테카시노에 와서 산 정상에 올랐는데 거기에는 아폴론 신전의 제사상 등 과거에 이교도들이 남긴 흔적이 있었습니다. 베네딕투스는 이곳에 수도원을 새로 세웠습니다. 많은 사람들이 이 수도원에 몰려들면서 규모도 커졌고 그 안에서 많은 기적이 일어났습니다. 그중 하나를 소개하겠습니다.

당시에는 고트족이 침략을 일삼았는데 고트족의 토틸라 왕이 베네딕투스의 수도원도 쓸어버리고 싶어 하면서 그를 시험해 보려고 했습니다. 헤로데가 예수님을 불러다가 기적을 행해 보라고 했듯이 말입니다(루카 23,6-12 참조). 권력자들은 꼭 자신의 눈으로 확인하고 싶어 하는 것 같습니다. 토틸라 왕을 비롯해서 험상궂은 사람들이 칼을 차고 수도원에 들이닥쳤습니다. 그리고 어떤 사람이 폼을 잡으며 "내가 토틸라 왕이오."라고 베네딕투스에게 인사했습니다. 그런데 베네딕투스

베네딕투스를 속이려고 위장한 고트족의 토틸라 왕.

가 바라보니 방금 인사한 사람이 토틸라 왕이 아니었습니다. 베네딕투스는 "어찌 감히 하느님의 영을 시험하려 드시오? 당신은 토틸라 왕이 아니오!"라고 화를 내면서 야단을 쳤습니다. 그랬더니 진짜 토틸라 왕이 쭈뼛거리며 나왔고, 자신이 토틸라 왕임을 밝혔습니다.

베네딕투스가 이렇게 기적을 행한 것을 보고 고트족은 몬테카시노 수도원은 건들지 않았습니다. 베네딕투스가 살아 있을 때까지는 말이지요. 결국 나중에는 이 수도원도 침범했습니다.

이렇게 베네딕투스는 처음에는 수비아코에서 은수 생활로 시작했

이탈리아의 몬테카시노 수도원.

지만 작은 공동체를 거쳐 몬테카시노에서 이교도들의 신전을 부수고 새로운 그리스도교 공동체를 구성했습니다. 위 사진에 몬테카시노 수도원의 모습이 나와 있는데 당시의 규모는 아니지만 수도원의 규모와 모습이 어땠을지 어느 정도 상상할 수 있습니다.

베네딕투스는 마지막에 두 가지 환시를 보았습니다. 하나는 베네딕투스 자신이 세운 몬테카시노의 수도원이 오래가지 않을 것임, 누군가가 와서 이것을 멸망시킬 것임을 보았습니다. 또 다른 환시는 베네딕투스의 여동생과 관련된 것입니다. 베네딕투스에게는 쌍둥이 동생인 스콜라스티카가 있었고, 그녀는 몬테카시노 수도원 옆에 수녀원을 세웠습니다. 그리고 일 년에 한 번 정도 베네딕투스를 만나서 도움을

영적인 대화를 나누는 베네딕투스와 스콜라스티카.

받았습니다.

베네딕투스가 스콜라스티카의 수도원을 방문하여 손님의 집에 머물고 있던 어느 날이었습니다. 스콜라스티카가 평소와 다른 것 같았습니다. 동생이 그렇게까지 애원한 적이 없었는데 오늘만큼은 제발 자신과 함께 남아서 동료 수녀들에게 가르침을 베풀어 달라고 부탁하는 것이었습니다. 그런데 근엄한 베네딕투스는 "안 됩니다. 저는 규칙을 지켜야 해서 이만 돌아가겠습니다."라고 단호하게 말했습니다. 이 말을 듣고 스콜라스티카가 슬픈 표정을 짓더니 잠깐만 기다려 달라고 하고 골방에 들어갔습니다. 그런데 그 때 갑자기 비가 쏟아지기 시작했습니다. 스콜라스티카가 골방에서 나와서는 "이제 돌아가시지요."라고 새침하게 말하는데, 비가 너무 많이 와서 베네딕투스는 수도원으로 돌아갈 수 없었습니다. 그래서 베네딕투스가 "도대체 무엇을 한 것입니까?"라고 묻자 스콜라스티카는 "저의 간청을 오라버니가 들어주시지 않으니까 하느님께 부탁드렸지요."라고 답했습니다. 베네딕투스는 자신의 동생이 뭔가 비상하다는 것을 느꼈습니다.

그리하여 베네딕투스는 손님의 집에 남아서 여동생과 영적인 이야기를 나누고 돌아갔습니다. 그리고 사흘 후 스콜라스티카는 세상을 떠났습니다. 이때 베네딕투스는 성령에 이끌리듯이 비둘기가 하늘로 올라가는 것을 보았습니다. 몸은 떨어져 있었지만 베네딕투스는 자신의 여동생이 세상을 떠났다는 것을 알게 되었습니다. 그는 몬테카시노 수도원에 만들어 놓은 자신의 무덤에 동생을 안장했습니다. 스콜라스티카는 베네딕투스의 영적인 동반자였습니다.

베네딕투스는 자신에 대해서 책을 쓰지 않았습니다. 그런데 제가 어떻게 알고 이렇게 베네딕투스에 대해 이야기하는지 궁금하지요? 베네딕투스는 딱 책 한 권을 썼는데 그것은 《베네딕투스 규칙서》입니다. 생애 후반기에 그는 자신이 과거에 그렇게 엄격했던 것만으로는 되지 않는다고 생각해서 수도 생활에 필요한 모든 것을 상세하게 적어 놓았습니다. 아우구스티누스의 규칙서도 있고 바실리우스도 규칙서를 썼는데, 베네딕투스 규칙서의 장점은 독창적인 면에 있다기보다 수도 생활의 모든 것을 모아서 잘 정리해 놓은 데에 있습니다.

베네딕투스가 세상을 떠나고 30년이 지난 후에 몬테카시노 수도원

마우루스와 제자들에게 베네딕투스 규칙서를 전하는 베네딕투스.

이 무너졌습니다. 그런데도 그는 어떻게 유명해지게 되었을까요? 베네딕투스의 생애를 쓴 그레고리우스 교황 덕분이었습니다. 그는 자신의 집터에 수도원을 세우고 잠시 수도 생활을 하다가 교황이 되었는데 베네딕투스를 무척 존경했던 모양입니다. 교황은 책 네 권에 서방의 성인들에 대한 이야기를 정리했는데 두 권에는 단 한 명의 이야기, 즉 베네딕투스에 대한 이야기만을 기록했습니다. 앞서 말한 이야기들은 그레고리우스 교황이 쓴 《대화집》 2권에 나오는 내용입니다.[3]

모든 수도회에는 세 가지 복음적 권고가 있는데 베네딕투스는 여기에 침묵과 겸손을 더했습니다. 특히 겸손의 중요성을 말했습니다. 사실 베네딕투스는 공부를 많이 하진 않았지만 예루살렘의 초대 공동체가 이상이었습니다. 그래서 하루 일과도 베네딕투스가 정했습니다. 사제들과 수도자들이 주로 바치는 것 중에 성무일도라는 것이 있는데 매일 행해야 하는 거룩한 의무로서 정해진 시간에 기도를 바쳐야 합니다. 그 초안을 만든 것이 성 베네딕도 수도회입니다. 또한 렉시오 디비나lectio divina, 즉 영적 독서라는 것이 있는데 이것을 가장 발전시킨 곳이 성 베네딕도 수도회입니다.

수도회의 진정한 역할

지금까지 한 이야기를 한마디로 요약하면 '오라 에트 라보라Ora et labora', 즉 '기도하고 일하라'입니다. 베네딕투스는 기도하고 영적 독서를 하는 것만 해서는 안 된다는 것을 알고 있었습니다. 저처럼 매일 책상에 앉아서 공부만 하는 사람들에게 몸을 움직이는 것이 반드시 필요합니다. 베네딕투스는 기도와 더불어서 육체적인 노동도 필요하다고 강조했습니다. 남한테 얻어먹으면서 생활하지 말고, 스스로 자립할 수 있도록 노력하라는 것입니다. '기도하고 일하라'는 이 정신은 이후의 수도회에서도 중요한 모습으로 나타납니다.

다음 그림을 보면 베네딕투스의 십자가가 나와 있는데 악마를 쫓는 힘이 있다고 합니다. 성 베네딕도 수도회의 역사는 베네딕투스가 이탈리아의 수비아코와 몬테카시노 등지에 수도원을 설립하면서부터 시작되었습니다. 이것은 로마로 전해지고 후에 영국에까지 퍼지게 됩니다.

성 베네딕도 수도회의 문장.

하루는 그레고리우스 교황이 시장에 나갔다가 예쁜 아이를 봤습니다. 그래서 "넌 어디에서 왔니?" 하고 물었습니다. 그 아이는 영국 출신이었는데 라틴어를 잘 못했기에 어정쩡한 발음으로 "앙글리카."라고 대답했나 봅니다. 이 단어가 교황한테는 '앙겔루스', 즉 천사들의 나라라고 들렸습니다. 교황은 천사들이라면 이렇게 생겼을 것 같다는 생각이 들었고, 그 아이가 속한 나라를 그리스도교화해야겠다는 결심을 했습니다. 그래서 교황은 영국에 성 베네딕도 수도회를 파견했습니다. 성 베네딕도 수도회의 수도자 수십 명이 영국으로 들어가, 영국 내에 성 베네딕도회 수도원들을 설립했습니다. 그리고 8세기에는 영국에서 보니파시우스와 그의 동료 수도자들이 독일 지역으로 파견됨으로써 유럽 전역에 수도회가 확산될 수 있었습니다. 그 후 거의 500년을 '수도회의 시대' 또는 '수도자들의 시대'라고 부릅니다.

사실 보에티우스에 대해 이야기할 때도 언급했듯이 당시에는 로마 제국이 멸망해서 문화가 거의 없었습니다. 그렇지만 그 안에서 성 베네딕도 수도회가 곳곳에서 문화의 촛불을 밝히고 있었습니다. 성 베네딕도 수도회의 필사자들이 책들을 베끼면서 이 책들이 후대에까지 전해질 수 있었습니다.

　수도원은 엘리트들이 모여서 자신들의 종교적 열정이나 영적 우월성을 자랑하려고 있는 것이 아닙니다. 게하르트 로핑크Gerhard Lohfink라는 사람은 "교회는 대조 사회Kontrastgesellschaft다."라고 말한 적이 있습니다. 그리스도인들끼리만 모여 산다는 것은 의미가 없습니다. 그리스도인은 이 세상의 빛과 소금이 되어야 합니다. 우리가 소금만 먹거나 소금에만 둘러싸여 살 수 있을까요? 그랬다가는 모두 미라가 될 수도 있습니다. 그렇다면 그리스도인은 어디로 가야 할까요? 그리스도인은 직접 현장에 나가서 상처 입고 다치더라도 그 안에 녹아들어야 합니다. 소금이 음식 안에 들어가서 녹을 때에만 소금의 역할이 완성됩니다. 하지만 소금이 모여 있는 것이 무슨 가치를 가지고 있을까요? 대조 사회로서, 세속적인 사회에서 중요시되는 가치들에 맞서 그리스도인들에게는 다른 가치가 있음을 보여 줍니다.

　수도회는 그것을 이루는 수도자들, 그들 자신만을 위한 것이 아닙니다. 수도회 안에서 그리스도인들끼리 같이 모여 살아도 그 안에서뿐만이 아니라 전체 그리스도인들, 더 나아가 전체 사회를 빛과 소금으로 비추기 위한 것이 그들의 몫입니다. 하느님 나라에서 어떻게 살아갈지 그 모습을 공동체적인 사랑을 통해서 보여 주는 것이 수도회의 소명입니다. 베네딕투스에게 자신의 수도회의 건물이 존속되는 것은 중요치 않았습니다. 하느님의 나라가 널리 퍼져 나가는 것이 중요했습니다. 베네딕투스는 언제나 그리스도를 중심에 두었습니다.

베네딕투스의 규칙서에 나와 있는 소중한 선물은 기도에만 매달리는 것도, 활동에만 매달리는 것도 아니었습니다. '기도하고 일하라'는 것으로 기도와 활동의 조화가 중요했습니다. 이렇게 말하면 성직자나 수도자는 당연히 그렇게 해야지 생각하면서 평신도인 자신은 예외로 두려고 할 수 있습니다. 하지만 그렇지 않습니다. 도와줄 사람들이 많아서 기도할 시간이 없다고 할 수도 있습니다. 그러나 콜카타의 마더 데레사는 "많이 활동하려면 기도 시간을 늘려야 합니다."라고 했습니다. 균형이 맞아야 합니다. 너무 열심히 일하는 평신도라면 균형을 맞추기 위해 기도하는 시간을 더 늘려야 합니다. 이러한 기도, 활동에 대한 것을 수도 생활을 하는 이들로부터 배울 수 있을 것입니다.

제14강

카를 대제의 문예 부흥과 수도회의 개혁

로마 제국이 서서히 쇠퇴하던 시기, 게르만족의 대이동이 일어났고 그 결과 서로마 제국이 멸망했습니다. 게르만족은 여기저기에 부족 국가를 이루고 있었는데 대부분 5~8세기에, 소위 암흑기라 불리는 시대가 끝날 무렵에 **프랑크 왕국**으로 통합되었습니다.

프랑크 왕국의 확장과 발전

다음 쪽의 지도에서 초록색으로 표시된 부분이 프랑크 왕국입니다. 예전에 콘스탄티누스 대제가 세례를 받았던 것과 비슷하게, 프랑크 왕국에서도 **메로빙거 왕조**(481~751년)의 클로비스 왕이 세례를 받고 그리스도교로 개종했습니다. 프랑크 왕국이 점점 발전하고 있을 즈음, 놀라운 일이 벌어졌습니다. 이슬람 세력이 피레네 산맥을 넘어서 프랑크 왕국에 쳐들어온 것입니다. 이때 이들을 물리친 인물이 **카를 마르텔**

유럽 곳곳으로 확장되는 프랑크 왕국의 영토.

Karl Martell(686~741년)이었습니다. 카를 마르텔은 그 당시에 현재의 총리와 비슷한 궁재라는 직책을 맡고 있었는데, 그는 732년 투르-푸아티에 전투에서 적들을 물리치는 큰 공을 세웠습니다.

카를 마르텔은 메로빙거 왕조의 왕보다 능력이 뛰어났습니다. 역사적으로 왕이 아닌 신하가 모든 것을 좌지우지하는 때가 종종

독일 뷔르츠부르크에 있는 피핀 왕의 동상.

있는데, 프랑크 왕국에서도 궁재가 실질적인 권력을 잡고 힘을 행사했습니다.

그 후 카를 마르텔의 아들 **피핀**Pepin(714~768년)이 메로빙거 왕조의 마지막 왕인 힐데리히 3세를 폐위시키고 프랑크 왕국의 군주로 즉위하면서 **카롤링거 왕조**(751~843년)가 세워졌습니다. 그리고 이 피핀의 아들이 이번에 이야기할 주인공인 **카롤루스 대제**Carolus Magnus(742~814년)입니다. 흔히 **카를 대제**라고 지칭하는데, 카를 대제에 대해 본격적으로 이야기하기 전에, 그 당시 유럽의 문화 수준이 어떠했는지 살펴보겠습니다.

보석 장식이 되어 있는 게르만족의 유적.

게르만족의 문화 발전에 기여한 수도원 학교

앞서 이야기했듯이, 게르만족은 공부를 열심히 하는 민족이 아니었습니다. 복잡하고 어렵고 머리 쓰는 것은 딱 질색이었지요. 게르만족은 직접 몸으로 부딪히고 싸우는 것을 선호해서 도끼나 칼 등에 관심이 많았고, 이 때문에 금은세공이 발달했습니다.

게르만족이 만들어 놓은 물건들을 보면 매우 아름답습니다. 게르만족은 손재주가 좋아서 보석 장식을 잘했는데, 위 사진에서 볼 수 있듯이 평범한 포도주 잔에 이렇게 장식을 해서 멋진 포도주 잔으로 탈바꿈해 놓았습니다.

또한 게르만족들은 태피스트리tapestry 제작에도 뛰어났습니다. 박물관에 가면 가끔 전투 장면이 담긴 양탄자를 볼 수 있는데, 어떻게 양탄

1066년 헤이스팅스 전투 직전 혜성이 나타난 사건을 묘사한 태피스트리.

자에 이렇게까지 표현할 수 있는지 상상이 가지 않을 정도로 멋있습니다. 이것을 바닥에 깔아 두기는 아까웠기에 벽면에 걸어 두면서 태피스트리가 발달했던 것입니다.

이렇게 열정적이고 뛰어난 손재주를 갖고 있지만, 추상적인 사고에는 취약했던 게르만족에게 도움을 준 것은 성 베네딕도 수도회(이하 베네딕도 수도회로 표기)였습니다. 수도회가 그들을 가르치고 교육시키는 역할을 맡았던 것입니다. 어둠을 밝혀 주는 촛불과 같은 베네딕도 수도회가 없었다면, 서로마 제국의 멸망과 함께 서양 문화는 단절되었을 것입니다.

제가 대학생 때 농촌 봉사를 가서 모를 심은 적이 있습니다. 못줄을 놔두고 모를 쭉 심어 가는데, 저처럼 서울에서 자란 청년들은 이런 일을 해 본 적이 없기에 어르신들을 도와 드리는 건지 방해를 하는 건지 구분이 안 갈 정도로 엉망으로 심었습니다. 그럼에도 도와 드리겠다며 함께하는 모습을 어르신들이 예뻐하셨던 것이 기억납니다.

이런 식으로 게르만족이 한 발짝씩 나아갈 수 있도록 학문적인 못자리를 만든 것이 베네딕도 수도회였습니다. 베네딕도 수도회는 유럽 전역에 학교를 세웠습니다. 그런데 이러한 교육 활동이 실제로 효과를 거두기 위해서는 권력자의 도움이 필요했습니다. 그때 도움의 손길을 내민 인물이 바로 카를 대제였습니다. 콘스탄티누스 대제를 통해서 그리스도교가 자유를 얻었다면, 카를 대제를 통해서 게르만족을 포함한 북방의 민족들이 발전된 고전 학문의 세례를 받게 되었습니다.

서방 세계의 최고 통치자, 카를 대제

국립국어원 표준국어대사전에는 '카를 대제'라고 표기되어 있지만, 어떤 책에는 다르게 표기되어 있음을 볼 수 있습니다. 원어인 라틴어로 '카롤루스 마그누스Carolus Magnus', 프랑스어로 '샤를마뉴Charlemagne', 영어로 '찰스 더 그레이트Charles the Great' 등, 언어별로 다르지만, 모두 동일 인물을 가리키고 있습니다. 이 사람이 얼마나 훌륭하면 이렇게 다양한 언어로 불릴까요? 독일인들은 카를 대제가 독일인이라고 말하고, 프랑스인들은 샤를마뉴라고 부르면서 프랑스인이라고 주장하는데, 유럽 국가들이 서로 자기 나라 왕이라고 하며 다투었을 정도로, 그는 훌륭한 왕이었습니다.

제12강에서 게르만족에 대해 설명할 때 매우 용맹한 민족이라고 했는데, 게르만족은 전통적으로 백병전에 능한 보병대가 강했습니다. 하지만 카롤링거 왕조가 성립된 후, 카를 대제는 보병대로는 전 유럽을 통일하기에 역부족이라고 생각했고, 보병대를 중무장 기병대로 바꿨습니다. 중세 하면 떠오르는 이미지가 있지 않나

위대한 왕, 카를 대제.

요? 갑옷을 입고 중무장한 기사가 위풍당당하게 말 위에 올라타 있는 모습이 떠오르지요. 바로 이러한 모습으로 군대를 재정비한 것입니다. 유럽에서 최초의 철기군鐵騎軍을 만든 사람이 바로 카를 대제였습니다. 그리하여 카를 대제는 빠른 속도로 프랑크 왕국의 영토를 넓혀 갔고, 유럽을 통일하기에 이르렀습니다.

카를 대제는 새로 정복한 곳들도 모두 그리스도교화하고 싶었기에, 거의 반강제로 그리스도교를 믿게 만들었습니다. 카를 대제 본인은 선택의 여지를 주었다고 해도, "그리스도교 믿을래? 아니면 죽을래?"라는 식으로 협박해 오는데 누가 믿지 않겠다고 할 수 있겠습니까? 이렇게 카를 대제는 그가 정복한 영토에 있는 모든 사람들이 그리스도교를 믿도록 몰아갔습니다.

그런데 카를 대제의 이런 행동을 굉장히 좋아하던 사람이 있었습니다. 바로 교황이었지요. 왜 좋아했는지는 시간을 잠시 거슬러 올라가, 카를 대제의 아버지인 피핀이 왕으로 있었을 때 일어났던 일을 보면 이해할 수 있습니다. 당시 교황이 피핀 왕에게 편지를 쓴 적이 있는데, 그 편지에는 주변의 이민족, 특히 랑고바르드(롬바르드)족Langobards이 로마를 침략하려고 한다며 자신을 보호해 달라는 요청이 담겨 있었습니다.

조선을 세운 이성계가 고려 왕조를 멸망시킨 후에 그것을 정당화하는 부분이 필요했듯이, 나라를 멸망시키려면 그것을 정당화할 수 있는 핑계가 필요하기 마련입니다. 피핀 왕에게는 그러한 핑계가 필요했는데 때마침 교황에게서 편지가 오자, 피핀 왕은 주저 없이 랑고바르드족이 있는 곳으로 쳐들어가서 그들을 싹 정리해 버렸습니다. 그리고 피핀 왕은 랑고바르드족의 땅을 교황에게 바쳤고, 그렇게 **교황령**Papal States[1]이 탄생했습니다. 이전까지는 교황이 정치·군사적으로는 별로 힘이 없었는데, 이 일을 통해 교황령이 생기고 교황이 새로운 권력을 갖게 되었습니다.

이와 비슷한 일이 카를 대제에게도 일어났습니다. 랑고바르드족이 다시 로마를 위협하자 교황이 카를 대제에게 편지를 썼고, 카를 대제가 나서서 교황을 위협하던 세력을 모두 정벌했습니다. 카를 대제가 전쟁에서 승리하고 로마로 들어왔는데, 교황이 고마웠던 모양입니다. 교황은 카를 대제에게 황제가 되라고 권고했습니다.

교황에게 서로마 황제의 관을 받는 카를 대제.

　　동방에는 비잔틴 제국이 존속했기에 콘스탄티노플에 황제가 있었습니다. 그렇다면 서방에도 황제가 한 명은 있어야 되지 않겠습니까? 이런 맥락에서 교황이 카를 대제에게 황제가 되라고 했던 것입니다. 그런데 솔직히 카를 대제는 교황에 의해 황제가 되는 것을 좋아하지 않았습니다. 이미 자신은 황제나 다름없는 능력을 갖추고 있고 스스로 관을 써서 황제가 되어야 하는데, 교황이 자신에게 황제의 관을 부여해야 황제로 즉위할 수 있는 상황이 마음에 들지 않았던 것이지요. 그래도 카를 대제는 넓은 영토를 통치하려면 어떻게든 황제로서의 권위가 필요했기에, 장엄하게 대관식을 치르게 되었습니다. 연도도 외우기 쉬운 800년에 황제가 되었습니다.

제14강. 카를 대제의 문예 부흥과 수도회의 개혁

카를 대제의 문예 부흥

금으로 된 카를 대제의 흉상.

이전에는 침체되어 있었던 문화가 카를 대제가 황제로 즉위한 후 400년 동안 놀라운 발전을 이룹니다.

옆의 사진을 잠깐 볼까요? 카를 대제의 흉상을 멋지게 만들어 놓았지요? 여기에 들어간 보석만 해도 아마 수십억 원 가치에 이를 것입니다. 문화재적 가치를 따지면 돈으로 매길 수 없을 정도이지요.

많은 사람들이 르네상스를 15세기에 일어난 것으로 알지만, 사실 8세기 때 새로운 문예 부흥 운동이 있었습니다. 이것이 바로 카롤링거 르네상스Carolingian Renaissance, 즉 **카를 대제의 문예 부흥**입니다. 그런데 카를 대제는 전쟁터에서 싸움만 했던 왕 같은데 어떻게 문예 부흥을 일으켰는지 궁금하지요? 지금부터 그 과정을 이야기해 보겠습니다.

제2의 게르만족이라고 불릴 만큼 용맹하게 싸우는 작센족(영어로는 색슨족)과의 피비린내 나는 전쟁을 거친 후, 수도인 아헨Aachen에 돌아온 카를 대제에게 고민이 생겼습니다. 이제 프랑크 왕국은 웬만한 곳은 다 점령하고 세력을 넓힌 만큼 넉넉해졌습니다. 평화를 쟁취하려고 계속 싸움만 했는데, 막상 평화가 찾아오니까 카를 대제는 어떻게 나라를 다스려야 할지 막막해졌습니다. 그러나 카를 대제의 주변에는 다 싸움밖에 모르는 게르만족 출신 장군들밖에 없었습니다.

그렇다 보니 강제 개종에 반발하며 작센(삭소니아) 지역에서 일어난 반란에 대응하기 위한 방안을 모색하는 회의를 열어도, 나오는 대안이라고는 "그냥 다 싹 쓸어버립시다!"가 전부였습니다. 만약 누군가 "황당무계한 소리 좀 하지 마."라고 하면 "황당무계가 뭐야? 노란 당근이 무게가 많이 나간다는 말이야?"라는 식으로 반응할 정도였지요. 카를 대제는 자신의 무지를 자랑하는 신하들을 보며, 이 사람들을 데리고 어떻게 대제국을 이끌어 나갈 수 있을지 걱정이 되었습니다. 그래서 혁신적인 교육의 필요성을 느꼈는데, 안타깝게도 거대한 국가인 프랑크 왕국에서도 교육의 역할을 맡기기에 마땅한 인재를 찾을 수 없었습니다. 카를 대제는 교육 개혁을 누구에게 맡겨야 좋을지 계속 고민하면서, 나름대로 여러 가지 노력을 해 나갔습니다.

그러던 어느 날, 카를 대제가 이탈리아에서 개최된 종교 회의에 참석하게 되었는데, 그때 눈에 띄는 사람이 있었습니다. 젊은 사람이었는데 예리한 눈으로 성경 구절 하나하나를 다 간파하고 있었고, 심지어 그리스어와 라틴어까지 능통했습니다. 카를 대제는 이 사람을 보자마자 프랑크 왕국의 교육 개혁을 맡기기에 최적임자라는 느낌을 받았습니다.

이 사람은 바로 앨퀸Alcuin(732년경~804년)으로, 영국에서 넘어온 인물입니다. 그리스에서 책을 싣고 영국에 온 주교가 그리스어를 가르치는

카를 대제와 앨퀸의 만남.

학교를 설립하고 그 도서관을 충실하게 만든 이래로, 영국에는 학문이 발전했습니다. 앨퀸은 당시 유럽에서 고대 문예 연구의 중심지였던 요크York에서 교육을 받았던 것입니다.

앨퀸에게 푹 빠진 카를 대제는 그를 앞세워, 사람들의 문화 수준을 높이기 위한 학교를 열기로 마음을 먹었습니다. 그는 먼저 수도 아헨에 궁정 학교를 열었습니다. 사실 궁정 학교는 전에도 있었지만, 고작 예절이나 기사도 정신을 가르치는 정도의 수준이었습니다. 학교를 이대로 둘 수 없었던 카를 대제는 글을 가르치는 궁정 학교를 열었습니다.

그러자 그때부터 상황이 달라지기 시작했습니다. 이전에는 술잔 같은 것에만 장식을 했던 게르만족이 그리스도교화되면서, 성경에도 장식을 넣었습니다. 자신들이 받아들인 성경을 금과 보석으로 아름답게

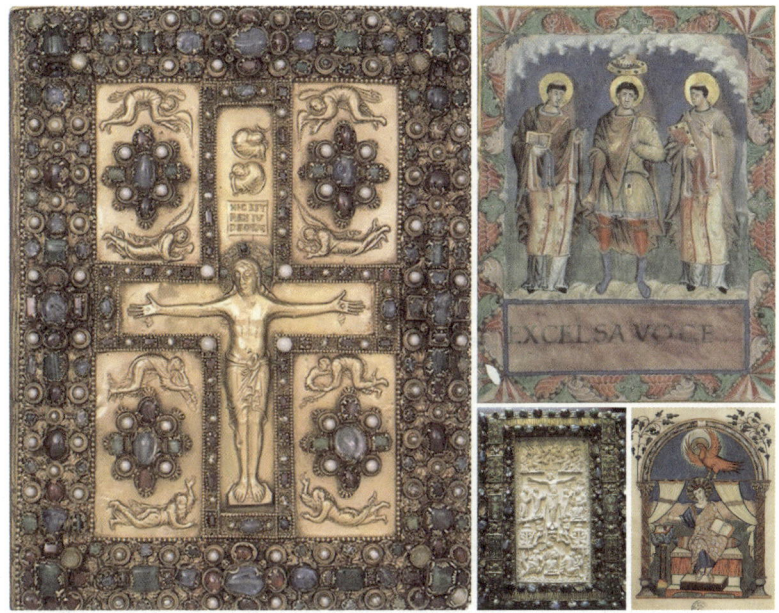

카롤링거 왕조의 문화 유적.

꾸며 놓았지요. 카를 대제의 문예 부흥 시기에는 이러한 기술들이 발달하여 매우 아름다운 성경들이 널리 보급되었습니다.

위의 사진은 카를 대제 때 만든 복음서의 모습입니다. 이때에는 상아 조각을 정교하게 다듬어서 성경과 같은 중요한 책의 앞표지에 붙여 장식했습니다. 오른쪽 사진을 보면 성경을 필사할 때 성경 구절에도 장식을 넣어서 '엑스첼사 보체Excelsa voce', 즉 '(천사들이) 큰 목소리로 (노래를 부른다)'는 구절도 눈에 확 들어오게 만들었습니다.

그런데 이런 것들보다도 더 아름다움을 느끼게 해 주는 곳이 있는

▲▲아헨 대성당의 전경. ▲아헨 대성당의 내부 천장.

데, 바로 프랑크 왕국의 수도였던 아헨에 있는 아헨 대성당입니다. 사진에서 왕관 모양의 천장이 보이지요? 놀랍게도 천장이 팔각형으로 되어 있는데, 전에는 이런 시도가 없었습니다. 성당 내부는 온통 황금빛으로 둘러싸여 있고 성령이 내려오는 모습이 멋지게 장식되어 있습니다. 바로 이 아헨 대성당 옆에 앞서 이야기한 궁정

아헨 대성당에 있는 카를 대제의 왕좌.

학교가 있었고, 이 학교에 앨퀸이 모습을 드러냈습니다.

당시에는 지역에 따라 문맹률이 90퍼센트가 넘었습니다. 글을 읽을 줄 아는 사람이 매우 적었고, 카를 대제도 폼은 잡았지만 사실 글을 읽고 쓸 줄 모르는 사람이었습니다. 혹시 '사인sign'이 어떻게 시작되었는지 아시나요? 중세 때의 문서를 보면 가끔 알아보기도 힘든 이상한 필기를 발견할 수 있습니다. 그 당시에는 왕들이 주로 자신의 이름을 글로 쓸 줄 몰랐기 때문에 또박또박 정자로 쓰지 못하고, 예컨대 '독두왕禿頭王'이라고 하면 깃털 달린 대머리를 그려 넣는 식으로 자신을 표시했습니다. 이름을 못 쓰니까 이렇게 이상하게 써넣었는데, 여기에서 사인이 시작된 것입니다. 전쟁터를 누비고 다니느라 글을 못 배운 카

를 대제는 앨퀸이라는 사람 앞에서 자신이 글을 모른다는 것을 티 내고 싶지 않았습니다. 그래서 그는 밤마다 침상에서 글을 연습하고 책을 읽기 시작했습니다.

문맹률이 높고 좋은 교사가 부족한 것도 문제였지만, 다른 문제도 있었습니다. 앨퀸이 프랑크 왕국의 도서관 전체를 다 조사해 본 결과, 요크에 있는 도서관이 보유하고 있는 책의 권수에 한참 못 미쳤습니다. 공부의 기본은 책을 통해서 이루어지는데, 프랑크 왕국의 도서관에는 책이 너무나 부족했던 것입니다. 앨퀸은 카를 대제에게 우선 도서관부터 건립하자고 제안을 했고, 카를 대제는 흔쾌히 수락했습니다.

그런데 이 계획을 실행에 옮기는 것도 결코 쉬운 일이 아니었습니다. 도서관을 지으려면 책을 많이 만들어야 하는데, 그 당시의 책은 지금과 같은 종이로 뚝딱 만들어지는 것이 아니었습니다. 주로 **파피루스**나 **양피지**로 만들었지요. 그런데 양피지로 만든 책은 지금으로 치면 승용차 한 대 정도의 값이 매겨질 정도로 매우 비싸고 고급스러운 것으로 통했습니다. 그렇기 때문에 저렴한 파피루스로 책을 대량 생산하는 것이 가장 좋았지만, 안타깝게도 파피루스를 생산하는 지역은 당시 이슬람 세력에 넘어가 있었습니다. 수입이라도 할 수 있으면 좋겠는데, 이슬람은 자기네 도서관에 둘 책을 만들기도 바쁘다며 수출을 금지해 버렸습니다.

상황이 이러하니 서방에서 책을 만들 수 있는 재료는 양피지뿐이었고, 앨퀸은 카를 대제에게 도서관을 건립하기 위해서 소부터 길러야 되겠다고 제안해야 할 정도였습니다. 양피지 200~300쪽을 만들기 위해서는 적어도 소 150~200마리가 필요했기 때문이지요. 카를 대제는 이 제안을 받아들였고, 프랑크 왕국 전체에서 대대적으로 양피지가 생산되었습니다. 제작된 양피지들은 아헨의 궁정 학교와 투르의 필경실로 모여들었고, 앨퀸이 지도자로서 모든 일을 주도했습니다.

앨퀸이 양피지에 글씨를 옮기는 작업을 시키려고 하는데, 훈련받은 필경사들이 많았던 요크에서와는 달리, 프랑크 왕국에 있는 필경사들은 경험이 없는 새내기들이었습니다. 양피지도 비싼데 이 새내기들이 글씨를 옮기는 과정에서 자꾸 실수를 하니까 앨퀸은 답답했습니다. 양피지는 두꺼워서 글씨를 잘못 써도 지울 수 있었지만, 세 번 정도 지우면 그 비싼 양피지에 구멍이 뚫렸지요.

이렇게 모든 것이 처음인 만큼, 도서관을 세우기 위해 양피지로 책을 만드는 과정에서부터 여러 가지 시행착오를 겪었지만, 그래도 앨퀸은 솔선수범하여 이 모든 것들을 성공적으로 이끌기 위해 노력했습니다. 자신이 학교에서 배웠던 경험을 살려서 교과 과정을 새로 편성하는 등 궁정 학교를 개혁했고, 도서관을 세우면서 책들의 목록을 작성하고 체계적으로 분류해 놓았습니다. 앨퀸의 노력은 빛을 발하여 많은 것들이 달라지게 되었습니다.

하지만 앨퀸은 세속적인 명예를 위해 노력했던 것이 아니었습니다. 앨퀸은 부제였고, 자신이 원한다면 카를 대제의 권한에 기대어 주교직에 오르는 것도 어려운 일이 아니었습니다. 하지만 앨퀸은 그런 욕심을 내지 않았습니다. 앨퀸은 그리스도교 정신에 입각한 제국을 만들기 위해서는 카를 대제가 적임자라고 생각하고 그의 개혁을 도와주는 일에 집중했으며, 자신의 생애 대부분을 어두운 필사실에서 글을 베끼며 보냈습니다. 필사하는 일은 결코 쉬운 일이 아닙니다. 추운 겨울에는 손이 다 얼어 동상에 걸릴 정도로 고생스러웠지만, 그는 언 손을 호호 불어 가며 그리스도교 제국이 완성되는 이상을 꿈꾸면서 펜을 놓지 않았습니다. 현재 서양권에서 자랑하는 양피지 필사본이 있는데, 그중 가장 오래된 사본이 카를 대제 때 비롯된 것으로, 최고의 사본으로 인정받고 있습니다.

이런 앨퀸의 역할을 베네딕도 수도회가 이어받았습니다. 처음에는 '기도하고 일하라'는 수도원의 정신은 '일하는' 육체노동에 제한되어 있었습니다. 그런데 나중에는 정신적인 것으로 넓혀졌습니다. 당시에 글을 읽고 쓸 수 있는 사람들 대부분이 수도원에 있었는데, 라틴어로 기도를 바치기 위해서라도 수도자들이 글을 읽고 쓸 줄 알아야 했던 것입니다. 그래서 앨퀸과 필경사들이 필사본 쓰는 것을 수도원에 의뢰했고, 그리하여 수도원은 육체적인 노동뿐만 아니라 글을 읽고 쓸 줄 아는 능력을 적극 활용하며 필사 작업도 해 나갔습니다.

그런데 문제가 있었습니다. 사람마다 필사체가 다 달랐고, 이를 통일시켜야 할 필요성이 대두되었습니다. 저도 학생들 시험지를 채점할 때 비슷한 문제를 겪습니다. 도무지 읽을 수 없는 문자로 써 놓는 학생들이 있습니다. SNS(소셜 네트워크)에 글 쓸 때는 놀라운 속도로 타자를 치면서, 연필로 시험지에 쓸 때는 대학생 수준에 한참 못 미치게 쓰는 것이지요. 그런데 필사본을 만들 때도 그러했던 모양입니다. 혹시 영어의 소문자가 언제부터 생겨났는지 아시나요? 카를 대제 이전까지만 해도 유럽에는 대문자밖에 없었습니다. 그래서 필사할 때 대문자로 또박또박 쓰려니 자리도 많이 차지하고 시간도 오래 걸려서 효율적이지 못했습니다. 이러한 문제를 개선하고자 소문자를 만든 장본인이 바로 카를 대제입니다.

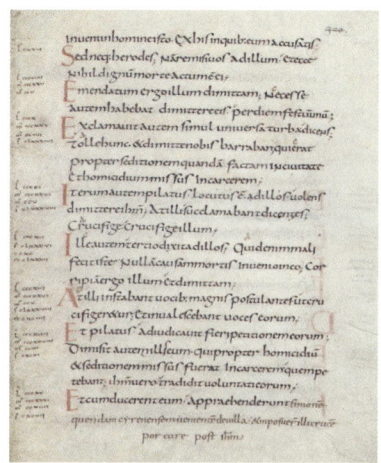
카롤링거 소문자로 쓰인 루카 복음서.

　카를 대제의 명에 따라 이전의 책들 중 90퍼센트 정도가 소문자로 필사되었습니다. 이런 식으로 카를 대제는 더욱 효율적으로 서구의 문화 수준을 끌어올릴 수 있었고, 그 배경에는 앨퀸이 있었습니다. 그러나 이렇게 훌륭한 업적을 쌓은 카를 대제가 죽은 후, 그의 후손들이 각자 자신의 왕국을 건설하려고 하면서 프랑크 왕국은 갈라졌습니다.[2] 그리고 재편의 과정을 거쳐서 현대의 유럽이 서서히 만들어졌습니다.

　이처럼 중세 문화의 전체적인 골격을 만드는 데 가장 크게 공헌한 것이 카를 대제의 문예 부흥이었습니다. 이를 통해 유럽 전체가 그리스도교화될 수 있었습니다. 다만 이러한 문예 부흥 운동이 일부의 엘리트 계층만을 위한 것이었다는 점에서 한계도 있었습니다.

변화하는 수도회

베네딕투스가 처음으로 수도회를 만들었을 때만 해도 수도회는 소규모 공동체였습니다. 그런데 카를 대제 때에 이르러서는 서구 문화가 완전히 체계화되었습니다. 중세의 봉건 체제에 대해서 많이 들어 보았지요? 가장 고위층인 왕으로부터 피라미드처럼 내려오는 구조가 교회에도 들어왔습니다. 왜 피라미드 구조로 바꿔야 했을까요? 소규모 공동체로서의 베네딕도 수도회의 모습이 가장 이상적이었지만, 이제 그 모습을 유지하기에는 외부의 영향력이 너무 커져 버린 것입니다. 인원이 적으니까 영주나 국왕이 수도원장을 마음대로 바꾸는 등 간섭을 했고, 이러한 세속 권력의 침범으로 인해 수도 생활에 위기가 찾아왔습니다. 그래서 흩어져 있는 수도원들을 한데 모아야겠다는 생각이 들었고, 중세의 분위기에 맞춰 수도원도 체계화된 모습을 갖추고자 시도하게 된 것입니다.

이러한 시도의 결과로 10세기 때 최초의 통합된 수도원이 생겨났는데, 바로 **클뤼니 수도원**입니다. 클뤼니 수도원은 외부의 간섭에서 자유로워지기 위해 생겨난 대수도원으로, 클뤼니 대수도원을 가장 우위에 두고 그 밑에 자녀 수도원들을 두고, 또 그 밑에 자녀 수도원들을 두는 식으로 해서 피라미드 구조를 이루었습니다. 이러한 클뤼니 수도원에 수도자들이 점점 모여들면서, 사람들의 이목은 클뤼니 수도원장에게

수도원 개혁의 시초가 된 클뤼니 수도원.

집중되었고, 그는 교회 전체에서 거의 교황에 버금갈 정도의 영향력을 지니게 되었습니다.

그런데 수도원에 귀족들이 들어오면서, 서민적이었던 수도회가 점점 귀족화되었습니다. 기도하고 필사본을 쓰는 작업만을 하는 귀족 위주의 수도자들이 생겨났고, 거기에서 소외되어 일상생활에 필요한 육체노동을 하는 이들이 생겨났습니다. 귀족 수도회가 주로 기도 등의 관상적인 의무만 이행하다 보니 서서히 '기도하고 일하라' 중에서 '기도하라' 쪽이 강조되는 모습이 나타나기 시작했습니다. 필요에 의해 생겨났다 하더라도 너무 커지면 그 안에서 여러 문제점이 생기기 마련이지요. 외부의 간섭으로부터 자유를 얻기 위해 통합된 대수도원이 등장했지만, 곧 어려움에 봉착했습니다. 수백 명을 모아 놓은 만큼 그 안에서 서열을 정리하기 위해 신분을 정해야 하는 등의 문제가 발생했고, 수도원마다 빈부 격차도 나타났으며, 수도원 안에서 권력을 탐하는 사람들이 생겨났습니다. 어떤 부유한 수도원의 경우에는 세속적인 명예만을 추구하는 모습을 보였습니다. 이제 또 다른 개혁이 필요해진 시점이 된 것입니다.

이때 **로베르투스**Robertus de Molesmes(1028~1111년)라는 사람이 나타났습니다. 그는 청빈·정결·순명을 강조한 처음의 수도원의 모습이 귀족스럽고 사치스럽게 변질된 현상을 질책하며, 베네딕투스 규칙서의 정신을 본받아 살아가는 본래의 모습으로 회귀하고자 했습니다. 그리하여 그는 1098년에 **시토회**Ordo Cisterciensis를 창설했습니다. 시토회는 기부도 받지 않고 육체노동을 통해서 자급자족했습니다. 요즈음 유기농 식품이 인기가 많은데, 그 당시 최고의 유기농 식품은 모두 시토회에서 생산된 것들이었습니다. 이렇게 시토회는 열심히 노동을 하며 '일하라'는 본래의 정신을 다시 일깨웠고, 이곳을 중심으로 수도회를 개혁하기 위한 움직임이 일어났습니다.

그런데 시토회 창설자인 로베르투스보다 더 유명한 인물이 있습니다. 바로 **클레르보의 베르나르두스**Bernardus Claraevallensis(1090~1153년)이지요. 베르나르두스는 대단한 설교자였습니다.[3] 베르나르두스가 시토회에 들어오려고 하면서, 자신의 형제들과 친구들까지 거의 30명이 되는 인원을 데리고 왔습니다. 소규모 공동체를 지향하던 시토회 수도원장은 난감했습니다. 그런데 베르나르두스는 이미 그 인원을 데리고 공동

뛰어난 설교로 이름을 떨친 클레르보의 베르나르두스.

생활을 해 본 경험이 있었고 지도자로서의 자질도 뛰어났기에, 시토회 수도원장은 고민 끝에 베르나르두스에게 함께 온 사람들과 '클레르보'라는 곳에 가서 새롭게 시토회 수도원을 세우라고 제안했습니다.

클레르보에 자리를 잡은 베르나르두스는 멋진 설교를 통해 사람들의 마음을 움직였고, 제자들이 몰려들기 시작했습니다. 베르나르두스는 이렇게 온 제자들을 잘 가르쳤고, 후에 수도원장이나 교황 등을 여러 명 배출했습니다. 베르나르두스는 '꿀처럼 단 박사', 즉 '감밀甘蜜 박사Doctor mellifluus'라는 별명이 붙었다고 합니다. 꿀처럼 달달하게 느껴질 만큼 사람들의 눈과 귀를 확 끌어당기는 아름다운 설교를 했던 것이지요.

그런데 안타깝게도 베르나르두스는 저처럼 철학을 공부하는 사람을 좋아하지 않았습니다. 늘 겸손을 강조하면서 철학이 들어오는 것을 반대했지요. 때마침 동시대에 아벨라르두스라는 교만한 철학자가 살고 있었기에 베르나르두스는 더욱 철학을 경계했습니다. 그만큼 베르나르두스는 이성을 폄하한 사람이었습니다. 하지만 영성적인 신비가로서 뛰어난 영향력을 지녔다는 점은 분명합니다.

시토회는 피라미드 구조를 그대로 이어받았지만, 개별 수도원의 독립성과 상호 간의 협력 관계를 유지하고자 노력했습니다. 클뤼니 대수도원처럼 중심 수도원이 가장 꼭대기에 군림하여 명령을 하달하는 식으로 움직이는 것이 아니라, 개별 수도원들이 철저히 형제 관계로 연합하는 것임을 분명히 했습니다. 즉, 아래에서부터 의견을 모아서 위로 올라가는 방식으로 운영했습니다.

이러한 형태의 수도원들이 요즘에도 많이 있는데, 그 정신은 시토회로부터 이어받은 것입니다. 시토회도 베네딕투스 본래의 규칙을 따르고자 생겨난 수도원이었지만, 종교 개혁 이후에 이 정도로는 부족하다는 입장이 대두되었습니다. 그리하여 트라피스트Trappistes라는 엄격한 봉쇄 수도원이 생겨났습니다. '엄률 시토회Ordo Cisterciensis Strictioris Observantiae', 즉 엄한 규칙을 적용한 시토회가 트라피스트입니다. 제가 트라피스트 수도원을 방문한 적이 있는데, 수도자들이 농사꾼처럼 땀흘리며 열심히 일하는 모습을 보고 매우 감명을 받았습니다. 기도와 고행을 통해 본래의 소명으로 돌아가고자 하는 모습이 아름다웠지요. 겉으로 볼 때는 자유를 억압하는 것처럼 보일지도 모르지만, 제 눈에는 오직 예수 그리스도만을 진정으로 사랑하기 위한 가장 자유로운 모습으로 보였습니다.

수도원마다 창립 정신이 있습니다. 그런데 수도원의 아름다운 카리스마에 이끌려 사람들이 몰리게 되면, 종종 그 정신을 잊어버리게 됩니다. 아무리 체계적이고 조직적이라 할지라도 창립 정신을 잊어버리고 어긋난 방향으로 가는 수도원은 오래가지 못합니다. 언제나 근본정신으로 되돌아가야 하는데, 베네딕투스가 주장했던 근본정신인 '기도하고 일하라'로 돌아가기 위해 수도원이 개혁을 통해 끊임없이 변화해왔음을 기억했으면 좋겠습니다.

제15강

이해를 추구하는 신앙, 스콜라 철학의 태동

카를 대제의 문예 부흥 이후에 수도원 학교는 본격적으로 발전을 거듭했습니다. 이번 강의에서는 그 발전에 대해서 이야기해 보겠습니다. 이번 강의 제목이 '이해를 추구하는 신앙'인데요, 서로 상관없어 보이는 신앙과 이성이 어떤 관계를 맺는 것일까요? 그것은 제가 앞으로 이야기할 스콜라 철학에 대해 듣다 보면 알게 될 것입니다.

스콜라 철학과 7자유학예

'스콜라'라는 단어가 낯설게 느껴질 수도 있는데, 라틴어 '스콜라 schola'에서 'a'를 빼고 'o'와 'l' 사이에 'o'를 넣어 보세요. 그러면 우리에게 익숙한 영어 '스쿨school'이 나옵니다. 이 '스쿨'이 라틴어 '스콜라'에서 유래되었습니다. 중세의 학교들을 라틴어로 '스콜라'라고 불렀고, 우리가 이전 강의에서 배운 학교들이 여기에 속합니다. 즉 많은 수도원 학교들과 카를 대제가 세웠던 궁정 학교가 여기에 속하지요. 이에 더하여 주교좌성당 학교와 나중에 생겨난 개인 학교들도 여기에 해당합니다. 도시와 시골을 나누어 살펴본다면, 중요한 대도시에 위치한 몇몇 학교들을 제외하고 대부분의 수도원 학교들은 시골에 있었습니다. 수도원 학교와 주교좌성당 학교는 종교적인 색채가 강한 곳이었고, 궁정 학교와 개인 학교의 경우는 세속적인 색채가 강했습니다.

그렇다면 그 당시의 학교에서는 무엇을 배웠을까요? 중세에는 '셉템 아르테스 리베랄레스Septem artes liberales', 즉 7자유학예自由學藝가 있었습니다. 영어로는 '세븐 리버럴 아츠Seven liberal arts'라고 하는데, '아츠arts'라는 단어로 인해 예술이나 기술을 배운다고 생각하기 쉽지만, 그렇지만은 않았습니다.

중세의 스콜라에서는 기본적으로 문법학, 논리학, 수사학이라는 언어와 관련된 세 가지 학문을 배웠습니다. 그리고 실제 생활과 관련된

7자유학예	
3학과 (언어 관련 학예)	4학과 (실제 관련 학예)
문법학	산술학
논리학	기하학
수사학	음악학
	천문학

중세 스콜라의 교과 과정.

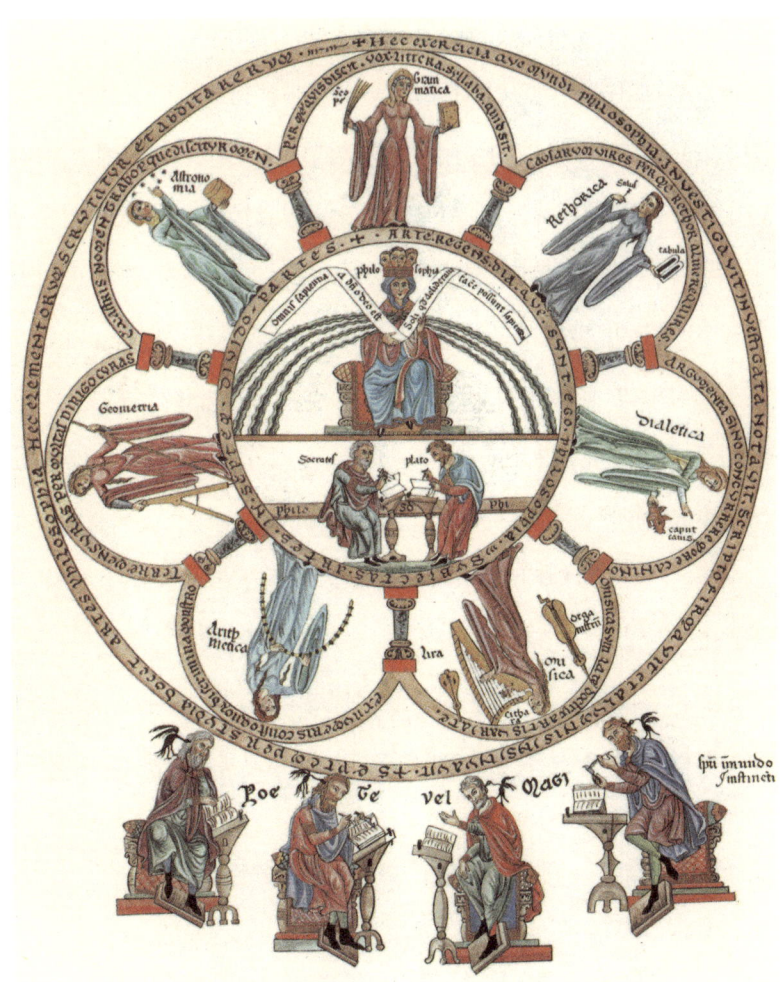

7자유학예를 표현한 그림.

네 가지 학문을 배웠는데 주로 수학과 관련되었습니다. 산술학과 기하학, 그리고 산술학의 응용으로서 수적인 비례 관계 등을 가르치는 음악학, 마지막으로 기하학을 응용하여 별의 위치를 계산하는 천문학을 배웠습니다. 이렇게 문법학, 논리학, 수사학이라는 세 학과와 산술학, 기하학, 음악학, 천문학이라는 네 학과를 통틀어

샤르트르 대성당 벽면에 조각된 인문학의 상징.

'7자유학예'라고 불렀는데, 이것이 중세의 학교에서 주로 가르치는 내용이었습니다. 우리나라로 치면 인문학부와 비슷합니다. 외국의 전통 있는 대학교에 가면 인문학부에 정확히 대응되는 명칭을 찾기 쉽지 않을 때가 종종 있는데, 그럴 때는 '패컬티 오브 리버럴 아츠Faculty of liberal arts'를 찾으면 됩니다.

왼쪽 그림은 중세 때 그려진 그림인데, 이 그림을 보면 신학이라는 여왕이 앉아 있고, 그 주위에 여신의 모습을 한 7자유학예가 둘러싸고 있습니다. 비싼 양피지에 이렇게 아름답게 묘사한 만큼, 그 당시에 7자유학예가 얼마나 중요하게 인식되었는지 짐작해 볼 수 있습니다.

프랑스 샤르트르 대성당의 서쪽 벽면을 보면 조각상들을 만날 수 있는데요, 거기서 좀 더 오른쪽 부분을 주목해서 보면, 한 여인이 종

스콜라 철학의 아버지, 캔터베리의 안셀무스.

과 하프를 들고 있고, 또 다른 여인은 학생에게 회초리를 들고 무언가를 가르쳐 주려 하고 있으며, 또 한 남자(피타고라스)는 진지하게 수학 문제를 풀고 있습니다. 이러한 조각상만 보더라도 중세 때 탐구하던 학문들이 얼마나 일상에 깊숙이 파고 들어와 있었는지 알 수 있습니다.

그럼 지금부터 중요한 인물 한 사람을 소개하겠습니다. 바로 **켄터베리의 안셀무스**Anselm of Canterbury(1033년경~1109년)입니다. 처음 듣는 것 같은 느낌이 들 수 있지만 이미 알고 있을 가능성이 있습니다. 우리가 '안셀모'라고 주로 통칭하는 사람이 바로 '안셀무스'입니다. 안셀무스는 '스콜라 철학의 아버지'라고 불리며, 신앙과 이성의 조화를 시도했던 인물로 잘 알려져 있습니다. 신앙과 이성은 별개라고, 잘 믿기만 하면 되지 이성이 무슨 필요가 있겠냐고 생각할 수 있지만, 안셀무스는 그렇게 생각하지 않았습니다. 누구보다도 열심히 신앙생활을 했던 안셀무스는 "**이성과 신앙은 조화되어야 한다.**"라는 유명한 문구를 남겼으며, 이것은 수 세기 동안 중세의 철학과 신학을 규정하는 문구로 인정받았습니다.

이런 비슷한 이야기를 들었던 것 같지 않나요? 제5강의 내용을 떠올려 보면, 테르툴리아누스는 신앙만을 강조했지만, 니체아 공의회의 주류를 이루었던 알렉산드리아 학파는 이성과 신앙의 조화를 주장했습니다. 그들은 철학을 비롯한 이성적인 것들이 신앙에 도움이 된다는 입장이었고, 신앙과 이성을 서로 연결시키기 위해 노력했습니다. 또한 아우구스티누스도 신플라톤주의의 이론을 들여와서 신앙을 설명하는 것을 중요한 과제로 삼았지요. 이와 비슷하게 7자유학예를 통하여 스콜라 철학적인 방식으로 신앙을 바라보았던 대표적인 인물이 캔터베리의 안셀무스였습니다.

이전 강의들을 열심히 보았다면, 신앙만 강조하는 입장과 신앙과 이성의 조화를 강조하는 입장의 대립이 계속되었다는 사실을 기억할 것입니다. 여기서도 비슷한 논쟁이 일어납니다. 7자유학예 중에서 문법학, 논리학, 수사학의 세 학문은 기초 중의 기초였습니다. 이 세 학문을 통틀어 '트리비움Trivium'이라고 부르는데 여기에서 나온 영어 '트리비얼trivial'은 '하찮은'이라는 뜻이 되었습니다. 그만큼 당연히 알고 있고 알아야 하는 기초적인 것이라는 의미에서 나온 것입니다. 요즘 아이들의 표현을 빌리자면 일명 '초딩(초등학생)도 아는 것'이라고 할 수 있지요. **변증론자**라고 일컬어지는 사람들은 문법학과 논리학의 대가들이었습니다. 기적과 같이 신비한 것에 기대지 않고, 문법학과 논리학에서 배운 지식을 통하여 모든 것을 이성적으로 증명해 보려고 했습니다. 그들은 **변증론**[1]이야말로 진리의 유일한 기준이라고 생각했고, 심지어 신학이라 해도 이러한 변증론에 어긋나면 진리가 아니라고 단언했습니다. 어떻게 보면 알렉산드리아 학파보다도 이성을 강조하는 쪽으로 더 치우친 것이지요.

그런데 우리가 말다툼을 할 때를 생각해 보세요. 처음에는 중립적인 입장에서 부드럽게 이야기하려고 하다가, 5~10분 정도 지나면 점점 감정이 격앙되어서 자신의 입장을 변호하기 위해 극단적인 주장을 펼치게 됩니다. 이와 비슷하게 자신들을 반대하는 사람들과 논쟁을 벌이다 보니, 변증론자들도 이성이 최고로 중요하다는 극단적인 입장에 빠지게 된 것입니다.

한편, 변증론에 반대하는 이들인 **반변증론자**들은 더 극단적이 되어서 철학은 '악마의 발명품'이라고 비난했습니다. 즉 철학은 신학의 고유성을 훔치기 위해 악마가 만들어 낸 발명품이거나, 기껏해야 '신학의 시녀'밖에 되지 않는다고 주장했습니다. 신학의 시녀는 그렇다고 쳐도, 철학이 정말 악마의 발명품이라면, 저처럼 철학을 강의하는 사람은 악마의 발명품을 선전하는 사람인지도 모를 일입니다.

베렌가리우스와 란프랑쿠스의 성찬례 논쟁

당시의 분위기를 좀 더 느낄 수 있도록 이야기를 하나 할까 합니다. 프랑스 샤르트르 주교좌성당 학교에는 공부를 굉장히 잘하는 두 학생이 있었습니다. 베렌가리우스Berengarius와 란프랑쿠스Lanfrancus라는 학생이었는데, 우리나라의 오성과 한음 같았지요. 서로 꼭 붙어 다니면서 장난도 많이 쳤지만, 그러면서도 뛰어난 재능을 발휘했습니다. 요즘

베렌가리우스와 란프랑쿠스.

부모들은 아이들을 학원에 보내서 선행 학습을 시키는데, 베렌가리우스와 란프랑쿠스는 누가 시키지 않아도 수업 전에 미리 도서관에 가서 공부했습니다. 그리고 수업 시간이 되면 수준 높은 질문을 던져서 교사가 당황하는 것을 보며 재미있어 하던 학생들이었습니다. 토론도 너무 잘해서 이 학생들을 당해 낼 또래들이 없었습니다.

그런데 어느 날부터 란프랑쿠스가 이상해졌습니다. 베렌가리우스가 토론 대회에 나가자고 꼬드겨도 어떤 심경의 변화가 일어났는지 도무지 토론에 참여하려고 하지 않았습니다. 게다가 그렇게 열심히 공부하던 란프랑쿠스가 어느 순간부터 문법학 수업에도 나오지 않았고, 자꾸 어디론가 사라졌습니다. 베렌가리우스는 란프랑쿠스한테 무슨 일이 생겼는지 궁금해져서 그의 뒤를 밟았습니다. 기껏해야 어디

담벼락을 넘어 술이나 마시고 있을 것이라 생각했는데, 예상과 다르게 란프랑쿠스는 수도원 학교의 경당에 들어가는 것이었습니다. 그리고 베렌가리우스는 성체 앞에서 열심히 기도하는 란프랑쿠스를 발견했습니다.

그러던 어느 날, 란프랑쿠스는 베렌가리우스에게 "나는 더 이상 논리학과 문법학을 탐구하는 변증론을 배울 생각이 없어. 지금부터는 수도원에 들어가 평생 동안 명상을 하며 살 거야."라고 선포했습니다. 물론 베렌가리우스는 크게 실망했습니다. 그럼에도 친구가 정말 진지해 보였기 때문에 그의 손을 꼭 잡으며 "란프랑쿠스, 그러면 수도원에 들어가서 행복하게 잘 살아."라고 말하며 그를 보내 주었고, 자신은 변증론을 계속 공부했습니다.

그렇게 시간이 흘러 베렌가리우스는 최고의 변증론 교사로 떠올랐고, 그가 유명해졌을 때 한 가지 논쟁이 벌어졌습니다. 바로 '성찬례'라는 의식에 대한 논쟁이었습니다. 예전에는 미사 경문을 라틴어로 읽었는데, 중세 때 사람들은 라틴어를 잘 몰라서 미사 경문을 어려워했지요. 바로 이 경문에 대한 해석을 놓고 베렌가리우스와 란프랑쿠스가 논쟁을 벌인 것입니다.

먼저 불을 붙인 쪽은 베렌가리우스였습니다. 그는 문법학과 논리학으로 성경을 완벽하게 해석하려고 했습니다. 그러나 73권이나 되는 성경을 모두 해석하기에는 역부족임을 깨닫고 "좋아. 그러면 성경을 일일이 해석할 것이 아니라 미사 중에 가장 핵심적인 문장을 멋지게 분석하겠어."라는 마음으로 작업을 하기 시작했습니다. 어떤 식으로 했을까요?

예를 하나 들어 보겠습니다. '혹 에스트 코르푸스 메움Hoc est corpus meum.', 정확하게 표현하자면 '혹 에님 에스트 코르푸스 메움Hoc enim est corpus meum.'인데 이 라틴어 문장을 번역하면 '이것은 나의 몸이다.'가 됩니다. 그런데 여기서 '혹Hoc', 즉 '이것'이 무엇을 뜻할까요? '이것'은 성체, 즉 하느님의 밀떡을 가리키는 것으로 보입니다. 그리고 '나meum'는 당연히 예수님을 가리키는 것이겠지요. 그렇다면 어떻게 될까요? '이것은 나의 몸이다.'라는 문장은 '이 빵은 예수님의 몸이다.'라고 해석되어 버립니다. 잘못하면 예수님이 호빵맨처럼 될 위험이 있습니다. 베렌가리우스는 이런 식의 해석은 할 수 없다고 판단했습니다.

그러면 어떻게 해석해야 좋을까요? 어떤 사람은 '이것'이 예수님의 몸을 가리킨다고 대안을 내놓을 수도 있지요. 그런데 그렇게 하면 '예수님의 몸은 예수님의 몸이다.' 하고 동어 반복이 되어 아무런 의미가 없는 문장이 될 것입니다. 신학에 대해 좀 안다는 누군가는 기도를 바치는 동안에 기적처럼 변화가 일어나서 '이것은 나의 몸이다.'에서, 밀떡인 이것이 '나의 몸'에서의 예수님의 몸으로 변한다고 말할 수 있습니다. 하지만 베렌가리우스는 "그 변화가 어떻게 가능합니까? 가능하다고 하더라도 도대체 언제 변화가 일어나고 있습니까?"라며 반문할 수 있을 것입니다. 벌써 머리가 지끈지끈 아파 오지요? 베렌가리우스는 자신의 학문적인 역량을 드러내기 위해 이런 말을 몇 시간이나 떠

논쟁에서 승리한 란프랑쿠스.

들었습니다. 다른 사람들의 입장에서 이런 베렌가리우스의 언변이 편했을 리 없지만, 워낙 뛰어난 논쟁가인 만큼 괜히 덤벼들었다가 낭패를 볼 것 같았기에, 누구도 그에게 대항하지 못하고 있었습니다.

그때 "그만!" 하고 외치면서 나타난 사람이 있었습니다. 바로 옛 친구인 란프랑쿠스였습니다. 란프랑쿠스는 설사 친구라고 해도, 베렌가리우스가 자신의 학문적인 지식으로 신학을 함부로 하는 것을 마냥 두고 볼 수 없었습니다. 드디어 베렌가리우스와 란프랑쿠스 사이에 일전이 벌어졌습니다. 거의 김연아와 아사다 마오의 대결을 보는 것 같다고나 할까요? 이 대결을 끝까지 지켜보고 누가 이겼는지 정정당당하게 가릴 수 있다면 좋았을 텐데, 갑자기 경기 중간에 심판이 끼어든 것 같은 상황이 벌어지고 말았습니다. 베렌가리우스와 란프랑쿠스 둘 다 뛰어난 만큼 논쟁은 막상막하였습니다. 한창 1차전을 치른 후 긴장을 좀 늦출 겸 숨을 고르고 있었는데, 갑자기 주교들과 수도원장들이 들이닥쳤습니다. 그들이 누구 편을 들어 줬을까요? 아직 토론이 끝나지도 않았는데 그들은 란프랑쿠스의 손을 들었습니다.

그 당시의 장면이 옆의 그림에 묘사되어 있는데요, 후광이 빛나는 란프랑쿠스가 그려져 있고 그 밑에 난쟁이처럼 조그맣게 그려진, 하얀 옷을 입은 채 부러워하는 표정을 짓는 베렌가리우스가 있습니다. 변증론자와 반변증론자 사이의 논쟁은 결국 끝을 보지 못한 채 휴전에 들어갔지만, 사실상 교회가 막무가내로 개입하여

이탈리아 북부의 아오스타.

반변증론자의 승리로 승패를 정해 버렸던 것입니다. 하지만 이러한 결정에 대해 이성을 중시한 사람들은 쉽게 동의할 수 없었습니다.

안셀무스의 생애

이러한 긴장감이 계속 남아 있을 즈음, 이탈리아 북부의 아오스타 Aosta라는 아름다운 곳에서 한 아기가 태어났습니다. 위의 지도를 보면 이탈리아 북부 끝에 프랑스 국경과 접해 있는 아오스타를 확인할 수 있는데, 여기에서 캔터베리의 안셀무스가 태어난 것입니다. 캔터베리는 현재 영국에 있는 도시이지만, 안셀무스는 이곳에서 주교로 사목했던 것이고, 출생지는 아오스타이기 때문에 결국은 이탈리아 출신이라고 할 수 있습니다.

이탈리아 아오스타의 아름다운 풍경.

안셀무스의 생애는 아우구스티누스의 생애와 닮은 점이 많습니다. 안셀무스의 아버지 군돌푸스는 귀족이었지만 방탕했고, 반면에 어머니 에르멘베르가는 아우구스티누스의 어머니 모니카와 어깨를 견줄 정도로 신실했습니다. 아버지와 사이가 좋지 않았던 아우구스티누스처럼, 안셀무스는 젊은 여자들과 어울리며 어머니에게 상처를 주는 아버지를 미워하며 멀리했습니다. 그러나 안셀무스는 어머니를 잘 따르며 어머니의 사랑을 듬뿍 받고 자랐습니다.

그러던 어느 날, 안셀무스가 사춘기에 접어들기도 전에 어머니가 시름시름 앓더니 그만 세상을 떠나고 말았습니다. 그때부터 안셀무스에게 집은 지옥 같았습니다. 아버지가 자신의 또래로 보이는 어린 여자들을 집에 데려와서 날마다 방탕하게 지내는데 어떻게 괴롭지 않았겠습

프랑스 북부에 있는 베크 수도원.

니까? 결국 안셀무스는 참지 못하고 가출했습니다.

요즘 같으면 가출 청소년들이 철가방을 들고 배달을 하거나 주유소에서 기름을 넣을 텐데, 안셀무스는 어땠을까요? 안셀무스는 그래도 똑똑한 가출 청소년이었나 봅니다. 그는 아버지가 어차피 방탕하게 써 버릴 돈이라고 생각하고, 뚝심 있게 상당한 돈을 들고 나온 다음, 그 길로 집을 떠나 버렸습니다. 그리고는 이탈리아 북부 지역에서 유명하다는 수도원 학교들을 전부 돌아다니며 공부했습니다. 한 학교에서 오래 공부하기에 안셀무스는 너무 똑똑했고, 학교에서 가르치는 내용을 금방 배워 버리니까 계속 옮겨 다니며 공부했던 것입니다. 그런데 그마저도 모두 섭렵해서 더 이상 배울 곳이 없다고 안타까워하고 있을 때, 저 멀리 프랑스 북부에 있는 베크Bec라는 수도원 학교가 최고의 명성을 자랑하고 있다는 소문을 접했습니다. 그 소문을 들은 안셀무스는 또 다른 배움을 위해 길을 나섰습니다.

프랑스 북부 끝에는 한때 노르망디 상륙 작전으로 이름을 떨쳤던 노르망디가 있는데, 당시에는 그 근처에 거대한 베크 수도원 학교가 있었습니다. 지금은 그 모습이 그대로 남아 있지는 않지만, 베크 수도원 학교는 엄청난 규모를 자랑하며 고급스러운 분위기까지 갖춘 곳이었습니다. 이곳을 최고의 학교로 성장시킨 스승이 바로 베렌가리우스와의 논쟁에서 승리하여 유명세를 떨친 란프랑쿠스였습니다. 당시 란프랑쿠스는 베크 수도원의 원장이었습니다. 그는 최고의 책들을 모아 수도원에 구비했고, 학생들이 제대로 된 공부를 할 수 있도록 했습니다.

이곳에 처음 왔을 때만 해도 안셀무스의 표정은 어두웠습니다. 그는 란프랑쿠스가 가르치는 수업에 들어가서 필요할 때는 기가 막히게 대답도 잘 했지만, 친구들과는 말도 하지 않고 어울리지도 못했습니다. 그래서 친구들이 안셀무스를 싫어했던 모양입니다. 그러던 어느 날, 안셀무스가 갑자기 자취를 감췄습니다. 친구들은 공부만 잘하고 자신이 무슨 대단한 사람이라도 되는 양 말도 하지 않던 안셀무스가 사라졌다고 속 시원해했습니다.

그런데 몇 달 후에 안셀무스가 다시 돌아왔습니다. 게다가 인사도 잘 받지 않던 안셀무스가 놀랍게도 친구들에게 먼저 인사를 건넸습니다. 친구들이 무슨 일인가 의아해했더니 안셀무스가 "우리 아버지가 돌아가셨어."라고 말하는 것입니다. 아무리 아버지가 밉다 해도 그렇지, 아버지가 세상을 떠났다고 갑자기 행동이 달라지는 불효자식이 어디 있느냐고 화를 내는 분이 있을지도 모르겠습니다. 하지만 사실은 그게 아니었습니다. 안셀무스는 아버지가 밉긴 해도 마음속으로는 여전히 사랑했기에 고통을 받았던 것입니다. 아예 관심이 없으면 싸우지도 않겠지요. 그런데 갑자기 아버지가 위독하다는 소식을 듣고 안셀무스는 급히 아오스타로 돌아갔고, 마지막 순간에서야 서로 화해할 수 있었습니다. 아버지에게 사과를 받고 마지막 인사를 잘 마친 후에 다시 학교에 돌아왔을 때, 안셀무스는 묵은 감정의 찌꺼기를 털어 낼 수 있었던 것입니다.

그 후 수도원에 들어간 안셀무스는 뛰어난 능력을 인정받아 1078년, 입회한 지 겨우 2년 만에 수도원 학교의 교장이 되었습니다. 그는 여기서 계속 문제가 되어 왔던 변증론자와 반변증론자 사이의 논쟁을 해결합니다. 그는 신앙이 우선시되더라도 반드시 이성이 뒤따라오면서 사람들이 믿는 내용에 대한 근거를 제시해야 한다고 주장했습니다. 안셀무스는 하느님의 신비 등을 포함하여 모든 것을 이성적인 생각으로 해결할 수 있다고 주장하는 변증론자들에게는 "믿음을 전제하지 않는 것은 오만이다."라고 말했습니다. 반면에 오직 믿음만을 강조하여 이성을 거부했던 반변증론자들에게는 "이성을 사용하지 않는 것은 태만이다."라고 말했습니다. 하느님이 인간에게 주신 가장 큰 선물이 이성인데, 그것을 사용하지 않고 묻어 두려고 해서는 안 된다는 것이었지요. 이러한 내용을 한 줄로 정리하여 "믿음을 전제하지 않는 것은 오만이며,

안셀무스의 저서,
《신은 왜 인간이 되셨는가》 서문.

이성을 사용하지 않는 것은 태만이다."라는 안셀무스의 유명한 명제가 탄생합니다. 안셀무스는 이러한 말로 신앙과 이성 사이의 문제를 해결했습니다.

안셀무스의 저서 중 그를 유명하게 만든 것이 몇 권 있는데, 여기에서는 《모놀로기온과 프로슬로기온Monologion & Proslogion》이라는 책을 맛만 보도록 하겠습니다. 우리는 하느님이야말로 '더 큰 또는 위대한 어떤 것을 생각할 수 없는 존재'라고 생각합니다. 심지어 여러 신을 믿는 이들도 더 위대한 존재야말로 가장 중요한 신이라고 생각하지요. 그런데 '그보다 더 큰 것을 생각할 수 없는 어떤 것'(=x)이라는 개념을 들어서 이해하게 되면 그것은 정신 안에 존재하게 됩니다. 만일 이것이 정신 안에만 있다고 가정하면, 똑같은 성질을 가지면서도 정신 밖에도 존재하는 대상을 '생각'할 수 있습니다. 그렇다면 정신 안에만 있는 것은 정신 밖에도 존재하는 것보다는 덜 위대하기 때문에 'X'라고 할 수 없습니다. 안셀무스는 논리적 규칙(귀류법[2])에 따라 그것은 정신뿐만 아니라 정신 밖에도 존재해야 한다는 논리적인 결론이 나온다고 주장했습니다.[3] 도대체 무슨 이야기를 하는지 의문이 들 수 있겠지만 이러한 내용을 계속 말하면 강력한 수면제가 따로 없을 것입니다. 그러니 이해 못 했다고 걱정하지 말고, 지금부터 말하는 내용만 확실하게 기억하면 됩니다.

《모놀로기온과 프로슬로기온》에는 중요한 가르침이 있습니다. 신앙과 이성 중에 어느 것이 우선인가에 관한 내용이 있는데, 여기서 안셀무스는 분명하게 신앙이 먼저라고 말합니다. 그렇기 때문에 안셀무스는 "나는 믿기 위해서 이해하는 것이 아니라, 이해하기 위해서 믿는다."라고 했습니다. 신앙이 있더라도 이것을 이해하지 못한다면 옳지 못한 일이라고 주장했고, "이해하기 위해서 믿어라."라는 말처럼 안셀무스는 철학이 항상 신앙에 기여해야 한다는 견해를 가지고 있었습니다. 그러면서 신앙을 유지하는 데 있어 철학이 매우 큰 역할을 한다고 생각했습니다.

이렇게 안셀무스는 신앙과 이성 사이에서 신앙이 우선한다는 입장을 분명히 했습니다. 그런데 반변증론자와 구별되는 안셀무스의 독특함은 어디에서 나타날까요? 어떤 이들은 어렸을 때의 신앙을 잘 보전하기만 하면 커서도 올바른 신앙생활을 할 수 있다고 생각하지만, 안셀무스는 그렇게 생각하지 않았습니다. 처음에는 부모 등 누군가가 전한 신앙으로 시작하더라도, 그 신앙심을 단순히 그대로 보전할 것이 아니라 점점 키워야 하고, 그러기 위해서는 이성적으로 끊임없이 질문을 던져야 한다고 그는 생각했습니다.

열심히 신앙생활을 하다 보면 이것이 맞는지 아니면 저것이 맞는지 등 여러 가지 의문이 떠오르게 되는데요, 제가 이야기할 수 있는 것은 의문을 가지는 것 자체는 죄가 아니라는 사실입니다. 지금까지 그리스도교의 스승들이 그런 모습을 보였고, 야곱이 야뽁 건널목에서 하느님을 붙들고 씨름하며 "축복해 주시지 않으면 놓아 드리지 않겠습니다."라고 끝까지 물고 늘어졌던 것(창세 32,23-33 참조)처럼, 질문을 던지다 보면 답을 얻을 수 있다고 생각합니다. 그러한 의미에서 안셀무스는 신앙으로부터 출발하고 신앙의 싹이 트기 시작했더라도 거기서 만족하면 안 된다고 하며, 자신이 믿는 내용이 무엇인지 이성적으로 충분히 이해할 수 있어야 한다고 했습니다. '신앙과 이성의 조화'를 강조하는 이러한 안셀무스의 입장은 스콜라 철학의 특성을 이루었습니다.

교회의 자유를 위해 싸운 투사

안셀무스는 이러한 내용을 가르치면서 수도원에서 평화로운 생활을 이어 가고 있었습니다. 그런데 베크 수도원의 원장이었던 란프랑쿠스가 캔터베리 대교구의 대주교로 임명받아 그곳으로 떠나자 안셀무스는 갑자기 수도원 원장이 되었습니다. 그 후 란프랑쿠스가 세상을 떠나자, 그 후임자로 누구를 정할지 하는 문제가 대두되었습니다.

1066년에 노르망디 공 윌리엄이 영국을 점령하면서 당시에 노르망디와 영국은 같은 나라로 묶여 있었습니다. 그리고 윌리엄 2세 왕이 다스릴 당시, 영국과 노르망디 공국 사이에서 가장 유명했던 학자는 안셀무스였습니다. 당연히 캔터베리 대교구의 대주교 후임자로 안셀무스가 거론되었고, 그에게 주교가 되어 달라는 간청이 들어왔습니다. 그러나 영예에 대한 욕심이 없었던 안셀무스는 나이가 많다는 이유로 주교 자리를 사양했습니다. 그럼에도 영국의 주교들이 계속 간청을 하자, 안셀무스는 어쩔 수 없이 대주교 자리를 받아들였습니다.

스스로 팔리움을 착용하는 안셀무스.

그런데 영국 교회의 수장이 된 안셀무스가 둘러보니, 여러 교구에 문제가 많았습니다. 교회들이 부패되어 있었고, 아직 독신제가 확립되지 않았던 때라 첩을 둔 주교들까지 있었습니다. 그리고 영국 국왕이 주교를 임명하면서 교회는 귀족들이 지배하는 부유한 자들이 모인 곳으로 변질되어 있었습니다.

안셀무스는 이런 모습을 그냥 두고 볼 수가 없었습니다. 그는 교회를 바로잡기로 마음먹었습니다. 주교 착좌식이 다가왔고, 원래의 방식대로라면 교황이 보낸 팔리움pallium[4]을 영국 국왕이 안셀무스의 목에 걸어야 대주교가 될 수 있었습니다. 그런데 착좌식 도중, 안셀무스는 갑자기 제단 앞으로 뚜벅뚜벅 걸어 나와서 팔리움을 번쩍 들어 자신의 목에 걸었습니다. 지켜보던 사람들의 얼굴은 모두 사색이 되었습니다. 이것은 왕을 통해서가 아니라 본인의 힘으로 주교가 되겠다는 의지의 표현이었기 때문입니다. 사람들의 당황해하는 시선을 한 몸에 받았지만, 안셀무스는 "하느님께서 이 세상에서 교회의 자유보다 더 사랑하시는 것은 없습니다. 하느님께서는 자신의 신부新婦가 자유롭기를 바라시지 하녀이기를 바라시지 않습니다."라고 당당하게 말했습니다.

무슨 뜻일까요? 교회가 권력과 명예 등을 추구하며 세속에 빠져 있다 보면 결국 하녀나 다름없게 됩니다. 교회 본연의 모습은 가난한 사람들을 돕는 교회, 복음을 전파하고 사랑을 베푸는 교회일 것입니다. 하지만 안셀무스가 보기에 어느새 교회는 이런 본연의 모습을 잃고 영국 국왕에 매인 하녀의 모습이 되어 있었습니다. 안셀무스는 교회를 누구보다도 사랑했기에 교회가 자유롭지 못한 모습에 대해 많이 걱정했고, 하느님이 바라는 교회의 모습을 만들기 위해 쓰디쓴 충고도 아끼지 않았습니다.

하지만 사회가 이런 마음을 알아줄 리 만무했고, 안셀무스는 영국에서 편히 있을 수 없게 되었습니다. 그는 첩을 둔 주교들이 여인을 정리하도록 하고, 부당하게 걷은 세금을 제대로 나누도록 하는 등의 교회 개혁을 하려고 노력했지만 아무도 따라 주지 않았습니다. 언제는 제발 대주교직을 맡아 달라고 했던 주교들이 상황이 불리해지자 안셀무스를 외면했습니다. 결국 영국 국왕은 안셀무스를 영국에서 추방해 버렸습니다. 안셀무스는 두 번이나 유배를 당하면서도 자신의 입장을 포기하지 않았지만, 두 번째 유배에서 돌아온 지 얼마 지나지 않아 그만 세상을 떠났습니다.

안셀무스는 신앙과 이성에 대해 강한 확신을 갖고 있었습니다. 하느님이 인간에게 신앙을 주셨다는 것을 의심할 사람은 없겠지요. 모든 것이 창조주로서 하나의 근원인 하느님으로부터 비롯되었다면, 인간의 이성 역시 하느님으로부터 주어졌을 것입니다. 안셀무스는 신앙과 이성 둘 다 하느님이 주신 소중한 선물이라면 이것들이 서로 충돌을 일으킬 수는 없다고 확신했습니다.

앞서 말했듯이, 안셀무스는 이성만을 강조하는 변증론자들에게는 '믿음을 전제하지 않는 것은 오만'이라고, 반대로 신앙만을 강조하는 반변증론자들에게는 '이성을 사용하지 않는 것은 태만'이라고 했습니다. 이를 자동차에 비유하자면, 신앙은 동력과 같아서 그 힘으로 자동차가 앞으로 달릴 수 있습니다. 그런데 그 자동차가 서지도 못하고 직진만 한다면 큰일 나겠지요? 이성은 조향 장치와 같아서 어느 방향으로 가야 좋을지 이끌어 줍니다.

가끔은 신앙이 너무 강해 맹신하며 마치 외제 스포츠카처럼 무시무시한 속력으로 달릴 수도 있습니다. 우리도 주변에서 종종 모든 것을 다 내어놓을 정도로 신앙이 강한 일부 종파들을 만날 수 있습니다. 이렇게 신앙이 강하면 좋을 것이라는 생각이 들기도 하지요? 그런데 자세히 보면 이 외제차에는 브레이크를 거는 이성이 없습니다. 신앙이라는 동력은 매우 강한데 이성적으로 올바른 방향을 판단할 수 있는 조향 장치가 없고, 게다가 위험한 상황에서 제동을 걸 수 있는 브레이크조차 없다면, 그때에도 이 외제차를 타고 싶은 마음이 들까요?

안셀무스도 신앙이 더 중요하다고 이야기하며 결코 신앙의 중요성을 부정하지 않았습니다. 다만 자신의 신앙이 제대로 잘 가고 있는지 이성적으로 생각하며 새롭게 반성하는 힘도 중요함을 강조했던 것입니다. 이러한 이성을 통해서 교회는 올바른 방향으로 가고 있는지 반드시 질문을 던져야 합니다. 교회가 세속에 매여 있지는 않은지, 부나 권력, 명예를 향한 탐욕으로부터 자유로운지 반성해야 합니다. 하느님은 '자신의 신부가 자유롭기를' 바라시며, 그러한 자유를 얻을 때에야 진정한 의미에서 사랑을 베풀고 실천할 수 있습니다.

제16강

세상의 사랑에서
천상의 사랑으로

　스콜라 학자들은 매일 열심히 기도하고 금욕적인 생활을 하며 항상 마음의 고요를 느꼈을 것이라고 생각하겠지만, 때로는 그들도 이성異性에 대한 사랑에 빠져 이를 이겨 내기 위해 애태워야 했습니다. 이번 강의의 제목은 '세상의 사랑에서 천상의 사랑으로'인데, 꼭 드라마 제목 같지요? 과연 그 내용도 드라마처럼 그려질지 지금부터 살펴보겠습니다.

　카를 대제의 문예 부흥 이후 주로 농업만을 해 왔던 유럽에 변화가 일어났고, 여기서 중요한 역할을 했던 것은 수도원이었습니다. 수도원을 중심으로 여러 기술이 다양한 분야로 보급되어 퍼져 나갔고, 그러면서 유럽에 도시들이 우후죽순으로 생겨났습니다. 10세기에서 11세기로 넘어가면서 상공업이 발달한 일부 도시들은 국왕의 통치에서 벗어나 스스로 자유를 얻기 위해 상업을 하며 살아갔습니다. 그리고 그러한 도

프라이부르크 뮌스터 대성당과 독특한 무늬의 내부 스테인드글라스.

시에서 새롭게 형성된 중산층 자녀들을 위한 학교들이 생겨났습니다. 대도시에는 주교좌성당 학교가 곳곳에 생겼는데, 지금의 우리나라로 치면 명동 성당이나 인천의 답동 성당 같은 곳에 학교가 생긴 것입니다.

개인 학교의 발달

중세 도시의 아름다움을 간직한 독일의 프라이부르크Freiburg im Breisgau는 제가 오랫동안 유학 생활을 했던 곳이기도 합니다. 이 도시를 보면 중세의 고색창연한 모습을 느낄 수 있습니다. 독일어 '프라이부르크Freiburg'에서 '프라이Frei'는 '프리free'로 '자유로운'을 뜻하고, '부르크burg'는 보통 '성'을 의미하는데 여기에서는 '도시'를 의미합니다. 따라서 '프라이부르크'라는 도시는 '자유 도시'를 의미합니다.

당시에 수도원 학교나 궁정 학교, 주교좌성당 학교 등은 많이 있었지만, 이러한 자유 도시에서는 새로운 종류의 학교가 필요했고, 그래서 생긴 것이 상업에 필요한 계약서 작성이나 회계의 기본이 되는 수학 등을 가르치는 개인 학교였습니다. 자유 도시를 만든 사람들은 상인과 수공업자들이었고, 사실 이런 곳에 있는 아름다운 성당도 장인 조합[1]을 통해 자신들이 만든 것을 봉헌하면서 탄생했지요.

도시가 발달하면서 개인 학교가 여기저기에 생겨났습니다. 그중에서 개인 학교가 가장 많이 몰린 곳은 노트르담 대성당이 있고 철학자들의 도시라고도 불리는 **파리**였습니다. 이곳에는 이미 생 빅토르라는 수도원 학교가 있었고, 노트르담 주교좌성당 학교도 있었으며, 국왕의 도시였기 때문에 프랑스 궁정 학교도 있었는데, 이제 개인 학교들까지 많이 생긴 것입니다.

12세기 당시에 노트르담 주변은 소위 말해 파리의 '대치동' 같았습니다. 우리나라의 대치동에 몰려 있는 사설 학원들처럼 이곳에는 개인 학교들이 많이 있었고, 부모들은 최고의 교육을 위해서 자녀를 파리에 보내고 싶어 했을 정도였습니다. 이런 곳에서는 꼭 샛별과 같이 떠오르는 스타 강사가 있기 마련이지요. 그 강사는 중세의 역사를 통틀어 유럽에서 가장 유명했던 **아벨라르두스**Petrus Abaelardus(1079~1142년)입니다.

12세기 최고의 명강사, 아벨라르두스

아벨라르두스는 시골 중의 시골이었던 프랑스 팔레Le Pallet에서 태어났습니다. 그의 아버지는 기사였는데 아벨라르두스를 용감하게 키우고 싶어 했습니다. 그러나 아벨라르두스는 칼싸움 같은 것에는 흥미가 없었습니다. 어렸을 때 아버지가 나무칼을 들고 장난스럽게 덤벼도, 아벨라르두스는 그냥 씩 웃어 주고는 나무 아래에서 책을 읽었습니다. 손에는 언제나 책만 있고 나무칼은 거들떠도 안 보니 아버지가 얼마나 답답했을까요? 아버지가 롤랑(〈롤랑의 노래〉라는 중세 유럽의 서사시에 등장하는 용감한 기사이자 영웅)처럼 유명한 기사가 되어야 한다고 말해도 아벨라르두스는 싫다고 할 뿐이었습니다.

철학과 학생들이 제일 어려워하는 과목 중 하나가 논리학입니다. 모르는 기호들이 넘치고 수학처럼 수많은 연습 문제를 풀어야 하기에, 논리학을 공부하는 것은 여간 머리 아픈 일이 아닙니다. 그런데 아벨라르두스는 신기하게도 그 많은 책 중에서 논리학 책을 즐겨 읽었습니다. 다른 책들은 너무 시시해 보였던 모양입니다.

아벨라르두스는 어린 나이에 이미 주변의 개인 학교를 모두 섭렵했고, 얼마 되지도 않았는데 교사보다 더 잘 알 정도로 똑똑했습니다. 이제 가르쳐 줄 교사가 없자, 아벨라르두스는 사춘기 정도의 나이였음에도 불구하고 직접 교사가 되겠다며 나섰습니다. 아벨라르두스는 거의 최초의 교육 벤처 기업을 창업한 인물이나 다름없습니다. 그는 칠판 하나를 갖다 놓고 가르치고는 용돈을 받는 식으로 강의를 시작했는데 반응이 좋았고, 팔레를 넘어 믈룅 등의 지역에서도 성공을 거듭하며 승승장구했습니다. 그러다가 드디어 파리에까지 진출했습니다.

계속된 성공으로 자신감에 찬 아벨라르두스는 파리에서도 자신이 대박을 칠 것이라고 생각했지만, 현실은 녹록지 않았습니다. 시골에서 가르치던 젊은 강사가 명성을 얻기에 파리는 너무 큰 도시였고, 이미 실력 있는 유명한 강사들이 많이 있었습니다. 아벨라르두스가 1년 넘게 강의를 해도 그의 학교는 존재감이 전혀 없었습니다.

그리하여 아벨라르두스는 자신의 학교를 살리기 위해 특단의 조치를 취하기로 마음먹었습니다. 이 책 앞부분에서 아우구스티누스에 대해 다룰 때, 아우구스티누스가 수사학 쪽에서 암브로시우스가 뛰어나다는 소식을 듣고, 그

루브르 박물관에 있는 아벨라르두스의 동상.

를 직접 무찌르기 위해서 밀라노 대성당에 찾아간 일에 대해 이야기한 적이 있지요. 이와 비슷한 일을 아벨라르두스도 했습니다. 파리에서 가장 유명한 강사가 누구인지 조사해 보니, 노트르담 주교좌성당 학교

의 교장이었던 샹포의 기욤Guillaume de Champeaux이라는 사람이었습니다. 논리학의 대가로 칭송받는다는 기욤의 수업에 찾아간 아벨라르두스는 열심히 강의를 들으며 필기했습니다.

아우구스티누스의 경우, 이런 식으로 암브로시우스를 찾아갔다가 오히려 그에게 감화를 받았지요. 그런데 아벨라르두스도 그랬을까요? 그러지 않았습니다. 아벨라르두스는 매우 건방졌고 무조건 자신이 최고여야 만족할 수 있었기에, 그는 기욤을 무찌를 만한 아킬레스건을 찾고 있었습니다.

그러던 어느 날, 기욤이 수업을 마무리하며 "질문 있습니까?"라는 말을 던졌을 때 아벨라르두스는 그를 공격할 기회를 잡았습니다. 그는 그동안 수업을 들으면서 표시해 두었던 부분에 대해 질문을 퍼부었는데, 그 질문의 수준이 엄청 높았기에 기욤은 쩔쩔맸습니다. 같이 수업을 듣던 친구들은 완전히 놀랐습니다. 시골에서 올라와서 무식할 줄 알았던 아벨라르두스가 알고 보니 교사를 휘어잡을 만큼 박식했던 것입니다. 아벨라르두스는 이런 식으로 계속 질문하며 몰아붙여서 결국 샹포의 기욤을 공적인 토론에서 이기는 데 성공했습니다.

논리학에서 일인자로 인정받던 샹포의 기욤을 꺾었다는 소식을 듣고 다른 강사들은 긴장하기 시작했습니다. 그러나 아벨라르두스는 기세를 멈추지 않고 2인자, 다음에는 3인자를 찾아서 한 명씩 물리쳐 나갔습니다. 그리고 집에 돌아와서 "오늘도 이겼다. 도대체 나를 당해 낼 자는 이 파리에 없는 것일까?"라는 식으로 일기를 쓰며 자만심에 가득

그리스도교 5대 교회의 위치.

차 있었습니다.

이렇게 건방지기 이를 데 없는 아벨라르두스를 유명하게 해 준 논쟁이 있었습니다. 바로 11세기에 들어오면서 활발해진 '교회론'에 관한 논쟁입니다.

보편 논쟁의 시작

먼저 5대 핵심 교회를 살펴보겠습니다. 이전 강의들을 계속 보았다면 기억이 날 것입니다. 가장 먼저 생긴 예루살렘 교회, 알렉산드리아 학파를 배우면서 다뤘던 알렉산드리아 교회, 안티오키아 학파를 배우면서 다뤘던 안티오키아 교회가 있었습니다. 또한 로마 교회가 있었고, 마지막으로 콘스탄티노플 교회가 있었습니다.

그런데 11세기가 되면서 상황이 바뀌게 됩니다. 예루살렘 교회와 알렉산드리아 교회, 그리고 안티오키아 교회가 이슬람 세력에 의해 점령당한 것입니다. 이 지역의 교회들은 제 역할을 하지 못하게 되었고, 이렇게 동방에는 콘스탄티노플 교회만 남게 되었습니다. 그러나 1054년에 교리와 교황의 수위권[2] 등 기타 정치적인 문제들로 인해 동방은 단절되었습니다. 그래서 서방의 로마 교회만 유일하게 남게 되었고, 이 로마 교회가 중심이 되어 전체 교회를 관장했습니다.

여기서 한 가지 질문을 하겠습니다. 2014년에 프란치스코 교황이 방한했을 때 왜 우리나라 사람들이 열광했을까요? 잘 생각해 보면 교황이 있는 교회는 우리나라에 있지 않습니다. 그런데도 함께 기뻐할 수 있었던 것은 교황이 있는 교회를 중심으로 한 전체적인 교회, 즉 **보편 교회**에 대한 인식이 있기 때문입니다.

어떤 사람들은 보편 교회가 참된 교회라고 생각하지만, 이와는 다르게 **개별 교회**를 중요시하는 사람들도 있습니다. 특히 성경을 열심히 읽는 개신교 신자라면 성경에 예수님이 "두 사람이나 세 사람이라도 내 이름으로 모인 곳에는 나도 함께 있기 때문이다."(마태 18,20)라고 하신 만큼 개별적으로 모인 교회가 참된 교회라고 생각할 수 있습니다. 11세기에 떠오른 '교회론 논쟁'은 '보편 교회'와 '개별 교회' 중 어느 것이 참된 교회인지 가리기 위해 벌어진 것입니다.

보편 교회가 참된 교회일지, 아니면 개별 교회가 참된 교회일지 일단 물음표만 찍고, **보편과 개체**에 대해 좀 더 자세히 살펴보겠습니다.

사실 보편과 개체와 관련된 문제는 철학에서는 자주 다뤄졌습니다. 보편과 개체가 무엇인지 이해하려면 먼저 주위를 둘러보세요. 혼자 있을 수도 있지만, 그런 경우가 아니라면 다른 사람 한 명 그리고 또 한 명을 발견할 수 있습니다. 개별적인 사람들은 눈으로 직접 확인할 수 있고 만질 수도 있습니다. 우리는 이러한 개별적인 사람들을 한데 묶어 '인간'이라는 보편 개념으로 생각합니다. 그런데 혹시 '인간'을 직접 눈으로 보았나요? 개별적으로 있는 '나'라는 사람, 혹은 옆에 있는 가족이나 친구 등은 직접 볼 수 있지만, 추상적인 개념인 '인간'을 직접 볼수는 없습니다.

'보편'과 '개체'에 대해 조금 이해가 되었나요? 그렇다면 이러한 개념이 신학에 들어왔을 때 어떤 문제가 일어날지 생각해 봅시다. 만약에 '성부', '성자', '성령'을 각각의 개체로만 인정하고 '하느님'이라는 보편을 거부한다면 어떻게 될까요? 그렇게 된다면 세 실체가 되어서 결국 하느님이 세 분이 될 것입니다. 즉 삼신론三神論이라는 결과가 도출됩니다. 보편 개념을 전혀 인정하지 않으면 '삼위일체론'을 설명하기 어려워지는 것입니다.

앞서 11강에서 아우구스티누스의 원죄설에 대해 이야기한 적이 있는데, 이것은 어떠할까요? 옛날에 아담과 하와가 지은 죄를 왜 우리가 이어받아야 하는지 억울하다고 하는 사람도 있을 것입니다. 일단 아담과 하와 자리에 대신 '박승찬'을 넣어서 생각해 봅시다. 박승찬 때문에 내가 죄인이 되었습니다. 그런데 만약 개체만 인정된다면, 즉 박승찬과 나는 서로 다른 개체라는 점만 인정된다면, 박승찬이라는 다른 사람이 지은 죄에 대해 "박승찬, 그건 네가 잘못한 일이지 내가 잘못한 일이냐?"라고 따질 수 있을 것입니다. 이런 비판이 좀 더 합리적으로 보입니다. 아담과 하와가 저지른 잘못은 나와 상관없는 다른 개체들이 지은 죄에 불과하니 원죄설은 성립할 수 없습니다.

그런데 이런 식으로 생각하려면 한 가지 짚고 넘어가야 합니다. 옛날에 예수님이 살았던 것은 나와 무슨 상관이 있습니까? 개체만 인정한다면 예수님도 나와 다른 존재일 뿐이고, 심지어 돌아가신 분인데, 어떻게 그분으로부터 구원받을 수 있겠습니까? 예수 그리스도를 통한 구원 가능성은 단지 개별성만을 인정하는 것으로는 성립할 수 없습니다. 이것을 성립시키기 위해서는 먼저 아담과 하와가 전체 인간을 대표하는 성격을 지녀야 하고, 예수님이 전체 인간에게 영향을 미친 죄를 용서해 주셨다고 설명할 수 있어야만 합니다.

바로 이러한 보편 문제와 관련하여 11세기에 논쟁이 벌어진 것입니다. 그 당시 교회는 **보편 실재론**Realismus을 선호했습니다. 말 그대로 보편적인 것이 실재한다고 믿는 것인데, 제9강에서 배웠던 플라톤의 '이데아'를 떠올리면 이해하기 쉽습니다. 플라톤 사상에서 이데아는 참으로 실재하는 것이고, 심지어 이데아라는 보편은 이 세상에 개별적으로 있는 사물들인 개체보다 우선합니다. 좀 더 이야기하자면, 이 강의를 보는 사람들 중에 200년 후에도 존재하는 사람은 없을 것입니다. 개별적인 인간들은 언젠가는 소멸하게 되어 있으니까요. 그런데 '인간'이라는 보편 개념은 200년이 지나서도 지속될 것입니다. 이러한 맥락에서 보편은 영원불멸한 것 같고 그만큼 더 중요해 보였기에, 교회에서 보편 실재론에 기울었던 것입니다.

그렇지만 지나치게 보편만 강조하다 보면, 예컨대 인간만 강조하다 보면 개별적인 사람 각각의 가치가 하락할 수 있습니다. 보편 실재론과 반대되는 입장이 바로 **유명론**Nominalismus입니다. 보편은 실재하는 것이 아니라 고작 이름에 불과하다는 주장입니다. 그렇다면 유명론자들에게 정말로 중요하고 실재하는 것은 무엇일까요? 개별적인 사람 또는 사물, 즉 '개체'입니다. 예컨대 인간이라는 보편은 없고 오직 개별적인 사람들, 즉 개체만이 이 세상에 존재한다는 것입니다. 그러나 개체만 존재한다는 유명론의 입장을 밀고 나가면 앞서 설명했듯이, 하느님이 세 분이 되는 삼신론에 빠지고, 구원의 가능성을 확보하기 어려워진다는 문제에 봉착합니다.

한쪽으로 치우친 입장은 위험할 수 있다는 느낌을 받았을 텐데, 보편과 개체에 대한 문제를 어떻게든 서로 연결해야 한다는 필요성을 느끼고 등장한 입장이 **온건 실재론**Realismus moderatus입니다. 개체들이 존재하고, 이 개체들에 근거하여 모든 개체들이 가진 공통 본성을 끌어내면 보편 개념이 생겨난다는 것입니다. 쉽게 말하자면 부모, 가족 그리고 친구 등 개별적인 사람들에게 있는 어떤 본성을 통해서, 예컨대 사람들이 모두 생각을 한다는 것 등의 공통 본성을 끌어내서 머릿속에

'인간'이라는 보편 개념이 구성됩니다. 보편은 개체들에 근거해야 한다는 점에서 개체들을 무시하지 않고, 또 반대로 보편을 부정하지도 않습니다. 양쪽 모두를 인정하면서 서로 연결해 보려고 했던 것이지요.

이렇듯 보편과 개체에 대해 계속된 논쟁을 멋지게 해결한 학자가 바로 아벨라르두스였습니다. 그러나 사실 철학을 깊게 공부한 사람이 아니라면 아벨라르두스의 이름조차 들어보지 못했을 것입니다. 왜 그렇게 되었을까요? 여기에는 슬픈 사연이 있습니다.

전통적인 신학의 틀을 바꾼 아벨라르두스

논리학계를 평정한 아벨라르두스가 논리학 분야의 정상에 우뚝 서서 보니까 저 멀리 더 높은 산이 보였습니다. 중세 때 7자유학예가 둘러싸고 있던, 만학의 여왕이라고 불리던 학문이 있었던 것이지요. 그게 무엇일까요? 바로 신학입니다. 자신이 아직 올라서지 못한 산, 즉 신학이 남아 있었던 것입니다. 아벨라르두스는 갑자기 신학에 관심이 생겼고 신학에서도 정상에 서고 싶어졌습니다. 그래서 그는 논리학 교사를 그만두고 신학을 배우는 학생이 되었습니다.

여기서도 일인자가 되기 위한 방법은 예전과 같았습니다. 즉 그 분야에서 유명한 강사를 무찌르는 것이었는데, 이곳에는 라옹의 안셀무스Anselmus de Laon가 있었습니다. 캔터베리의 안셀무스 정도만 되었어도 아벨라르두스의 오만함을 꺾을 수 있었을 텐데, 안타깝게도 동명이인인 라옹의 안셀무스는 그렇게 뛰어나지 못했습니다. 아벨라르두스는 안셀무스의 수업을 들으면서 공격할 부분을 찾았습니다. 예컨대 안셀무스가 십계명 등의 구절을 들며 사람을 죽여서는 안 된다고 말하면, 아벨라르두스는 날카롭게 성경에서 사람을 죽여도 된다고 말하는 구절들을 뒤져서 찾아냈습니다. 아벨라르두스가 이런 식으로 서로 반대되는 내용들을 쭉 찾아 정리한 책이 있는데, 바로 《그렇다와 아니다 Sic et Non》입니다.

아벨라르두스의 《그렇다와 아니다》 서문.

이 책은 우리가 지금까지 배웠던 교부들의 의견을 하나하나 정리해 놓으며, 질문을 던지고 그 질문에 대해 '그렇다' 혹은 '아니다'로 대비시키며 나아가는 형식으로 되어 있습니다. 이렇게 공격의 준비를 마친 아벨라르두스는 안셀무스에게 질문을 퍼부었습니다. 성경을 깊이 공부했던 만큼 그는 자신의 질문에 대해 안셀무스가 어떤 답을 해도 반대되는 성경 구절을 들며 끈질기게 늘어졌습니다. 결국 안셀무스는 패배했습니다. 상심한 그는 수도원에 들어가 모습을 감춰 버렸고, 새롭게 일인자가 된 아벨라르두스가 그 학교를 접수하여 가르치기 시작했습니다.

이쯤에서 질문을 하나 하겠습니다. 만일에 교부의 의견과 성경의 내용이 상충된다면 어느 쪽을 따르겠습니까? 당연히 성경을 따라야

제16강. 세상의 사랑에서 천상의 사랑으로　401

하겠지요. 그런데 성경의 내용끼리 상충된다면, 또는 교부와 교부의 의견이 대립을 일으킨다면 어느 쪽이 진리라고 해야 할까요? 이런 경우는 쉽게 결정을 내리기 힘듭니다. 아벨라르두스는 성경의 권위를 인정하면서도 어떤 것이 진리에 가까운지는 이성을 통해서 잘 판단해야 한다고 가르쳤습니다. 대비된 권위들 중에서 어떤 것이 타당한 근거를 지니는가는 오직 이성적인 판단을 통해 결정할 수 있고, 그러한 작업을 통해 진리를 찾아갈 수 있다고 강조했습니다.

하지만 그 당시에 아벨라르두스의 이러한 말은 위험하게 들렸고, 《그렇다와 아니다》는 이른바 '빨간책' 취급을 받았습니다. 그럼에도 불구하고 이 책의 형식, 즉 질문을 던지고 '그렇다' 혹은 '아니다'로 상반되는 답들로 정리하는 형식은 후에 토마스 아퀴나스도 받아들일 정도로 인정받았습니다.

중세 최대의 연애 사건-엘로이즈와의 금지된 사랑

아벨라르두스가 승승장구하고 있던 어느 날, 고위 성직자 한 명이 그를 찾아왔습니다. 그는 노트르담 대성당의 참사 위원인 풀베르투스라는 사람이었는데, 아벨라르두스에게 자신의 조카딸을 가르쳐 달라고 청했습니다. 조카딸의 이름은 엘로이즈Heloise였습니다. 그녀는 우리나라로 치면 김태희에 버금가는 외모에 똑똑함까지 갖췄습니다. 학교에 가면 사람들이 몰려들어 공부를 할 수 없었고, 개인 교사를 쓰자니 교사들이 그녀를 견뎌 낼 수 없었습니다. 엘로이즈가 날카로운 질문을

풀베르투스. 아벨라르두스와 엘로이즈가 만났던 풀베르투스의 집.

막 던지는 바람에 개인 교사들이 그 질문 세례를 견디지 못하고 일주일도 안 되어 그만둔다는 것이었습니다.

이런 이야기를 들은 아벨라르두스는 호기심이 발동하며 "그렇다면 제가 한번 맡아보겠습니다."라고 당차게 대답하고 엘로이즈를 가르치기 시작했습니다. 직접 만나 보니, 정말 연예인급 외모를 자랑하는 소녀였는데, 그녀는 아벨라르두스에게도 역시 날카로운 질문을 퍼부었습니다. 보통 일반적인 교사였다면 여기서 두 손 두 발 들고 퇴장했겠지만, 출중한 실력을 자랑하는 아벨라르두스는 전혀 당황하지 않았습니다. 오히려 엘로이즈에게 "왜 그 정도 질문밖에 못해?"라고 따지면서 더 날카로운 질문을 던졌습니다. 처음에는 머리를 뻣뻣이 들며 당돌하게 질문을 던지던 엘로이즈는 어느 순간부터 요조숙녀로 변해 고개를 숙이고 조용히 필기하기 시작했습니다. 그렇게 최고의 스승과 제자가 만나 최고의 교육이 이루어졌습니다.

그런데 그것도 잠깐이었습니다. 낙엽이 떨어지는 어느 가을날, 엘로이즈가 아벨라르두스의 말을 듣는 둥 마는 둥 하면서 고개만 푹 숙이고 있었습니다. 아벨라르두스가 "엘로이즈! 도대체 무슨 생각을 하고 있는 거야?"라고 다그치자 그녀가 고개를 들었는데, 글쎄 엘로이즈의 눈에 눈물이 그렁그렁 고인 것이 아니겠습니까? 아벨라르두스가 당황해서 "엘로이즈, 왜 그래?"라고 물었는데 그녀는 "선생님은 몰라요!"라고 하며 토라진 듯 고개를 휙 돌리는 것이었습니다. 찰나였지만 아벨라르두스는 자신을 바라봤던 그녀의 시선에서 그녀가 자신을 교사로서가 아니라 사랑하는 남자로서 본다는 것을 느꼈습니다.

이러한 상황에서 일반적인 교사들은 어떻게 할까요? "넌 학생이고, 난 교사야. 우리 사이에 그런 마음을 가지는 것은 옳지 않아."라고 말하면서 선을 그었을 것입니다. 그런데 아벨라르두스는 오히려 "모르긴 뭘 몰라."라고 느끼한 말을 내뱉으면서 그녀를 그윽히 쳐다봤고, 순간 둘 사이에 감정이 불타오르기 시작했습니다. 아벨라르두스는 지독하게도 그 순간 있었던 일까지 일기에 전부 기록했습니다. 손을 잡고 그다음에는 어떻게 했고 등의 이야기인데 그 이상은 상상에 맡기겠습니다.

열렬히 사랑하다 보면 열매를 맺기 마련이지요. 엘로이즈가 그만 임신을 하고 말았습니다. 아벨라르두스는 이제 결단을 내려야 했습니다. 최고의 귀족 가문으로 프랑스 왕비 후보로까지 거론된 엘로이즈와 그런 일을 벌였으니 도망갈 수밖에 없었습니다. 아벨라르두스는 하루아침에 모든 것을 포기하고 엘로이즈와 함께 야반도주했습니다. 그 후, 둘 사이에서 '아스트랄라비우스'라고 이름 붙인 아들이 태어났고, 그들은 함께 행복한 생활을 이어 갔습니다.

하지만 이 행복을 깨뜨리는 사람이 등장했습니다. 조카딸 엘로이즈의 교육을 맡겼던 풀베르투스였습니다. 풀베르투스는 자신이 사랑하는 조카딸을, 게다가 최고의 미녀이자 왕비 후보로 거론되었던 엘로이즈를 임신시켜 데려가 버린 아벨라르두스를 용서할 수 없었습니다. 스승과 제자 사이의 스캔들로 자신의 가문에 먹칠을 한 것이나 다름없었지요. 이 사건으로 화가 단단히 난 풀베르투스는 숨어 있던 아벨라르두스를 찾아내 거세해 버렸습니다. 수치심에 휩싸인 아벨라르두스는 이후 자취를 감췄고, 엘로이즈는 아들을 빼앗긴 채 수녀원에 감금되었습니다. 이렇게 두 사람은 떨어지게 되었습니다.

그래도 아벨라르두스와 학교와의 인연은 끝나지 않았나 봅니다. 아벨라르두스의 강의를 들을 수 없게 된 학생들은 몹시 안타까워했습니다. 그러던 어느 날, 그들은 어떤 수도원을 지나가다가 예리한 눈빛의 정원사를 발견했습니다. 다소 남루한 모습이었는데 학생들은 그 사람이 누군지 직감했습니다. 그 길로 수도원 원장을 찾아가 "저 사람이 누구인지 아십니까?"라고 묻자 원장은 대답하지 못하고 의아한 듯이 쳐다보았습니다. 학생들이 "저분이 바로 그 유명한 아벨라르두스 선생님이십니다."라고 알려 주었고, 이로써 그의 정체가 탄로 났습니다. 학생들은 아벨라르두스에게 다시 강의를 해 달라고 간청했고, 아벨라르두스는 그 간청을 받아들여 다시 강의를 시작했습니다. 소문이 점점 퍼져서 이 수도원 학교에 아벨라르두스의 강의를 듣기 위한 사람들이 몰려들었고, 아벨라르두스의 명성은 회복되어 갔습니다. 하지만 그것도 잠시였습니다.

수도원을 부흥시킨 공로로 아벨라르두스는 수도원 원장으로 추대되었습니다. 그리하여 그는 생 드니 수도원의 원장이 되었는데, 다시 명예를 손에 쥐게 되자 건방진 병이 돌아왔습니다. 콧대가 높아진 아벨라르두스는 제자들을 "그것도 몰라? 너 바보냐?"라는 식으로 무시하며 야단쳤습니다. 이렇다 보니 수도원 사람들과 충돌이 생길 수밖에 없었고, 결국에 아벨라르두스는 수도원을 그만두고 나오게 되었습니다. 그는 그 길로 예전에 강의했던 파리로 돌아가서 학교 문을 다시 열었습니다. 욕을 많이 먹었어도 제대로 유명세를 탔던 아벨라르두스였기에 그의 학교는 번창했습니다.

그러나 건방졌던 만큼 아벨라르두스를 반대하는 사람도 많다 보니 여기저기서 강의 금지령이 내려졌지만, 어떤 것도 그를 막을 수 없었습니다. 전설에 따르면 프랑스 땅에서 강의하지 말라고 하니까 나무 위에 올라가서 강의했다고 합니다. 그래서 나무 위에서도 강의하지 말라고 하니까 이번에는 물 위에 배를 띄우고 강의를 했다고 합니다. 세느 강변은 아벨라르두스의 강의를 듣기 위한 사람들로 가득 찼습니다.

아벨라르두스의 단죄와 죽음

　이 상황을 도저히 지켜볼 수 없었던 사람이 있었습니다. 바로 클레르보의 베르나르두스였습니다. 베르나르두스는 한때 아벨라르두스가 물리쳤던 샹포의 기욤의 친구였고, 라옹의 안셀무스의 스승이었습니다. 그는 자신의 지인들을 몰락시켰을 뿐만 아니라 제자와 스캔들까지 냈던 자가 다시 돌아와서 신학을 들었다 놓았다 하는 모습에 더 이상 참을 수 없었습니다. 베르나르두스는 1140년 상스 공의회를 열어서 아벨라르두스를 출두시켰습니다. 공의회에 불려 나갔어도 아벨라르두스는 토론으로 자신을 이길 수 있는 사람은 아무도 없다고 자부하고 있었기에 겁내지 않았습니다. 베르나르두스도 아벨라르두스와 토론해서는 이길 수 없다는 느낌을 받았는지, 그를 몰아내기 위한 다른 방법을 강구했습니다. 그리하여 아벨라르두스에게 발언할 기회조차 주지 않고, 미리 준비한 각본대로 척척 진행해서 그를 단죄했습니다.

　입 한 번 뻥긋하지 못하고 단죄당한 아벨라르두스는 분노했습니다. 그는 교황에게 보낼 장문의 탄원서를 작성했습니다. 자신은 이런 부당한 일을 받아들일 수 없으니 당신 앞에서 재판을 받을 수 있도록 해 달라는 내용이었습니다. 그리고 탄원서를 전하러 교황이 있는 로마로 이동하던 중에 클뤼니 수도원에 머물렀습니다. 하지만 아벨라르두스가 몰랐던 사실이 하나 있었는데, 당시 교황이 베르나르두스의 제자 출신이라는 것입니다. 이 사실을 알고 있던 클뤼니 수도원 원장인 페트루스는 베르나르두스도 명색이 수도원의 장상인데 아벨라르두스를 향

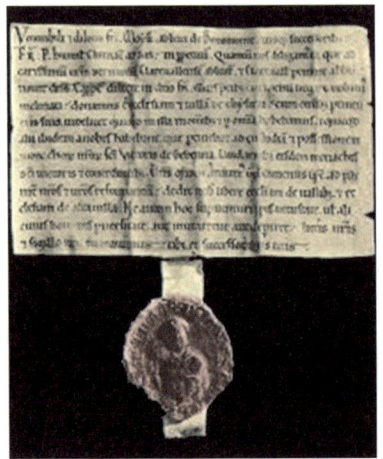

아벨라르두스를 구하기 위한 페트루스의 편지.

한 분노의 감정 때문에 정당하지 못한 방법을 쓰는 것을 지켜볼 수 없었습니다.

페트루스는 베르나르두스에게 "저는 지금까지 수도원 장상으로서 원장님을 존경해 왔습니다. 하지만 이번 결정에 대해서는 받아들일 수 없습니다. 이 부당한 일을 교황 성하께 말씀드리고 되돌리기를 청합니다."라고 편지를 쓰며 중재에 나섰습니다. 편지를 읽은 베르나르두스는 "아차!" 하고 정신이 돌아왔습니다. 결과가 옳더라도 방법이 정당하지 못하면 결코 올바른 일을 행한 것이 아님을 깨달은 베르나르두스는 뒤늦게 자신의 입장을 철회하는 편지를 썼습니다. 그러나 클뤼니 수도원에 남아 있던 아벨라르두스는 이미 세상을 떠난 후였습니다.

여기서 아벨라르두스와 엘로이즈의 사랑은 어떤 결말을 맺었을지 궁금해지지 않습니까? 그 결말에 대해 이야기하겠습니다. 아벨라르두스가 생 드니 수도원의 원장이 되었을 때, 수녀원에 갇혀 있던 엘로이즈는 그 명석함을 인정받아 수녀복을 입은 지 얼마 되지도 않았는데 수녀원장이 되었습니다. 당시에는 독신제가 완전히 확립되지 않았던 때였기에 가능한 일이었지요. 아벨라르두스는 수사들과 충돌을 일으켜서 수도원을 나왔지만, 반면에 엘로이즈는 존경받는 수녀원장으로 떠올랐습니다. 엘로이즈만큼 똑똑하고 교육을 제대로 받은 사람이 없었고, 그녀는 열정도 가득했기에, 수녀원장이 되기에 충분했습니다.

수녀원장이 된 엘로이즈는 더 이상 아벨라르두스와 세속에서는 사랑할 수 없음을 알고 있었습니다. 그녀는 원장으로서 역할을 충실히 수행했으며 도움이 필요할 때는 아벨라르두스에게 "주님 안에서 일치하고 존경하는 아벨라르두스 수도원장님, 저희 수녀원에 문제가 발생했는데 어떻게 하면 좋을지 자문을 구하고 싶습니다."라는 식으로 편지를 썼습니다. 그러면 아벨라르두스는 "친애하는 엘로이즈 원장 수녀님, 그 문제는 이렇게 하시면 좋을 것 같습니다."라는 식으로 답을 하며 도와주었습니다. 그런데 이렇게 주고받은 편지를 자세히 들여다보면, 그 행간에는 이루지 못한 사랑의 아픔이 남아 있습니다.

아벨라르두스의 입장을 잘 드러내는 편지가 있어서 잠깐 소개하겠습니다. 얼핏 보면 아벨라르두스는 이성만을 강조한 것 같습니다. 하지만 아벨라르두스의 편지를 보면 그의 진심을 알 수 있습니다. 그는 편지에 "나는 바오로 사도를 거슬러서 철학자이고자 하지 않으며, 그리스도에게서 떨어져서 아리스토텔레스주의자이기도 원하지 않는다. 왜냐하면 내가 그 이름에 의해서 구원되는 것은 하늘 아래 그리스도 이외에는 없기 때문이다."라는 내용을 적었습니다. 더불어 "내가 내 의식의 기초로 삼은 바위는 그리스도가 교회를 세운 바위다."라고 했습

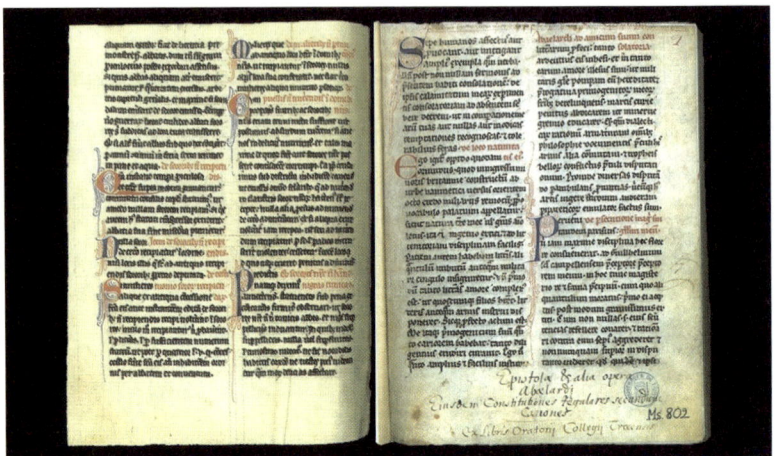
아벨라르두스와 엘로이즈가 주고받은 서신.

니다. 이렇게 아벨라르두스는 철저하게 예수 그리스도에 대한 신앙을 갖고 있었습니다. 단지 어떤 결정을 내려야 할 때 날카롭게 잘 갈은 이성이라는 칼의 도움을 받으려 했던 것입니다. 그런 면에서는 엘로이즈도 다르지 않았습니다. 그녀는 최고의 지성을 지닌 수녀로서 신앙심을 돈독히 다지면서도 수녀들을 가르치며 수녀원을 키워 나갔습니다.

그러던 어느 날, 엘로이즈에게 클뤼니 수도원으로부터 급한 편지가 날아들었습니다. 아벨라르두스가 사랑하는 그녀를 향해 마지막으로 남긴 유언이었습니다. 자신이 가장 사랑했던 사람이자 존경하는 동료 수도원 원장이었던 아벨라르두스의 죽음을 접한 엘로이즈는 그 길로 클뤼니 수도원으로 달려갔습니다. 그리고 수도원 원장 페트루스에게 아벨라르두스의 시신을 모셔 가도 되는지 정중하게 물었고, 페트루스는 흔쾌히 받아들였습니다.

그 당시에는 수녀들이 굉장히 개방적이었던 모양인지, 엘로이즈는 언젠가 자신이 죽으면 묻히게 될 무덤 자리에 아벨라르두스의 시신을 묻었습니다. 시간이 흘러 엘로이즈가 세상을 떠나자, 사람들은 그녀를 아벨라르두스의 옆자리에 묻었습니다. 이렇게 아벨라르두스와 엘로이즈는 이 세상에서는 사랑을 완성하지 못했지만, 천상에서의 사랑을 약속하듯, 현재 프랑스 파리에 함께 묻혀 있습니다.

동양 문화와 서양 문화의 대표적인 차이점이 무엇일까요? 예를 들어 우리는 '나의 가족'이라고 하지 않고 '우리 가족'이라고 하는데, 서양인들에게는 굉장히 이상하게 느껴질 것입니다. 동양은 공동체성을 드러내는 관계가 발달되어 있다면, 서양은 '개인'의 주체 의식이 강해 개인의 권한과 자유가 중시된 개인주의적 경향이 발달되어 있습니다. 서양의 이러한 개인의식을 유명론자 같은 이들이 중세 때부터 싹을 틔웠고, 이것이 근대로 넘어가면서 본격적으로 꽃피우게 되었습니다.

그런데 공동체나 개인 중 어느 한쪽만으로는 아무것도 설명할 수 없듯이, 보편과 개체 중에서 어느 한쪽만 선택해서는 위험하며 양자가 서로 조화를 이루어야 한다는 것이 아벨라르두스의 가르침이었습니다. 이것은 후에 균형을 잡고자 노력했던 많은 사상가들에게 지속적인 영감을 주었습니다.

아벨라르두스의 일기 제목이 《나의 불행의 역사 Historia calamitatum

프랑스 페르 라세즈에 있는 아벨라르두스와 엘로이즈의 무덤.

mearum》인데, 왜 그럴까요? 그는 인간으로서 여러 가지를 계획하고 실행해 보았지만, 이러한 인간적인 계획이 바라는 대로 잘 풀리지 않았습니다. 어떤 일이든 인간의 능력에만 철저하게 의지하려고 한다면 한계에 부딪히기 마련이지요. 아벨라르두스도 자신이 어떤 사랑에 빠지게 될지, 어떤 죽음을 맞이하게 될지, 그리고 후대에 어떻게 기억될지 몰랐을 것입니다. 신앙 없이 인간적인 생각만으로 모든 것을 이루고자 할 때, 그 계획은 완성되기보다는 오히려 실패하기 쉽습니다. 모든 일을 하느님께 맡길 수 있는 자세가 필요하다고 느껴지는데, 그럼에도 개인의 소중함이나 인간의 자유가 중요함은 아벨라르두스의 슬프지만 아름다운 사랑 이야기가 우리에게 전하는 교훈입니다.

제17강

종교 간의 전쟁과
그리스도의 평화

종교 간의 전쟁이라고 하면 떠오르는 전쟁이 있습니다. 바로 **십자군 전쟁**입니다. '십자군 운동', '십자군 원정'이라고도 하는데, 아무리 부드럽게 이름을 붙이려고 해도 전쟁은 전쟁, 그것도 참혹한 전쟁이었습니다.

사실 그리스도교와 이슬람교가 오랫동안 평화롭게 공존하던 시기가 있었습니다. 그런데 갑자기 과격한 성향을 지닌 새로운 이슬람 세력이 등장하여 성지 예루살렘을 점령하면서 분위기가 바뀌었습니다. 이슬람 세력이 예수님의 무덤 위에 세워진 성당(주님 무덤 성당)을 파괴하고 순례자들을 죽이기도 하면서 분위기가 악화되었고, 이런 사실을 알게 된 그리스도교 신자들은 참을 수 없었습니다. 그리하여 1096년부터 1291년까지 무려 200년 동안 여덟 차례에 걸쳐 전쟁이 벌어졌습니다.

중세 예루살렘의 모습을 표현한 그림.

십자군 전쟁은 왜 일어났을까?

위의 그림에서 중세 예루살렘의 모습을 볼 수 있습니다. 주변의 광야에 아직 많은 건물들이 들어서지는 않았지만, 고색창연하고 아름다운 모습을 자랑하며 평온한 분위기를 간직하고 있음을 알 수 있습니다. 예루살렘 앞을 지나가는 순례객들의 모습도 보이는데, 이렇듯 오랫동안 예루살렘에 평화스러운 순례의 길이 이어졌습니다. 그런데 셀주크 투르크족이 예루살렘을 점령하면서 그 평화가 깨지게 되었지요.

예루살렘 총대주교는 예루살렘에서 이슬람 세력에 의해 어떤 일이 벌어지고 있는지 적은 편지를 교황에게 보냈고, 편지를 읽은 교황은 큰 걱정을 하고 있었습니다. 그런데 마침, 예루살렘 성지 순례에서 돌아온 피에르라는 은자가 이슬람 세력에 의해 자신이 겪은 고초를 곳곳에 폭로하고 다녔고, 그의 이야기를 들은 사람들은 분노했습니다.

결국 클레르몽 회의(1095년)에서 우르바노 2세 교황이 예루살렘에서 벌어지는 비극을 상세히 묘사하며 더 이상 참을 수 없음을, 이슬람 세력이 더럽힌 성지를 이제는 해방시켜야 함을 역설하기에 이르렀습니다. 그러면서 교황은 마지막에 중요한 한마디를 외쳤는데, 그것은 라틴어로 "데우스 로 불트Deus lo vult,", 즉 "하느님께서 그것을 원하신다."였습니다. 교황이 이렇게 외치자 한껏 자극받은 사람들이 "하느님께서 그것을 원하신다!"라고 따라 외쳤습니다. 성지 순례를 방해하고 위협하는 세력을 물리치기 위해 하느님의 뜻이라고 외치며 나타난 움직임이 결국 전쟁으로 이어지게 되었습니다.

그런데 전쟁은 아무 때나 실행에 옮길 수 있는 것이 아니지요. 아마 한 200년 정도 더 앞당겨서 이런 일이 나타났다면 전쟁은 벌어지지 못했을 것입니다. 과거에는 그리스도교 자체에 내부 분열이 있었고, 응집된 힘으로 전쟁을 준비할 수 있을 만큼 안정된 상황이 아니었습니다. 그런데 과거와 달리, 당시에는 도시와 상업이 발달하고 많은 부가 축적되어 안정적인 상태였습니다. 전쟁 준비를 할 수 있는 충분한 여건이 마련되었던 것이지요. 인구도 늘어나 성지 순례를 떠나는 사람들의 수가 크게 증가하다 보니 그만큼 이슬람 세력에 의한 피해가 커졌고, 그리스도교 신자로서 더욱 강경하게 대응할 수밖에 없는 상황이 만들어졌습니다.

앞서 언급했던 셀주크 투르크족이 예루살렘 성지 순례에 위협을 가

하고 있기도 했지만, 이것 말고도 전쟁을 촉발시킨 결정적 계기가 있었습니다. 성화상 논쟁(성화상이나 성화를 신앙으로서 숭배하느냐, 우상 숭배로서 배척하느냐에 관한 논쟁)과 로마 교황의 수위권 다툼으로 인해 1054년에 서방 교회와 동방 교회가 갈라졌지요. 동방 교회가 있는 동로마 제국의 새로운 이름은 비잔틴 제국이었습니다.

비잔틴 제국은 굉장히 자존심이 강했는데, 만지케르트 전투(1071년)에서 완전히 패배한 이후, 셀주크 투르크족을 두려워하고 있었습니다. 한때는 로마 제국의 유일한 황제라고 떵떵거렸던 비잔틴 제국의 알렉시우스 황제는 결국 로마 교황에게 도움을 요청하는 편지를 보냈는데, "저희 비잔틴 제국이 지금 풍전등화 같은 상황에 놓여 있으니 그리스도의 형제들이 오셔서 보호해 주십시오." 하는 내용이었습니다. 이 편지에 촉발되어 응답한 것이 앞서 우르바노 2세 교황이 외쳤던 "하느님께서 그것을 원하신다."였습니다. 이렇게 성지 예루살렘을 회복하기 위한 전쟁이 시작되었던 것입니다.

교황은 십자군 전쟁에 참여하는 사람들에게 보상을 내렸습니다. 십자군 전쟁에 참여하기만 하면 자신이 저지른 모든 죄에 대한 보속을 면제받을 수 있었습니다. 또한 전쟁 중에 죽게 된다면 복잡한 검증 절차 없이 바로 순교자로서 인정받을 수 있었습니다. 이에 혹하여 넘어온 많은 사람들이 종교적인 열정에 타올라 전쟁에 참여하기 위해 모였습니다.

그런데 모든 사람이 이러한 마음으로 십자군에 참여한 것은 아니었습니다. 당시 유럽은 토지가 분할되어 있었으며, 고정된 경제 계층 안에서 상위 계층으로 올라가는 것은 거의 불가능했습니다. 특히 귀족들 중에서 장남은 유산을 물려받았지만 차남이나 막내는 제대로 물려받지 못했기에 전쟁에 참여하여 한몫을 챙기려는 마음이 간절했습니다. 뛰어난 무술을 갖춘 사람들의 경우에는 토지나 부와 명예를 쟁취하려는 욕구에 부풀었고, 교황이 선포한 전쟁에 참여한다는 것은 그것들을 손에 쥘 수 있는 절호의 기회였습니다.

게다가 새로운 경험에 대한 호기심도 사람들을 전쟁에 참여하게 했습니다. 보통 여행의 뒷이야기에는 과장이 섞여 있기 마련인데, 전쟁의 뒷이야기도 많이 부풀려져서 사람들에게 기대감을 심었습니다. 군대 이야기를 가장 많이 하는 사람이 누구일까요? 바로 군대를 면제받은 사람입니다. 여러 곳에서 주워듣고 실제로 자신이 경험한 것처럼 군대 이야기를 하는 것이지요. 이처럼 십자군의 무용담은 부풀려져서 일파만파로 퍼져 나갔습니다. 그러면서 사람들 사이에 새로운 세계에 대한 동경이 생겨났고, 이에 본격적으로 사람들은 전쟁에 참여하게 된 것입니다.

제1차 십자군 전쟁의 과정

제1차 십자군 전쟁은 클레르몽 회의 이후 1096년에 시작되었습니다. 대규모의 군대를 일으키기 위해 나라마다 군대를 정비하며 순조롭게 준비하고 있었습니다. 그런데 꼭 이럴 때 참지 못하고 성급하게 나

십자군에게 예루살렘으로 가는 방향을 가리키는 피에르 은자.

서는 사람들이 있기 마련입니다. 앞서 언급했던 피에르 은자는 왜 이 전쟁에 참여해야 하는지, 또 이 전쟁이 어떤 이익을 가져다줄 것인지 등을 설교하고 다녔습니다. 사실 피에르 은자는 전쟁과 관련하여 제대로 아는 것이 없었지만, 그가 약간의 과장과 거짓말을 섞으며 이야기하는 바람에, 사람들은 성지에 대한 환상을 가지게 되었습니다.

그 결과 농부와 몰락한 가문의 기사 등 무려 10만 명이나 모여들었습니다. 중세 때에 10만 명이라는 인파는 정말 엄청난 숫자였습니다. 그들은 오직 성지에 대한 환상만을 품고 성급히 전쟁 길에 올랐습니다. 그러자 교황과 국왕들은 당황했습니다. 식량조차 준비되지 않았는데 막대기나 곡괭이, 낫을 들고 전쟁하겠다고 대규모의 인원이 먼저 떠난 것입니다. 결국 가는 길에 음식이 떨어지니 약탈이 시작되었고, 비잔틴 제국에 들어서자마자 그쪽 사람들과 충돌을 일으켜서 나중에 비잔틴 제국에서 예루살렘 쪽으로 방향을 돌렸을 때는 10만 명 중 불과 2만 명도 채 남지 않았습니다. 이른바 민중 십자군이 이렇게 실패하면서 십자군에 대한 좋지 않은 기운이 초반부터 감돌았습니다.

드디어 본격적으로 훈련받은 군대들이 제1차 십자군으로 나섰습니다. 그런데 당시에 프랑스 국왕과 영국 국왕이 성직 수여 문제로 파문당한 상태였기에 국왕들은 전쟁에 참여하지 못했습니다. 대신에 공작이나 백작 같은 제후들이 자신들의 군대를 이끌고 참여했습니다. 그들은 콘스탄티노플 근처에서 합류하여 니체아를 거쳐 에데사, 그리고 안티오키아를 점령한 후에 예루살렘까지 진출하는 데 성공했습니다. 그러나 그 과정이 순탄치만은 않았습니다.

콘스탄티노플에 입성한 십자군을 맞이한 알렉시우스 황제는 자신에 대한 충성 서약만 요구한 후, 적군에 대한 충분한 정보나 지원을 제공하지도 않은 채 그들을 전쟁터로 내몰았습니다. 십자군에 참여한 제후들은 적어도 비잔틴 제국에서 식량 등의 지원을 받을 것이라고 기대했는데, 비잔틴 제국은 빠른 시일 내에 이슬람군을 물리쳐 주기만을 바랐을 뿐, 제대로 된 협조는 하지 않았습니다. 결국 십자군은 군수 물자를 대기 위해 약탈을 할 수밖에 없었습니다.

혹시 안티오키아를 기억하나요? 당시에 안티오키아는 동방의 3대 도시 중 하나였을 만큼 엄청난 부를 자랑하는 곳이었습니다. 예루살렘으로 향하는 여정에 있는 도시들을 쉽게 점령하고 다니던 십자군이 안티오키아에서 대규모 전투를 벌였는데, 워낙 튼튼한 도시여서 그런지 무너뜨리기가 여간 힘든 것이 아니었습니다. 십자군은 오랫동안 그곳

안티오키아에서 발견된 롱기누스의 창.

을 포위했는데, 그러다 보니 지치기 시작했고, 다시 싸우기 위해서는 어떤 계기가 필요했습니다.

그때 바르톨로뮤라는 사람이 나타나 꿈에서 어떤 환시를 봤다고 말했는데, 예수님이 십자가에 매달리셨을 때 예수님의 옆구리를 찔렀던 창이 성당 바깥에 묻혀 있다는 내용이었습니다. '롱기누스의 창'이라고 불리는 그것이 정말로 있는지 확인하려고 십자군이 직접 땅을 파 보아도 발견되지 않았을 때, 갑자기 바르톨로뮤가 홀로 구덩이에 뛰어 들어가더니 "여기 있다!" 하고 소리치며 창을 들고 나왔습니다.

사람들은 반신반의하면서도 창을 보고 깜짝 놀랐고, 침체되어 있던 분위기가 다시 살아났습니다. 이러한 계기를 통해 사기충천한 십자군은 거의 죽기 아니면 살기로 덤볐고, 드디어 안티오키아를 점령하는 데 성공했습니다. 그러면서 승세는 십자군 쪽으로 기울어졌고, 그렇게 득의양양한 모습으로 예루살렘으로 나아갔습니다.

그런데 황당한 일이 벌어졌습니다. 십자군 전쟁이라고 하면 그리스도교 측과 이슬람 측이 처음부터 격렬하게 싸운 줄 알지만 사실 그렇지는 않았습니다. 이슬람 사람들이 한데 힘을 합쳐 싸워야 할 마당에 그들은 너무 분열되어 있었습니다. 사촌이 땅을 사면 배 아프다는 식으로 계승권 문제가 발생하여 사촌 간에도 서로 싸움을 벌이고 있었던 것입니다.

상황이 이러하니 이슬람 사람들이 합심하여 십자군과 맞붙어 싸우기는커녕, 오히려 십자군에 "저쪽을 쳐 주세요."라며 앙숙 관계에 있는 사람들을 죽여 달라는 청탁을 하는 것이었습니다. 그렇지 않아도 식량 부족 등의 문제를 겪고 있었는데 이슬람 쪽에서 알아서 금은보화를 들고 오며 청탁을 하니 얼마나 큰 도움이 되었겠습니까? 그리하여 십자군은 마치 돈을 받고 싸우는 용병처럼 손쉽게 물자를 조달해 가면서 싸웠습니다.

사실 예루살렘은 세 종교의 성지입니다. 다윗 임금 시절 세운 성읍이 있고, 이스라엘의 수도였기에 유대교의 성지입니다. 또한 예수님이 돌아가신 곳이 예루살렘이기에 그리스도교의 성지이고, 이슬람교를 일으킨 무함마드(마호메트)가 승천한 곳이 예루살렘이기에 이슬람교의 성지입니다. 바로 이 예루살렘을 두고 성지를 탈환하기 위한 격렬한 전쟁이 벌어졌던 것입니다. 여러 어려움이 있었지만 온갖 기술들을 동원해서 싸운 덕에 십자군은 예루살렘을 탈환하게 되었습니다.

그러나 예루살렘을 점령한 기쁨이 오래가지는 못했습니다. 어떻게 전쟁에서 승리할지에 대해서만 몰두했지, 전쟁 후에 대해서는 생각하지 않았기 때문입니다.

막상 예루살렘을 점령하고 나니 이곳을 어떻게 지켜야 할지 막막해

예루살렘을 탈환하는 데 성공한 제1차 십자군.

졌습니다. 주변에는 여전히 이슬람 세력이 둘러싸고 있어 예루살렘에 남아서 이곳을 지킬 누군가가 필요했던 것입니다. 하지만 전쟁이 끝나니 대부분의 십자군들은 가족들과 자신의 땅이 있는 고향으로 돌아가고 싶어 했습니다. 그래서 떠난 십자군 병력을 대체해서 예루살렘을 지키기 위해 클레르보의 베르나르두스가 한 가지 아이디어를 냈는데, 예루살렘의 상황에 맞는 수도원을 창립하는 것이었습니다. 예컨대 열심히 기도를 바치고 있다가 종소리가 울리면 무기를 들고 나와 싸우는 방식이었습니다. 그리하여 성전 기사단(템플 기사단), 성 요한 기사단, 튜턴 기사단 등 수도 생활과 군 생활을 결합한 다양한 기사 수도회들이 생겨났고, 그들이 예루살렘을 지켰습니다.

제2차 십자군 이후의 양상

그러나 제1차 십자군 전쟁의 행복은 그리 오래가지 못했습니다. 이슬람 사람들이 십자군에 식량을 제공했던 것은 원수를 물리치고 빨리 원래의 자리로 돌아가라는 뜻이었습니다. 하지만 십자군은 돌아가지 않았고, 예루살렘뿐만이 아니라 에데사, 트리폴리 등 중동 지역 곳곳에 눌러앉았습니다. 게다가 몇몇 십자군은 잔혹한 방법으로 학살을 자행했는데, 마라라는 도시에서는 임산부의 배를 갈랐고, 안티오키아를 공격할 때는 자신들이 잡은 포로들의 목을 벤 후 투석기로 던져 올리는 등의 만행을 저질렀습니다.

그러다 보니 이슬람 사람들에게 그리스도교에 대한 표상은 잔혹하고 무자비한 자들로 떠올랐고, 처음으로 이슬람에서 '지하드', 우리말로 '성전聖戰'이라는 개념이 등장했습니다. 그리하여 이슬람 쪽에서 본격적인 반격이 시작되었고, 1144년에 그들은 핵심 도시였던 에데사를 탈환했습니다. 에데사가 함락당했다는 소식을 들은 클레르보의 베르나르두스는 처음부터 전쟁에 찬성했던 것은 아니었지만, 위급한 상황인 만큼 다시 전쟁을 할 수밖에 없다고 생각했습니다.

사람들 앞에서 연설하는 베르나르두스.

베르나르두스는 뛰어난 수사학 실력을 발휘하여 전쟁에 참여하도록 사람들을 부추기는 설교를 했습니다. 이에 감동한 사람들은 다시 열정에 불타올랐고, 신성 로마 제국 황제까지 전쟁에 나섰습니다. 하지만 제2차 십자군 전쟁은 처절하게 패배하는 결말을 맞았습니다. 신성 로마 제국의 프리드리히 바르바로사 황제가 익사하는 사고를 당했고, 그 후 지리멸렬한 십자군은 강력하게 준비되어 있던 이슬람군에 의해 무너졌습니다.

가장 치열하게 싸웠던 전쟁은 제3차 십자군 전쟁이었습니다. 그런데 거기에는 다 그만한 이유가 있습니다. 이슬람 쪽에 우리나라의 이순신 장군만큼 대단한 사람이 나타났는데, 그는 거의 모든 것에 명령을 내릴 수 있을 만한 능력을 갖추고 있었습니다. 이 사람이 바로 유명한 술탄 **살라딘**이었습니다. 용맹하면서도 관용을 잘 베푼 살라딘은 흩어졌던 이슬람 제후들을 하나로 통합했고, 그 힘으로 예루살렘을 다시 점령하는 데 성공했습니다.

무서운 기세를 보이는 이슬람 세력에 대항하기 위해 이번에는 유럽 주요 국가의 왕들이 직접 나서서 십자군을 결성했습니다. 그중 영국의

제3차 십자군 전쟁의 최대 라이벌, 살라딘과 리처드 왕.

리처드 왕은 사자심왕Richard the Lionheart이라고 칭송될 만큼 매우 용맹했습니다. 그리하여 십자군과 이슬람군 양쪽 모두 막강한 전력을 갖추었고, 흐르는 팽팽한 긴장감 속에서 리처드 왕과 살라딘, 이 두 영웅이 맞붙었습니다.

리처드 왕과 살라딘 모두 뛰어났기에 십자군 전쟁을 다룬 영화에서는 이 두 사람에 집중하는 경우가 많습니다. 제가 본 영화에서 기억에 남는 장면이 있어서 짧게 묘사해 보겠습니다.

전쟁을 하기 전에 먼저 겁을 주려는 행동을 하는 경우가 있습니다. 살라딘과 리처드 왕이 서로 마주한 상태였는데, 리처드 왕이 먼저 칼을 빼서 옆에 있는 쇠사슬을 끊으며 "항복하지 않으면 너희들은 이 쇠사슬과 같은 운명에 처할 것이다!"라고 협박했습니다. 아마도 이 모습

제17강. 종교 간의 전쟁과 그리스도의 평화 **425**

을 보고 살라딘이 겁에 질리길 기대했겠지요. 하지만 살라딘의 표정은 담담했습니다. 오히려 그는 "혹시 대왕께서는 이런 것도 할 수 있소?"라고 물으면서 자신이 두르고 있던 비단을 풀어서 하늘로 던져 올렸습니다. 그리고 반달 칼을 빼어 들고 공중에 떴다가 내려오는 비단을 단번에 잘랐습니다. 이를 본 사람들의 입이 떡 벌어졌습니다.

이렇게 용맹하고 강력한 두 지도자가 이끄는 군대가 서로 부딪혀서 벌인 전쟁이었기에 양쪽 모두 큰 피해를 입었으나, 마침내 평화롭게 성지 순례를 하도록 보장하겠다는 살라딘의 확약을 얻는 것으로 타협을 이루며 제3차 십자군 전쟁은 끝났습니다.

가장 악랄하고 참혹했던 십자군 전쟁이 하나 있었습니다. 이에 대해 말할 때면 그리스도교 신자로서 쥐구멍에 들어가고 싶을 정도입니다. 인노첸시오 3세 교황이 시작한 것인데, 가장 핵심적인 이슬람 세력이 있던 이집트를 치기 위해 십자군이 출동했습니다. 그런데 배를 띄워 주는 베네치아 공작이 수작을 부렸고, 거기에 넘어간 십자군은 엉뚱한 곳을 공격하게 되었습니다. 그곳은 바로 콘스탄티노플이었습니다. 콘스탄티노플은 가장 처음에 이슬람 세력이 예루살렘 성지 순례를 방해한다며 로마 교황에게 도움을 요청했던 비잔틴 제국의 수도였습니다.

십자군은 콘스탄티노플에 쳐들어갔고, 제대로 대응할 준비가 되어 있지 않았던 콘스탄티노플은 결국 함락되었습니다. 도둑놈 심보가 되어 버린 십자군은 성 소피아 성당에까지 들어가서 비잔틴 제국이 그동

콘스탄티노플을 약탈하는 제4차 십자군.

안 이룬 모든 것들을 약탈했습니다. 또한 그 과정에서 사람들을 너무 많이 죽여서 그 죽인 피가 바닥에 넘쳐 말발굽에 젖어들 정도였다고 합니다. 여기서 끝나지 않고 동네에서 몸을 파는 일을 하는, 이른바 창녀들을 데려다가 주교좌에 앉히고 성전을 모독하는 일까지 벌였습니다.

이런 이야기만 들어도 놀라운데, 제가 성 소피아 성당에 갔을 때 이런 잔인한 짓을 주도했던 자의 무덤이 성당 내 2층에 있는 것을 보고 또 한 번 놀랐습니다. 어떻게 이 모든 일들이 십자군이라는 이름으로 이루어질 수 있었는지 안타까울 따름입니다.

그런데 안타까운 일은 여기서 끝나지 않았습니다. 십자군이 예루살렘 점령에 계속 실패하자 신앙심이 약한 탓에 그렇다는 말이 나왔고, 예루살렘을 점령할 수 있는 것은 가장 마음이 순수한 아이들이라는 소문이 돌기 시작했습니다. 그러자 고작 열 살 정도 되는 소년들이 막대기 같은 것을 하나씩 들고는 십자군 전쟁을 하겠다고 나섰습니다. 그런데 이 소년들을 예루살렘에 보내 주겠다며 배에 실어 준 사람들이 그들을 어떻게 했을까요? 그들은 소년들을 알렉산드리아로 데리고 가서 모두 노예로 팔아 버렸습니다.

이후 십자군 전쟁은 제5차에서 제8차에 이르기까지 계속되었으나, 결국 예루살렘을 점령하지 못한 채 실패로 끝났습니다.

십자군 전쟁이 가져온 결과

돌이켜 보면 사랑과 자비를 외치던 그리스도교가 이슬람 사람들을 잔인하게 학살했습니다. 악은 악을 부르게 되어 있습니다. 2003년에 벌어진 이라크 전쟁 상황만 봐도 알 수 있지요. 강력한 미국이 개입해서 다 정리할 수 있을 줄 알았지만, 결국 폭력에 폭력으로 대응하는 테러가 꼬리를 물고 발생하고 있습니다. 이런 폭력의 악순환은 이미 십자군 전쟁 때부터 지속되어 왔던 것입니다.

십자군 전쟁은 두 종교로 대표되는 문화권 사이에서 벌어진 최초의 대규모 충돌이었습니다. 이 전쟁으로 인해 그리스도교 신자들이 단합할 수 있었습니다. 하지만 십자군 전쟁이 종교적으로 순수한 의미에서 성지 순례 회복을 위한 것이었다고 보기에는 영토나 경제 등 너무 많은 문제들이 얽혀 있었습니다. 그러나 십자군 전쟁을 통해 몇 가지 긍정적으로 보이는 결과도 얻었습니다. 공동체 의식이 강화되었고, 무역

제5차 전쟁 1217~1221년	제6차 전쟁 1228~1229년	제7차 전쟁 1248~1254년	제8차 전쟁 1270년
이슬람의 근거지인 이집트를 집중 공격하나 나일 강의 범람으로 철수	신성 로마 제국의 프리드리히 2세 황제 지휘하에 이슬람과 평화 조약을 맺고 예루살렘 성지 순례를 보장 받음	프랑스의 루이 9세 왕이 주도했으나, 이집트에서 포로가 되면서 막대한 보상금만 지불하고 끝남	프랑스의 루이 9세 왕이 십자군을 다시 일으키나 사망, 1291년에 마지막 보루인 아크레가 함락되면서 십자군 원정은 실패로 끝남

제5차~제8차 십자군 전쟁의 과정.

이 활발해지면서 비잔틴 제국과 이슬람 문화의 접촉으로 스콜라 사상이 현저하게 발전하는 토대가 마련되었습니다.

그런데 십자군 전쟁으로 인해 영향력이 급속히 약화된 사람이 있었는데, 바로 교황이었습니다. 전쟁의 계속된 실패, 그리고 무수히 많이 죽은 제후와 기사들의 영지를 국왕이 흡수하면서 교황의 권위는 바닥으로 추락했습니다. 결과적으로 세속의 세력은 강화되었지만, 종교적 권위가 우위를 점령했던 기존의 중세 봉건 체제는 뿌리부터 흔들리게 되었습니다.

그러나 이런 내용들보다 더 중요하게 바라보아야 할 것은 종교적인 평가입니다. 과거에는 많은 그리스도교 역사가들이 십자군 전쟁을 미화하려고 했습니다. 하지만 근본이 되는 피부가 곪아 있는데 좋은 화장품으로 덧칠한다고 해서 아름다운 모습이 나올 수는 없지요. 있는 그대로의 역사적 사실을 외면하고 포장하려고 하기보다는, 적어도 제1차 십자군 전쟁 때의 종교적 순수함이 제2차 십자군 전쟁 때부터는 훼손되었음을 인정해야 합니다. 순수하게 하느님의 뜻을 이루고자 전쟁을 행한 것이 아니라, 단지 하느님의 이름을 전쟁에 이용했을 뿐입니다. 아우구스티누스의 말을 빌리자면 하느님은 오롯이 향유되어야 할 분임에도 불구하고 사람들이 부와 영예를 얻기 위해 하느님을 **사용**한 것입니다.

전쟁에 반대한 평화의 사도들

전쟁을 통해 해결할 것이 아니라 다른 방식을 고려해야 한다며 실제로 그런 노력을 한 사람이 있었는데, 그는 바로 앞서 신앙과 이성의 조화를 강조했던 캔터베리의 안셀무스였습니다. 십자군 전쟁의 전운이 나타나기 시작하고 베네딕도 수도회의 수사들조차 전쟁터에 나가겠다고 할 때, 이를 저지하기 위해 안셀무스는 우르바노 2세 교황에게 편지를 썼습니다. 그는 평화적인 방법을 찾아야 한다고 외치며 교황에게 전쟁을 멈추어 달라고 피력했지만, 받아들여지지 않았습니다. 그런데 직접 몸으로 전쟁을 막기 위해 나선 인물도 있었습니다.

제5차 십자군 전쟁 때 허름한 옷을 입은 사람이 나타나서 십자군 기

이슬람의 술탄을 찾아간 프란치스코.

사들의 팔을 붙들고 "안 됩니다. 복음에는 사랑하라고 나와 있습니다."라고 말하며 그들을 말렸습니다. 심지어 목숨이 위협받을 수 있음에도 불구하고 평화에 대한 협상을 하고자 술탄을 찾아갔습니다. 적군에 제 발로 뛰어든 격이지요. 그는 그리스도교에 대해 설교하며 술탄을 설득하고자 했는데, 잠자코 그의 이야기를 들은 술탄은 말씀 잘 들었다며 미소를 지었고 편지 한 장을 써 주었습니다. 편지가 아랍어로 쓰여 있으니 무슨 말인지도 모른 채 그냥 받아 들고 나왔는데, 그다음부터 지나가는 길목마다 이슬람 사람들이 허리를 굽혀 인사를 하는 것이었습니다. 항구까지 걸어 나오는데 그 누구도 방해하지 않았고 몸 성히 배에 태워서 이 사람을 돌려보냈습니다. 이 사람은 누구일까요? 바로 아시시의 프란치스코Franciscus Assisiensis(1181년경~1226년)입니다.

탁발 수도회의 탄생

발도파를 세운 발두스.

베네딕도 수도회는 거대한 영지를 가지고 있었고, 수도원 학교도 운영하면서 부유하게 발전해 나갔습니다. 시토회도 비록 아무런 희사도 받지 않았지만, 수도자들이 자급자족으로 열심히 일하면서 부가 축적되었습니다. 반면 의도적으로 부와 명예에 대한 소유를 포기하며, 아무런 재산도 가지지 않고 오직 동냥과 희사에 의지하는 수도회가 이즈음에 생겼습니다. 이러한 수도회를 **탁발 수도회**, 쉬운 말로 '거지 수도회'라고도 합니다. 여러 탁발 수도회가 있었지만, **프란치스코회**Franciscan Order와 **도미니코회**Dominican Order가 가장 대표적인 탁발 수도회였습니다.

그렇다면 왜 이러한 수도회가 생겨났을까요? 12세기 즈음, 교회가 부유해지면서 성직자들이 사치를 부리기 시작했습니다. 성직자들은 가난과 이웃 사랑에 대해 설교했지만 정작 본인들은 귀족처럼 떵떵거리며 살고 있었습니다. 언행일치가 전혀 안 되어 있지요? 그래서 평신도를 중심으로 이런 성직자들을 비판하는 운동이 일어났습니다.

먼저 **발두스**Petrus Valdes라는 사람이 세운 **발도파**가 있었습니다. 발두스는 평신도였지만 지적으로 굉장히 뛰어났습니다. 그는 성경을 읽다

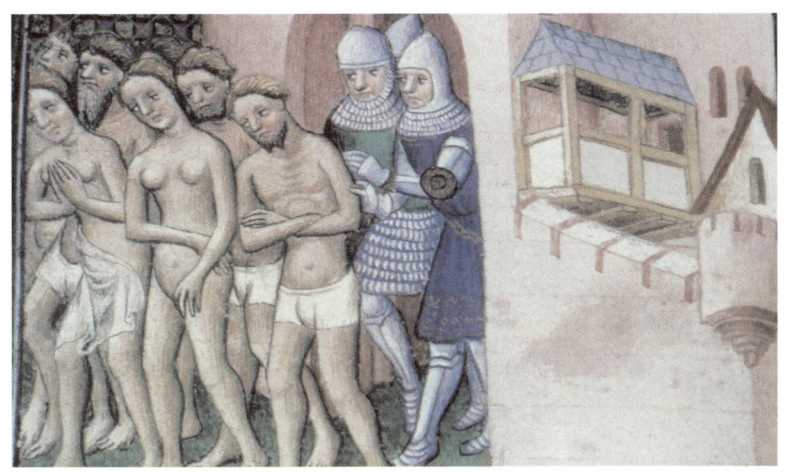
카르카손에서 추방당하는 카타리파.

가 자극을 받아 자신의 전 재산을 나누고 복음이 어떤 의미인지 설교하며 돌아다녔습니다. 당시에 설교에 대한 권한은 주교에게만 있었습니다. 즉, 주교가 사제에게 권한을 주는 경우에만 사제가 설교를 할 수 있었는데, 발두스와 같은 평신도가 설교를 하자 충돌이 일어났습니다. 하지만 발두스는 끝까지 포기하지 않았고, 그러다가 결국 단죄되고 말았습니다.

그런데 이러한 움직임이 점차 과격해지기 시작했고, 그러면서 성직자들의 부를 비판하는 움직임은 **카타리파**로 옮겨 갔습니다. 하지만 카타리파는 위험한 사상을 갖고 있었습니다. 제가 아우구스티누스에 대해 다룰 때 마니교를 이야기한 적이 있었지요? 선신과 악신의 싸움 등을 말하며 이원론적인 것을 주장했던, 이단의 종합판과도 같은 마니교

도미니코회를 설립한 도미니쿠스.

가 있었고 아우구스티누스가 여기에 빠져 오랜 시간 방황했음을 살펴보았던 적이 있습니다. 그런데 이런 마니교적인 색채를 카타리파가 그대로 부활시키고 말았던 것입니다.

그러면서 많은 문제가 발생했고, 이것을 극복하기 위한 수도회가 생겨났습니다. 바로 도미니코회였습니다. 잘못된 교리를 믿는 평신도들을 가르치고 설득시켜서 올바른 방향으로 이끌기 위해 나타난 설교자들의 수도회입니다.

교황은 발도파와 카타리파를 개종시키기 위해서 많은 설교자들을 파견했는데, 그들은 주로 남프랑스에서 활동했습니다. 그렇지만 청산유수처럼 멋진 그들의 설교로도 사람들의 마음을 움직이는 데 실패했습니다. 설교하러 온 교황 특사들이 본인은 금박으로 치장한 모습을 하고 있으면서 "여러분, 가난함 안에 진정한 행복이 있습니다."라고 말하니 사람들이 믿을 수 있겠습니까? 그래서 **도미니쿠스** Dominicus(1170~1221년)는 이들을 다시 교회의 품으로 받아들이고자 실제적으로 가난한 생활을 하면서, 참된 교리를 설교하기 위해 철저히 공부하는 수도회를 창설했습니다. 교황은 이들에게 '설교자들의 수도회

Ordo Preadicatorum'라는 공식 직함을 부여하고 주교에게 제한되어 있던 설교의 권한까지 주었습니다. 그런데 이런 도미니코회보다도 더 실제적인 가난을 이상으로 삼아 세운 수도회가 있었는데, 바로 프란치스코회였습니다.

프란치스코와 〈태양의 노래〉

프란치스코회는 처음에는 소박한 규모의 수도회로 시작했지만 나중에는 가장 많은 수도자가 있는 수도회로 성장했습니다. '지오토 디 본도네'라는 유명한 화가의 그림을 함께 보면서 아시시의 프란치스코에 관해 살펴보고 그가 어떻게 프란치스코회를 세웠는지 알아보겠습니다.

프란치스코는 귀족은 아니었지만 부유한 집에서 태어나 자랐습니다. 외모가 준수했던 그는 요즘의 강남 클럽 같은 곳에서 열정적으로 놀았습니다. 그런데 어느 날, 프란치스코가 사람들에게 자신이 사랑에 빠졌다고 고백을 하는 것이었습니다. 사람들이 궁금해서 어떤 여자냐고 물어봤는데 그는 생뚱맞게도 '가난 부인'이라고 답했습니다. 가난이라는 이름의 여인과 사랑에 빠졌다는 것이 아니라, 그냥 가난 그 자체를 사랑하게 되었다는 뜻이었습니다. 프란치스코는 전쟁터에 나가서 질병을 겪고 복음서를 읽다가 가난이 매우 소중하다는 내용을 접했고, 그로 인해 복음적인 가난 실천에 관심을 보이게 된 것입니다.

프란치스코는 배우고 느낀 것을 실천에 옮기기 위해 노력했지만 처

산 다미아노 성당의 십자가에서 나오는 소리를 듣는 프란치스코.

음에 나병, 즉 한센병에 걸려서 온몸이 문드러진 환자를 봤을 때 너무 징그러웠습니다. 선뜻 다가갈 수도 없어 저절로 몸이 움츠러들었습니다. 하지만 문득 그는 가장 고통받는 이 사람이야말로 예수 그리스도의 모습일 수 있다는 생각이 들었습니다. 그러자 처음에는 징그러워 보였던 환자들이 어느 순간 다르게 보이기 시작했습니다. 프란치스코는 그들을 정성껏 돌보며 간호했고 사람들도 그를 좋아했습니다.

그러던 어느 날, 프란치스코가 산 다미아노 성당에서 기도를 하다가 갑자기 성당의 십자가에서 빛과 함께 어떤 음성이 들려오는 것 같은 느낌을 받았습니다. 깜짝 놀라서 주변을 둘러보았는데 폐허가 된 성당 내부의 모습 외에는 아무것도 보이지 않았습니다. 그런데 갑자기 "프란치스코, 내 집이 무너져 폐허가 되어 가는 것이 보이지 않느냐?"라는 말씀이 들렸습니다. 프란치스코는 이 말씀을 폐허가 된 성당을 반듯하게 고치라는 뜻으로 받아들였습니다.

워낙 부유한 집의 자손이었던 프란치스코는 집에 있는 돈을 성당을 고치는 데 썼고, 그것을 알게 된 아버지가 대노했습니다. 하지만 이미 복음적인 가난을 실천하는 데 푹 빠져 있던 프란치스코는 자신의 뜻을 굽히지 않았습니다. 결국 집안 소송이 벌어졌고, 아버지는 주교 앞에 가서 프란치스코를 고발했습니다. 아버지는 자신의 말을 듣지 않으면 지금 갖고 있는 것도 다 빼앗겠다고 협박했습니다.

그러자 프란치스코는 자신의 물건을 모두 주었고, 심지어 입고 있는 옷마저 아버지가 주신 것이라며 홀딱 벗어서 주었습니다. 이렇게 모든 것을 내어놓으며 가난을 실천하는 프란치스코의 모습이 어떻게 알려졌는지, 그의 영성을 배우려는 사람들이 구름같이 몰려들었습니다.

많은 사람들이 모여들자 프란치스코는 수도회로서 정식으로 인정받기 위해 1210년에 인노첸시오 3세 교황을 찾아갔습니다. 하지만 교황은 발도파와 카타리파가 성직자들을 비난하고 있어서 골치가 아픈 마당에, 또 가난을 실천하겠다고 프란치스코가 수많은 사람들을 이끌고 나타나자 기가 막혔습니다. 교황은 제출된 생활 양식이 너무 이상

인노첸시오 3세 교황에게 수도회 설립 인준을 요청하는 프란치스코.

적이고 엄격하다는 이유로 회칙 인준을 매몰차게 거절했습니다.

그런데 그날 밤부터 교황이 악몽에 시달리기 시작했습니다. 교회가 막 무너져 내리는 것이었습니다. 그때 무너져 내리는 교회를 자신의 어깨로 딱 받치는 사람이 나타났는데, 깜짝 놀라서 쳐다보았더니 자신이 내쳤던 프란치스코였던 것입니다. 꿈에서 깬 교황은 프란치스코가 수도회 회칙이라고 써서 가져온 것을 쭉 읽어 보았는데, 다른 자질구레한 내용 없이 오직 성경의 핵심적인 구절들 위주로 정리되어 있었습니다. "네가 완전한 사람이 되려거든, 가서 너의 재산을 팔아 가난한 이들에게 주어라."(마태 19,21), "길을 떠날 때에 아무것도 가져가지 마라."(루카 9,3)와 같은 성경 구절들로만 가득 차, 수도 규칙으로는 정식 인준을 받지 못했고, '생활 양식'을 구두로 인준해 주었습니다.

프란치스코는 1223년에 다시 회칙을 작성한 후 총회의 검토를 거쳐서 호노리오 3세 교황을 찾아갔습니다. 이때 들고 간, 12장으로 축약된 '작은 형제회'의 수도 규칙에는 청빈과 정결, 십자가와 수난 등의 핵심 내용이 담긴 성경 구절들이 잘 정리되어 있었습니다. 결국 교황은 수도 규칙을 인준해 주었습니다.

그 이후부터 여러 신비 체험이 나오지만 여기서 다 이야기하기는 어렵고, 대신에 프란치스코의 생애를 다룬 헤르만 헤세의 소설 《성 프란치스코의 생애》를 추천하고 싶습니다. 그러나 문화사적으로는 제가 이야기하고 싶은 것이 하나 있습니다. 성탄절을 앞두고 성탄 구유를 예쁘게 꾸미고 장식하는 일을 누가 맨 처음에 했을까요? 바로 프란치스코입니다. 마구간에서 태어나 자신의 몸조차 편히 누일 곳이 없었던 가난한 예수님을 따르겠다는 결심을, 교육을 받지 못한 사람들이 성탄 구유만 봐도 알 수 있도록 하기 위해 만든 것이었습니다.

프란치스코는 날아다니는 새들과 말을 했다는 유명한 이야기도 있습니다. 프란치스코가 얼마나 평화로운 기운을 풍겼으면 미물로 여기는 동물들조차 그를 따랐을까요? 이 사람은 자신을 해치지 않을 것임을

환시를 본 후 오상을 받는 프란치스코.

느꼈는지 새들이 찾아와서 마치 대화를 나누는 것 같은 모습을 보였다고 합니다.

그러던 어느 날, 프란치스코는 신비로운 형상을 보게 되었습니다. '커룹(케루빔)'이라고 하는 날개가 여섯 개인 천사로부터 어떤 밝은 빛이 비추어 나오는 것 같았습니다. 이 형상을 보고 프란치스코는 고통을 느꼈는데, 고통을 느낀 부분이 예수님의 오상, 즉 예수님의 다섯 군데의 상처였습니다. 프란치스코가 얼마나 예수님을 따르고 싶었으면 그 고통까지도 모두 받았을까요? 그는 고통에도 불구하고 열정적인 설교를 멈추지 않았습니다. 후에 프란치스코가 남긴 작은 밀알은 많은 열매를 맺게 됩니다. 작은 형제회, 꼰벤뚜알 프란치스코 수도회, 카푸친 작은 형제회 등 그의 영성을 따르는 다양한 수도회가 생겨나 지금도 활동하고 있습니다.

프란치스코를 가장 괴롭혔던 질병은 안질이었는데, 눈에 통증이 오고 점점 시력을 잃어 가는 중에도 그는 찬양하는 노래를 부르면서 고통을 견뎌 냈습니다. 〈태양의 노래〉라고 많이들 들어 보았을 텐데, 태양, 달 등 천체 하나하나를 찬양하고, 공기와 물 혹은 불 등 지구를 이루는 것들을 찬양하는 아름다운 기도를 바치는 노래입니다.

십자군 전쟁에서 사람들이 분노를 폭력으로 표출하며 해결하려고 할 때, 그리고 잘못을 지탄하고 비난하는 것으로 끝내고자 할 때, 프란치스코는 용서가 얼마나 중요하고 소중한지 가르쳐 주었습니다. 〈태양의 노래〉에도 이러한 용서와 화해가 나타나 있습니다.

모든 인간들에게 가장 화해하기 힘든 것이 있다면 무엇일까요? 아마도 죽음일 것입니다. 죽음을 목전에 두고 있음에도 불구하고 프란치스코는 〈태양의 노래〉 마지막 부분에서 육체의 죽음과도 화해합니다. 그리고 1226년에 그는 '자매인 죽음'을 맞이하며 세상을 떠났습니다.

이번 강의를 보고 마음이 아픈 이들이 있을지 모르겠습니다. 그리스도의 이름을 걸고 나간 십자군 전쟁에서 잔혹한 일들이 벌어졌기 때문에 말이지요. 좋은 것만 보고 싶은 것이 사람의 마음이니 십자군 전쟁 같은 것은 외면하고 싶을 것입니다. 그럼에도 굳이 이렇게 이야기한 이유는 잘못된 역사를 똑바로 직시해야만 같은 실수를 반복하지 않을 수 있기 때문입니다. 우리는 십자군 전쟁을 통해 하느님을 목적으로서 사랑해야 하며, 전쟁의 합리화 등 다른 목적을 달성하기 위한 수단으로 사용하지 말아야 한다는 점을 느낄 수 있습니다.

가난을 외면하고 부를 추구해서 복음과 사랑이 메마른 교회의 역사가 지속될 수도 있었지만, 가뭄에 내리는 단비처럼 프란치스코가 나타나서 복음의 기쁨과 평화를 전해 주었습니다. 프란치스코 교황이 왜 프란치스코라는 이름을 썼는지 느낌이 오지 않습니까? 가난에 다가가기 위해 노력하고 실천하는 교회의 모습을 만드는 것은 지금도 우리의 몫으로 남아 있습니다.

제18강

이슬람 문화와 아리스토텔레스

중세에서 가장 화려했던 시기로 들어가 볼까요? 그 한복판에는 토마스 아퀴나스가 있습니다. 그런데 토마스 아퀴나스를 잘 이해하기 위해서는 그 배경을 알아야 할 필요가 있습니다. 따라서 이번 강의에서는 이슬람 문화 그리고 아리스토텔레스가 토마스 아퀴나스와 어떤 연관이 있고 어떤 영향을 미쳤는지 살펴보겠습니다.

서양 철학의 두 기둥, 플라톤과 아리스토텔레스

아리스토텔레스는 플라톤과 함께 고대 그리스 철학을 이루는 기둥입니다.

다음 쪽의 그림은 라파엘로의 그 유명한 〈아테네 학당〉입니다. 이 그림에서 가운데에 있는 두 사람을 주목하길 바랍니다. 이 두 사람이 바로 **플라톤**(기원전 427년경~기원전 347년)과 **아리스토텔레스**(기원전 384년경~

시스티나 성당에 있는 라파엘로의 〈아테네 학당〉.

기원전 322년)입니다. 누가 플라톤이고 누가 아리스토텔레스일까요? 그것은 왼손에 들고 있는 책과 오른손 모양을 보면 알 수 있습니다.

《티마이오스Timaios》라는 책을 든 사람은 손가락으로 위를 가리키고 있습니다. 반면에 《에티카Etica》라는 책을 든 사람은 손바닥을 아래로 향하고 있습니다. 손가락으로 하늘을 가리키는 사람이 플라톤, 반대로 손바닥을 땅으로 향한 사람은 아리스토텔레스입니다. 아리스토텔레스는 플라톤의 제자였지만, 사상적인 면에서는 스승과 의견을 달리했습니다. 플라톤은 저 너머 이데아의 세계에 주목하라고 외쳤습니다. 이데아만이 영원불멸한 세계이고 참된 진리를 얻을 수 있는 곳이라는 것이었지요. 하지만 아리스토텔레스는 이에 동의하지 않았습니다. 아

그리스의 대표적인 철학자, 플라톤과 아리스토텔레스.

리스토텔레스에게 중요한 것은 자신이 관찰하고 있는 현실 세계였습니다. 즉 그에게는 자신의 손바닥이 향한 이 땅, 지금 발을 딛고 서 있는 이 자연 세계야말로 무시할 수 없는 진리처럼 여겨졌습니다.

플라톤과 아리스토텔레스는 서로 공유하는 부분도 있고 차이를 보이는 부분도 있지만, 분명한 것은 두 사람 모두 서구 사상사에 커다란 영향을 끼쳤다는 사실입니다. 플라톤의 뒤를 따라서 그의 의견을 수정하고 보완한 **신플라톤주의**가 나타났습니다. 앞에서 아우구스티누스가 신플라톤주의를 통해 그리스도교를 해명하려고 했던 모습을 살펴본 적이 있었지요. 플라톤을 따르는 흐름은 계속 계승되고 발전되었습니다.

그렇다면 아리스토텔레스는 어땠을까요? 안타깝게도 수백 년이나 되는 긴 시간 동안 아리스토텔레스는 잊혔습니다. 그의 책들 중 많은 부분이 소실되기도 했지요. 아리스토텔레스가 플라톤보다 덜 훌륭해서 그런 것인가 보다 할 수도 있지만, 그것은 결코 아니었습니다. 아리스토텔레스는 인류 역사상 가장 많은 지식을 보유했던 사람이었습니다. "소크라테스는 사람이다. 사람은 죽는다. 그러므로 소크라테스는 죽는다."라는 삼단논법을 접한 적이 있지요? 삼단논법은 논리학 분야 중 하나인데, 이 논리학을 최초로 만든 사람이 바로 아리스토텔레스였습니다. 그는 자연 과학 분야에서도 뛰어난 능력을 보였고, 듣기만 해도 어려울 것 같은 형이상학 분야를 발전시켰으며, 앞서 라파엘로의 그림에서 등장한 《윤리학》(에티카)을 집필했습니다. 그것뿐만이 아닙니다. 정치학과 수사학, 그리고 시학 등 여러 분야에서 두각을 나타냈습니다. 대학으로 치자면 인문 과학 대학장, 사회 과학 대학장, 자연 과학 대학장, 경영 대학장 등을 혼자서 다 하고 있는 대단한 학자였습니다.

그런데 안타깝게도 플라톤의 경우와는 달리 아리스토텔레스의 제자들은 그리 뛰어나지 못했습니다. 플라톤의 제자들이 있던 아카데미아는 무려 900년이나 이어져 왔지만, 아리스토텔레스의 제자들이 모인 페리파토스 학파는 사라졌으며 심지어 그들은 스승인 아리스토텔레스의 책들조차 제대로 보존하지 못했습니다. 그의 책들은 여기저기 흩어졌습니다.

다행스럽게도 시간이 꽤 흐른 후, 《철학의 위안》의 저자이기도 한 보에티우스(제12강 참조)가 아리스토텔레스의 책들을 라틴어로 번역했습니다. 만약 보에티우스가 오래 살았다면 더 많은 책들이 번역될 수 있었을 테지만, 44세의 이른 나이에 세상을 뜨는 바람에 논리학과 관련된 책 두 권만 번역되었습니다. 그렇게 서방에서 논리학 책만 읽히다 보니 아리스토텔레스는 논리학자로서만 알려지게 되었습니다.

아랍 문화 발전에 기여한 아리스토텔레스의 책

그런데 정작 아리스토텔레스라는 천재의 책을 열심히 읽고 공부했던 사람은 서방 사람들이 아니라 동방에 있던 아랍인들, 즉 이슬람 세력이었습니다.

지도를 보면 당시에 이슬람 세력이 얼마나 넓은 지역을 점령했는지

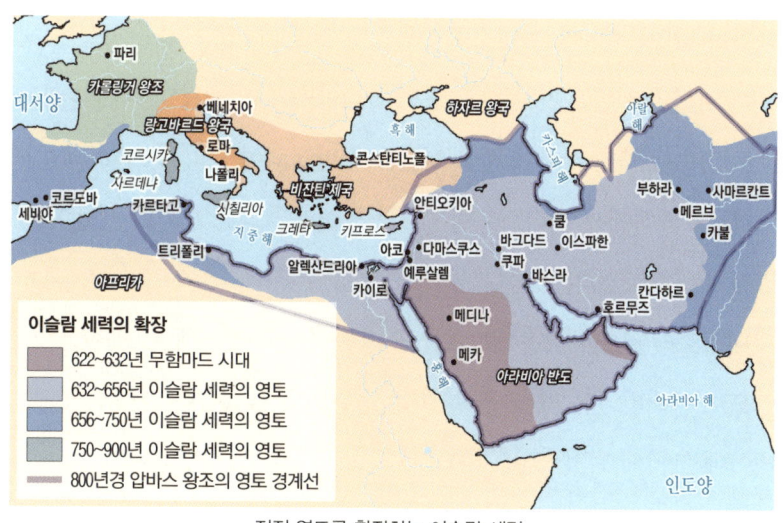

점점 영토를 확장하는 이슬람 세력.

이슬람 사람들이 묘사한 아리스토텔레스.

알 수 있습니다. 그들은 스페인의 피레네 산맥과 이탈리아 남부의 시칠리아 섬을 점령했고, 그리스도교의 핵심 지역까지 차지했습니다. 단순히 정치적인 목적으로 점령한 것이었는데, 뜻하지 않게 문화적인 보물을 얻게 되었습니다. 알렉산드리아나 안티오키아에 축적되어 있던 그리스-로마 문화라는 보물을 손에 쥐게 된 것입니다. 이를 계기로 갑자기 이슬람 문화 수준이 매우 높아졌습니다.

그리스도교 쪽에서도 아리스토텔레스의 책의 중요성을 깨달은 사람들이 있었는데, 바로 네스토리우스파(제6강 참조)였습니다. 그들은 굉장히 지적인 사람들이었는데, 성모 마리아를 '그리스도의 어머니'라고 부르자며 논쟁을 벌이다 결국 이단으로 판정되어 도망을 가게 되었습니다. 그 과정에서 아리스토텔레스의 책들과 그리스의 과학 책들이 시리아 지역으로 옮겨 갔습니다.

네스토리우스파 다음에는 단성론자들이 나타났는데, 그들 또한 이단으로 단죄받았을 때 책을 한 아름 들고 피신했습니다. 이 책들은 시리아에 모이게 되었으며, 그곳에서 시리아어로 번역되었습니다.

이렇게 아리스토텔레스의 책들의 그리스어 원본과 시리아어로 번역된 책들이 남아 있었는데, 이 지역에 들어온 이슬람 세력이 이 책을 발견하고, 이 책들이 굉장히 중요하다는 것을 인식했습니다. 때마침 알 마문Al-Ma'mun이라는 이슬람 압바스 왕조의 칼리프(정치와 권력을 아울러 갖는 이슬람교의 지배자를 이르는 말)가 바그다드에 '지혜의 집'을 지었는데, 우리나라의 세종대왕이 지은 집현전에 해당된다고 보면 됩니다.

알 마문은 이렇게 대규모의 학문 기관을 바그다드에 짓고, 그리스어나 시리아어로 되어 있던 책들을 당시의 통용어였던 아랍어로 모두 번역하라는 명을 내렸습니다. 그리하여 아리스토텔레스의 책, 과학과 관련된 그리스의 책들도 아랍어로 번역되었고, 바그다드에 있는 지혜의 집은 최고의 공립 도서관으로서 자리 잡았습니다. 값비싼 양피지 두루마리에 아리스토텔레스의 책들의 아랍어 번역판이 차곡차곡 쌓였습니다.

전설에 따르면 당시에 번역자들을 매우 우대했다고 하는데요, 양피지를 가져오면 양피지에 기록된 번역을 쭉 검토한 다음, 저울 한쪽에 올려놓았습니다. 그리고 그 무게를 달아 저울의 다른 한쪽에 금을 얹어 주었다고 합니다.

이제 아랍인들은 아랍어로 아리스토텔레스의 책들을 읽을 수 있게 되었습니다. 외국어가 아닌 모국어로 읽는 만큼 자세히 들여다볼 수 있게 된 것이지요. 별다른 문화가 없었던 이슬람권이 이렇게 그리스 과학과 문화를 받아들이면서 폭발적인 발전을 이루어 나갑니다.

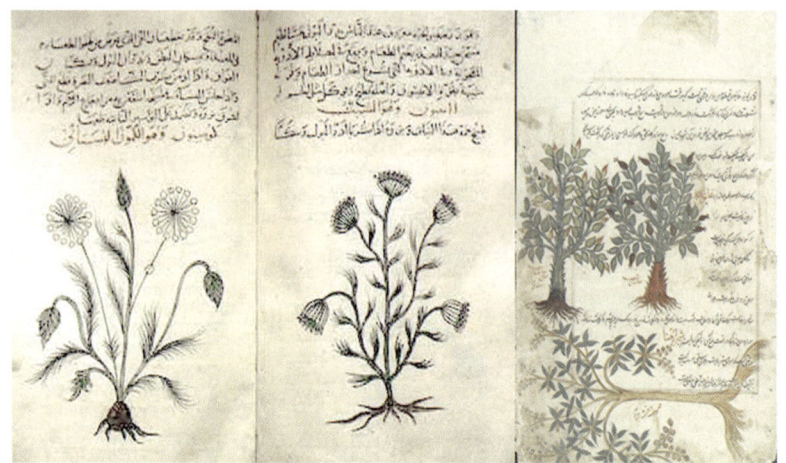

아랍의 《식물도감》에 표현된 식물 그림.

위 사진을 보면 아랍의 《식물도감》의 모습이 나와 있습니다. 양피지에 하나하나 정확히 그려 넣었는데 아랍에서 자라지 않는 식물들의 모습도 보입니다. 아리스토텔레스가 관찰하고 그려 넣었던 식물들도 포함되어 있기 때문입니다. 그만큼 아리스토텔레스의 책들에 대한 관심이 컸던 것이지요.

아리스토텔레스의 아버지는 의사였는데, 아리스토텔레스도 그 영향을 받았고, 그런 그의 책을 연구하다 보니 의학적인 면에서도 진보할 수 있었습니다. 요즘에는 개인 병원보다는 여러 분야가 합쳐진 대형 병원을 선호하는 경향이 큰데, 각 의료 분야를 모아 최초로 종합 병원 시스템을 만든 것도 아랍인이었습니다. 게다가 아비센나Avicenna라는 학자가 쓴 《의학정전》이라는 책은 여러 의과 대학에서 교과서로 쓰

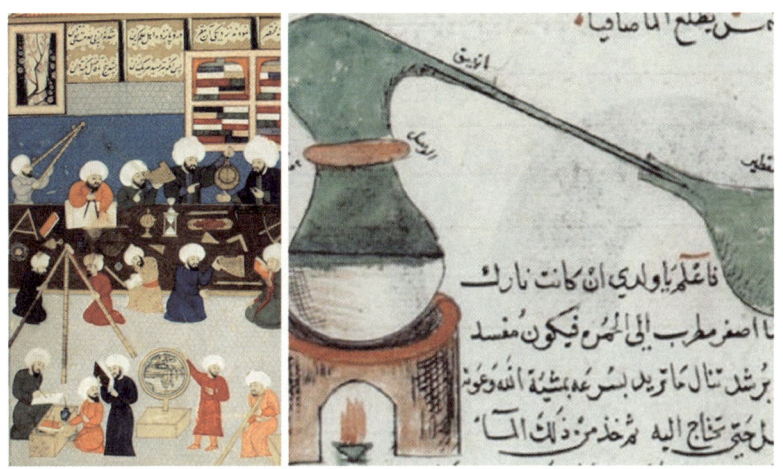

이슬람의 천문학과 화학을 표현한 그림.

일 정도였습니다.

또한 아랍인들 사이에서 화학도 발달했습니다. '연금술Alchemy'이라고 들어 보았을 것입니다. 터무니없어 보이지만, 당시에 연금술이 유행하면서 금을 만들기 위한 여러 가지 시도를 했고, 그렇다 보니 화학이 발달하게 된 것입니다. 우리가 학교에서 화학 시간에 배우는 알루미늄, 알칼리 그리고 아저씨들이 좋아하는 알코올도 글자를 들여다보면 앞에 '알AL'이 붙어 있습니다. 이는 이 단어들이 아랍으로부터 넘어왔음을 보여 주는 것입니다. 그것뿐만 아니라 요즘 사람들이 무척 좋아하는 커피, 그리고 레몬도 아랍에서 왔습니다.

저는 아랍의 천문학 수준을 보고 굉장히 놀랐는데요, 천문학은 기하학적인 토대가 잡혀 있지 않으면 발달하기 어려운데, 아랍인들은 천문학을 놀라울 정도의 수준으로 끌어올렸습니다. 현대처럼 첨단 기술을 갖춘 과학 측정 도구가 즐비했던 것도 아니었는데, 당시의 아랍인들은 오차 몇 퍼센트 이내로 거의 완벽하게 지구의 둘레가 약 4만 킬로미터임을 측정했습니다.

아랍의 천문 도구, 아스트롤라비움.

아랍인들이 만든 아스트롤라비움Astrolabium이라는 도구가 있는데, 별들의 위치를 이 기구에 맞추어 놓으면 자신이 지금 어느 위치에 있는지 파악할 수 있습니다. 놀랍게도 지동설을 주장했던 코페르니쿠스가 사용했던 도구가 바로 아스트롤라비움이었습니다. 아랍인들은 아스트롤라비움을 가지고 해양으로 나가기 시작했습니다.

우리나라 역사에서도 아랍과 연결되는 부분을 찾을 수 있습니다. 짙은 파란색을 보이는 코발트색이나 녹색을 띤 청자색은 아랍으로부터 들어온 염료에서 비롯되었습니다. 당나라를 거쳐서 들어온 것인지, 직접 들어온 것인지 정확히는 알 수 없지만, 아마도 아랍인들은 뛰어난 도구와 항해 기술을 이용하여 우리나라 연안까지 들어옴으로써 자신들의 발전된 문화를 전파할 수 있었을 것이라 추측해 봅니다.

쉬어 가기

아랍의 뛰어난 건축 문화

아랍의 뛰어난 건축 문화를 직접 볼 수 있는 곳들을 소개하겠습니다. 예루살렘에 가면 황금빛 돔 모양의 바위 돔 사원이 아름다움을 뽐내는데, 그 내부의 문양들도 아름다워서 황홀한 기분마저 들게 합니다. 터키의 이스탄불에 가면 블루 모스크가 있는데, 인류 최대의 문화유산인 성 소피아 성당과 맞먹을 정도로 큰 규모를 자랑하며, 당시 아랍 건축 기술의 완벽함을 확인할 수 있습니다. 스페인의 그라나다에 가면 알람브라 궁전을 볼 수 있는데, 이것도 아랍 문화를 기초로 하여 발달된 건축 기술을 통해 지어졌습니다. 그 영향으로 〈알람브라 궁전의 추억〉이라는 유명한 기타 연주곡이 탄생했을 정도로 훌륭한 조형미를 보이고 있습니다.

터키 이스탄불의 블루 모스크.

스페인 그라나다의 알람브라 궁전.

　발달된 아랍 문화의 뒤에는 아랍의 철학자들이 있었고, 이들은 아리스토텔레스를 자신들의 스승으로 삼았습니다. 그들은 논리학, 자연학, 형이상학, 윤리학 등 분야를 가리지 않고 아리스토텔레스의 책들을 번역하고 연구했으며 그 과정에서 높은 수준의 문화 발전을 이룰 수 있었습니다. 15세기 이전까지 문화적으로는 동방, 동아시아 지역이 서방보다 우월했음을 서양 학자들도 인정합니다. 문화는 수준이 높은 곳에서 낮은 곳으로 흐르게 되어 있는데, 우리가 익히 알고 있는 나침반이나 화약 같은 것들도 중국에서 발명되어 아랍을 통해 서방으로 넘어간 것들이지요. 9~11세기에 가장 문화가 발달했던 곳은 유럽권이 아니라, 바그다드의 지혜의 집을 중심으로 한 이슬람 세력이 자리한 곳이었습니다.

이슬람교와 아리스토텔레스의 철학

여기서 이슬람교에 대한 오해를 짚고 넘어가겠습니다. 이슬람교라고 하면 '칼이냐 코란이냐' 하고 협박하며 타종교에 대한 싸움을 조장하는 모습을 떠올릴지도 모르겠습니다. 그러나 초기 이슬람교 사람들은 그리스도교나 유대교와 같은 타종교를 부정하지 않았습니다. 물론 약간의 차별은 있었지요. 예컨대 무슬림들은 세금을 내지 않아도 되는데 그리스도교를 믿는 사람들은 세금을 내야 했습니다. 하지만 목숨을 위협하거나 박해하지는 않았습니다. 이후에 십자군 전쟁 등의 일을 겪으면서 타종교, 특히 그리스도교와의 관계가 악화된 것입니다.

초기 이슬람교가 타종교와 사이 좋게 지낸 모습의 증거로 마이모니데스Maimonides라는 유대인을 들 수 있습니다. 그는 이슬람 문화권에서 살았던 사람으로, 유대인이기에 히브리어로 책을 남기기도 했지만 대부분의 책은 아랍어로 저술했습니다. 유대인이면서 이슬람의 주요 언어인 아랍어를 사용한 마이모니데스를 통해 당시에 종교 간의 큰 갈등이 없었음을 알 수 있습니다.

한편, 이슬람교의 학자들은 아리스토텔레스의 책들에 대한 연구를 계속해 나갔습니다. 그런데 그러한 연구가 계속되면서 서서히 이성을 중요시하는 입장과 신앙을 중요시하는 입장 간의 충돌이 나타나기 시

이슬람 신학자, 알 가잘리.

작했습니다.

이미 전 강의들에서 이성과 신앙 사이의 충돌에 대해 살펴보았지요. 아랍에서도 이와 비슷한 일이 벌어졌습니다. 적을 무너뜨리려면 적을 알아야 된다고 하지 않습니까? 테르툴리아누스가 철학자들을 반박하기 위해 철학 공부를 열심히 했던 것처럼, 아랍에서도 알 가잘리Al-Ghazali(1058~1111년)라는 신학자가 철학자들의 생각에 모순이 있음을 증명하기 위해 열심히 철학 공부를 했습니다.

그는 《철학자들의 모순Tahafut al-Falasifa》이라는 책도 썼는데, 이 책을 보면 마치 훌륭한 철학자가 쓴 것처럼 논리학이 굉장히 잘 정리되어 있습니다. 나중에 이 책이 서방에서 라틴어로 번역되었을 때, 사람들이 알 가잘리를 철학자로 착각할 정도였습니다. 하지만 알 가잘리는 신학자였습니다. 철학자들이 이성적인 내용을 들여와서 이슬람의 신학을 위협한다는 의미에서 통렬한 반박문을 썼던 것이지요. 상황이 이러하자, 이슬람 안에서도 철학자와 신학자의 관계가 악화되기 시작했습니다. 그런데 신학 쪽에 알 가잘리가 있었다고 한다면, 반대로 철학 쪽에서 한 인물이 혜성같이 등장합니다.

바로 이븐 루시드, 서방에서는 아베로에스Averroës(1126~1198년)라고 불리는 사람입니다. 지금까지 아리스토텔레스에 대한 이야기를 들으면서 이참에 아리스토텔레스의 책이나 한번 읽어 볼까 생각할 수 있는데, 결코 쉽지 않습니다. 아리스토텔레스의 책들은 그 내용이 굉장히 어려워서 전문가들 사이에서도 의견을 달리하며 헤

이슬람 주석가, 아베로에스.

맬 때가 많습니다. 그렇다 보니 아리스토텔레스의 책들을 해석하고 풀이하는 주해서가 등장했습니다.

　아리스토텔레스의 책들을 가장 꼼꼼하게 잘 주해했던 사람이 바로 아베로에스였습니다. 아베로에스는 책의 몇 배가 되는 분량으로 주해서를 썼는데, 사람들이 너무 길다고 줄여 달라고 하면 요약까지 해 줬습니다. 아리스토텔레스의 거의 모든 작품에 대해 주해를 하다 보니, 아베로에스의 이름 앞에는 항상 '주석가Commentator'라는 이름이 따라다녔습니다. 누군가 '주석가'라고 하면 바로 아베로에스를 의미한다고 봐도 좋을 정도였습니다. 그토록 열정적으로 주해를 할 수 있었던 힘은 아리스토텔레스를 존경하는 마음에서 나온 것이었습니다. 아베로에스는 아리스토텔레스야말로 '지성의 화신이요, 진리를 가르치는 최

고의 스승'이라고 생각했습니다.

그러나 이 때문에 아베로에스는 다른 무슬림들로부터 비난받았습니다. '그렇다면 코란은 어떤 역할을 하는가?' 하는 반론이 제기되었던 것이지요. 그는 아리스토텔레스의 책이 어려우니 이것을 이해하지 못하는 사람들을 위해서 비유와 설화 등으로 설명한 것이 이슬람 신학이라고 대답했습니다. 즉 이슬람 신학은 진리의 보급판으로서 있다는 것입니다.

신학자들은 이슬람 신학의 모든 것이 코란에 있고 이것이야말로 진리의 기준이라고 생각하고 있었습니다. 그런데 아베로에스가 코란을 고작 보급판으로 취급하니 기분이 좋을 리 없었습니다. 아베로에스는 스페인 코르도바의 대법관이었는데, 그에게 화가 난 사람들이 찾아와서 시위하고 침도 뱉었다고 합니다. 저는 코르도바에서 성벽 바깥에 세워진 아베로에스의 동상을 본 적이 있습니다. 책에서 봤을 때는 분명히 코가 있었는데, 직접 가서 보니 코가 없어져서 놀랐던 기억이 있습니다. 그만큼 아베로에스가 모욕을 당했음을 이 동상에서 가늠할 수 있었습니다.

그런데 자유롭게 토론하던 문화가 발달했던 코르도바 지역에 엄격한 무슬림들이 들어왔고, 이들은 철학을 강조하는 아베로에스의 책들을 불태워 버렸습니다. 이슬람 학문의 전성기는 여기서 끝이 났습니다. 하루아침에 신학 중심주의로 되돌아간 것입니다. 그때부터 곤두박질치면서 이슬람에서는 더 이상 학문적으로나 문화적으로 눈에 띄는 발전을 볼 수 없게 되었습니다.

한때 이슬람에서 꽃피웠던 학문이 왜 쇠퇴하게 되었을까요? 이슬람의 보수적인 종교 세력들은 서방에서 '철학은 신학의 시녀'라고 주장한 반변증론자들과 비슷했습니다. 자연 과학 등 모든 것은 신학자들의 명령에 따라 탐구되어야 한다고 했고, 그러다 보니 이제 과학은 그 자체로서 독립적인 가치를 지니지 못하게 되었습니다.

또 다른 문제도 있었는데, 이슬람교를 믿는 사람들 안에서 내분이 발생하여 서로 싸우면서, 그때 축적해 두었던 부를 전쟁에 다 쓰고 말았습니다. 게다가 한때는 아리스토텔레스의 책을 아랍어로 번역하면 금을 얹어 줬을 만큼 학자들이 좋은 대우를 받았는데, 이제 상황이 뒤집혀서 학자에게 쌀 한 톨도 주지 않았습니다. 학문을 연구하는 학자들의 생계가 위협받게 되었고, 더 이상 연구를 지속할 수 없게 된 것입니다. 이렇게 이슬람 학문이 쇠퇴하면서 아리스토텔레스의 모든 작품들이 영영 자취를 감출 것만 같았습니다.

서방 세계에서 이루어진 아리스토텔레스의 재발견

그런데 놀랍게도 아리스토텔레스의 책들이 서방 세계로 넘어가게 되었습니다. 12세기 초반 이전에는 그의 책 중에서 《범주론 Categoriae》과 《명제론 De Interpretatione》이라는 책 두 권만 알려져 있었습니다. 사실 서방에서 아리스토텔레스의 책에 유독 관심을 보였던 사상가들이 있었습니다. 엘로이즈와 사랑에 빠지며 스캔들을 일으켰으나,《그렇다와 아니다》를 썼고, 날카로운 사상가로서의 측면을 보인 아벨라르두스, 그리고 그의 제자들이 아리스토텔레스의 책을 읽고 연구했습니다. 그런데 그들이 책을 읽다 보니 왠지 더 많은 책들이 있는 것 같은 느낌을 받았습니다. "내가 전에 써 놓았던 책에서 말한 것처럼" 또는 "내가 《자연학》이라는 책에서 상세하게 이야기했듯이" 등으로 아리스토텔레스가 저술한 또 다른 책들의 존재를 암시하는 구절이 있었기 때문입니다.

그런데 아리스토텔레스의 책을 아무리 찾아봐도 《범주론》과 《명제론》두 권밖에 없었습니다. 그럴 때 학자들은 어떻게든 찾아서 읽고 싶어 하기 마련이지요. 아벨라르두스와 그의 제자들 등 뛰어난 스콜라 학자들이 아리스토텔레스의 다른 책들을 수소문하며 찾아다녔습니다. 심지어 아리스토텔레스의 책에다 현상금까지 내걸었고, 드디어 아리스토텔레스의 책들이 집중적으로 발견된 지역을 찾아냈습니다. 그곳은 바로 스페인 중부와 이탈리아 남부 그리고 시칠리아 섬 쪽이었습니다.

왜 그랬을까요? 여기가 한때 이슬람 세력이 점령했던 곳이기 때문입니다. 앞서 말했듯이 이슬람 쪽에서는 아리스토텔레스의 책들을 아랍어로 번역하며 활발하게 연구했습니다. 그런데 나중에 그리스도교 세력이 강해지면서 이곳의 이슬람 세력을 전부 몰아냈고, 유럽 세계에서는 스페인 남부의 안달루시아 지역을 제외하고 거의 다 그리스도교 세력으로 돌아왔습니다. 그리고 이슬람이 점령했던 그 지역을 여행한 사람들에 의해 아리스토텔레스의 책들이 발견된 것입니다.

그토록 찾던 아리스토텔레스의 책들을 접한 학자들은 기뻐했습니다. 그런데 책을 딱 펼치자 난감한 상황이 벌어졌습니다. 책이 아랍어로 적혀 있어서 도저히 읽을 수가 없었기 때문입니다. 원본은 놔두고 그만 아랍어 번역본을 들고 왔던 것이지요. 이렇게 아랍어로 쓰인 책들이 먼저 퍼져 나갔고, 이후에 번역 작업이 이루어졌습니다. 익숙하게 알고 있던 논리학 분야의 책이 가장 먼저 번역되었고, 점점 다른 분야로 넓혀 가면서 아리스토텔레스의 책들이 전체적으로 번역되었습니다. 논리학 분야의 책 두 권만 읽다가 다른 책들도 읽기 시작한 사람들은 아리스토텔레스의 진정한 면모를 깨닫고 놀랐습니다. 논리학자인 줄 알았는데 다방면에서 천재였고, 그의 책들에 담긴 지식과 깊이가 대단했던 것이지요. 번역이 이루어질수록 거인으로서의 아리스토

시기	번역된 저서	특징
1120년 이전	《범주론》과 《명제론》, 포르피리오스의 《이사고게》	구 논리학
1120~1150년	《분석론 전편》과 《토피카》의 한 부분, 《소피스트 논박》	신 논리학 일부
1150~1200년	《분석론 후편》·《토피카》·《소피스트 논박》, 《자연학》과 《영혼론》, 자연 과학적인 저작들의 일부, 《형이상학》	신 논리학 전체 자연학 형이상학 등

아리스토텔레스의 책들이 번역된 시기.

텔레스 모습이 서서히 드러났고, 그의 책에 숨어 있던 엄청난 지식의 보화들이 발견되었습니다.

이슬람에서는 아랍어가 통용되었지만, 서방에서는 라틴어로 읽고 썼습니다. 그래서 12세기 정도부터 아랍어로 쓰인 책들을 라틴어로 옮겨 쓰는 운동이 일어났습니다. 주로 실용적인 분야와 관련하여, 예컨대 천문학이나 의학, 점성학, 기하학 등의 분야의 책들을 먼저 번역했습니다. 당시 학문을 가르치는 일은 수도원에서 많은 지원을 했는데, 그렇다 보니 아리스토텔레스의 책들을 라틴어로 번역하는 일도 수도원을 중심으로 이루어졌습니다.

이런 학문적인 지원과 도움으로 왕들도 점차 번역에 관심을 보이기 시작했고, 급기야 신성 로마 제국의 프리드리히 2세 황제는 번역자들을 모았습니다. 프리드리히 2세 황제는 어머니가 노르만계 시칠리아 왕이었기에, 상속에 의해 시칠리아 왕국도 지배했습니다. 그래서 신성 로마 제국의 왕궁이 시칠리아 섬에 있었지요. 그곳은 과거에 이슬람이 점령했던 곳이었기에 아리스토텔레스의 책을 구하기가 쉬웠습니다. 그래서 아리스토텔레스의 책들을 모아서 번역하기에 그곳이 제격이었던 것입니다.

저도 번역하는 일을 많이 해서 그것이 얼마나 고생스러운지 잘 알고 있습니다. 그래서 번역가 중에 제가 존경하는 인물 한 명을 소개하고자 합니다. 바로 모에르베케의 윌리엄William of Moerbeke(1215~1286년)입니다. 사실 우리가 잘 아는 토마스 아퀴나스도 이 사람의 도움을 굉장히 많이 받았습니다. 모에르베케의 윌리엄 같은 뛰어난 번역자의 도움으로 그리스어나 아랍어를 잘 모르던 토마스 아퀴나스가 아리스토텔레스의 책, 그리고 그에 대한 아베로에스의 주해서들을 다 읽을 수 있었습니다. 그리고 여기서 얻은 지식으로 그는 최고의 스콜라 학자가 될 수 있었습니다.

　이번 강의가 그리스도교와 별로 관련된 것 같지 않다는 느낌이 들 수도 있습니다. 그런데도 이야기한 이유는, 아우구스티누스가 받아들였던 플라톤 사상과 양대 산맥을 이룰 정도로 아리스토텔레스 사상이 그리스도교를 변화시켰기 때문입니다. 그러다 보니 그리스도교와 아리스토텔레스 사상 사이에 충돌이 일어나기도 했습니다. 이것을 잘 이해하기 위해서라도 아리스토텔레스와 관련된 배경지식을 알아 둘 필요가 있습니다.

　문화적인 측면에서 볼 때 상당히 흥미로운 부분이 있습니다. 과거에 필사를 주도해 왔던 것은 베네딕도 수도회였습니다. 그런데 이제는 다양한 수도원에서 필사에 참여했습니다. 앞서 도미니코회와 프란치스코회라는 두 탁발 수도회를 소개했지요? 도미니코회는 설교를 위해서 학문을 공부하는 수도회였습니다. 반면에 프란치스코회는 그렇지 않았습니다. 아시시의 프란치스코는 공부하는 것을 탐탁지 않게 여겼습니다. 겸손이 가장 중요한 덕목인데 보통 공부 좀 한다는 사람들은 자신이 세상에서 제일 잘난 줄 알고 거만해지기 쉽기 때문이었지요. 그런데 아리스토텔레스의 책들이 등장한 후, 더 이상 공부를 하지 않

중세 수도원의 필사자.

고서는 이 시대의 표지를 따라가지 못한다는 분위기가 형성되었습니다. 그다음부터는 프란치스코회에서도 훌륭한 학자들이 여러 명 배출됩니다.

그런데 탁발 수도회는 이른바 거지 수도회였기에 공부하고 싶어도 비싼 책을 살 수가 없었습니다. 그래서 수사들이 일일이 책의 내용을 필사하면서 공부할 책을 마련했습니다. 어떤 수사들은 책의 내용도 모르면서 계속 필사를 했다고 합니다. 본인은 공부가 되지 않음을 알면서도 두꺼운 책 베끼는 작업을 지속했던 것은 동료나 후배 수사들을 위한 것이었습니다. 자신이 열심히 필사를 해서 완성된 책을 통해 동료나 후배 수사들이 읽고 공부할 수 있으면 좋겠다는 마음이었던 것입니다. 이렇듯 수도회에서는 뛰어난 철학자, 신학자들을 만들어 내기 위하여 공동체의 힘으로 그들을 열심히 뒤에서 받쳐 주었습니다.

초기에 활발히 벌어진 필사와 번역은 클뤼니 수도원의 원장 페트루스가 지원해 주었습니다. 앞서 아벨라르두스에 대해 이야기할 때, 아벨라르두스와 클레르보의 베르나르두스 사이에서 중재를 섰던 인물이었지요. 다음에는 클레멘스 4세 교황이 필사 및 번역 작업을 지원했습니다. 필사를 하거나 번역하는 것은 굉장히 힘든 일이었지만, 수도원에서는 고생스러운 일도 마다하지 않고 지속적으로 필사를 행하며 문화를 발전시켜 왔습니다.

고생한 필사자들의 수고에 감사를 보내며, 생각해야 할 점을 짚어 보겠습니다. 그리스도교가 가장 먼저 꽃피웠던 곳은 로마 제국의 동쪽이었습니다. 예루살렘, 안티오키아, 알렉산드리아 등에서 말이지요. 그런데 이 지역이 너무 부유해지고 비잔틴 제국의 왕족에게만 관심을 쏟으면서 정작 가난한 사람들에게는 베풀지 못하게 되었습니다. 그래서 이슬람 세력이 쳐들어왔을 때 쉽게 무너졌습니다. 그리스도교 지역이 이슬람화되었고, 부패한 비잔틴 제국과 함께 그리스도교가 자취를 감추게 되었습니다.

하지만 완전히 사라진 것은 아니었습니다. 그 중심이 옮겨 가 현재는 남미와 동아시아가 그리스도교가 가장 꽃피우는 곳이 되었습니다. 종교와 문화의 중심은 계속 옮겨 가기 마련입니다. 실제로 로마 제국에 있었던 문화 중심이 아리스토텔레스의 책의 발견과 번역을 통해 아랍으로 넘어가지 않았습니까? 역사를 고찰하다 보면 이러한 부분을 발견할 수 있습니다.

하나만 더 짚어 본다면, 우리는 타종교에 대해 많은 편견을 지니고 있으며, 역사 속에서도 십자군 전쟁 등을 통해 그런 모습을 어렵지 않게 발견할 수 있습니다. 그러나 진정한 의미에서 발달된 세계 종교, 예컨대 그리스도교뿐만이 아니라 이슬람교나 불교 같은 타종교도 인류 문화 발전에 기여했습니다. 그것을 서로 인정하고 존중해야 합니다. 그렇게 했을 때 서로 싸우고 비난하는 것이 아니라, 누가 더 사랑과 자비를 베푸는지, 누가 더 진리를 찾기 위해 노력하는지 등의 선의의 경쟁을 펼칠 수 있을 것입니다.

제19강

아리스토텔레스의 재발견, 교회의 위기 또는 기회?

고대 철학을 이루는 두 기둥인 플라톤과 아리스토텔레스 중에서, 플라톤의 사상은 그리스도교와 어울릴 수 있는 부분이 많다 보니, 오랫동안 이어져 왔습니다. 반면에 아리스토텔레스의 사상은 빛을 발휘하지 못했고, 서구 사상사에서 오랫동안 자취를 감추어 버렸습니다.

그런데 12세기에 아리스토텔레스의 책들이 유럽에 밀려들면서 상황은 달라졌습니다. 아랍의 철학자들을 통해서 번역된 아리스토텔레스의 책들과 그 주해서가 유럽에 퍼지기 시작한 것입니다. 방대한 분량으로 다양한 분야에 걸쳐 쓰인 아리스토텔레스의 책들을 번역하고 연구하면서, 유럽은 학문적 그리고 문화적으로 큰 발전을 이룰 수 있었습니다. 이러한 현상을 **아리스토텔레스의 재발견**이라고 합니다. 아리스토텔레스의 사상이 인기를 끌었던 것은 기존에 연구되던 플라톤과는 달리 새롭게 발견되어 연구가 활발하게 일어난 것에서 기인합니다.

그런데 다른 한편에서는 아리스토텔레스의 책에 대한 강의 금지령이 내려집니다.

예수님을 떠올려 봅시다. 예수님이 예루살렘에 입성하실 때만 해도 사람들이 성지聖枝를 흔들며 환호했습니다. 그런데 그 후 사람들은 예수님을 십자가에 못 박으라고 외치며 돌변했습니다. 이와 비슷하게 처음에 아리스토텔레스의 책들을 보며 열광했던 학자들이 시간이 지나자 갑자기 강한 거부감을 보인 것입니다. 아리스토텔레스의 책들 중 형이상학과 자연 철학에 관한 저서들에 대해 공적으로나 사적으로도 가르치는 것을 금지한다는 명이 떨어졌습니다. 논리학 분야는 기본 중의 기본이었고 성경을 해석하는 데도 필요했기 때문에 금지령에서 제외되었습니다.

한 가지 오해를 막기 위해서 미리 언급할 것이 있습니다. 저는 '강의 금지령'이라고 정확히 표기했지만, 보통은 '금지령'이라고 간략히 표기한 경우를 볼 수 있습니다. 금지령이라고 하면 읽어서는 안 되는 책, 이른바 '빨간책'을 떠올릴 수 있습니다. 따라서 아리스토텔레스의 책들이 완전히 금서禁書로 지정되었다고 착각할 수 있습니다. 하지만 사실은 아직 충분한 비판적 사고 능력을 갖추지 못한 학생들이 아리스토텔레스의 강의를 듣는다면 세계관 혹은 가치관에 혼란을 줄 것 같아서 강의만을 금지했던 것입니다. 충분한 학식과 비판 능력이 있는 교수들은 아리스토텔레스를 연구해도 괜찮다고 생각했습니다.

그렇다면 왜 이런 일이 벌어졌을까요? 새롭게 알려진 아리스토텔레스의 책들이 그리스도교에는 도전으로 다가왔습니다. 비유적으로 이 야기하자면, 처음에는 부드럽고 작은 고양이인 줄 알고 쓰다듬었는데, 점점 덩치가 커져 드러난 얼굴을 보니 호랑이와 같았던 것입니다.

아리스토텔레스의 가르침과 그리스도교 교리의 충돌

도대체 어떤 일이 있었기에 아리스토텔레스 강의 금지령이 내려졌을까요? 그 이유는 다양하지만 세 가지로 압축해 보겠습니다. 먼저 아리스토텔레스의 여러 이론들 중에서 이런 것이 있습니다. 시초부터 질료質料는 항상 존재하고 있습니다. 그런데 거기에 형상이 부여되면서 새로운 물체들이 생겨납니다. 새로운 것을 만드는 데 있어서 그 재료가 되는 세계는 계속해서 존재하고 있었다는 주장을 학자들은 세계 영원성으로 표현했습니다.

비유로 간단히 설명한다면, 판타지 영화에서 종종 흙이나 기타 등등으로 만든 것들에 주문을 걸면 혼이 쏙 들어가 살아서 움직이는 장면을 볼 수 있습니다. 여기서 모양을 만드는 데 쓰인 재료, 예컨대 흙은 질료입니다. 그리고 주문을 통해 부여한 것은 형상입니다. 질료는 재료로 쓰이는데, 아리스토텔레스에 따르면 어떤 것이 만들어지기 위한 재료가 항상 준비되어 있었다는 것입니다.

이것이 그리스도교와 어떻게 충돌을 일으킬까요? 그리스 철학자들도 이 세상이 만들어졌음을 설명해야 했기에 조물주Demiurgos라는 개념을 들여왔지만, 그리스도교에서 생각하는 창조주Creator와는 달랐습니다. 그리스 철학에서 조물주가 하는 역할은 마치 어린아이가 미리 준비된 레고를 조합하여 새로운 것을 만들 듯이, 이미 준비된 재료들로 새롭게 여러 가지를 만드는 것입니다. 준비된 재료로 무언가를 만드는 장인匠人과도 같은 역할이지요.

하지만 아우구스티누스는 '무로부터의 창조'를 말했습니다. 아리스토텔레스의 이론에 따르면 애초에 이미 질료가 되는 것들이 항상 존재해 왔지만, 그리스도교에서는 하느님이 만드시기도 전에 무언가가 이미 존재하고 있었다고는 상상할 수 없었습니다. 그리스도교의 창조주는 무로부터 모든 것을 창조해 내시는 분으로서, 그분의 능력으로 재료가 되는 질료와 형상, 심지어 시간까지 포함하여 모든 것이 만들어집니다.

그런데 아리스토텔레스의 이론에 따라 재료가 처음부터 있게 된다면, 재료가 따로 있고 하느님이 따로 있는 것으로 착각할 여지가 있습니다. 또한 세계가 영원하다고 한다면 굳이 창조주가 나서지 않아도 우연한 기회에 얼마든지 이미 있던 재료에 형상이 합쳐져서 무언가가 만들어질 수도 있습니다. 그리스도교에서는 창조주의 손을 벗어나서 탄생한 것은 아무것도 없어야 하는데, 아리스토텔레스의 세계 영원성 이론에 따르면 그것이 가능하게 되었던 것입니다.

그리스도교의 창조설에서 중요하게 생각하는 부분이 한 가지 더 있습니다. 바로 자유로운 창조입니다. 그리스도교에서의 창조주는 창조를 해야만 해서, 창조를 할 수밖에 없어서 하신 것이 아닙니다. 사랑과 자비로운 마음으로 자유롭게 창조하신 것입니다. 만일에 하느님이 창조를 할 수밖에 없어서 하신 거라면 자연법칙의 필연성이 하느님보다도 더 우위에 놓일 위험이 있습니다. 마치 최고의 권력을 가진 대통령이라고 할지라도 헌법을 따라야 하는 것처럼, 하느님도 자연법칙을 따라야 된다고 말이지요. 그래서 그리스도교에서는 무로부터의 창조뿐만이 아니라 자유로운 창조도 강조하고 있습니다. 하느님이 자유로운 마음으로 재료와 형상, 시간 등 모든 것들을 다 창조했다는 것이 그리스도교의 설명입니다. 하지만 아리스토텔레스의 세계 영원성에 관한 이론은 이것과 충돌을 일으킬 소지가 있었기에 교회와 긴장 관계에 놓였던 것입니다.

두 번째는 단일 지성론單一知性論과 관련한 것입니다. 먼저 아리스토텔레스의 질료 형상론에 대해 다시 한 번 생각해 보겠습니다. 예컨대 인간을 이루는 질료는 몸, 즉 뼈와 살로 이루어진 육체입니다. 그런데 인간이 뼈와 살로 이루어진 것이라고만 한다면 다른 것들과 구별될 수 있을 것 같지 않습니다. 강아지도 뼈와 살로 이루어져 있는 것처럼 말이지요. 무언가 인간을 인간답게 만드는 것이 있는 것 같습니다. 아리스토텔레스는 그것을 형상으로 보았습니다. 식물이 생각을 하지는 않으니까요. 식물은 열심히 자라는 생장혼을 지니고 있습니다. 동물은 주로 감각이 발달되어 있으며 감각혼을 지니고 있습니다. 그렇다면 인간은 어떠할까요? 인간은 이성적으로 생각할 줄 알기 때문에 아리스토텔레스는 인간의 육체에는 이성혼이 결합된다고 보았습니다. 질료가 되는 육체와, 형상이 되는 이성혼이 결합하여 인간을 이룬다는 내용의 질료 형상론이 아리스토텔레스의 중요한 이론 중 하나였습니다.

우리는 흔히 죽으면 인간의 영혼과 육체가 분리될 것이라고 생각합니다. 그런데 아리스토텔레스의 이론에 따르면, 육체가 사라지면 영혼도 묶여서 함께 사라질 것 같다는 느낌이 들지요. 플라톤 사상의 경우는 다릅니다. 플라톤은 영혼이 불멸하다고 생각하며 이데아의 세계를 믿었고, 이것은 그리스도교에서의 내세에 대한 믿음과 영혼이 구원받는 문제와도 연결되는 점이 있습니다. 그러나 아리스토텔레스의 질료 형상론에 따르면 이것이 가능해 보이지 않습니다. 죽음으로 육체가 소멸됨과 동시에 거기에 결합되어 있던 영혼도 소멸되는 것처럼 보이기 때문입니다.

그런데 아리스토텔레스가 지성에 대해서 한 언급을 보면 이와는 조금 다른 느낌을 받을 수 있습니다. 아리스토텔레스는 인간의 지성만큼은 신체의 부위에 특정하게 속하지 않는 것 같다고 언급한 적이 있습니다. 즉 인간의 지성은 육체와 분리될 수 있는 것처럼 보이도록 가능성을 남긴 것이지요. 보는 것은 우리의 눈을 통하여, 맛보는 것은 우리의 혀를 통하여 이루어지지만, 생각하는 것만큼은 어떠한 감각 기관도 필요로 하지 않아서 육체에서 분리될 수 있는 것처럼 보였습니다. 물론 현대 과학자들은 생각이 뇌를 통해서 이루어진다고 말하겠지만 당시에는 그렇게 생각하지 않았습니다. 그래서 아리스토텔레스는 그의 책에 육체가 죽는 순간에 영혼을 포함해 모두 사라질 것 같지만 지성은 잘 모르겠다고 불분명하게 적어 놓았습니다.

아리스토텔레스가 지성에 대해서 확실한 입장을 표명하지 않았기에 지성을 어떻게 바라봐야 하는지와 관련하여 학자들끼리 의견이 분분했습니다. 여러 해석들이 있지만, 아랍의 몇몇 학자들이 제시한 것이 바로 '단일 지성론'이라고 불리는 것입니다. 이 이론에 따르면 죽음의 순간에 지성만큼은 사라지지 않고 저 너머에 있는 우주적인 지성으로 넘어간다고 합니다.

이해하기 쉽게 〈아바타〉라는 영화를 예로 들어 보겠습니다. 영화의 등장인물을 보면 머리끝에 달린 푸른색의 촉수가 생명을 관장하는 거대한 나무와 연결되어 있고, 죽으면 촉수를 통해 그 생명나무가 혼 같은 것을 거두어들이는 장면이 나옵니다. 이와 비슷하게 하나의 우주적인 지성이 있다고 생각해 봅시다. 〈아바타〉에 나오는 것처럼 인간이 죽으면 그의 지성이 우주적인 지성으로 되돌아간다는 것입니다. 살아 있는 동안은 각각 개별적으로 사고하며 살아갑니다. 영화에 빗대어 말하면 하나의 거대한 우주적 지성으로부터 나온 촉수들이 인간들 각각의 머리에 꽂혀서 지성을 전달하는 것이지요. 하지만 죽게 되면 그 지성은 단 하나의, 단일한 우주적인 지성으로 회귀합니다. 왜 단일 지성론이라는 이름이 붙었는지 이해가 되지요? 단일 지성론자의 설명이 꽤 그럴듯해 보이고 매혹적으로 들리지만, 그리스도교와 충돌을 일으키는 부분이 있습니다.

우리가 잘 살다가 우주적인 지성으로 돌아간다는 데 나쁠 것이 뭐가

아리스토텔레스 강의 금지령의 배경.

있는지 의문이 들 수 있습니다. 이해를 돕기 위해 가상의 상황을 만들어 보겠습니다. 최후의 심판 날이 되어 하느님이 미카엘 대천사를 비롯한 천사들을 이끌고 심판장에 오셨습니다. 그리고 심판을 내리겠다며 당차게 입장하셨는데 심판장에 심판받을 사람이 한 명도 없었습니다. 당황하신 하느님이 미카엘 대천사에게 "누구를 구원할지 심판해야 하는데 다 어디로 간 것인가?"라며 물으셨습니다. 그러자 미카엘 대천사가 머쓱해하면서 "모두 우주 지성으로 돌아가 버렸는데요."라고 대답하는 것이었습니다.

무슨 의미일까요? 만약 단일 지성론이 맞는다면 개별적인 잘잘못에 대해 최후의 심판을 내릴 수가 없다는 것입니다. 예컨대 사람을 죽인 누군가에게 "왜 그 사람을 죽일 생각을 했습니까?"라고 물으면 "내가 한 생각이 아닙니다. 우주적 지성의 명령에 따랐을 뿐입니다."라고 답할 수 있게 됩니다. 즉 개인의 잘못이 인정될 수 없는 것입니다. 자신의 고유한 지성을 지닌 인간들이 모두 단일한 우주 지성으로 회귀해 버렸으니 최후의 심판장에 입성하는 자가 아무도 없겠지요. 쉽게 말해 단일 지성론에 따르면 그리스도교의 최후의 심판, 그리고 인간의 구원에 대한 문제가 위협받을 수 있습니다.

세 번째로는 아리스토텔레스에게서 가장 강력한 부분이 자연 과학에 대한 연구였다는 점입니다. 아리스토텔레스가 어렸을 때부터 소의 창자를 가지고 놀았다는 우스갯소리도 있습니다. 그는 관찰력이 굉장히 뛰어났는데 이것저것 관찰해 보니 자연법칙을 벗어나는 것이 없는 것 같았습니다. 그는 자연법칙이야말로 절대적으로 맞는 것이라고 생각했습니다. 절대적인 자연법칙에서 예외가 있을 수 없다면 어떠할까요? 기적과 같은 일은 인정받을 수 없습니다. 홍해가 갈라지는 일도 불가능하고, 예수님이 물 위를 걸으신 일도 거짓말이 됩니다. 자연법칙을 절대화하면 하느님의 섭리와 기적이 불가능해질 것처럼 보였습니다. 그러니 교회에서는 아리스토텔레스의 자연 과학과 형이상학을 가르치는 것을 더 이상 두고 볼 수 없었던 것입니다.

아리스토텔레스 강의 금지령

이런 이유 때문에 결국 아리스토텔레스 강의 금지령이 내려졌습니다. 1210년과 1215년,[1] 그리고 1231년과 1246년에 내려졌습니다. 즉 46년에 걸쳐 금지령이 반복적으로 내려진 것입니다. 왜 그랬을까요? 한 번 혼내서 말을 잘 듣는 아이는 또 혼내지 않습니다. 아리스토텔레스 강의 금지령이 처음부터 잘 지켜졌다면 반복해서 내려질 일은 없었을 것입니다. 그런데 사람에게는 참 이상한 심리가 있습니다. 하지 말라고 하면 더 하고 싶어 하지요. 마치 19세 미만 청소년들이 19금 영화를 더욱 보고 싶어 하듯이 말입니다. 아리스토텔레스 강의 금지령도 비슷했습니다. 왜 아리스토텔레스 강의 금지령이 내려졌는지 궁금해진 사람들이 오히려 아리스토텔레스에게 더 관심을 가지고 책을 찾아 읽기 시작했던 것입니다.

강의 금지령이 지속되는 동안 아리스토텔레스의 책을 읽은 일부 대학 교수들로부터 항의가 들어오기도 했습니다. 그들은 아리스토텔레스의 책들이 전부 위험한 것은 아니며, 자연학과 형이상학에서도 그리스도교에 부합하는 내용이 더 많으므로 교회를 위해서 적극 활용해야 한다고 주장했습니다. 교리를 위협하는 부분은 소수에 불과하며 예외적이라고 하면서 말이지요. 주교들과 대학 총장들이 모여서 검토해 보니 아리스토텔레스의 책에서도 그리스도교에 부합하는 점들을 많이 찾을 수 있었습니다. 그래서 신학 위원회에 아리스토텔레스의 책에서 위험한 부분을 수정 또는 삭제해 달라고 요청했고, 사람들에게는 수정되기 전까지만 아리스토텔레스에 관한 것을 금지하겠다고 알렸습니다. 이렇게 1231년에는 좀 더 완화된 금지령을 적용했습니다.

그런데 아리스토텔레스의 책이 얼마나 중요하면 수정하면서까지 읽으려 하는지 더한 궁금증이 유발되었습니다. 그리하여 아리스토텔레스 부흥 운동이 일어났습니다. 굉장히 많은 사람들이 아리스토텔레스에 대해서 읽고 연구하는 데 열광을 한 것입니다. 이제 더 이상 막으려고 아무리 애를 써도 해결이 안 되는 지경에 이른 것이지요. 드디어 1255년, 파리 대학의 새로운 학사 규정이 발표되었는데 대학에서는 아리스토텔레스의 책들을 가리지 말고 모두 사용하라는 내용이었습니다. 강의 금지령이 내려진 지 50년도 채 되지 않아서 이제 아리스토텔레스의 손목을 채우려 했던 수갑이 풀어졌을 뿐만 아니라, 오히려 권장된 것입니다.

스승 플라톤의 명성에 한참 못 미쳤던 아리스토텔레스의 운명에 변화가 일었습니다. 원래는 '철학자' 하면 바로 플라톤을 떠올렸지만, 13세기 이후에는 아리스토텔레스가 철학자로서 자리 잡았습니다. 예컨대 토마스 아퀴나스의 책에 "철학자는 이렇게 말했다."라는 구절이 있다면, 그 철학자가 누구인지 부연 설명을 하지 않아도 바로 아리스토텔레스로 통했습니다. 아리스토텔레스를 최고의 스승으로서 존경하는 사람들이 많아졌고, 돈이 좀 있는 도서관에서는 값비싼 아리스토텔레스의 책들을 사서 모으기 시작했습니다.

그런데 문제가 있었습니다. 아리스토텔레스의 책이 어려워도 너무 어려웠던 것입니다. 제가 농담 삼아서 불면증 치료에 가장 좋은 책으로 아리스토텔레스의 책을 추천할 정도입니다. 너무 어렵다 보니 좀 더 알기 쉽게 해 주는 주해서가 함께 잘 팔렸습니다. 그중 가장 인기 있는 것은 아랍의 철학자인 아베로에스가 주해한 것이었습니다. '철학자' 하면 아리스토텔레스를 의미하듯이, 어디서 "주석가가 말하기를"

아베로에스의 아리스토텔레스 주해서.

이라는 구절이 나오면 그 주석가는 바로 아베로에스를 의미했습니다.

많은 사람들이 아리스토텔레스의 책과 그에 대한 아베로에스의 주해서를 읽으면서 13세기부터 200년 동안은 그야말로 아리스토텔레스가 지배하는 세계와 같았습니다. 13세기에서 14세기에 가장 많은 필사본이 쏟아져 나온 책이 바로 아리스토텔레스의 책이었습니다. 그만큼 아리스토텔레스가 중요하게 여겨진 것이지요. 1255년에는 대학에서 아리스토텔레스의 책들이 교재로 활용되고 아리스토텔레스에 대한 연구가 폭발적으로 이루어지면서 많은 사람들이 아리스토텔레스에 대해서 이야기하게 되었습니다. 그런데 이야기하는 방식이 동일하지는 않았습니다. 아리스토텔레스를 수용하는 방식에 차이가 있었던 것입니다.

아리스토텔레스 수용 과정에서 나타난 다양한 경향

먼저 아리스토텔레스 강의 금지령에서 볼 수 있었듯이, 아리스토텔레스를 추종하는 흐름으로부터 그리스도교를 보호하려는 경향이 나타났습니다. 이들은 결코 아리스토텔레스를 최고의 스승이자 지혜의 스승으로 인정할 수 없었습니다. 그리스도교에서는 참된 지혜가 성경에서 발견된다고 여겼으며, 이런 참된 지혜를 가르쳐 준 최고의 스승으로서 이미 아우구스티누스가 자리매김하고 있었습니다. 그래서 아리스토텔레스보다 아우구스티누스의 사상이 훨씬 중요하다고 생각했습니다. 그런데 아우구스티누스의 《신국론》이나 《고백록》, 《삼위일체론》 등의 책을 뒤져도 나오지 않는 내용이 있었습니다. 바로 자연학에 대한 내용입니다. 부분적으로는 등장했다고 하더라도 아리스토텔레스의 뛰어난 자연학에 비할 수는 없었습니다. 그래서 자연학과 관련된 부분에서만큼은 아리스토텔레스를 전문가로서 인정했습니다. 하지만 그 분야에서만 받아들일 뿐이었지요. 프란치스코회의 많은 학자들이 이러한 입장을 취했습니다.

아리스토텔레스로부터 그리스도교를 보호하려는 이러한 입장을 **보수적 아우구스티누스주의**라고 부릅니다. 그리스도교의 교리에 위협을 가하는 부분에만 집중하다 보니 아리스토텔레스의 사상으로부터 얻을 수 있는 긍정적 부분은 미처 발견하지 못했습니다. 그런데 이런 보수적인 입장을 고수하는 이들이 주로 주교나 총장 등의 고위직을 차지하고 있었습니다. 그렇다 보니 단죄나 아리스토텔레스 강의 금지령과 같은 일들이 벌어진 것입니다. 우리나라 개화기에 쇄국 정책을 펼치며 척화비를 세웠던 흥선 대원군과 같은 역할을 한 것이 바로 보수적 아우구스티누스주의자들이었습니다.

보수적 아우구스티누스주의처럼 아리스토텔레스를 반대하는 흐름이 있었으니 그 반대의 경향도 있었겠지요? 홍선 대원군과는 반대로 서양의 것들을 무조건 잘 받아들이자는 개화파가 있었던 것처럼 말이지요. 그런 입장을 극단적 아리스토텔레스주의 혹은 라틴 아베로에스주의라고 불렀습니다. 이러한 입장을 보인 이들은 아리스토텔레스를 무조건 따르자는 주의였습니다.[2] 또한 아리스토텔레스의 책들을 쉽게 풀이한 아베로에스가 쓴 주해서들을 읽었다는 맥락에서 그들의 입장을 라틴 아베로에스주의라고 한 것입니다. 그들은 아리스토텔레스는 최고의 스승으로, 지혜의 화신이며 절대적으로 존경받아야 한다고 생각했습니다.

보수적 아우구스티누스주의가 폐쇄적이 될 수 있는 위험성이 있었다면, 반대로 라틴 아베로에스주의는 사대주의事大主義에 빠질 수 있는 위험성이 있었습니다. 아리스토텔레스가 정말 대단한 철학자임은 부인할 수 없는 사실이지만, 그가 가르친 것들을 그대로 답습하기만 한다면 어떻게 될까요? 어미가 주는 먹이만 먹을 줄 아는 새들은 야생에서 살아남을 수 없습니다. 직접 날갯짓도 해 보고 스스로 먹이를 찾을 줄 알아야 진정한 새로 거듭나는 것이지요. 스스로는 어떤 탐구도 행하지 않으면서 아리스토텔레스가 주는 먹이만 받아먹으려고 한다면 학문적인 발전이 이루어질 수 없습니다. 아쉽게도 극단적 아리스토텔레스주의자들은 아리스토텔레스를 넘을 생각을 하지 않았고, 그저 그를 따라가기에만 급급했습니다. 이런 경향을 보인 이들은 주로 파리 대학 인문학부의 젊은 교수들이었습니다.

신학부	법학부	의학부

인문학부

중세 대학의 구조.

　이것은 중세 대학의 구조와 관련이 있습니다. 간략하게 말하자면, 중세 대학에는 자유 학예를 주로 탐구하는 인문학부가 있었습니다. 요즘의 인문학부보다는 좀 더 넓은 개념으로서 문과 혹은 이과의 분야를 통합해서 기초를 가르치는 학부였습니다. 그리고 그 위에 신학부, 의학부, 법학부라는 세 가지 상위 학부가 있었습니다. 인문학부에서 4~6년 정도의 공부를 마친 사람만이 상위 학부에 진학할 수 있었습니다. 요즘으로 치면 석사 정도 공부한 사람들만 신학, 의학, 법학을 공부할 수 있었던 것입니다. 돈이 많은 학생들은 인문학부 과정을 다 마치면 바로 상위 학부에 진학할 수 있었습니다.

　요즈음에도 스스로 대학 등록금을 벌기 위해 아르바이트를 뛰며 고군분투하는 학생들이 많은데, 당시에도 비슷했습니다. 요즘 같은 아르바이트는 없었지만 학생들이 공부하면서 돈을 벌 수 있는 방법이 하나 있었습니다. 자유 학예 과정을 마친 학생들 중 우등생은 인문학부에서 교수가 되어 다른 학생들을 가르칠 수 있었던 것입니다. 상위 학부의 내용은 아직 배우지 못했어도 인문학부에서 가르치면서 돈을 벌 수 있었고, 그 돈을 모아서 나중에 상위 학부로 진학할 기회를 만들 수 있었습니다.

하지만 인문학부에서의 과정만 가르치면서 아직 신학 등 상위 학부의 내용을 배우지 못한 교수라면 신학적인 내용을 잘 알 수가 없었습니다. 인문학부에서 가장 많이 가르치는 것은 아리스토텔레스였고, 하느님의 섭리나 자유로운 창조와 같은 신학적인 내용은 잘 몰랐기 때문입니다. 당연히 아리스토텔레스가 그리스도교와 어떤 면에서 충돌을 일으키는지 등에 대해서도 생각해 볼 기회조차 없었습니다. 그래서 아리스토텔레스가 당연히 최고의 스승이겠거니 생각하고 무조건 따르려고 했던 것입니다. 그런 교수들 밑에서 열심히 공부한 학생들은 어떻게 되겠습니까? 학생들도 자연스럽게 아리스토텔레스가 최고라고 생각하게 되었습니다.

그러자 문제가 생겼습니다. 인문학부에서 열심히 공부한 학생들이 나중에 신학부에 올라갔을 때 어려움을 겪게 된 것입니다. 예컨대 신학부 교수가 창세기에 대해 가르치려고 하면, 인문학부에서 아리스토텔레스 수업을 열심히 들었던 학생들이 고개를 갸우뚱거리며 의아해하는 것이었습니다. 아리스토텔레스의 질료 형상론에 따르면 그리스도교에서 창조주가 행하는 자유로운 창조가 설명이 되지 않으니까요. 아리스토텔레스를 최고라고 생각하는 학생들은, 신학의 내용 중에 아리스토텔레스의 사상과 충돌을 일으키는 부분을 받아들이기가 쉽지 않았습니다. 이렇게 아리스토텔레스를 어떻게 수용하는지 그 입장 차이에 따라 서서히 긴장감이 감돌게 되었습니다.

지금까지 아리스토텔레스를 극단적으로 거부했던 보수적 아우구스티누스주의와, 아리스토텔레스를 무조건 옹호하고 추종했던 극단적 아리스토텔레스주의 혹은 라틴 아베로에스주의에 대해 살펴보았습니다. 극단으로 치우친 것은 어느 쪽이든 잘못에 빠질 위험이 큽니다. 아리스토텔레스 본인도 중용이라는 덕을 강조한 바 있었지요. 그리하여 두 극단적인 경향과 더불어 그 중간에 위치한 새로운 경향이 생겨났습니다. 바로 **온건한 아리스토텔레스주의**입니다.

이 입장을 보인 이들은 보수적 아우구스티누스주의처럼 무조건 아리스토텔레스를 거부하지도 않았고, 반대로 극단적 아리스토텔레스주의처럼 무조건 아리스토텔레스를 추종하려고 하지도 않았습니다. 그러면 어떻게 했을까요? 기본적으로는 아리스토텔레스를 열심히 연구했습니다. 스스로 직접 연구하고 탐구해 보며 받아들일 부분은 받아들였습니다. 자신의 경험을 통해 확인한 진리와 맞는 것 같으면 두려워하지 않고 적극적으로 수용했습니다. 하지만 자신이 생각한 진리와 멀다고 느껴지는 부분은 과감하게 비판했습니다.

이러한 온건한 아리스토텔레스주의자가 가장 많이 나온 수도회가 도미니코회였습니다. 도미니코회 수도자들 중에서 뛰어난 학자들은 온건한 아리스토텔레스주의의 경향을 보일 때가 많았습니다.

그중 한 사람이 바로 알베르투스 마그누스, 곧 **대大알베르투스**Albertus Magnus(1193~1280년)[3]입니다. '마그누스'는 위대하다는 뜻으로, 아무한테나 붙이지 않습니다. 보통 카롤루스 마그누스(카를 대제), 그레고리우스

사람들 앞에서 설교하는 알베르투스.

마그누스(대大그레고리오 교황) 등 뛰어난 왕이나 교황의 이름에 붙이는데, 알베르투스는 일반 학자임에도 불구하고 '마그누스'가 이름에 붙을 정도로 훌륭했던 것입니다. 심지어 살아 있을 때 이런 칭호가 붙었습니다.

알베르투스는 아리스토텔레스 강의 금지령이 내려졌을 때에도 아리스토텔레스의 책을 찾아서 열심히 읽었고, 아베로에스의 주해서도 읽었습니다. 그는 아리스토텔레스의 책을 읽고 직접 아베로에스의 주해서와 비교하면서, 맞지 않다고 판단되는 내용은 수정하곤 했습니다. 그리고 새롭게 주해서를 저술했습니다. 그 내용이 자신의 생각과 맞을 때는 "오, 놀라워라! 하느님의 은총!" 하고 외치면서 감탄했습니다. 하지만 맞지 않다고 판단되면 "나는 이렇게 말해야 한다."라고 쓰며 비판하고 수정했습니다.

아리스토텔레스의 책들은 어렵고 그 분량도 엄청난데, 그것을 다 읽고 비교하면서 새롭게 주해서를 작성하는 것은 결코 쉽지 않은 일이었습니다. 그만큼 알베르투스는 대단한 인물이었지요. 알베르투스는 그리스도교 신자들이 읽을 수 있는 아리스토텔레스 주해서를 만들고 싶다는 열망이 있었습니다. 그리고 이런 그의 개방적인 태도를 이어받은 제자가 나타났습니다. 그가 바로 토마스 아퀴나스입니다. 만약에 알베르투스라는 스승이 없었다면 뛰어난 재능을 지닌 토마스 아퀴나스라고 해도 빛을 발하지는 못했을 것입니다.

이렇게 아리스토텔레스를 수용한 경향에는 보수적 아우구스티누스주의와 극단적 아리스토텔레스주의, 그리고 온건한 아리스토텔레스주의가 있었습니다. 보수적 아우구스티누스주의는 아리스토텔레스를 거부하며 폐쇄적인 태도를 취했습니다. 반면에 극단적 아리스토텔레스주의는 아리스토텔레스를 지혜의 화신으로 추앙하며 맹목적으로 따르는 태도를 보였습니다. 한편 온건한 아리스토텔레스주의는 기본적으로는 아리스토텔레스에 대해 개방적인 태도로 수용했지만, 그것은 맹목적인 수용이 아니라 비판적 수용이었습니다. 이러한 태도에는 아리스토텔레스의 책들을 스스로 읽고 탐구하는 자세가 근간을 이루고 있습니다.

중세 유럽에 아리스토텔레스의 사상이라는 대단한 것이 나타났습니다. 대단한 것이 나타났을 때, 처음에는 두려워할 수 있습니다. 외국인들이 우리나라에 와서 잘 먹는 음식 중 하나가 잡채라고 합니다. 그런데 처음부터 잘 먹었던 것은 아니었습니다. 낯설어서 거부감이 느껴질 수 있었지만, 일단 한번 먹어 보면 처음에 가졌던 두려움은 싹 사라집니다.

이와 비슷하게 사람들이 아리스토텔레스를 처음 접했을 때도 낯선 사상에 대한 두려움이 앞서 경계했습니다. 하지만 사실 그다지 두려워할 이유는 없습니다. 자신에 대한 뚜렷한 주체 의식만 있다면 개방적인 자세가 더 유리할 수도 있습니다. 바꿔 말하면 개방하되 주체성을 잃지 않는 것이 중요하다는 것입니다. 스스로 탐구하며 비판적으로 아리스토텔레스의 사상을 수용했던 모습에서 볼 수 있듯이, 자신의 주체성을 잃지 않고도 충분히 새로운 것을 받아들일 수 있습니다. 더 나아가 이러한 태도를 통해 점점 더 발전하는 힘을 얻을 수 있습니다.

그런 의미에서 현대에서도 한 번 생각해 볼 부분이 있습니다. 많은 변화를 겪으며 자연 과학이 발달했는데, 그것이 그리스도교

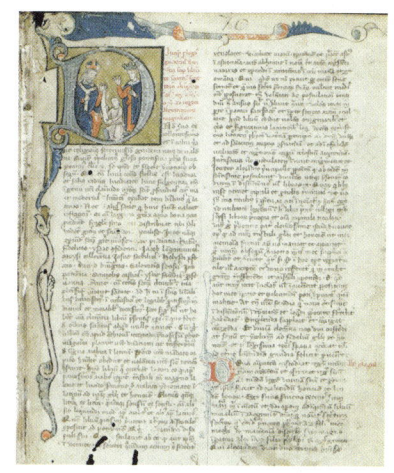

아리스토텔레스와 알베르투스의 글을 정리한 라틴어 책.

를 위협하기만 하는 것은 아닙니다. 자연 과학에서 받아들일 부분은 받아들여야 합니다. 그러나 그렇다고 자연 과학을 맹목적으로 추종해서는 안 되겠지요. 잘못된 것이 무엇인지 스스로 생각하고 비판적으로 성찰할 필요가 있습니다. 과학을 통해 나타난 올바른 성과를 인정하면서, 과학주의 같은 맹목적인 흐름에 대해서는 엄중하게 경계하고 이를 수정해 나가는 노력이 오늘날의 그리스도교가 보여야 할 모습일 것입니다.

제20강

교회와 함께 성장한 중세 대학

서양에 대학이 언제 생겼을까요? 근대에 들어와 과학이 발달한 시기에 생겼을 것이라고 막연히 생각하는 사람들이 많습니다. 그렇지만 대학은 중세 때인 13세기에 스콜라 철학 융성기의 한복판에서 이루어졌습니다. 그렇다면 대학은 어떻게 생겨났고, 대학이 형성될 때 그리스도교는 어떠한 역할을 했는지 살펴보겠습니다.

중세 때의 여러 학교

이전에 네 가지 학교를 소개한 바 있습니다. 베네딕도 수도회로 대표되는 수도원 학교가 있었으며, 카를 대제에 대해 다뤘을 때 이야기했던 궁정 학교도 있었습니다. 그 외에 대도시에 주교좌성당 학교가 있었고, 자유 도시에 개인 학교들이 있었습니다.

12세기에 상업이 발달하고 부가 축적되면서 여러 측면에서 많은 교육 기관이 필요해졌습니다. 왜 교육 기관이 필요했을까요? 심경법深耕法(소나 말을 이용해서 밭을 깊게 파서 가는 방법)이라는 농업 기술이 개발되면서 풍부한 농업이 가능했고, 질병이 줄어들고 기후도 좋아지면서 유럽 인구의 3분의 1 정도가 증가했습니다. 그리고 마치 우리나라에서 1950년대 말 이후 사람들이 도시로 몰려들었던 것처럼, 당시 유럽에서도 인구가 증가하자 사람들이 대도시로 몰려들기 시작했습니다.

많은 사람들과 함께 살아가기 위해서는 기술이 중요해졌습니다. 생산한 것들을 다른 곳에 판매하는 등의 일이 이루어지면서 셈법, 계약서 등 여러 가지 지적인 능력이 요구되었습니다. 그래서 학교들이 대도시를 중심으로 발달하게 된 것입니다. 수도원 학교는 지방에 있어서 제한적이었지만, 주교좌성당 학교와 개인 학교는 도시에 형성되어 있었기에, 이런 학교들이 점점 발달하면서 대학이 만들어지는 기초가 마련되었습니다.

그런데 현대의 일상에서도 흔히 유행을 타다가 사라지는 것들을 볼 수 있듯이, 12세기에는 개인 학교가 그렇게 되어 버렸습니다. 유행을 타듯이 마구 생겨나며 한창 잘나갔지만, 시간이 지나자 상황이 달라졌습니다. 학교끼리 경쟁이 과열되면서 나중에는 생계를 유지하기도 힘든 학교도 생겼습니다.

이해를 돕기 위해 가상 상황을 만들어 보겠습니다. 파리 대학에서 나이 든 교수가 젊은 교수와 만났습니다. 먼저 연륜이 있는 교수가 "선생, 당신의 논리학이 참 좋은 모양입니다. 선생에게서 논리학을 배운 학생들은 질문도 잘하고 토론도 기가 막히게 잘 하던데 말입니다."라며 칭찬을 했습니다. 그러자 젊은 교수도 "선생님의 윤리학이 그렇게 훌륭하다면서요? 강의 시간에 눈물을 흘리는 학생도 있다고 들었습니다."라고 답하며 나이 든 교수를 치켜세웠습니다. 이 말을 듣고 기분이 좋아진 나이 든 교수는 "아, 제 강의가 좀 그렇기는 합니다. 경험과 연륜에서 나왔다고나 할까요?"라고 말하며 어깨를 으쓱했습니다. 젊은 교수는 맞장구를 치며 "그렇지요! 그렇다면 학생들도 굉장히 많으시겠군요?"라고 물었습니다. 그러자 갑자기 나이 든 교수의 얼굴이 확 어두워졌습니다. 나이 든 교수는 "옛날에는 많았지."라고 쓸쓸하게 대답했습니다. 이 상황에서 볼 수 있듯이, 유명한 교사라고 해도 학교에서 줄어든 학생들을 보며 위협을 느꼈던 것입니다.

그러던 와중에, 한 가지 좋은 생각이 떠올랐습니다. 요즈음 초등학교에서 볼 수 있는 것처럼, 당시에는 한 교사가 모든 분야를 다 가르쳤습니다. 그런데 저 사람은 논리학을 잘하고 자신은 윤리학을 잘하니 나누어서 가르쳐 보자는 생각을 하게 되었습니다. 어차피 학생들 숫자도 적으니 모아서 함께 가르치면서 전문적으로 윤리학을 가르치는 교사, 논리학을 가르치는 교사, 자연 과학을 가르치는 교사를 두면 좋을 것 같았습니다. 드디어 학문의 분업화가 시작된 것이지요.

중세 대학의 탄생

여기서 라틴어 '우니베르시타스 스콜라리움 엣 마기스트로룸

Universitas scholarium et magistrorum'을 소개하겠습니다. 먼저 '우니베르시타스'는 연합 또는 연합체를 의미합니다. '스콜라리움'은 복수형으로 스콜라 학자들을 뜻하는데, 여기서는 학생들을 의미합니다. 마지막으로 '마기스트로룸'은 스승들을 의미합니다. 영어에서는 '마스터master'라고 번역되어서 종종 '석사'라고 하는 경우가 있지만, 이는 정확한 번역이 아닙니다. 요즘 TV 방송에서 '마이스터'라는 말을 자주 쓰는 것을 들어 보았을 텐데, 이 말은 '스승'이라는 뜻이 훨씬 강합니다. 이 말들을 조합하면, '스승들과 학생들의 연합체'가 됩니다. '우니베르시타스Universitas'에서 끝의 'as'를 빼고 'y'를 넣으면 '유니버시티University'가 됩니다. 우리가 알고 있는 '대학'이 바로 이 라틴어 단어로부터 유래된 것입니다. 한마디로 '우니베르시타스 스콜라리움 엣 마기스트로룸'은 스승들, 즉 교수들과 학생들이 모여 있는 연합체를 의미합니다.

'우니베르시타스'라는 단어는 조합에서도 사용되었습니다. 수공업자들이 모인 장인 조합, 정원사들이 모인 정원 조합 등 여러 조합들이 있었는데 이러한 곳도 '우니베르시타스'라고 불렀습니다. 조합은 무엇인가요? 자신들의 이익이나 권리를 증진시키기 위한 모임이지요. 최근에 어떤 사회 현상에 대해 뚝심 있게 반대 의견을 표출하며 모인 교수들에 대해 교수가 노조에라도 가입했냐고 하면서 비난하는 사람들이 있는데, 앞서 보았듯이 대학은 처음 시작할 때부터 노조였습니다.

한편, '대학' 하면 특정한 장소를 점유하고 있고 여러 가지 시설들이 있을 것이라고 생각하지만, 처음 대학이 출발할 때는 시설과 장소 같은 것이 중요하지 않았습니다. 볼로냐 대학이나 파리 대학 같은 경우는 시설들이 없었습니다. 대성당이나 공회당 같은 곳을 빌려서 가르칠 수 있다면 그것으로 충분했습니다. 여러 사람들이 모이고 그곳에서 함께 가르친다는 행위가 중요했던 것이지요. 기본적으로 대학의 의미는 '학생들과 교수들이 함께 공부하려고 모인 연합체'였다는 사실을 기억하면 좋겠습니다.

이렇게 연합체로 모이기 시작하자 유리한 부분들이 생겼습니다. 이전에 있던 개인 학교는 권력자들이 문을 닫게 하든, 높은 중과세를 부여하든, 얼마든지 좌지우지할 수 있었습니다. 그런데 사람들이 뭉쳐서 그들의 이익을 대변하는 목소리를 내기 시작하니 위에서 함부로 다룰 수 없게 되었습니다. 게다가 학문의 분업화로 큰 이득을 볼 수 있었습니다.

그리하여 유럽 곳곳에서 대학들이 생겨났습니다. 12세기에 들어서면서부터 서서히 교수들과 학생들 간의 통합 움직임이 시작되어 13세기 초에는 거의 확정된 모습으로 자리 잡았습니다. 여기서 11세기부터 12세기 때 출발한 유명한 대학 몇 곳을 소개하겠습니다.

먼저 이탈리아의 **볼로냐** 대학이 있었습니다. 그런데 막상 지금은 볼로냐 대학이 시작된 곳을 찾으려고 하면 찾을 수가 없습니다. 다시 이야기하지만 당시에는 대학이라고 해서 특정한 장소와 시설을 점유하지 않았기에, 유럽의 오래된 대학들은 캠퍼스가 없습니다. 도시 곳곳

▲ 볼로냐 옛 대학의 해부학 강의실.
▶ 1088년에 설립된 볼로냐 대학의 로고.

에 흩어져 있는 오래된 건물에서 작은 흔적들을 발견할 수 있는 정도이지요.

　1088년에 창립된 볼로냐 대학은 유럽에서 가장 오래된 대학으로 유명합니다. 볼로냐 대학을 대표하는 아르키진나조 궁전Palazzo dell'Archiginnasio은 1563년에 안토니오 모란디가 설계한 것으로, 도시에 흩어져 있던 대학 건물을 한곳으로 모으기 위해 세워졌다고 합니다. 이 건물은 1803년까지 대학으로 사용되었는데, 위 사진의 해부학 강의실은 1637년에 건축되었습니다.

　이탈리아의 **살레르노** 대학도 있었는데 세계 최초의 의과 대학으로, 아비센나의 《의학정전》에 그려질 정도로 유명했다고 합니다. 프랑스

아비센나의 《의학정전》에 묘사된 살레르노 의과 대학.

파리에도 매우 오래된 대학이 있었는데, 그 초기 건물은 남아 있지 않습니다. 대신 관광객들은 본래 재속 성직자를 위해 세워진 **소르본느 대학**, 즉 'SORBONNE, UNIVERSITE DE PARIS'라고 쓰인 건물에서 사진을 찍고 갑니다. 그리고 영국에는 누구나 잘 아는 **옥스퍼드 대학**이 있었지요.

그런데 중세 대학은 그 유형이 통일되어 있지 않았습니다. 학생이 중심이 되는 대학들이 있었고, 반대로 교수가 중심이 되는 대학들이 있었습니다. 볼로냐 대학은 법학이, 살레르노 대학은 의학이 유명했는데, 이탈리아에서 성장한 이러한 대학들은 학생들이 중심에 있었습니다. 왜 그랬는지는 대학의 특성을 보면 이해할 수 있습니다. 예컨대 볼로냐의 법학부에 진학한 학생들은 이미 나이가 꽤 많았습니다. 학생

알프스를 경계로 하여 다른 유형을 보인 중세 유럽의 대표 대학.

조합이 대학의 중심을 이루었고, 심지어 교수를 선발하는 일도 다른 동료 교수들이 아니라 학생 조합을 통해서 이루어졌습니다. 하지만 교수들을 중심으로 한 유형의 대학도 있었으며, 오히려 그 유형이 더 넓게 퍼져 있었습니다. 파리 대학과 옥스퍼드 대학 등이 이 유형에 해당됩니다. 이 대학들에서 가르치는 인문학부는 분야가 굉장히 포괄적이었기에, 주로 젊은 학생들이 많았습니다.

  흥미롭게도 지역적으로 살펴보았을 때 알프스를 중심으로 하여 유형이 갈라졌습니다. 위 지도에서 볼 수 있듯이 알프스 이남 지역은 학생들을 중심으로 한 볼로냐 대학이나 살레르노 대학이 자리하고 있었고, 알프스 이북 지역은 교수들을 중심으로 한 파리 대학이나 옥스퍼드 대학 등이 자리하고 있었습니다.

중세 대학의 구조와 수업 방식

앞선 강의에서 이야기했듯이, 중세 대학에는 인문학부 위에 신학부, 법학부, 의학부라는 세 상위 학부가 있었습니다. 상위 학부에 올라가는 것은 굉장히 의미 있는 일이었습니다. 모두 인간의 생명과 관련되어 있었기 때문이지요.

인간의 생명과 관련하여 가장 먼저 떠오르는 것은 육체적인 것입니다. 몸이 아플 때 병원에 가는 것에서 볼 수 있듯이, 육체적인 것은 의학부에서 다루었습니다. 그렇다면 법학부에서는 무엇을 다루었을까요? 사회적인 생명을 다루었습니다. 잘못된 판결에 의해 누명을 쓰고 오랜 세월을 감옥에서 보내야 하는 사람들의 사회적 생명이 얼마나 박탈당하는지 생각하면 이해하기가 쉽지요. 마지막으로 신학부는 무엇을 다루었을까요? 영적인 생명을 다루었습니다. 죽음 이후까지도 이어지는 영원한 생명, 즉 영생을 책임지는 것이 신학부였습니다.

이렇게 인간의 생명을 다루는 의학부, 법학부, 신학부라는 세 상위 학부에서 공부하려면 먼저 인문학부에서 세계와 인간에 대한 철저한 이해가 선행되어야 했으며, 이러한 구조가 중세 대학의 골격을 이루었

볼로냐 대학에서 법학 수업을 듣는 학생들.

습니다. 인간의 생명이 중요한 만큼, 세계와 인간에 대한 기초적인 이해 없이 인간의 생명을 다루는 일이 없도록 구조화한 것입니다.

　이것은 현재의 우리에게도 시사하는 바가 있습니다. 만약 의사라면 단순히 의학적인 지식을 가지고 수술 도구를 다루는 단순한 기술자가 아니라, 마음 깊은 곳에서 환자의 아픔을 이해하고 치료하는 진정한 의사로서 거듭나야 합니다. 중세의 대학 구조에서 볼 수 있듯이, 의사는 인간에 대한 이해, 돌봐야 하는 환자에 대한 깊은 이해를 바탕으로 의학적인 기술을 사용해야 되는데 실제적으로 잘 이루어지고 있지는 않습니다. 현대에서 기술적인 측면은 중세 때보다 몇 십 배는 더 뛰어나겠지만, 인간적인 면에서는 점점 삭막해지고 메말라 가는 것 같습니다. 이러한 현실에서 인간에 대한 이해 그리고 생명의

왁스판의 예시.

중요성과 관련하여 중세의 대학 구조가 던지는 메시지에 주목해야 할 것입니다.

그렇다면 중세 대학에서는 어떤 방식으로 강의가 이루어졌을까요? 동서고금을 막론하고 가장 기본적인 교육 방식은 '권위 있는 저서'[1]에 대한 강의였습니다. 하지만 오늘날과는 중요한 차이가 있습니다. 요즘에는 평소 공부를 하지 않다가 시험 직전에 몰아서 공부하는 학생들이 많은데 중세 때의 학생들은 어땠을까요? 그때는 몰아서 공부하는 것이 불가능했습니다. 평소에 미리미리 배운 내용을 암기해 두어야 했습니다. 요즘에는 학생들이 각자 자신의 책을 갖고 있지만, 중세 때는 책이 굉장히 비쌌습니다. 책을 빌릴 수 있는 곳도 한정되어서 도서관이나 수도원에서만 빌릴 수 있었습니다. 그마저도 책 한 권을 통째로 빌려 주는 경우는 없었습니다. 4쪽씩만 빌려 줬으며, 반납을 해야만 다음 내용을 빌려 줬습니다. 그래서 빌리면 반납하기 전에 얼른 읽으며 암기해야 했습니다.

그도 그럴 것이 중세 초기에는 아직 값싼 종이가 보급되지 않아 요즘의 학생들처럼 노트를 사서 필기하는 것은 불가능했습니다. 책의 내

왁스판을 사용하여 필기하는 모습을 묘사한 그림.

용이라도 베껴서 필기하면 좋겠는데 그러지도 못하니, 빌린 기간 동안 최대한 내용을 달달 외우는 방법밖에 없었습니다. 교수들이 지난 시간에 배운 내용을 짚어 주기라도 하면 좋겠는데, 안타깝게도 교수들은 그렇게 친절하지 않았습니다. 다 암기했을 것이라고 전제하고 수업을 진행하니 학생들은 더욱 사력을 다하여 그날 배운 내용을 그날 암기할 수 있도록 노력해야 했습니다. 교수의 가르침을 단박에 알아듣고 바로 책에서 찾아 암기하는 게 얼마나 어려운 일이겠습니까?

그래서 학생들이 필기하기 위해 나름 강구한 방법이 있는데, 바로 왁스판에 필기를 하는 것입니다. 이 방법은 고대 로마나 이집트에서 썼던 방법이기도 한데, 왁스판에 적힌 필기 내용을 달달 외운 후, 촛불에 대고 지웠습니다. 왁스판 크기가 한정되어 있었기에 새로운 내용의 필기를 위해서는 어쩔 수 없는 일이었지요.

부유한 학생들은 또 나름의 방식이 있었습니다. 책을 만들 때 적당한 크기의 양피지로 제단하고 나면 모서리가 잘려 나와서 **양피지 자투리**가 생겼습니다. 바로 이것을 활용하는 것인데, 모서리만 떼어져 나온 것이어서 필기하기에는 폭이 너무 좁았습니다. 그래서 글씨 크기를 줄일 수밖에 없었고, 부유한 학생들은 이런 양피지 자투리에 깨알 같은 글씨로 필기를 했습니다.

이렇게 학생들이 열심히 공부했지만, 교수 강의의 질은 다양한 현대 문명의 이기를 이용하는 오늘날의 강의와는 차이가 있었습니다. 그러나 아주 뛰어난 교육 방식이 하나 있었습니다. 바로 '디스푸타시오 Disputatio', 즉 **토론**입니다. 간혹 TV에서 토론하겠다고 나온 정치인들이 상대방의 이야기는 들으려고 하지도 않고 자기 할 말만 줄줄 나열하는 모습을 볼 수 있는데, 그런 것은 토론이 아닙니다. 중세의 토론 방식은 그렇지 않았습니다. 엄격한 규칙이 있었지요. 그 규칙을 만든 사람이 바로 아벨라르두스였습니다. 아벨라르두스가 자신의 재능을 살려 고안해 낸 방식이 있었는데, 바로 '그렇다와 아니다'입니다. 하나의 질문을 던지고 '그렇다' 또는 '아니다'라고 말하는 상반되는 입장의 답을 하나하나 체계적으로 잘 정리하는 방식이었습니다. 이러한 구조를 가지고 토론이 이루어졌습니다.

토론은 **정규 토론**Disputatio ordinaria과 **자유 토론**Disputatio quodlibetalis으로 나뉘었습니다. 정규 토론은 주로 대학원생들이 주도적으로 했습니다. 토론이야 몇 시간 정도면 다 끝나겠거니 생각할 수 있지만 중세의 토론은 그렇게 짧지 않았습니다. 정규 토론은 보통 이틀에 걸쳐 이루어졌습니다. 한 주제로 이틀을 이야기할 정도로 깊이 있고 철저한 토론이 이루어졌던 것입니다.

그럼 토론이 어떻게 이루어졌을까요? 먼저 교수가 특정한 대학원생을 지목해서 질문을 던지고 답을 찾아오라고 지시합니다. 예컨대 "하느님은 존재하는가?"라는 질문을 던지고 그에 대한 답을 스스로 알아서 찾아오라는 것이지요. 만약 대학원생이 그 질문에 대해 "하느님은 존재한다."라고 생각한다면 일주일 동안 밤을 새며 찬성에 대한 답을 찾아옵니다. 드디어 토론 첫째 날, 대학원생은 자신이 준비해 온 것을 발표합니다. 토론장에는 교수뿐만 아니라 동료 대학원생들이 의무적으로 참여했고, 중요한 교수가 주관하는 토론에는 타 학부의 교수들도 자리했으며, 심지어 주교가 참석할 때도 있었습니다. 그만큼 정규 토론이 대학의 공식 행사로서 중요했던 것입니다.

대학원생의 발표가 끝나면 교수들이 질문하기 시작합니다. 그들은 절대 봐주지 않습니다. 이미 자신이 아는 내용일지라도 대학원생을 훈련시키기 위해서 날카로운 질문을 던집니다. 예컨대 "자네는 그렇게 이야기했지만 내가 보기에는 아리스토텔레스의 책에 이런 구절이 나오니 틀린 것 같은데?"라는 식으로 말입니다.

그런데 여기서 끝나지 않습니다. 교수들의 질문이 끝나면 다음으로 동료 대학원생들이 질문합니다. 동료 학생의 질문이라고 해서 수준이

낮을 것이라고 생각한다면 오산입니다. 교수에게 선택받아 발표하는 기회를 갖는 것은 대학원생들이 애타게 바라는 것이었습니다. 발표할 수 있는 기회를 잡은 대학원생은 교수에게 능력을 인정받은 것이나 다름없었습니다. 게다가 토론에서 질문하는 것은 실력을 드러내 보여서 교수에게 다음 발표자로 선택받기 위한 기회이기도 했습니다. 동료 대학원생들은 발표자를 향해 더욱더 날카로운 질문을 퍼붓습니다. 간혹 발표자의 편을 드는 동료라도 나타나면 서로 대립하며 난상토론이 벌어지기도 합니다. 이런 토론이 거의 하루 종일 이루어집니다. 첫째 날 토론이 끝날 즈음에는 발표한 대학원생이 거의 초죽음이 되어 있지요.

토론을 할 때 쓰러지기 직전인 사람이 또 있습니다. 토론의 내용을 속기하는 사람입니다. 그 많은 내용을 전부 기록해야 했던 것입니다. 그렇다면 교수는 편했을까요? 토론 첫째 날은 괜찮습니다. 하지만 첫째 날이 끝나면 밤을 새야 할 상황이 옵니다. 물론 토론 주제는 교수 본인이 정한 질문입니다. 그러나 첫째 날의 토론 과정에서 자신의 입장과 반대되는 예상치 못한 질문이 등장하는 경우도 있습니다. 첫째 날 토론이 끝나면 교수는 반론 하나하나에 대해 설명할 준비를 해야 합니다. 토론 둘째 날, 밤을 꼬박 새며 준비한 교수가 반론에 대해 그것이 왜 틀렸는지 관련된 구절들을 일일이 찾아 인용하며 조목조목 짚습니다. 무식하게 "교수가 아니라면 아닌 줄 알아!"라고 밀어붙이는 것이 아니었지요.

이렇게 중세의 토론은 철저한 공동 작업으로, 질문 하나를 놓고 전문가 수십 명이 함께 다루었습니다. 그 의견들을 모두 잘 듣고 진짜 전문가인 교수가 나서서 마지막으로 정리를 했습니다. 예컨대 "우리의 공식적인 결론은 하느님은 존재한다는 것입니다. 반대 의견도 나름 타당해 보이는 이유들이 있지만 이러한 이유로 맞지 않습니다."라는 식으로 결정문을 발표했습니다. 저는 이것을 알고 깜짝 놀랐습니다. 이렇게 깊이 있는 토론은 외국의 유명 대학에 가더라도 경험하기 힘듭니다. 현재 대학원에서 3시간 정도의 수업을 하지만 이런 방식으로 토론하기는 굉장히 어렵습니다. 그것이 중세 대학에서 이루어졌다는 것은 참으로 대단한 일이 아닐 수 없습니다.

한편 자유 토론의 경우에는 교수가 토론을 이끌어 가는 주도적인 역할을 했습니다. 정규 토론에서는 교수가 학생을 발표자로 지정했다면, 자유 토론에서는 총장이 교수를 지정했습니다. 지정된 교수는 토론을 준비하느라 자는 것을 포기해야 했습니다. 교수의 유일한 권한이 있다면, 스스로 질문받을 분야를 정할 수 있다는 것이었습니다. 저는 중세 철학을 전공했으니, 제일 많이 공부하고 자신 있는 중세 철학으로 정했을 것입니다.

그런데 문제는 그 분야에 대해서는 어떤 것이라도 꿰뚫고 있어야 했다는 것입니다. 그렇다면 왜 자유 토론이었을까요? 어떤 것을 질문해도 자유롭게 다 허용이 되기 때문이었습니다. 어디서 어떤 질문이 튀어나올지 모르기 때문에 교수는 자신이 정한 분야에 관한 것들은 모두 꼼꼼히 찾아가며 철저히 공부해야 했습니다. 밤을 샐 만하지요? 그래도 이 토론에서 성공하면 유명한 사람으로 떠오를 수 있었습니다. 반면에 여기서 무너지면 유명했던 사람도 한 방에 내리막길을 걷게 될 수 있었습니다.

그래서 종종 자유 토론은 악용될 때가 있었습니다. 교수라고 해서 서로 다 친했던 것은 아닙니다. 은근히 경쟁하며 질투했는데, 무너뜨리고 싶은 사람이 생기면 자유 토론을 이용하기도 했습니다. 예컨대 '인솔루블리아Insolublia'라고 칭하는 해결되지 않는 문제들이 있습니다. 일종의 딜레마에 빠지는 문제를 일컫는 말인데, 도서관에서 이런 문제들을 기가 막히게 찾아서 자유 토론에서 발표자 교수에게 질문을 던지는 것이지요. 해결되지 않는 문제, 즉 답이 없는 문제에 대해 어떻게 답을 할 수 있겠습니까? 이렇게 악용되다 보니 결국 자유 토론은 일정한 시기에만 행해지다가 결국 사라졌고, 정규 토론이 정식 토론으로 자리 잡았습니다.

지금까지 한 이야기만 들어도 자유 토론이 정말 쉬운 게 아니었음을 느꼈을 텐데, 매번 이러한 토론을 한 사람이 있었습니다. 바로 토마스 아퀴나스였습니다. 교수 생활을 하는 동안 1년에서 2년 정도를 제외하고는 토마스 아퀴나스가 거의 매년 자유 토론을 했음을 보여 주는 흔적이 남아 있습니다. 그런 의미에서 토마스 아퀴나스의 책들은 공동 작업을 통해 탄생했다고 보아도 손색이 없을 정도입니다. 많은 사람들이 함께 모여서 토론했고, 그것을 체계적으로 잘 정리해 놓은 것(《토론

문제집Quaestiones Disputatae》)이 중세 철학의 한 부분으로 남아 있습니다.[2]

중세 때 얼마나 열띤 토론이 벌어졌는지 느낌이 오지요? 이런 토론이 가능했던 것은 인문학부에서 논리학 등을 공부하며 쌓은 탄탄한 기초를 공통으로 가지고 있었기 때문입니다. 중세의 인문학부는 현재의 인문학부보다 더 넓은 분야를 포괄한 개념이었지요. 만약 지금 대학에서 인문학, 사회 과학, 자연 과학 등을 전공하는 학생들을 한데 모아서 토론하라고 하면 거의 의견 일치를 보기 어려울 것입니다. 서로의 분야에 대한 이해가 부족하기에 각자 자신의 입장만 말하다가 흐지부지 끝날 테니까요.

한편, 학생들과 교수들의 연합체로 대학이 등장하면서 개인 학교였을 때 당했던 불이익을 피할 수 있게 되었는데, 예컨대 지나친 과세 부여에 대해 항의할 수 있었습니다. 교육에 대한 것은 국가적 차원에서도 이익을 보는 부분이 있는데 돈을 대 주기는커녕, 많은 과세를 부여하는 것은 옳지 못하다고 당당하게 주장했습니다.

물론 처음에는 권력자들이 쉽게 들어주려고 하지 않았습니다. 그러면 교수들과 학생들이 권력자에게 일종의 협박을 할 수 있었습니다. 예컨대 "세금을 줄이지 않는다고 하니 어쩔 수 없네요. 저쪽 도시에서 저희들을 모두 초빙했는데 거기로 갈 수밖에요."라는 식으로 말이지요. 우리나라에서 어떤 대학교가 갑자기 다른 지방으로 이사를 가겠다고 하면 주변의 식당, 술집, 카페 등의 상인들이 반대하며 들고 일어날 텐데, 그때에도 비슷했습니다. 대학을 이루는 인원들이 작은 인원도 아니었고 갑자기 대이동을 해 버리면 혼란스러운 상황이 펼쳐질 수 있었기에, 과세에 대한 감면 요구를 들어주지 않을 수가 없었습니다. 이렇듯 교수들과 학생들의 연합체를 이루면서 보호받을 수 있는 여건을 마련할 수 있었습니다.

하지만 이것만으로는 아직 불안정해 보였습니다. 교수들은 더 확실하게 보호받을 수 있는 방법을 고민했습니다. 어떤 사람이 특별 대우를 받는지 생각해 보니 외교관들의 면책 특권이 떠올랐습니다. 만약 대학이 저 멀리 외부에서 보호해 줄 수 있는 권위에 소속될 수만 있다면, 어느 정도 보호를 받으면서 자유롭게 학문을 연구할 수 있겠다는 생각이 든 것이지요. 대학으로부터 멀리 있으면서 힘도 있고, 또 간섭도 덜 할 것 같은 인물이 바로 로마 교황이었습니다. 그래서 교수들은 자신의 대학을 교황청 직속 대학으로 받아 달라는 요청을 보냈습니다.

교황청 직속 대학으로 선포되는 순간, 그 대학 구역은 외교적인 면책 특권을 누릴 수 있었습니다. 게다가 사법권까지 있었습니다. 우리나라에서도 경찰들이 명동 성당 안에는 들어오지 못하는데, 비슷하게 교황청 직속 대학의 학생들은 잘못을 저질러도 대학 안에만 들어오면 잡히지 않을 수 있었습니다. 종종 오용되는 경우도 있었지만, 교황청 직속 대학에 속하려고 했던 것은 무엇보다도 학문의 자유를 보장받기 위함이었습니다.

중세 대학에서 배워야 할 모습

중세는 철저하게 위계 질서가 잡힌 계급 사회였습니다. 그런데 계급에서 해방되는 곳이 있었습니다. 바로 대학이었습니다. 평민 출신의 교수일지라도 언제든 인정받을 수 있었고, 귀족 자제의 학생이나 그렇지 않은 학생이나 차별 없이 평등하게 공부했습니다. 심지어 대학에서 공부를 잘하면 신분 상승의 기회도 얻을 수 있었습니다. 중세 대학에서는 교수나 학생이나 사회적인 신분에 따른 차별이 없었던 것입니다.

더 놀라운 것은 부유한 사람들이 가난한 학생들이 모여서 숙식을 해결할 수 있는 곳, 즉 콜레지움을 지어 줬다는 것입니다. '컬리지College'란 단어가 라틴어 '콜레지움Collegium'에서 온 것인데, 현재는 단과 대학을 의미하지만, 사실 그 기원을 보면 '기숙사'라는 의미도 있었던 것입니다. 콜레지움에서 학생들이 기숙을 하다가 나중에는 여기서 강의도 들을 수 있게 되면서 컬리지가 되었습니다. 경제적인 문제로 인해 재능 있는 학생들이 공부를 포기하는 일은 없도록, 누구나 차별 없이 공부에 전념할 수 있는 기회를 만들어 준 것은 오늘날의 우리가 중세의 대학에서 배워야 할 모습이라고 할 수 있습니다.

중세 대학의 가장 소중한 가치는 무엇보다 학문의 자유에 있었습니다. 그것을 위해서 사법권까지 쟁취하고, 심지어 대학생은 병역 면제도 받았던 것입니다. 앞으로 국가에서 쓸 인재라고 여겼던 것이지요. 학문적인 관심, 지식 탐구의 열정과 의지에 대학 성립의 진정한 의미가 있었습니다. 그리고 더 깊은 지식의 탐구를 위하여 학문의 자유를

독일 프라이부르크 대학교(왼쪽 동상이 호메로스, 오른쪽 동상이 아리스토텔레스).

얻으려는 노력이 교황청 직속 대학으로 나타났던 것이지요.

위 사진은 제가 공부했던 프라이부르크 대학교의 모습입니다. 정문 양쪽에 두 사람의 동상이 보이나요? 한 명은 문학을 대표하는 호메로스이고, 다른 한 명은 우리가 배웠던 아리스토텔레스인데, 서구의 학문 정신을 상징하고 있습니다. 프라이부르크 대학교도 중세에 생겨난 것인데 초대 총장은 대학에 대해 "사피엔시아 애디피카빗 시비 도뭄Sapientia aedificavit sibi domum."이라는 표현을 한 적이 있습니다. 번역하자면 "지혜는 자신에게 집을 지었다."라는 말입니다. 왜 그런 말을 했을까요? 지혜가 사람들과 함께 살면서 그들을 지혜롭게 하고, 지혜에 대한 사랑을 불러일으키는 기관이 대학이라는 점을 보여 준 것입니다.

당시에 파리 대학의 주요 교수들은 프란치스코회와 도미니코회의 수사 신부였습니다. 그들은 그리스도교적이면서도 윤리적인 가치 또는 인간관이 교육에 자연스럽게 스며들 수 있도록 했으며, 신학이 아닌 다른 학문도 포용했습니다. 그러나 안타깝게도 중세 후기로 갈수록 신학의 기준으로 모든 것을 재단하려고 했습니다. 초기에는 신학이 상위의 세 학부 중 하나의 역할만 했지만, 나중에는 신학을 통해 모든 분야를 관장하려고 했던 것입니다.

그런데 오늘날에는 어떤가요? 최근에 많은 대학교에서 철학이나 역사학, 또는 종교학 등의 인문학과를 폐쇄하려는 흐름이 나타나고 있습니다. 심지어 인문학에도 '과학'이라는 단어를 붙여서 '인문 과학'이라고 부르고 있습니다. 요즘에는 자연 과학 분야와 관련하여 새롭게 떠오르는 학문들이 많은데, 다른 학문들도 여기에 맞추어 획일화하려는 경향이 나타난 것이지요. 하지만 학문들은 각각 다른 특징을 지니고 있으며 그 고유성을 존중해야 합니다. 빨간색 꽃이 제일 인기 있는 꽃이라고 하여 모든 꽃들을 빨간색으로 염색한다면, 우리는 더 이상 알록달록한 꽃들로 꾸민 정원을 볼 수 없을 것입니다. 학문에 다양성이 있을 때에만 균형 잡힌 발전을 이룰 수 있습니다. 인문학 등의 다른 학문들을 필요 없다는 이유로 없애려고 한다면 학문은 전체적으로 성장할 수가 없습니다. 서로의 장점은 살리고 부족한 점은 보완할 수 있을 때, 전체적으로 균형 잡힌 학문의 성장이 이루어질 수 있을 것입니다.

쉬어 가기

대학의 사법권

대학이 사법권을 가졌던 모습을 확인할 수 있는 곳으로 하이델베르크 대학교가 있습니다. 하이델베르크 대학교는 독일에서 가장 오래된 대학으로 1386년에 세워졌습니다.

하이델베르크 옛 대학의 뒤쪽에 가면 학생 감옥을 볼 수 있는데요, 대학에서는 문제가 되는 행동을 하는 학생을 24시간에서 최대 4주간 이곳에 가두었다고 합니다. 감금 기간 동안 3일째까지는 빵과 물밖에 주지 않았고 밖으로도 나갈 수 없었으나, 그 이후에는 외부 음식 반입이 허용되었고 강의도 들을 수 있었습니다.

독일 하이델베르크 대학교의 학생 감옥.

대학이 발전하면서 독창적인 사상을 주장하는 학생들이 사상범으로 이 학생 감옥에 갇히기도 했습니다. 하이델베르크 대학교 출신의 유명한 철학자 또는 정치가 중 많은 사람들이 이곳에 이름이 적혀 있습니다. 인정받고 싶다면 학생 감옥에 한 번은 갔다 와야 한다는 희한한 풍토도 생길 정도였지요.

여기서 중요한 것은, 중세 대학의 학생 감옥은 학생들을 벌하는 기관만이 아니라, 학문의 자유를 위해 대학이 사법권을 가지고 있었음을 상징한다는 것을 기억해 두면 되겠습니다.

제21강

천사적 박사
토마스 아퀴나스

지금까지 이슬람 문화와 아리스토텔레스의 재발견, 그리고 대학의 설립 등에 대해 이야기했는데, 모두 토마스 아퀴나스를 잘 이해하기 위한 준비 과정이었습니다.

토마스 아퀴나스 Thomas Aquinas(1224년경~1274년)에게는 '독토르 앙겔리쿠스Doctor Angelicus'라는 별명이 있는데, 번역하자면 '**천사적 박사**'입니다. 그는 천사 같은 박사이자 교수였습니다.

토마스 아퀴나스는 몸집이 꽤 컸습니다. 그런데 몸만 컸던 게 아니라 그의 머릿속 지식도 컸습니다. 컴퓨터에 비유하자면 하드디스크의 용량도 크지만 소프트웨어도 뛰어난 컴퓨터였습니다. 이런 토마스 아퀴나스가 그리스도교에서 어떠한 역할을 했기에 유명해졌을까요?

토마스 아퀴나스의 탄생과 성장

천사적 박사, 토마스 아퀴나스.

토마스 아퀴나스는 이탈리아 로마에서 나폴리로 향하는 길에 있는 로카세카Roccaseca 성에서, 아퀴노Aquino의 영주 란둘푸스의 막내아들로 태어났습니다.

당시에는 십자군 전쟁 등에 싸우러 나간 기사가 전사하는 경우, 그 기사의 막내아들은 공부할 수 있는 기회를 종종 얻지 못했습니다. 그런데 안심하고 공부시킬 수 있는 방법이 한 가지 있었습니다. 기숙하는 학교에 미리 전체 수업료를 지불하고 그곳에서 생활하면서 공부도 병행하는 것이었습니다.

토마스 아퀴나스가 있던 곳으로부터 멀지 않은 곳에 베네딕투스가 세운 몬테카시노 수도원이 있었습니다. 이 수도원 학교에 봉헌된 이를 '오블라티Oblati'[1]라고 불렀습니다. 막내아들이었던 토마스 아퀴나스도 이 수도원 학교에 기숙하면서 공부하기 위해 오블라티로 들어갔습니다. 토마스 아퀴나스의 부모는 어린 토마스 아퀴나스가 공부도 하고 후에 몬테카시노의 수도원장이 되어 사회적 지위와 명예를 얻기를 바랐습니다. 아마도 유치원생 정도의 나이에 수도원 학교에 들어갔던 것 같습니다. 다른 친구들은 재잘거리면서 놀 때도 토마스 아퀴나스는 나무 그늘에 앉아 책 읽는 것을 더 좋아했습니다. 그는 어린 나이에 엄청난 학습량을 자랑하며 지식을 빠르게 습득해 나갔습니다. 존경하는 스승들이 베네딕도 수도회에 있었으니, 토마스 아퀴나스를 그대로 두었다면 아마 베네딕도 수도회의 수도자가 되었을지도 모릅니다.

그러나 토마스 아퀴나스의 운명을 바꾸는 일이 벌어졌습니다. 수도원 학교에 신성 로마 제국의 황제가 이끄는 군대가 들이닥친 것입니다. 당시에는 교황권과 황제권이 종종 충돌을 일으키며 전쟁을 벌였습니다. 교황령에 속해 있던 몬테카시노 수도원 학교를 황제의 군대가 점령했고 외국인 교사들이 모두 추방되면서 결국 수도원 학교는 문을 닫게 되었습니다. 그리하여 13세 무렵에 토마스 아퀴나스도 어쩔 수 없이 집에 돌아오게 되었습니다. 그러나 집에서 혼자 공부하도록 두기에는 뛰어난 재능을 가졌기에, 토마스 아퀴나스의 어머니는 공부할 수 있는 새로운 곳을 계속 물색했습니다. 그러다가 찾은 곳이 나폴리 대학이었습니다. 어린 나이라 하더라도 뛰어난 학생들은 들어갈 수 있는 대학이었지요.

나폴리 대학은 어떤 곳이었을까요? 앞서 학문의 자유를 얻기 위해 교황청 직속으로 들어간 대학에 대해 이야기한 적이 있는데, 당시 교황청 직속 대학들은 교황의 영향권에 놓여서, 아리스토텔레스 강의 금지령의 영향을 받고 있었습니다. 교회에서 아리스토텔레스의 사상을 경계하고 있었기 때문입니다. 그런데 그것이 마음에 들지 않았던 사람이 있었습니다. 바로 신성 로마 제국의 프리드리히 2세 황제였습니다.

프리드리히 2세 황제가 세운 나폴리 대학의 로고.

가상의 상황을 만들어 보겠습니다. 교황의 군대와 황제의 군대가 싸우다가 전쟁이 끝나 갈 즈음에 평화 조약을 맺으려고 합니다. 먼저 황제 쪽에서 조건을 내걸었습니다. 그런데 교황 뒤에서 검정 모자와 검정 옷을 입은 사람들이 무언가를 속닥속닥하더니 수락할 수 없다고 답했습니다. "과거에는 이런 조약이 있었고 이런 규칙을 따랐기에, 전체적으로 볼 때 황제 폐하께서 제시하신 조건은 불합리합니다."라는 식으로 조리 있게 말하자, 황제는 은근히 질투가 나면서 화가 치밀었습니다. 교황 쪽에서 논리적이면서도 너무 수준 높은 이야기를 하니까, 공부와는 거리가 멀었던 황제 입장에서는 도통 무슨 말을 하는지 이해하기 어려웠습니다.

황제는 교황의 뒤에서 든든하게 지지하는 사람들이 누구인지 궁금해졌고, 알아 보니 교황청 직속 대학의 교수들이었습니다. 질투심에 사로잡힌 황제는 자기 제국을 위해 봉사할 대학을 세웠고, 그것이 바로 나폴리 대학이었습니다. 여러 대학에 강력한 영향력을 미치고 있는 교황권에 대항하기 위하여 프리드리히 2세 황제가 세운 대학인 것이지요.

그런데 막상 대학을 세우고 보니 나폴리 대학만의 특성으로 무엇을 내세울지 고민이 생겼습니다. 그러다가 교황청 직속 대학에서는 아리스토텔레스를 가르치지 못하게 한다는 것을 알았습니다. 그렇다면 나폴리 대학에서는 아리스토텔레스를 특성화해야겠다는 생각이 들었고, 그 특성화는 대성공을 거두었습니다. 아리스토텔레스를 자유롭게 연구하고 싶은 교수들과 그 내용을 배우고 싶은 학생들이 유럽 전역에서 몰려들었습니다.

사실 나폴리 대학은 아리스토텔레스를 연구하기에 최적의 조건을 갖추고 있었습니다. 앞서 이야기했듯이 이탈리아 남부와 시칠리아 섬 지역에서 아리스토텔레스의 책들의 번역이 활발하게 이루어졌습니다. 그런데 나폴리 대학이 그 지역의 북쪽 끝에 자리하고 있었습니다. 아리스토텔레스의 책들은 번역되자마자 바로 나폴리 대학으로 들어올 수 있었고, 나폴리 대학은 아리스토텔레스를 빠르게, 그리고 열심히 연구할 수 있는 곳으로 성장했습니다.

바로 이 나폴리 대학에 토마스 아퀴나스가 들어갔습니다. 그런데 많고 많은 교황청 직속 대학을 두고 왜 하필 나폴리 대학에 들어갔을까요? 정답을 알면 웃음이 나올 텐데, 그냥 집에서 가까워서 그랬습니다. 아직 어린 아들을 멀리 보내고 싶지 않았던 어머니는 집에서 가까운 학교에 보내고 싶었던 것입니다. 그리하여 토마스 아퀴나스는 어린 나이임에도 불구하고 나폴리 대학에서 일찍부터 아리스토텔레스를

설교와 연구에 대한 소명을 강조한 도미니코회.

접하며 열심히 공부했습니다.

그런데 어느 날이었습니다. 여느 때처럼 토마스 아퀴나스가 대학을 가는 길이었는데 길거리에 사람들이 많이 모여 있었습니다. 그리고 어떤 사람이 "마음이 가난한 사람은 행복하다!" 등의 말들을 외치고 있었는데 희한하게 귀에 쏙쏙 박혔습니다. 관심이 생긴 토마스 아퀴나스는 더 귀를 쫑긋 세웠는데, 길거리에서 이루어지는 설교인데도 대학에서의 강의만큼 훌륭했습니다.

가까이 가서 보니 그 뛰어난 설교를 펼치는 사람은 소박한 수도복을 입고 있었습니다. 무엇에 홀린 듯이 토마스 아퀴나스는 길거리에서 설교하던 사람을 쫓아갔고, 하얀 옷에 검은 망토를 걸친 사람들이 함께 공부하고 기도하는 모습을 발견했습니다. 누구였을까요? 1216년에 새롭게 생긴 도미니코회 수사들이었습니다. 당시는 도미니코회 수사들이 나폴리 대학에서 공동체를 건설하던 시기였습니다. 도미니코회는 좋은 설교를 통해 사람들이 그리스도교를 올바로 믿도록 하는 것이 목적이었기에 그렇게 뛰어난 강론과 교육을 펼칠 수 있었던 것입니다.

토마스 아퀴나스는 도미니코회에 매료되었습니다. 그런데 도미니코회는 가난을 실천하는 이른바 '거지 수도회'였기에, 도미니코회 수사들은 몸집이 크고 후덕한 인상의 토마스 아퀴나스가 왠지 밥도 많이 먹을 것 같고 도미니코회와 잘 맞지 않을 것 같다고 생각했습니다. 하지만 토마스 아퀴나스가 진지하게 임하는 태도를 보고 그를 받아 주었습니다. 토마스 아퀴나스는 도미니코회 일원으로서 열심히 기도하며 대학에서 공부에 몰두했습니다.

그런데 이때 중요한 변화가 찾아왔습니다. 2대 도미니코회 총장이 나폴리 대학을 방문했을 때 개별적으로 수사들을 면담하다가 눈에 띄는 젊은 수사 한 명을 발견했습니다. 바로 토마스 아퀴나스였습니다. 무엇을 물어도 막힘이 없을 정도로 총명했고 순수함과 열정이 느껴졌습니다. 그런데 총장은 걱정이 되었습니다. 토마스 아퀴나스가 나폴리 대학에서 아리스토텔레스만을 배우다 보면 뛰어난 아리스토텔레스주의자는 될 수 있을지 모르지만, 진정한 그리스도인으로 거듭나기에는 역부족일 것 같았기 때문입니다. 당시에 도미니코회 최고의 스승들은 파리 대학에 모여 있었는데, 고민 끝에 총장은 토마스 아퀴나스를 파리 대학에 보내기로 결정했습니다. 토마스 아퀴나스는 순순히 명령을 따르고 싶었지만 어머니가 마음에 걸렸습니다. 사실 도미니코회에 들어간 사실도 어머니에게 이야기하지 못했는데, 저 멀리 있는 파리 대학에 간다고 하면 어머니가 충격을 받을까 봐 걱정스러웠던 것이지요.

몬테카시노 수도원에 아들을 보냈던 모습에서도 알 수 있듯이, 토마스 아퀴나스의 어머니는 아들이 수도회에 들어가는 것 자체는 반대하지 않았습니다. 하지만 도미니코회는 생긴 지 얼마 되지 않아 검증이 되지 않았고, 더욱이 거지처럼 동냥하는 것으로 생계를 유지하는 수도회였습니다. 자식을 사랑하는 부모이기에 아들이 부유한 수도원의 원장이 되겠다고 하면 모를까, 신생 수도회에서 거지처럼 고생하려고 한다면 말리고 싶겠지요. 토마스 아퀴나스도 어머니의 마음을 알고 있었기에 도미니코회에 들어간 사실을 숨기고 있었는데, 이역만리 떨어진 파리 대학까지 가야 했기에 더 이상 어머니에게 감출 수 없었습니다. 토마스 아퀴나스는 자신의 결심과 마음을 담아서 어머니에게 편지를 썼습니다. 자신이 파리 대학에 가는 것을 받아 주기를 청하면서 말입니다.

하지만 토마스 아퀴나스만큼 어머니의 고집도 만만치 않았습니다. 편지를 받은 어머니는 대노하며 토마스 아퀴나스를 말리기 위해 기사인 형들을 소집했습니다. 당시에 수도자들은 걸어 다니는 것이 일반적이었고 토마스 아퀴나스도 파리까지 걸어가고 있었습니다. 그러다 보니 얼마 못 가 말을 타고 뒤따라온 형들에게 잡히고 말았습니다. 하지만 집에 돌아가지 않겠다고 버티는 덩치 큰 막내 동생을 끌고 오는 것

유혹하는 여인을 물리치는 토마스 아퀴나스.

은 여간 힘든 일이 아니었습니다. 그의 형들이 애쓰고 또 애써서 겨우 영지 안에 토마스 아퀴나스를 데리고 왔습니다. 그리고 그를 탑에 가두었습니다.

형들은 토마스 아퀴나스를 붙잡아 두기 위해 온갖 감언이설로 설득하려고 노력했습니다. 예컨대 파리에 안 간다고 하면 매일매일 맛있는 고기를 사 주겠다는 등의 말로 토마스 아퀴나스의 마음을 돌리려고 했지요. 하지만 한 고집 했던 토마스 아퀴나스는 넘어가지 않았습니다. 형들이 어떻게 하면 토마스 아퀴나스를 남게 할지 고민한 결과, 좋은 묘안이 떠올랐습니다. 토마스 아퀴나스도 남자라는 점을 노린 것입니다.

토마스 아퀴나스가 탑에서 조용히 성경을 읽고 있을 때, 갑자기 문이 열리는 소리가 들리더니 향긋한 냄새를 품기며 아리따운 여인이 들어왔습니다. 보통의 남자라면 어두컴컴한 곳에 아름다운 여성과 단둘이 남을 때 그 유혹을 뿌리치기 힘들 것입니다. 하지만 중요한 결단을 내리는 순간에 악마가 나타난다는 이야기를 들은 적이 있던 토마스 아퀴나스는 그만 이 여인을 악마라고 착각했습니다.

천사의 도움을 받는 토마스 아퀴나스.

　토마스 아퀴나스는 횃불을 들고 여인을 내쫓았습니다. 토마스 아퀴나스를 다룬 성인전에는 "그 이전에도 그 이후에도 그렇게 빨리 움직이는 토마스 아퀴나스를 볼 수 없었다."라고 묘사되어 있습니다. 성인전에는 약간의 과장이 섞이기 마련인데, 심지어 그때 토마스 아퀴나스가 힘을 너무 많이 써서 기절했다는 내용도 있습니다. 그때 두 천사가 나타나서 토마스 아퀴나스의 허리에 끈을 동여매어 주었고, 그 후로 토마스 아퀴나스가 욕정에 빠지지 않았다는 전설도 있습니다. 이 전설에 의심이 갈 수도 있지만, 온갖 방해에도 불구하고 끝까지 유혹에 넘어가지 않았던 토마스 아퀴나스의 굳은 결심과 의지를 느낄 수 있습니다.

토마스 아퀴나스의 어머니는 1년 동안이나 그를 설득하기 위해 온 힘을 기울였지만 성공하지 못했고, 결국 토마스 아퀴나스의 행복을 기원하며 파리로 보내 주었습니다. 파리에 도착한 토마스 아퀴나스는 이곳에서 일생에 있어 매우 중요한 만남을 하게 됩니다.

토마스 아퀴나스와 대★알베르투스의 만남

토마스 아퀴나스는 프랑스 파리에서 새롭게 공부를 시작했습니다. 당시에 파리 대학에서 가장 유명한 교수는 알베르투스로, 그는 온건한 아리스토텔레스주의자라고 이야기한 바 있습니다. 그런데 파리 대학은 교황청 직속 대학이어서 아리스토텔레스 강의 금지령의 영향을 받고 있었고, 아리스토텔레스에 관해서는 논리학과 윤리학만 가르칠 수 있었습니다. 알베르투스는 이것이 마음에 들지 않았고, 도미니코회 수사들이 아리스토텔레스를 읽지 못한다면 더 나은 시대를 향해 나아가지 못하고 뒤처질 것이라고 염려했습니다. 그렇지만 파리 대학의 교수로서 강의 금지령을 어길 수는 없었습니다.

그런데 대학을 벗어나 있는 생 자크라는 도미니코회 수도원에서는 알베르투스가 아리스토텔레스의 자연학과 형이상학도 강의할 수 있었습니다. 파리 대학의 강의실에도 학생들이 많았지만, 아리스토텔레스에 대해 더 많이 배울 수 있는 생 자크 수도원의 강의실에는 더 많은 학생들이 모여들었습니다. 그 많은 학생들 틈에 비집고 들어와 있던 몸집 큰 학생이 바로 토마스 아퀴나스였습니다. 여기서 그 유명한 알

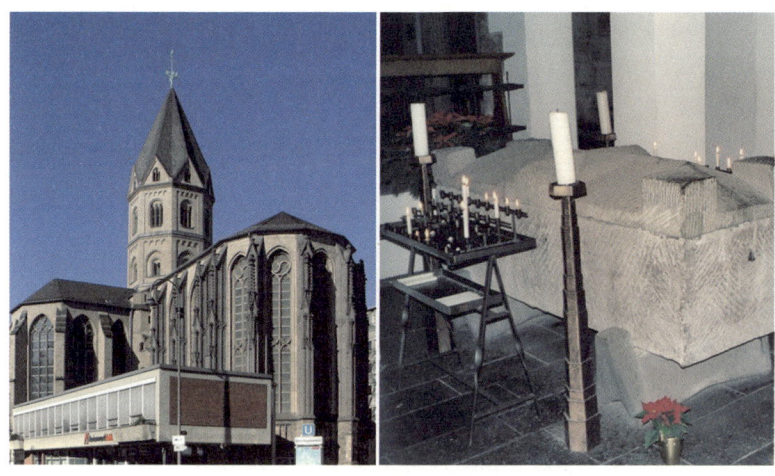

쾰른의 성 안드레아스 성당과 알베르투스의 무덤.

베르투스의 강의를 접하게 되었던 것이지요. 이렇게 파리에서 알베르투스와의 운명적인 만남이 이루어졌습니다.

알베르투스는 논리학과 윤리학에 한정하지 않고 아리스토텔레스가 탐구한 모든 분야에 대해서 사람들이 알고 이해할 수 있도록 하겠다고 결심하며, 생 자크 수도원에서 열정적으로 가르쳤습니다. 토마스 아퀴나스도 열심히 강의를 들으며 공부했습니다. 그러던 어느 날, 그는 알베르투스와 떨어질 위기에 놓이게 되었습니다. 도미니코회에서 쾰른이라는 도시에 또 하나의 수도원 학교를 세우기로 결정하면서 그곳에 알베르투스를 모시기로 한 것입니다. '스투디움 제네랄레Studium generale(일반 학원)'라는 고등 교육 기관이었는데, 알베르투스가 원장으로서 최고의 적임자라고 생각했습니다. 그리하여 알베르투스는 쾰른으로 떠나야 했습니다. 그런데 다행스럽게도 토마스 아퀴나스는 뛰어난 능력을 인정받아 대학원생 중 한 명으로 발탁되어 최연소의 나이로 알베르투스를 따라갈 수 있었습니다. 그들은 쾰른 대성당 옆의 수도원에서 사제지간의 정을 깊이 쌓았습니다.

악필로 유명했던 토마스 아퀴나스의 글씨.

토마스 아퀴나스는 쾰른에서 자신의 뛰어난 재능을 발휘하기 시작합니다. 그는 자발적인 선행 학습의 대가였습니다. 귀족 가문 출신이어서 돈이 좀 있었기에 양피지 자투리를 구해서 미리 공부한 내용을 빼곡히 기록했습니다. 그런데 어느 날, 그는 그 메모를 그만 도서관에 떨어뜨리고 나와 버렸습니다. 나중에 학생들이 주웠는데 아직 배우지 않은 내용이 적혀 있어서 당연히 알베르투스가 떨어뜨리고 간 줄 알고 그에게 갖다 주었습니다. 알베르투스는 자신이 한참 뒤에나 가르치려고 했던 내용들이 적힌 메모를 보고 놀랐습니다. 그리고 이것을 적은 사람이 누구인지 궁금했습니다. 그런데 글씨체를 보고 바로 토마스 아퀴나스임을 알았습니다. 왜냐하면 토마스 아퀴나스의 글씨가 '읽을 수 없는 문자Littera illegibilis'라고 불릴 정도로 악필로 유명했기 때문입니다.

알베르투스는 토마스 아퀴나스가 열심히 공부하고 있다는 사실을 알게 되었고, 기회를 주기로 마음먹었습니다. 앞선 강의에서 중세 대학의 독특한 교육 방법으로 토론에 대해 설명했지요? 알베르투스는 토마스 아퀴나스에게 토론의 발표자로 나설 수 있도록 해 주었습니다. 토마스 아퀴나스는 철저히 토론을 준비했고, 드디어 토론 첫째 날, 그는 준비한 내용을 열심히 발표했습니다. 발표가 끝나고 질문이 시작되었는데, 보통의 대학원생이었다면 질문의 화살 앞에서 쩔쩔맸을 것입니다. 하지만 토마스 아퀴나스는 아무리 날카로운 질문이 쏟아져도 동요 한 번 하지 않고 청산유수로 답변했습니다.

그런데 이를 지켜보던 알베르투스의 표정이 점점 굳어 갔습니다. 알베르투스는 토마스 아퀴나스에게 갑자기 "이보게, 오늘 자네의 역할이 무엇인가?"라고 질문했습니다. 답변을 잘하던 토마스 아퀴나스가 이 질문에서만큼은 제대로 답변을 못하고 당황했습니다. 잠시 고민하다가 대학원생 토론자라고 답했는데, 알베르투스가 "그런데 왜 교수처럼 답변하고 있나?"라고 질책했습니다. 심지어 그는 토마스 아퀴나스에게 나가 있으라고까지 했습니다. 토마스 아퀴나스가 학생으로서 알 수 있는 내용만 답변하면 되었는데, 아는 것이 너무 많다 보니 교수처럼 모두 답변해 버린 것입니다. 토론 둘째 날에 교수가 정리해야 될 내용이 없을 정도로 말이지요.

토마스 아퀴나스를 토론장에서 내보낸 알베르투스는 앉아 있는 선배 학생들을 바라보면서, 토마스 아퀴나스보다 몇 년씩이나 더 공부한 사람들이 왜 저렇게 하지 못하냐고 다그쳤습니다. 선배 학생들은 몸집이 크고 말이 없는 토마스 아퀴나스에게 '벙어리 황소'라는 별명을 붙였는데, 알베르투스는 "저 벙어리 황소가 입을 여는 순간 온 세상이 깜짝 놀랄 것이다."라고 예언했습니다.

그리고 그 예언이 실현되는 데는 그리 오래 걸리지 않았습니다. 알베르투스에게 파리 대학으로부터 편지가 한 장 온 것입니다. 파리 대학의 신학 대학 교수 자리가 비어 있으니 교수 후보생을 보내 달라는 내용이었습니다. 알베르투스는 심사숙고 끝에 선배 학생들이 많이 있었음에도 불구하고 아직 젊은 토마스 아퀴나스를 보내기로 결정했습니다.

보통 이렇게 좋은 기회를 잡은 경우 "교수님, 정말 감사합니다!" 하면서 뒤도 안 돌아보고 떠나기 마련인데, 토마스 아퀴나스는 달랐습니다. 알베르투스는 가라고 등을 막 떠미는데 끝까지 바짓가랑이를 붙들며 안 가겠다고, 교수님 밑에서 배울 게 많다며 떼쓰는 것이었습니다. 나름 잔머리를 써서 "교수님, 제가 몸집이 커서 잘 모르셨을 수 있는데, 저는 교수가 될 수 있는 법적 연령보다 두 살이나 어려요!"라고 우겨도, 알베르투스가 그런 내용도 추천서에 다 적어 놓았다고 말했습니다. 결국 알베르투스의 고집을 이기지 못한 토마스 아퀴나스는 파리로 떠났습니다. 파리 대학에서 강의를 시작했을 때, 알베르투스가 왜 토마스 아퀴나스를 추천했는지 누가 보아도 알 수 있을 정도로 토마스 아퀴나스의 강의는 훌륭했습니다.

그런데 비슷한 시기에 또 한 사람이 파리 대학의 교수가 되었습니다. 바로 프란치스코회 소속의 보나벤투라Bonaventura(1217년경~1274년)[2]였습니다. 현재 두 사람 모두 성인으로 추앙받고 있지요. 토마스 아퀴나스와 보나벤투라가 강의를 하면서 파리 대학은 최고의 전성기를 맞이했습니다.

보나벤투라와 토마스 아퀴나스.

토마스 아퀴나스와 《신학대전》

토마스 아퀴나스는 훌륭한 저서들을 여러 권 남겼는데, 그중 가장 유명한 것은 바로 《신학대전Summa Theologica》입니다. 책 제목만 들으면 한 권으로 되어 있을 것 같지만 사실 그 분량이 엄청납니다. 200쪽 정도의 책으로 무려 60권이 나올 정도입니다. 이 정도 분량이면 토마스 아퀴나스가 평생 《신학대전》만 저술했을 것이라고 생각할 수 있습니다. 하지만 《신학대전》은 토마스 아퀴나스가 저술한 책 전체에서 7분의 1 정도밖에 되지 않습니다. 60권에 7을 곱하면 420권이지요. 토마스 아퀴나스는 고작 49세에 생을 마감했는데, 그 짧은 생애에 400권에 이르는 책을 쓴 것입니다. 저도 교수로서 나름대로 열심히 연구하고 있는데도 1년에 책 한 권 내는 것조차 힘듭니다. 아무리 뛰어난 토마스 아퀴나스라고 해도 혼자 힘으로 책 400권을 저술하는 것은 거의 불가능에 가까웠습니다.

많은 학자들이 그것이 어떻게 가능했는지 연구했고, 그래서 탄생한 강력한 가설 하나가 바로 필사실에 속기사를 여러 명 두는 것입니다. 토마스 아퀴나스가 이사야서 주해서는 이렇게 쓰고, 시편 주해서는 이렇게 쓰라는 등으로 내용을 쭉 부르면, 속기사들이 각각 맡은 내용들을 받아 적고, 다른 책을 구술하는 동안 그 내용을 정서正書(초 잡았던 글을 베껴 씀) 하는 방식으로 작업하는 것이지요. 이렇게 동시에 여러 권을 저술했을 때에만 토마스 아퀴나스가 짧은 시간 안에 어떻게 그렇게 엄청난 분량의 책들을 저술할 수 있었는지 설명할 수 있을 것입니다.

그런데 놀라운 것은 분량만이 아니었습니다. 토마스 아퀴나스의 책은 그 깊이도 대단했습니다. 여기서는 짧은 일화 하나를 먼저 이야기하면서 《신학대전》 1편의 내용만 간략하게 소개하겠습니다.

한번은 토마스 아퀴나스가 프랑스의 루이 9세 왕의 자문관으로 발탁된 적이 있었습니다. 보통 그럴 경우 왕과 한 번이라도 눈을 더 마주쳐서 한 자리 얻어 볼까 욕심 부릴 수 있는데, 토마스 아퀴나스에게는 그런 태도가 없었습니다. 토마스 아퀴나스는 왕과 이야기를 나누다가도 갑자기 깊은 생각에 빠져들었습니다. 왕은 당황스러워했지만, 토마스 아퀴나스는 말없이 생각에 잠기더니 "아! 드디어 마니교를 무찌를 수 있는 방법을 찾아냈다!"라고 외쳤습니다. 그러더니 급히 비서를 불러서 생각난 내용을 적게 하는 것입니다. 국왕 앞에서도 아랑곳하지

루이 9세 왕과 토마스 아퀴나스.

않고 말이지요. 왕은 토마스 아퀴나스가 그런 행동을 하는 것을 다 참아 주었는데, 그만큼 토마스 아퀴나스에 대한 왕의 신뢰심이 컸던 것입니다.

《신학대전》에 등장하는 첫 번째 질문은 매우 독특합니다. 토마스 아퀴나스는 "신학이란 학문인가?"라고 질문했습니다. 그 이전 시대에는 누구도 이런 것에 대해 질문하지 않았습니다. 철학은 '지혜에 대한 사랑'인데 참된 지혜는 그리스도교 안에 녹아 있다고 생각했기 때문입니다. 그래서 신학이야말로 참된 철학이며, 학문들의 여왕이라고 여겼습니다. 그런데 토마스 아퀴나스가 던진 질문에는 신학이 철학 등의 다른 학문들과 구별되는 것 같습니다. 아리스토텔레스가 등장하면서 만학의 여왕으로 자리 잡고 있었던 신학의 위치도 바뀌게 되었습니다. 철학과 세속적인 과학에 관련된 학문들이 떠오르자, 이제 신학이 학문이라고 새롭게 증명해야 하는 상황에 처하게 된 것이지요. 토마스 아퀴나스는 어떻게 말했을까요? 그는 철학과 신학 둘 다 소중하다고 이야기합니다.

여기서의 철학은 세속적인 학문 모두를 의미합니다. 과거에는 종종 학문이 폄하되었지만, 토마스 아퀴나스에 따르면 신학과 철학은 동료가 되어 발걸음을 서로 맞춰 걸으며 앞으로 나아갈 수 있습니다. 토마스 아퀴나스는 철학과 신학 모두의 중요성을 인정했지만, 그러면서도 그 둘을 구분했습니다. 그는 철학에는 이성의 빛이 필요한 반면, 신학에는 은총의 빛이 필요하다고 말했습니다. 이성의 빛은 철학의 원리로서 작용하며, 이 세상에서 이루어지는 법칙들은 모두 이성의 빛을 통해서 알 수 있습니다.

그런데 토마스 아퀴나스는 인간의 이성만으로는 도저히 설명할 수 없는 영역이 있다고 생각했습니다. 예컨대 그리스도교의 교리 중에서 삼위일체나 예수님의 강생과 부활, 최후의 심판 등은 우리의 이성만으로는 제대로 설명할 수 없다고 말이지요. 그는 이렇게 인간의 이성을 넘어서는 영역을 설명하려면 은총의 빛에 의지해야만 한다고 주장했습니다.

이단인 마니교를 믿는 이들이 받아들이기 힘든 교리가 하나 있었는데, 바로 예수님의 강생 사건입니다. 물질적인 것은 악하다고 믿고 있

철학(과 기타 학문)의 영역	신학의 영역
이성의 (자연적) 빛에 의존: 인간의 이성에 의해 알게 된 원리를 사용	은총의 빛에 의존
신(하느님)의 존재와 세계 내의 모든 법칙과 사실은 철학의 대상	그리스도교적 신앙이 안고 있는 본래의 신비 (삼위일체설, 강생, 부활, 최후 심판과 같은 초자연적 진리)
철학자는 피조물로부터 신(하느님)으로 올라가는 방식으로 논증 (아래에서 위로)	신학자는 하느님이 계시해 준 내용에서 시작, 즉 하느님으로부터 피조물로 진행 (위에서 아래로)

철학과 신학의 구별.

는데, 예수님이 육체를 취하셨다고 하니 도저히 머리로는 납득할 수 없었던 것이지요. 그래서 자신들이 믿고 있는 것에 끼워 맞추기 위해 예수님이 진짜로 인간이 된 것은 아니었다는 등 새로운 가설들을 만들기도 했습니다. 이처럼 인간 이성의 능력으로 이 세상에 속하지 않는 것들에 대해서도 모두 해명할 수 있을 것이라 생각한다면, 이단자들처럼 새로운 위험에 빠질 수도 있습니다.

이런 토마스 아퀴나스의 구분에 따르면 이성의 영역에 관해서는 모두 철학으로, 이성을 넘어서는 영역은 모두 신학으로 넘기면 될 것 같습니다. 이렇게 확실하게 구분된다면 참 편할 것 같지요? 하지만 토마스 아퀴나스는 이 구분이 그렇게 간단하지 않다고 말합니다. 같은 대상에 대해, 예컨대 신(하느님)이나 인간에 대해서 철학에서도 말하고 신학에서도 말하기 때문입니다. 인간에 대해 철학에서는 인간은 이성적인 동물이라고 한 아리스토텔레스의 규정을 따르고 있습니다. 하지만 신학에서는 인간을 하느님의 모상으로서 바라보고 있습니다. 이렇듯 철학과 신학 모두 인간에 대해 말하면서도 서로 다른 관점으로 이야기합니다.

이에 대해 토마스 아퀴나스는 바라보는 방식의 차이를 언급합니다. 이성적인 동물이 인간이라는 정의는 어떻게 나오게 되었을까요? 아리스토텔레스가 인간과 다른 동식물들을 비교하며 관찰해 보니, 인간만이 이성적 능력을 갖추고 있음을 알게 된 것입니다. 이처럼 철학에서는 이 세상에서의 구체적 경험이 출발점입니다. 토마스 아퀴나스는 인간의 구체적 경험으로부터 하느님의 존재를 증명하는 시도를 했던 것으로 유명한데, 아래에서부터 위로 올라가는 방식으로 이루어졌습니다.

예를 들어, '나'를 있게 한 원인으로 부모가 있습니다. 이것은 우리의 구체적 경험으로부터 이미 알고 있는 사실입니다. 그리고 부모를 있게 한 원인으로 또 다른 부모가 있고, 이렇게 위로 쭉 거슬러 올라가다 보면, 최종적인 원인으로서 하느님이 계시다는 것이 토마스 아퀴나스의 신 존재 증명 중 하나입니다. 그런데 신학의 경우에는 하느님이 내리는 계시가 중요합니다. 하느님은 당신의 모습을 닮은 인간을 창조하셨고, 따라서 인간이 하느님의 모상이라고 말하는 기준은 하느님에 있는 것이지요. 즉 하느님으로부터 인간으로 내려오는, 위에서부터 아래로 내려오는 방식을 취합니다.

이렇게 구분 지어 말하면서도 토마스 아퀴나스에게는 어떤 확신이 있었습니다. 그는 신학과 철학에서 추구하는 것이 완전히 분리된다고 생각하지 않았습니다. 토마스 아퀴나스에 따르면, 철학에서 다루는 이성은 창조주가 인간에게 부여한 선물이며, 신학에서 다루는 계시와 신앙도 하느님이 우리에게 주신 진리입니다. 토마스 아퀴나스는 하나의 원천에서 나온 두 진리가 서로 상충될 리 없다고 생각했습니다.

계시된 진리와 이성의 진리는 두 개의 다른 진리가 아닙니다. 하나의 진리를 추구하는데 그 방식이 다를 뿐이지요. 토마스 아퀴나스는 양쪽 모두의 입장에서 볼 수 있다면 진정한 의미에서 인간을 가장 포괄적으로 바라볼 수 있을 것이라고 했습니다. 철학과 신학은 상호 경쟁 관계가 아니라 상호 보완 관계에 있음을 명확히 한 것이지요. 이런 토마스 아퀴나스의 말처럼 서로 보완하며 잘 지냈으면 좋았을 텐데, 실상은 그렇지 않았습니다. 아리스토텔레스주의자들과 토마스 아퀴나스를 비롯한 신학자들이 만나면 각자의 입장 차이를 두고 종종 논쟁이 벌어졌습니다. 아무리 토론을 해도 합의에 도달하지 못하는 경우가 있었습니다. 그래서 토마스 아퀴나스는 학문적인 토론이 이루어지는 경우에 가급적이면 서로의 권위를 인정하고 시작하자는 구체적 제안을 했습니다.

서로의 권위를 인정하자는 것이 무슨 의미일까요? 예컨대 유대인과 토론을 한다고 생각해 봅시다. 유대인들은 구약 성경만을 인정합니다. 그렇기 때문에 토론을 벌일 때는 그들이 인정하는 권위인 구약 성경을 인용하며 이야기를 해야 말이 통할 것입니다. 반대로 신약 성경만을 받아들이는 마니교도들과 토론한다면, 신약 성경을 인용하며 말해야 설득할 수 있겠지요. 그런데 이런 성경의 권위를 모두 받아들이지 않는 사람들, 인간을 하느님의 모상이라고 생각하지도 않고 유물론적으로만 바라보는 사람들이 있을 수 있습니다. 교회에서 생명 운동을 할 때, 성경만으로 과학자들을 설득하는 데에는 한계가 있습니다. 그들이 인정하는 중요한 권위는 성경에 있지 않기 때문이지요. 그럴 때에는 그들이 인정하는 권위에 따라서 이성적으로 접근하는 것이 더 나은 결과를 가져올 수 있습니다.

토마스 아퀴나스의 의도가 느껴지는지요? 아리스토텔레스주의자들과 토론을 한다면 이성을 바탕으로 토론할 때에만 그들을 설득할 수 있다고 토마스 아퀴나스는 생각했던 것입니다. 그리고 그는 권위에 의해 결정되는 토론에서는 학생들이 아무것도 배우지 못할 것이라고 생각했습니다. 요즘에 좀 유명하다는 학원 강사들이 종종 쓰는 방법이 있는데, "중요한 부분이니 별표 다섯 개!"라고 외치면서 무조건 암기하라고 합니다. "내가 스타 강사이니 내가 외우라는 것만 외우면 돼."라는 식으로 자신의 권위를 사용하는 것이지요. 진도를 빨리 나갈 수 있다는 장점은 있겠지만, 학생들 스스로 생각하고 문제를 해결할 수 있는 기회를 주지 않는다는 점에서는 아쉬움이 있습니다. 중세 때 토론에서 토마스 아퀴나스는 스스로 생각할 수 있는 것이 얼마나 중요한지 알리고자 했습니다.

토마스 아퀴나스는 "은총은 자연 본성을 파괴하는 것이 아니고 오히려 완성하기 때문에 자연 이성은 신앙에 조력해야 한다."(STh 1,1,8,ad2)라는 말을 남겼습니다. 무슨 뜻일까요? 이성과 은총이 서로 완전히 분리되어 따로 노는 것이 아니라는 것입니다. 이성을 지닌 우리의 인간적인 노력이 한계에 부딪힐 때, 하느님으로부터 내려온 은총은 부족한 인간을 채우고 완성시켜 줄 수 있습니다. 인간이 한 모든 노력을 충분히 받아들이고 더 높은 완성으로 이끄는 것이 바로 하느님의 은총이라는 것입니다. 당시에는 이성적인 것은 모두 던져 버리고 무조건 믿으라는 신앙주의도 있었고, 반대로 궁극적 진리는 없으며 인간적인 진리가 모든 것의 완성이라고 주장하는 독단적인 이성주의도 있었습니다.

토마스 아퀴나스는 한쪽으로 치우친 이런 극단적 입장들을 극복하려고 했습니다. 라틴어로 "그라티아 논 톨릿 나투람, 세드 페르피칫Gratia non tollit naturam, sed perficit.", 즉 "은총은 자연을 파괴하는 것이 아니라 완성한다."라는 내용은 토마스 아퀴나스의 사상을 핵심적으로 드러낸다고 할 수 있습니다.

아우구스티누스는 신플라톤주의를 통해 신앙과 이성의 조화를 꿈꾸었고, 안셀무스는 새롭게 등장한 변증론과 관련하여 논리학과 문법학을 통해 신앙과 이성의 조화를 꿈꾸었으며, 토마스 아퀴나스는 훨씬 방대해진 아리스토텔레스의 철학을 통해 신앙과 이성의 조화를 꿈꾸었습니다. 왜 토마스 아퀴나스가 '천사적 박사'라고 불리는지 살짝 감이 오지요? 그는 라틴 아베로에스주의자들처럼 사대적이지도 않았고, 보수적 아우구스티누스주의자들처럼 배타적이지도 않았습니다. 토마스 아퀴나스는 균형 잡힌 길을 가고자 했으며 문화 수용의 모범을 보여 주었습니다. 이러한 균형 잡힌 태도는 서구의 문물이 밀어닥치는 현대에서, 우리나라 사람들이 정체성을 잃지 않고 적절한 선에서 서구의 문화를 수용하는 데 필요할 것입니다.

제22강

서구 지성사의 금자탑, 《신학대전》

제가 《신학대전》에 대한 강의를 준비하면서 가장 고심한 것은, 4천 개가 넘는 질문에 60권에 달하는 이 방대한 분량의 책을 어떻게 짧은 시간에 설명할 수 있는가 하는 것이었습니다.[1] 개별적인 주제를 나열하는 것으로는 너무 지루할 것 같아서 고민을 거듭한 결과, 토마스 아퀴나스의 업적을 가장 잘 느낄 수 있는 주제를 택했습니다. 바로 《신학대전》 제2부에 나오는 윤리학적인 내용입니다. 그러면 지금부터 《신학대전》 속으로 들어가 보겠습니다.

《신학대전》의 내용과 구조

《신학대전》에 대한 많은 연구가 이루어졌는데, 그런 과정 속에서 《신학대전》의 전체적인 주제를 밝히려는 탐구들이 축적됨으로써, 다양한 연구자들의 공통적인 생각이 종합되었습니다.

총 3부로 구성된 《신학대전》에는 하느님과 피조물의 관계에 대한 거의 모든 내용이 담겨 있습니다. 그 첫 번째 과정은 하느님으로부터 인간으로 내려오는 발출 과정이고, 두 번째 과정은 피조물로부터 위로 올라가는, 특히 지성적인 피조물이 하느님에게 귀환하는 과정입니다.

이 책의 앞부분을 열심히 읽었다면, 신플라톤주의 안에서 나타난 '발출'과 '귀환' 도식을 기억할 것입니다. 《신학대전》에서 토마스 아퀴나스는 아리스토텔레스의 용어들을 주로 활용하면서도 전체적인 큰 구조에서는 신플라톤주의도 적극적으로 받아들였습니다. 즉, 토마스 아퀴나스는 철학자 중에서 아리스토텔레스를 가장 많이 인용했지만,[2] 아리스토텔레스뿐만 아니라 자신 이전에 나타났던 모든 이론을 다 활용해서, 그리스도교를 설명하려고 했습니다.

《신학대전》 제2부까지의 내용으로 그리스도교를 설명해도 충분할 것 같은데, 제3부에서는 어떤 내용이 다루어질까요? 발출과 귀환을 연결해 주는 역할을 하는 그리스도론, 교회론과 성사론이 나옵니다.

《신학대전》의 주제를 조금 더 자세히 설명해 볼까요? 발출에 해당되는 제1부에서는 하느님의 존재와 속성에 대한 내용들을 이론적으로 상세하게 다룬 다음에 하느님의 업적으로서의 피조물들에 대한 이야기를 다룹니다. 이 부분에 영혼과 육체로 결합되어 있는 인간에 대한 놀라운 성찰도 포함됩니다. 그리고 우리가 살아가면서 가장 도움이 될 윤리학적인 내용, 즉 인간이라는 존재가 어떠한 목적을 지니고

토마스 아퀴나스의 역작, 《신학대전》.

```
        하느님
   ┌─────────────┐
제1부            제2부
하느님으로부터의   지성적 피조물의
  발출 과정       하느님에게로
                 귀환하는 과정
        피조물
        (인간)

        제3부
     발출과 귀환을
      연결하는 길
     그리스도, 성사
```

《신학대전》의 구조 및 주제.

있고 어디로 나아가고 있는지에 대한 성찰에서 시작해서, 윤리학에서 다루어질 수 있는 내용에 대한 매우 상세한 성찰이《신학대전》의 거의 절반을 차지하는 제2부에서 다루어집니다.[3] 토마스 아퀴나스는 제3부에서 다룰 내용들에 대해서는 정리해 놓았지만, 나중에 이야기하게 될 특수한 사정 때문에 완성하지는 못했습니다. 그는 60권 분량에서 다룬 주제 512개 외에도 주체 99개, 합쳐서 총 611개의 주제를 다루고자 했던 것입니다.

《신학대전》이 미완성으로 남게 된 것을 안타까워한 제자들, 특히 그의 비서(피페르노의 레지날두스)는 스승이 이전에 써 놓았던 저작들(특히《명제집 주해 *Scriptum super libros Sententiarum*》)에서 대답을 모아서《신학대전》을 완성했습니다. 예술에서도 유사한 경우가 있는데, 37세의 이른 나이에 사망한 라파엘로의 미완성 작품들을 그 제자들이 완성했습니다. 전체적인 인상은 라파엘로풍이 남아 있지만, 자세히 보면 비전문가들도 확인할 수 있을 만큼 완성도에서 차이가 나타납니다. 마찬가지로 《신학대전》의 나머지 보충부 99문은 토마스 아퀴나스가 직접 쓴 부분보다는 부족하지만, 그가 완성했다면 담겨 있었을 내용을 확인할 수 있습니다.

토마스 아퀴나스는 총 611개의 주제를 '문제quaestio'라는 단위에서 다루고 있는데, 각 '문제'는 평균적으로 4개에서 13개 정도의 작은 '절articulus'로 나뉘어 있습니다. 따라서 《신학대전》의 기본 단위는 절이고, 이 절 하나하나에서 개별적인 질문이 다루어집니다. 인간, 윤리, 하느님에 관련된 거의 모든 질문이 《신학대전》에 요약되어 있다고 생각해도 좋습니다.

《신학대전》에서는 독특한 방식으로 질문이 전개됩니다. "인간이란 무엇인가?", "정의란 무엇인가?" 하는 질문 방식이 아니라, "인간은 이성적 동물인가?"와 같이 "예." 또는 "아니요."로 답변할 수 있는 방식으로 질문을 던집니다. 이러한 질문 방식은 더 정확하게 답변을 유도할 수 있는 장점이 있지요. 아벨라르두스가 개발한 이 방식은 스콜라 철학에서 널리 통용되었고, 《신학대전》에서 그 정점에 달하게 됩니다.

각각의 절들은 **논박될 이론, 반론, 본문, 논박될 이론에 대한 해답**, 이렇게 네 부분으로 구성되어 있습니다. 이 구절들은 사실 중세 때 유행했던 정기 토론으로부터 온 것입니다. 《그렇다와 아니다》에서 발전한 찬반Pro-et-contra 논쟁의 결과를 그대로 옮겨 놓은 〈토론 문제집〉을 보면 자신이 찬성하는 부분은 본론에서 반복될 수 있었습니다. 본래 《신학대전》은 인문학부에서 공부를 마치고 상위 학부인 신학부에서 신학 공부를 본격적으로 시작하는 초심자들을 위한 것이었습니다. 그렇기 때문에 토마스 아퀴나스는 《신학대전》에서 초심자들이 공부하기 좋도록 핵심적인 내용을 요약해서 제시하려고 했습니다.

반복이 많은 과거의 기술 방식이 너무 지루하다고 생각했던 토마스 아퀴나스는 찬성 부분에 나오는 논거를 과감하게 생략해서 단 한 줄로 줄였습니다. '논박될 이론' 중에서도 〈토론 문제집〉에서는 열대여섯 개에서 스무 개씩 나오는데, 그중 핵심 요소 세 개 정도만 골랐습니다. 그다음에 이어지는 내용은 '본문'인데, 이 부분은 정기 토론의 둘째 날 발표했던 교수의 결정문에 해당됩니다. 이 부분에서 토마스 아퀴나스는 제시된 질문에 대한 핵심 답변을 정확하게 제시했습니다. 그런데 정기 토론에서 이 부분으로 끝난다면 교수들은 밤을 샐 필요도 없었겠지요. 정기 토론에서는 교수들이 앞서 제시되었던 논박될 이론과 찬성 측에서도 잘못된 근거를 하나하나 답해 주어야 했기 때문에 큰 어려움을 겪었던 것입니다. 이러한 고민의 흔적이 남아 있는 부분이 《신학대전》의 각 절마다 마지막에 나오는 '논박될 이론에 대한 해답'입니다. 자신과 의견이 다른 이들의 주장을 단순히 '틀렸다'고 단정 짓지 않고 왜 틀렸는지에 대해 밝힌 것입니다. 이렇게 《신학대전》은 엄밀한 구조로 되어 있습니다.

이 내용을 이렇게 자세하게 설명한 이유는 《신학대전》의 구조를 이

> **각 절 – 네 개의 고정된 부분으로 나누어 탐구**
>
> 1) **논박될 이론('그렇지 않은 것 같다')**
>   본문에서 논박될 이론을 지지하는 논거를 소개
> 2) **반론('그러나 반대로')**
>   논박될 이론에 반대되는 논거나 권위 있는 명제를 소개
> 3) **본문('나는 이렇게 대답해야만 한다')**
>   교수 자신의 입장을 설명하는 논거
> 4) **논박될 이론에 대한 해답**
>   처음에 제시되었던 이론에 대해 하나하나 답변
>
> ※ 여기서 1)과 2)는 주로 역사적인 권위에 의거하지만,
> 　3)과 4)는 거의 전적으로 합리적인 철학적 논술

《신학대전》의 서술 양식.

해하지 못해서 발생하는 중대한 실수를 피하기 위해서입니다. 이 네 부분 중에서 토마스 아퀴나스의 의견으로 그대로 인용해도 좋은 부분은 바로 '본문'입니다. 그렇다면 1번 논박될 이론, 2번 반론, 3번 본문, 4번 해답 중에서 절대로 토마스 아퀴나스의 의견으로 인용해서는 안 될 부분은 어디일까요? 바로 1번입니다. 왜냐하면 '논박될 이론'은 결코 토마스 아퀴나스 자신의 의견이 아니기 때문입니다. 그러나 성격이 급한 사람이라면 《신학대전》을 펼쳐 "어라, 내가 원하는 질문이 나왔네! 게다가 친절하게 1, 2, 3이라고 번호까지 매겨 놨군." 하고 이 부분을 인용하면 100퍼센트 토마스 아퀴나스와 반대되는 의견을 쓰는 것입니다.

제가 실제로 토마스 아퀴나스의 여성관에 대해 논문을 쓰면서 이러한 경우를 본 적이 있습니다. 꽤 유명한 여성 신학자 한 분이 있었는데, 그분은 《신학대전》의 구조를 잘 몰랐던 모양입니다. 토마스 아퀴나스가 기술한 내용 중에서 현대의 관점에서 보면 납득하기 힘든 부분이 있는데, 그분은 이 부분을 비판하기 위해서 열심히 《신학대전》을 인용해 놓았습니다. 그런데 인용한 부분의 4분의 1 정도가 1번, 즉 논박될 이론에서 가져온 것이었습니다. 이것은 토마스 아퀴나스와는 반대되는 의견을 비판한 것이나 다름없습니다. 이렇게 《신학대전》의 전체적인 구조를 이해하지 못한 채 이 책을 인용하면 문제가 생길 수 있습니다.

토마스 아퀴나스의 윤리학

토마스 아퀴나스의 윤리학은 '인간의 최종 목적은 행복'이라는 전통적인 통찰에서부터 시작됩니다. 토마스 아퀴나스가 가장 많이 인용했던 학자는 아리스토텔레스라고 이야기한 바 있는데, 그는 인간 행복에 대한 탐구에서 가장 권위 있는 인물 중 하나입니다. 아리스토텔레스는 사람들의 여러 행위에서 목적이 발견된다고 했습니다. 예를 들어 열심히 공부하는 것은 시험을 잘 보기 위한 것, 시험을 잘 보는 것은 성적을 잘 받기 위한 것, 성적을 잘 받는 것은 좋은 대학에 가기 위한 것처럼 말이지요. 인간 행위의 목적에는 이런 방식으로 이어지는 단계들이 있는데, 이런 단계를 거슬러 올라가다 보면 더 이상 상위의 목적을 지니지 않은 최종 목적에 도달하게 되고, 그것을 대부분의 사람들은 '행복'이라고 부른다고 말했습니다.

토마스 아퀴나스는 아리스토텔레스의 이러한 주장을 옳다고 여기며 과감히 받아들였습니다. 혹시 불행해지기 위해서 이 책을 보는 사람은 없겠지요? 이 책을 읽다가 포기하고 덮었다면, 아마도 행복해지기 위해서 책 읽기를 중단했을 것입니다. 모든 인간은 각각의 행위를 할 때, 즉 사랑을 하든지 아니면 사랑하는 사람과 헤어지든지, 어떤 의미에서는 모두 행복을 추구하는 것입니다. 이런 의미에서 아리스토텔레스는 행복을 모든 사람이 추구하는 '**보편적인 선**'이라고 불렀습니다. 그런데 어떤 것을 최종 목적으로 추구하는가 하는 점에서는 차이가 난다는 것이 아리스토텔레스의 생각이었습니다. 이 생각을 토마스 아퀴나스도 받아들여서, 아리스토텔레스와 함께 인간에게 행복을 주는 최종 목적이 될 수 있는 후보를 검토합니다. 그 다양한 후보들 중, 여기서는 재물, 감각적인 쾌락, 권력 등을 중점적으로 살펴보겠습니다.

재물 같은 경우, 아리스토텔레스는 이미 재물은 다른 것을 추구하기 위한 중간 목적, 즉 수단이기 때문에 최종 목적은 아니라고 말했습니다. 그의 주장은 아우구스티누스를 다룰 때 이야기했던 내용과 매우 유사합니다. 두 사람 모두 재물이 나쁘다고는 하지 않았는데, 이것은 보다 가치 있는 것을 얻기 위해 사용될 때 가치를 지니기 때문에 최종 목적인 행복이 될 수는 없다는 것입니다.

토마스 아퀴나스는 **감각적인 쾌락**에 대해서도 설명했습니다. 아리스토텔레스는 감각적인 쾌락이 인간의 최종 목적이라면 짐승처럼 되어 버릴 것이라고 일축했습니다. 토마스 아퀴나스는 여기서 조금 더 발전된 논변을 펼칩니다. 인간은 영혼과 육체라는 두 원리에 의해서 구성되는데, 감각적인 쾌락은 육체만을 만족시킨다는 것입니다. 감각적인 쾌락 자체는 나쁜 것이 아니지만, 감각적인 쾌락을 추구하는 것만으로는 영혼을 만족시키지 못하기 때문에 인간이 최종적인 완성에 도달하지 못한다고 보고 있습니다.

한편, 굉장히 많은 돈을 벌었기에 만족하고 살면 될 텐데, 많은 돈을 쓰면서 선거에 출마하는 사람들이 있습니다. 이런 사람들을 보면 **권력**이야말로 사람들이 최종적인 의미에서 추구하는 것이 아닐까 하는 생각이 들기도 합니다. 부분적으로는 이 생각이 맞다고 할 수 있습니다. 그래서 국회의원 금배지를 달았던 사람들은 그다음에 떨어지더라도 계속해서 다음 선거에 출마하는 것이겠지요. 그런데 어떤 정치가들은 권력을 자신만을 위해서 악용하는 경우가 있습니다. 아리스토텔레스에 따르면, 최고로 좋은 것은 결단코 악용할 수 없다고 합니다. 그러나 권력은 종종 악용되기 때문에, 토마스 아퀴나스는 아리스토텔레스를 따라 권력도 최종 목적, 즉 행복이라는 후보에서 제외하게 됩니다.

이처럼 모든 것을 찾아가다가 아리스토텔레스가 도달한 결론이 있었습니다. 그는 인간은 이성적인 동물이기 때문에 이성 기능이 제일 잘 발휘되었을 때가 행복한 것이라고 했습니다. 아리스토텔레스에 따르면, 자연학, 수학, 형이상학 등이 사변적인 학문에 속하는데, 바로 이러한 학문들을 통해 사람들이 자신의 지성적인 능력을 최고도로 활용할 때 행복을 발견한다는 것입니다. 그런데 제 경험으로는 아리스토텔레스의 결론에 동의하지 못할 사람들이 더 많을 듯합니다. 대부분의 철학과 학생들도 그렇게 느끼지 않더군요. 철학을 하게 되면 탈혼 상태에 빠지는 학생들이 절반 이상인데, 이들에게는 아리스토텔레스의 결론은 먼 별나라 이야기처럼 들릴 것입니다.

　토마스 아퀴나스는 조금 다른 이유로 사변적인 학문에 대한 탐구가 인간의 최종 목적인 행복을 충족시키지 못한다고 합니다. 탐구를 하는 사람들은 최종적인 원인을 알고 싶어 하지만, 그것에 도달하지 못하는 경우가 더 많습니다. 인간의 능력만으로 우리의 궁금증이 모두 풀릴 수 있을까요? 하지만 어떤 궁금증은 죽을 때까지 공부해도 풀리지 않습니다. 토마스 아퀴나스에 따르면, 인간의 이성적인 힘만으로는 최종적이고 궁극적인 목적, 모든 지식들을 얻을 수 없습니다. 설사 세상에 대한 모든 지식을 가진다고 해도 죽음 너머에 무엇이 있는지, 나의 탄생에는 무슨 의미가 있는지, 내 삶의 의미가 무엇인지 물을 수밖에 없습니다. 그 최종 대답은 우리 스스로 발견할 수 없다는 것이 토마스 아퀴나스의 결론입니다.

　토마스 아퀴나스에 따르면, 인간은 만물의 창조주인 동시에 우리가 되돌아가고자 하는 대상인 하느님에게 도달했을 때, 최종적인 행복을 누리게 됩니다. 성경의 표현을 들자면 하느님과 얼굴을 맞대고 바라보게 될 때, 전문 용어로 '비지오 베아티피카Visio beatifica', 즉 **지복직관至福**

直觀의 상태에 도달했다고 말합니다. 너무나 행복한 순간을 맞이할 때 사람들은 '시간이 멈췄으면 좋겠다.'라고 생각합니다. 이처럼 최고로 행복한 순간이 영원히 지속되는 것이 토마스 아퀴나스가 말하는 지복 직관입니다.

여기까지가 인간의 행위는 목적을 지녔다는 시작점과 최종 목적은 하느님에 대한 직관이라는 끝점에 대한 설명입니다. 그러면 어떻게 시작점에서 끝점에 도달할 수 있는지 그 방법에 대한 설명이 필요하겠지요? 이것이야말로 토마스 아퀴나스의 윤리학이 여타의 윤리학보다 뛰어난 점입니다. 토마스 아퀴나스는 이전까지 나온 모든 사상을 다 받아들였습니다. 그중에 주관적인 기준도 있고 객관적인 기준도 있는데, 그는 이 두 가지가 합쳐질 때만 완벽한 윤리가 이루어진다고 이야기합니다.

윤리학 중에 가장 첫 번째로 제시한 주관적인 기준은 '선한 의도'입니다. 앞서 아우구스티누스를 다룰 때 이미 이야기한 내용이지요. 우리가 사람들의 생명을 구하는 것과 같이 좋은 결과를 낳는 것이라 하더라도 사랑이 없으면 즉, 선한 의도가 빠져 있으면 이것은 올바른 행위라고 할 수 없다는 것입니다. 그래서 토마스 아퀴나스는 선한 의도 없이 다른 사람을 이용하는 것은 결코 선한 행위가 될 수 없다고 합니다.

아우구스티누스 때만 해도 올바른 의지를 지녀야 윤리적인 행동이 된다는 것이 그렇게 큰 문제가 되지는 않았습니다. 그런데 토마스 아퀴나스의 시대가 되어서는 이러한 주장만으로는 충분하지 않았습니다. 어떤 부분이 부족했던 것일까요? 서로마 제국이 멸망한 후, 게르만족이 유럽 문화를 주도하면서 행위의 결과만을 중시하는 분위기가 퍼져 나갔습니다. 그래서 스콜라 철학 초기에는 죄마다 보속이 정해져 있었습니다. 그 고해성사 목록을 보면 기가 막힌 경우도 있습니다. 예를 들면 엄마가 아기를 데리고 자다가 모르고 깔아 죽인 경우, 사냥을 가서 사슴인 줄 알고 화살을 쐈는데 사람이 죽은 경우, 술에 취한 채 자기 집인 줄 알고 들어가서 다른 사람의 아내와 잔 경우 등등 굉장히 많았지요. 이렇게 일반적으로 죄라고 취급되는 경우에 대해서 만일 '선한 의도'만을 강조한다면, 이러한 행위들은 잘못된 의도를 가지고 한 것이 아니기 때문에 윤리적으로 죄가 없다고 주장할 수 있습니다.

아벨라르두스와 같은 신학자도 초기에는 이런 주장을 펼치기도 했습니다. 오늘날에도 지나치게 행위의 '동기'를 강조하는 이들에게서 이러한 견해를 심심치 않게 만날 수 있는데, 이러한 주장을 쉽게 받아들일 수 있을까요? 그렇지 못할 듯합니다. 전문적인 용어로 이야기한다면, 선한 의도는 윤리적인 행위를 위한 필요조건이라고 할 수 있습니다. 그렇지만 선한 의도를 갖추었다고 해서 그것이 곧 올바른 행위가 되는 것은 아니기 때문에, 충분조건은 될 수 없습니다.

한마디로 "인간의 행위가 선하려면 선한 의도만으로는 안 되고, 그 행위가 올바르다는 객관적인 기준이 제시되어야 한다."라고 할 수 있습니다. 이미 아우구스티누스도 '향유와 사용'이라는 기준으로 '가치의 질서'는 '존재의 질서'를 따라야 한다고 강조한 바 있습니다. 토마스 아퀴나스는 훨씬 더 복잡한 규칙을 제시합니다. 우선 그는 객관적인 기준으로써 모든 인간들이 동의할 제1원리를 찾아냅니다. 토마스 아퀴나스에 따르면 도덕의 제1원리는 '선을 행하고 악은 피하라'는 것입니다. 이렇게 당연한 이야기가 어디 있습니까? 이런 규칙은 아이들도 쉽게 동의할 수 있을 것입니다. 그런데 이 원리를 받아들인다고 하더라도, 그렇다면 '과연 무엇이 선인가?' 하는, 쉽게 대답하기 힘든 질문이 제기됩니다. 무엇이 선인지 찾는 것이 윤리학의 중요한 과제인 것이지요.

토마스 아퀴나스는 과거의 전통에서 자연법lex naturalis을 들여옵니다. 자연법은 인간이 이성적 본성을 지니고 있다는 것에서 출발합니다. 이성적 본성을 지닌 인간 모두가 '어떤 행동은 해서는 안 된다'거나 '어떤 행동은 해야만 한다'고 동의할 수밖에 없을 때, 그러한 규칙을 자연법이라고 부릅니다.

그런데 이 자연법을 자연법칙과 혼동해서는 안 됩니다. 자연법에서 말하는 자연은 인간의 자연 본성, 인간의 이성이 모두 다 동의하는 것을 말합니다. 동양인들은 이것을 쉽게 이해할 수 있습니다. 맹자의 성선설性善說을 떠올리면 되니까요. 예를 들어 우물가에 있던 아이가 빠지려 할 때 보통 사람들은 어떻게 할까요? 요즘 시대라면 인터넷이나 SNS에 올리려고 사진을 찍는 사람들도 있을지 모르지만, 이것을 정상이라고 할 수 있습니까? 정상적인 인간이라면 손을 뻗어서 그 아이를 구하려 할 것입니다. 이렇게 소중한 인간 생명을 지켜야 함과 같이 모든 인간이 동의할 수 있는 경우가 자연법에 속합니다.

그렇지만 토마스 아퀴나스는 인간들이 지닌 이성은 스스로 만들어 낸 것이라고 할 수만은 없다고 합니다. 유한한 이성이 그렇게 완벽한 법칙을 만들 수 없기 때문이지요. 우리가 무엇인가 올바른 것을 확신할 수 있게 되는 데는 그 뿌리가 있습니다. 하느님의 예지, 또는 하느님의 지성적 명령이라는 **영원법**lex aeterna 안에 자연법이 뿌리를 두고 있습니다.[4]

만일 그리스도교 신자가 아니라면, 일단은 자연법으로 만족해도 좋습니다. 토마스 아퀴나스는, 자연법은 영원법이라는 토대 위에 우리에게 이미 주어져 있기 때문에, 자신의 이성을 잘 반성하고 확인하게 되면 자연법을 발견할 수 있다고 생각했습니다.[5]

자연법보다 하위 단계의 법도 있습니다. 그것은 바로 인간들이 만들어 놓은 **인정법**人定法입니다. 이것은 인간이 만든 것이기 때문에, 자연법이 영원법에 종속되는 것처럼, 인정법은 자연법에 종속됩니다.

소크라테스가 한 말이 아닌데, 그가 했다고 자주 오해되는 말이 바로 "악법도 법이다."입니다.[6] 많은 사람들이 이 말을 인용하지만, 토마스 아퀴나스와 아우구스티누스는 이렇게 말합니다. 악법이라면 그것은 법도 아니라고 말입니다. 어떤 규정이 악법이라면, 법이라는 글자가 붙어 있고 무력에 의해 강요되더라도 법으로 받아들일 필요가 없습니다. 자연법을 거스르는 인정법은 그 자체로 법의 효력을 상실하기

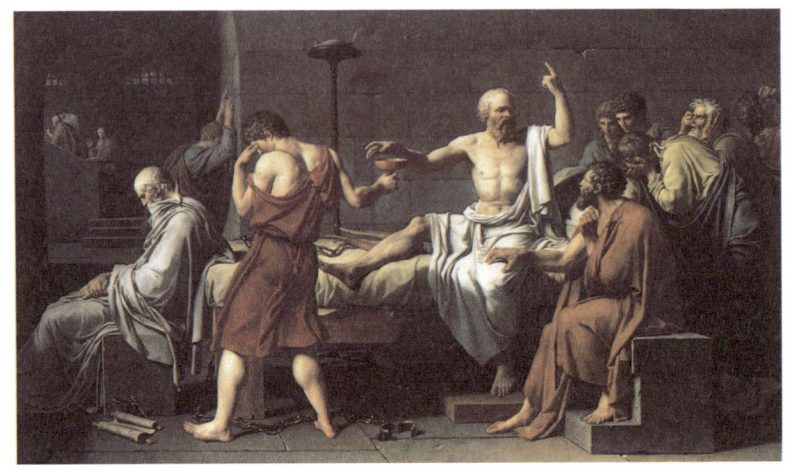
독배를 들며 죽음의 길을 택한 소크라테스.

때문입니다.

제가 유학 갔던 독일에서는 나치들이 죄를 지어 놓고 나서 처벌을 피할 수 있는 법을 만들어 놓았습니다. 외부적인 명령과 강제에 의해 행한 행위는 개인이 책임지지 않는다 등등의 법을 만들었기에, 유대인 600만 명을 죽였는데도 그것을 처벌할 수 있는 실정법이 없었습니다. 그리하여 제2차 세계 대전 때 반인류 범죄를 저지른 전범들을 재판한 뉘른베르크 법정에서 등장한 것이 바로 자연법입니다. 자연법을 거슬러 만든 인정법은 인정할 수 없다는 주장이 제기되어 처벌이 가능해졌던 것입니다.

다시 어떤 행위를 윤리적으로 선한 행위라고 판단할 수 있는 기준으로 되돌아가겠습니다. 우선 이미 언급된 기준들을 회상해 봅시다.

주관적인 기준은 선한 의도라고 했고, 객관적인 기준으로 세 가지 법이 있는데, 그중에 인간이 기준으로 삼아야 하는 것은 인간의 이성에 따르는 자연법이 라고 했습니다. 그런데 선한 의도와 자연법이 반드시 일치되지 않는 경우가 많습니다. 그래서 이것을 연결해서 규정을 내려야 하는 경우, 판단을 내리는 장소가 있어야 합니다. 우리 마음에는 주관적인 기준과 객관적인 기준이 만나 판단을 내리는 법정이 있습니다. 바로 콘시엔티아Conscientia라고 부르는 양심良心입니다.

이 양심은 일반적인 도덕의 원리가 구체적인 경우에 적용될 때 발동합니다. 우리가 어떤 잘못을 했을 경우, 예를 들어 어릴 적에 그릇을 깼다든가, 유리창을 깨뜨렸거나 또는 몰래 잘못을 했을 때 가슴이 콩닥거렸던 것을 생각해 보면 알 수 있습니다. 이러한 상황에서 각 개인이 도덕률의 최고 원리가 되는 '영혼의 불꽃synderesis'을 지니고 있다는 것과 자연법이 우리 안에 들어와 있다는 사실을 상징적으로 느낄 수 있습니다.

이제까지의 성찰만 해도 충분할 듯한데, 진정한 선을 찾으려는 토마스 아퀴나스의 시도는 지금부터가 시작입니다. 그는 "양심은 인간 모두가 지닌 것인데, 양심을 따르면 무조건 올바른 행위가 되는가?"라는 질문을 던집니다.

토마스 아퀴나스는 '양심을 따르라'는 충고에 그치지 않고 모든 사람은 올바른 양심을 형성할 책임이 있다고 이야기합니다. 가령 부모의 무관심 속에서 자라거나 환경이 너무 열악해서 매일같이 싸움이나 도둑질, 거짓말과 같은 선하지 않은 것에 노출된 이들은 무엇이 잘못된 것인지 헷갈리는 경우가 있습니다. 이러한 사람들은 자신의 양심이 너무 느슨해졌기에, 잘못을 저질러 놓고도 양심의 가책을 느끼지 않기도 합니다. 토마스 아퀴나스는 이렇게 왜곡된 양심을 **이완된 양심**이라고 부릅니다.

일례로 유명한 도둑이 자신의 불우했던 환경을 탓하며, 자신이 만약 부유한 가정에서 태어났다면 이런 도둑이 되지는 않았을 것이라고 했다고 합니다. 한편으로는 맞는 부분도 있습니다. 사회적 환경이 범죄를 촉발하기도 하지만, 그것만으로 개인의 윤리적인 책임이 모두 면제되지는 않습니다. 그런 사람이 태어난 동네가 그런 인과 관계에 있다면, 그 동네에서는 떼강도가 나와야 하는데 그렇지 않지요. 인간은 환경을 극복할 힘이 있고, 최종적으로는 자신의 양심에 따른 행동에 스스로 책임을 질 필요가 있습니다.

또 다른 극단적인 예가 있습니다. 바로 지나치게 엄격한 부모 밑에서 자란 이들이 양심의 왜곡에 빠지는 경우입니다. 군인이나 종교인 중에서 가족을 비롯한 주변 사람들에게 무조건 규칙을 지켜야 한다고 하는 사람들이 종종 있습니다. 이런 요구가 너무 지나쳐 강요가 되면 조그마한 실수나 죄를 저지를 때, 죄가 아님에도 불구하고 스스로 죄라고 생각해서 모든 일에 주눅이 들 수 있습니다. 때로는 너무 엄격하게 순결을 강조하는 분위기에서 자라서, 결혼 생활에 지장을 초래하는 경우도 있습니다. 토마스 아퀴나스는 이렇게 부자유스럽게 된 양심

올바른 양심을 형성할 책임
성장 배경이나 성장 이후의 환경에 따라
왜곡된 형태의 양심을 지닌 사람들이 많음

이완된 양심	건전한 양심	완고한 양심
부모들의 무관심 속에서 사회의 기본적인 규칙마저도 무시되는 환경에서 자란 사람은 악한 행위를 하면서도 아무런 양심의 가책을 느끼지 않음	이성을 지닌 인간은 양심의 왜곡을 피하고 '자연법'에 따라 자기 자신의 양심을 건전하게 형성해야 할 책임을 지고 있음	지나치게 엄격한 부모 밑에서 자랐거나 어렸을 때부터 집단 생활의 엄격한 규칙에 의해서 통제되었던 사람은 조그만 실수와 규칙의 위반에 대해서도 심한 양심의 가책을 받게 되며, 자신이 나름대로 설정한 규칙을 타인에게도 강요함

양심의 대표적 형태.

을 완고한 양심이라고 부릅니다. 얼핏 보면 굉장히 양심적이면서 윤리적인 사람일 것 같은데, 토마스 아퀴나스에게는 이런 지나침은 올바른 길이 아닙니다. 인간은 이완된 양심과 완고한 양심, 이 두 극단을 피해야 하고, 태어난 후 자신의 이성으로 깨달음을 얻게 된 다음부터는 건전한 양심을 형성해야 할 책임이 있습니다.

그런데 만약 내가 출근을 하다가 정류장에 어떤 사람이 쓰러져 있는 것을 보았다고 상상해 봅시다. 버스나 전철을 놓치면 지각인 상황에서 고민이 시작됩니다. 이 상황을 지나치는 것은 자연법에 어긋나는 것인가 아닌가, 내가 쓰러진 사람을 도와주는 데 선한 의도가 있는가, 아니면 칭찬을 받고 싶어서 이 사람을 돕는 것인가 하면서 말이지요. 이것들을 일상에서 부딪치는 매순간 따진다면 윤리적인 인간이 되는 것이 아니라 노이로제에 걸릴지도 모릅니다.

토마스 아퀴나스는 이에 대한 방지책으로 모든 상황을 매번 판단할 것이 아니라 덕virtus, 즉 올바른 윤리적 습관에 의해서 행해야 한다고 충고합니다. 이미 고대 그리스 철학에서는 덕에 대한 이론이 발달했습니다. 가장 유명한 것은 플라톤이 제시한 것으로, **지혜, 용기, 절제, 정의**라는 덕입니다. 플라톤은 인간 영혼에 대한 분석을 통해 이와 같은 순서로 배치했는데, 토마스 아퀴나스는 이 **사추덕四樞德**을 그대로 받아들이면서 새롭게 배열합니다. 즉 이성의 규범인 '지혜', 의지의 규범인 '정의', 욕망적 욕구의 규범인 '절제', 분노의 규범인 '용기'의 순서로 제시합니다. 그는 이것들을 따르는 것이 올바른 행위이고, 이 행위를 통해 인간은 좋은 길로 나아갈 수 있다고 합니다. 하지만 종종 극단적이기도 했던 플라톤의 이론을 보완하기 위해서 들여온 또 다른 덕이 하나 있습니다. 바로 아리스토텔레스의 **중용中庸**이라는 덕입니다. 이 중용의 덕은 이완된 양심과 완고한 양심 가운데에 있는 건전한 양심을 떠올리면 이해될 것입니다.

여기서 한 걸음 더 나아가 토마스 아퀴나스는 아리스토텔레스의 중용과 그리스도교의 덕이 충돌하는 경우를 설명합니다. 절제와 같은 덕을 인간 본성과 연결시켜 아리스토텔레스식으로 고찰하게 되면 다음과 같은 결론이 나올 수 있습니다. 나태하고 이완된 양심을 가진 사람은 돈 후안처럼 여인 1,003명을 갈아 치우며 방탕한 생활을 하겠지요. 또 다른 쪽은, 너무 엄격하게 자라서 누가 손만 대도 깜짝 놀라며 다가오지 못하게 하다가 평생 솔로로 살아가게 될 수도 있습니다. 가장 건전한 것은 정상적인 결혼 생활을 통해 육체적인 사랑도 나누며 살아가는 것이겠지요. 하지만 만일 이러한 기준만 있다면 사제나 수도자들처럼 독신을 지키며 살아가는 이들이 지나치게 금욕적으로 보일 수도 있고, 중용을 지키지 못했기 때문에 덕을 갖추지 못한 것처럼 보일 수 있습니다.

수도자였던 토마스 아퀴나스는 이러한 결론을 그대로 받아들일 수 없었습니다. 그는 종교인의 독신은 인간적인 차원에서의 중용을 넘어선다고 말합니다. 즉 종교인이 보다 더 큰 사랑, 강한 믿음과 희망을 나타내기 위해 자신의 자연적인 본능까지 포기하는 것은 오히려 더 큰 덕이라고 주장합니다. 그래서 토마스 아퀴나스는 **믿음**, **소망**, **사랑**이라는 세 가지 덕을 추가합니다.

위에서 이야기한 내용에 대해 《신학대전》 제2부에서 상세하게 다루고 있습니다. 분노하면 어떻게 되는지, 이것이 어디에 속하는지, 만용을 부려서 뛰어드는 것이 용기인지 아닌지 등 덕과 악덕에 대한 모든 내용이 30권에 달하는 분량으로 쓰여 있습니다.

토마스 아퀴나스가 충고한 것이 있습니다. 때로는 윤리적 판단이 어려운 상황 속에서 앞서 말한 조건을 하나하나 실행할 수 없는 경우가 생길 수도 있습니다. 즉 올바른 일을 할 수 없는 상황이 벌어질 수도 있다는 것입니다. 예를 들어 산모와 아기가 모두 죽을 수 있는 위태로운 상황에서, 둘 다 살릴 수 있다면 그렇게 하겠지만, 둘 다 살릴 수 없는 경우에는 어떻게 해야 할까요? 토마스 아퀴나스는 "가장 작은 악을 선택하는 것도 윤리적인 행위다."라고 대답합니다. 즉 살릴 가능성이 가장 높은 것은 누구인지 등 구체적인 상황을 고려해서 결정을 내리라는 것입니다.

새로운 철학과 보편적인 문화에 이르는 길의 선구자

토마스 아퀴나스는 현대에도 지대한 영향을 미치는 위대한 사상가입니다. 그는 하느님의 진리를 신학과 철학에서 융합하기 위한 훌륭한 도구가 아리스토텔레스의 체계에 있음을 발견한 매우 개방적이고 진보적인 사람이었습니다. 또 평생에 걸쳐 이루어진 토론에서도 항상 평온하고 겸손한 태도를 유지해 반대자들조차 그 겸손함과 학식에 모두 감탄했다고 합니다.

이와 더불어 토마스 아퀴나스에게는 영원한 진리를 추구하는 항구적인 자세와 확신이 있었습니다. 현대 사회에서는 "영원한 진리는 없으니 마음대로 하고 그 진리 같은 것에 만족하며 살아라. 현재의 진리는 100년 후에는 절대로 진리가 아니다."라는 주장이 펼쳐지지만, 토

지혜	정의	절제	용기
이성의 규범	의지의 규범	욕망적 욕구의 규범	분노의 규범

플라톤이 제시한 사추덕
올바른 행위를 반복함으로써 하나의 덕이 형성되고, 덕을 습득한 사람은 비슷한 상황이 왔을 때 훨씬 더 수월하게 올바른 행위를 할 수 있음

중용
아리스토텔레스가 지나침과 부족함의 극단을 피하기 위해 제시

믿음, 소망, 사랑
세 가지 신학적인 덕

'덕'에 관한 이론.

마스 아퀴나스는 "영원한 진리는 있다. 비록 우리가 가지고 있지 못하더라도 그것을 찾아가려는 것은 중요하며, 진리를 찾지 못한다고 하더라도 진리가 우리를 비춰 주는 기능이 있다는 사실에 대해 우리는 확신해야 한다."라고 이야기합니다.

토마스 아퀴나스가 유명하게 된 것은 사실 형이상학이라는 분야 때문이었습니다. 우리는 유한한 존재입니다. 이 유한한 존재에 대한 근원이 어디에 있는지, 그 근원이 어디에서 왔는지 토마스 아퀴나스는 완벽한 철학 용어로 설명합니다. 존재의 철학이라고 불리는 것, 현대 사상가 하이데거가 자신이 새롭게 발견했다고 하는 내용을 이미 토마스 아퀴나스가 800년 전에 다른 형태로 보여 줍니다. 또 제가 연구한

분야이기도 한 보에티우스의 경우, 그는 인격 개념에 대해서 이성적 본성을 지닌 개별적 실체, 이렇게 두루뭉술하게 써 놓았는데, 토마스 아퀴나스는 보다 자세한 설명을 엄청난 분량으로 썼습니다.

이렇게 훌륭한 토마스 아퀴나스가 쓴 《신학대전》이 왜 미완성으로 남게 된 것일까요? 1273년 12월 6일, 미사를 드리던 중 토마스 아퀴나스는 제대 앞에 멈춘 채로 더 이상 몸을 움직일 수 없었습니다. 복사들이 간신히 토마스 아퀴나스를 부축해서 성체를 내려놓게 했고, 다른 사제가 미사를 마쳤습니다. 자신의 방으로 돌아온 토마스 아퀴나스는 그때부터 책을 단 한 줄도 쓰지 못했습니다. 비서가 제발 다른 책들은 놔두더라도 《신학대전》만은 마쳐 달라고 했을 때, 토마스 아퀴나스는 이렇게 대답했습니다. "나는 더 이상 책을 쓸 수 없다네. 그날 내가 바라본 그 광경에 비한다면 내가 써 온 모든 것들은 지푸라기와 같다네." 그렇게 책을 쓰지 못하고 있을 때, 교황이 토마스 아퀴나스를 신학자로서 리옹 공의회[7]로 소집했습니다. 토마스 아퀴나스가 얼마나 정신이 없었으면 그곳으로 가다가 그만 나무에 부딪쳐 낙상했고, 로마로 향하는 길에 있던 포사노바 근처 시토회 수도원에서 회복을 못하고 세상을 떠났습니다.

이렇게 토마스 아퀴나스의 죽음으로 인해 《신학대전》은 미완성으로 남게 되었지만, 그가 지푸라기라고 불렀던 것을 가톨릭 교회에서 19세기 말에 공식적으로 '**서구 지성사 최고의 금자탑**'이라고 인정하며 토마

《신학대전》을 들고 있는 토마스 아퀴나스.

스 아퀴나스를 가톨릭 교회의 위대한 스승으로 세우게 됩니다.

우리는 그리스도교가 '서양 문화의 어머니'라고 불리는 이유를 《신학대전》에서 발견할 수 있습니다. 서구 사상의 모든 강물이 흘러들어와 있고, 신앙과 이성의 조화를 가장 잘 표현한 책이 바로 《신학대전》입니다. 바오로 6세 성인 교황은 토마스 아퀴나스를 '새로운 철학과 보편적인 문화에 이르는 길의 선구자'라고 칭송했습니다.

서양 문화와 동양 문화에는 엄청난 보화들이 있습니다. 우리는 현대까지 내려온 다양한 보화들에 담긴 올바른 지혜를 수용해서 받아들일 수 있어야 합니다. 우리는 토마스 아퀴나스에게서 무조건 밀어내서도 안 되고, 무조건 따라가서도 안 되며, 무엇이 올바른지 생각하면서 새로운 길을 개척해야 한다는 점을 배울 수 있습니다. 우리는 이러한 토마스 아퀴나스의 정신을 따라, 하느님이 주신 다양한 보화를 통해 올바른 진리를 선포하도록 노력해야 할 것입니다.

제23강

돌로 만들어진 천상 예루살렘

지금까지 서양의 사상적인 측면에서 그리스도교가 미친 영향을 중점적으로 살펴보았다면, 이번 강의에서는 여러분의 시각과 감성을 풍부하게 할 주제로 이야기하려고 합니다. 특히 유럽에 해외여행이나 성지 순례를 가게 될 때 접하는 유럽의 대성당에 대한 중요한 정보를 알려 주고자 합니다.

이번 강의 제목에 있는 '천상 예루살렘'이라는 말은 종교적인 상징성을 지니고 있습니다. 우리는 이것을 개념적인 설명이 아니라 구체적으로 표현된 성당의 건축 양식에서 체험할 수 있습니다.

중세 건축의 발전 단계를 보면, 4~8세기에는 **바실리카 양식**basilica이 성당 건축물의 주를 이뤘습니다. 고대 로마에서 재판이나 공공 집회에 쓰이던 직사각형의 큰 건물들이 교회로 전환되었습니다. 콘스탄티누

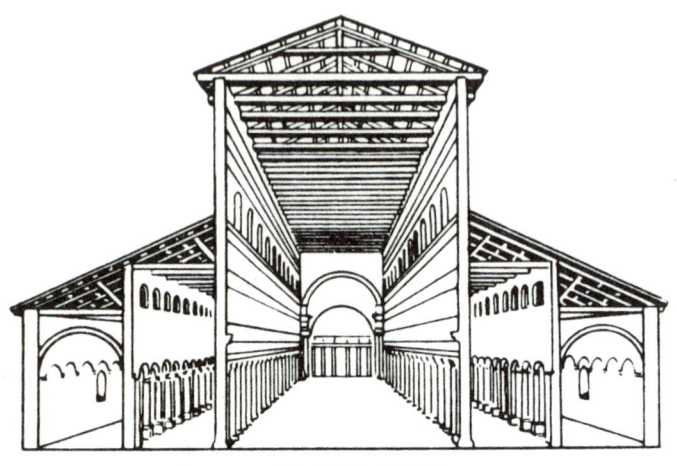

바실리카 건축의 기본 형식.

스 대제의 밀라노 칙령(313년)에 의해 그리스도교가 자유를 얻은 직후에 볼 수 있었던, 일반적인 장방형 성당 건축 형태가 바로 바실리카 양식입니다. 그리스도교 초기의 교회는 별다른 장식 없이 커다랗게 된 공회당과 같은 곳에 지붕을 높게 올린 목조 건물로, 그 안에서 미사와 전례를 집전할 수 있는 구조였습니다. 목조 건물이라는 특성과 대부분 기존의 건물의 용도를 변경한 건물이라는 이유로 많이 남아 있지 않지만, 독일의 트리어 같은 곳에서 이러한 양식의 바실리카 건축물을 볼 수 있습니다.

로마네스크 양식의 등장

바실리카 양식은 곧이어 흥미로운 건축 양식으로 발전해 나갑니다.

로마네스크 건축의 기본 형식.

바로 **로마네스크 양식**Romanesque인데, 프랑스어 '로망roman'이라는 어휘에서 유래된 로마네스크라는 말은 로마 건축에서 파생되었음을 가리킵니다. 로마네스크 양식은 10세기 후반에서 12세기에 걸쳐 유행했으며, 유럽 문화가 침체기를 거쳐 새롭게 도약하는 시기와 맞물려 있습니다.

로마네스크 양식은 건축 재료에서 바실리카 양식과 차이가 있습니다. 목조 건물이기 때문에 잦은 전쟁에 의해 소실되기 쉬웠던 바실리카 양식과는 달리, 로마네스크 양식의 건축물은 내구성이 좋은 석재石材로 만들어졌습니다. 크고 육중한 두꺼운 벽, 둥근 아치, 튼튼한 기둥, 교차 궁륭,[1] 큰 탑과 장식적인 아케이드, 정방형 구조 체계가 바로 로마네스크 양식 건축물의 특징이라고 할 수 있습니다.

로마네스크 양식의 성당(영국 더햄 대성당, 이탈리아 피사 대성당).

만약 유럽의 어느 곳을 지나가다가 성채城砦인지 교회인지 헷갈리는 육중한 건축물을 보게 된다면, 로마네스크 양식의 성당일 가능성이 매우 높습니다. 또한 건물에 들어가서 창문 모양을 보거나, 두 기둥 사이에서 반복적으로 이루어진 반원형의 궁륭을 본다면, 바로 로마네스크적인 특징을 발견한 것이라고 할 수 있습니다.

로마네스크 양식의 전체적인 윤곽과 구조를 보이는 대표적인 성당에는 먼저 영국의 더햄 대성당이 있습니다. 이탈리아 피사의 사탑 옆에 있는 피사 대성당 같은 경우는 육중한 기둥과 성당 내부에 있을 때 드는 차분하면서도 거룩한 느낌이 로마네스크의 반원형 구조를 잘 나타내고 있고, 독일의 마인츠 대성당은 얼핏 보면 마치 성채와 같아 보입니다. 프랑스 노트르담 라 그랑드 대성당의 경우도 규모 면에서는 다른

로마네스크 양식의 성당(독일 마인츠 대성당, 프랑스 노트르담 라 그랑드 대성당).

성당에 비해 작지만 로마네스크 양식으로 아름답게 지어진 건물로 손꼽히고 있습니다.

　로마네스크 양식이 시작되면서 교회 건축물을 통해 하느님의 영광을 표출하려는 교회상이 반영되었습니다. 바로 **전투적인 교회**, '에클레시아 밀리탄스Ecclesia militans'라고 불리는데, 지상에서의 교회의 과업은 최후의 심판까지 암흑의 세력과 싸우는 일임을 표현한 것이라 할 수 있습니다. 그래서 성채와 같은 모습으로 교회가 건설되기 시작한 것입니다. 적들의 침투를 잘 막기 위해 가급적 창문을 작게 만들었으며, 충격에 쉽게 무너지지 않도록 육중한 벽을 세웠습니다. 건물 안에서 안정적으로 복음을 지키고 싶다는 바람이 교회의 건축을 통해서 나타난 것입니다.

앞서 스콜라 철학을 언급하면서 수도원 학교에 대해 이야기했는데, 당시에 수도원 학교들을 건설할 때 유행했던 건축 양식이 바로 로마네스크 양식입니다. 이러한 양식을 또 볼 수 있는 곳은 우리나라 사람들이 도보 순례를 위해 많이 가는 산티아고 데 콤포스텔라Santiago de Compostela입니다. 중세 때는 유럽 전역으로부터 산티아고 데 콤포스텔라까지 순례 길이 연결되어 있었습니다. 순례자들은 마치 예루살렘 성지 순례를 가는 마음으로, 즉 전투하는 마음으로 그곳을 향했기 때문에 전투적인 교회로서의 상징이 담긴 로마네스크 양식의 성당들이 순례 길 곳곳에 세워졌습니다.

로마네스크 양식의 또 하나의 특징은 장식들이 자연스러운 묘사보다는 상징성을 중시했다는 것입니다. 각각의 상징이 무엇을 의미하는지 정확히 이해해야 했기 때문에, 장식으로 사용된 조각상을 보면 로마네스크의 특징을 훨씬 더 잘 잡을 수 있습니다. 이런 장식을 팀파눔 tympanum이라고 하는데, 일반적으로 성당 입구 상단에 여러 조각들로 되어 있습니다.

콩크의 생 포이 성당 팀파눔의 경우는 여러 균형을 살려 조각이 되어 있지만, 밑의 조각을 보면 사람들이 압축된 난쟁이처럼 묘사되어 있습니다. 이때까지만 해도 균형의 미를 중요하게 생각하지 않았고, 누군지 알기만 하면 되는 상징성만 강조가 되었습니다. 그런데 이후 팀파눔은 점점 더 독특한 모습을 지니게 됩니다.

생 라자르 대성당의 팀파눔을 보면 최후의 심판에 대한 모습이 묘

생 라자르 대성당의 팀파눔(부분).

사되어 있습니다. 천벌과 구원에 대한 모습, 노아의 방주, 사람을 천칭에 달아 죄의 정도에 따라 지옥에 보낼지 천국으로 보낼지 결정하는 모습, 길게 서 있는 천사와 악마들의 모습이 괴물처럼 조각되어 있는데, 이것 또한 상징성을 중요하게 생각했음을 보여 줍니다. 이것을 보고 천국과 지옥이 어떤 곳인지 깨닫고, '이런 벌을 받겠구나.' 하는 의미가 전달이 된다면 그것으로 로마네스크 양식으로 만든 조각들의 목적은 달성된 것입니다.

로마네스크 양식에서는 석재 지붕이나 장식된 팀파눔의 무게를 받치기 위해 무거운 돌기둥을 사용하는 방식으로 건물을 짓습니다. 이렇게 기둥을 세우면서 돌로 무거운 천장과 연결시키는 부분을 주두柱頭라고 하는데, 이 기둥의 머리 부위에서도 흥미로운 조각들을 발견할 수 있습니다.

사자 굴에서의 다니엘 형상 주두.

위 사진을 보면 사자 굴에 들어간 다니엘이 '사자들이 왜 나를 안 잡아먹지? 하느님께서 나를 보호해 주시는 모양이구나.' 하며 깊은 생각에 빠져 있음을 볼 수 있습니다. 이렇게 사람들이 장식만 보고도 장면을 자연스럽게 떠오를 수 있도록 하는 것이 로마네스크 양식의 특징입니다.

고딕 양식의 발전

시간이 흐른 후, 로마네스크 양식과는 상당히 다른 성당들이 나타납니다. 바로 아름답고 수려한 **고딕 양식**Gothic입니다.

다음 사진은 프랑스의 생 드니 성당과 노트르담 대성당의 서쪽 측면입니다. 먼저 생 드니 성당의 겉모습을 보면 서쪽 측면에는 로마네

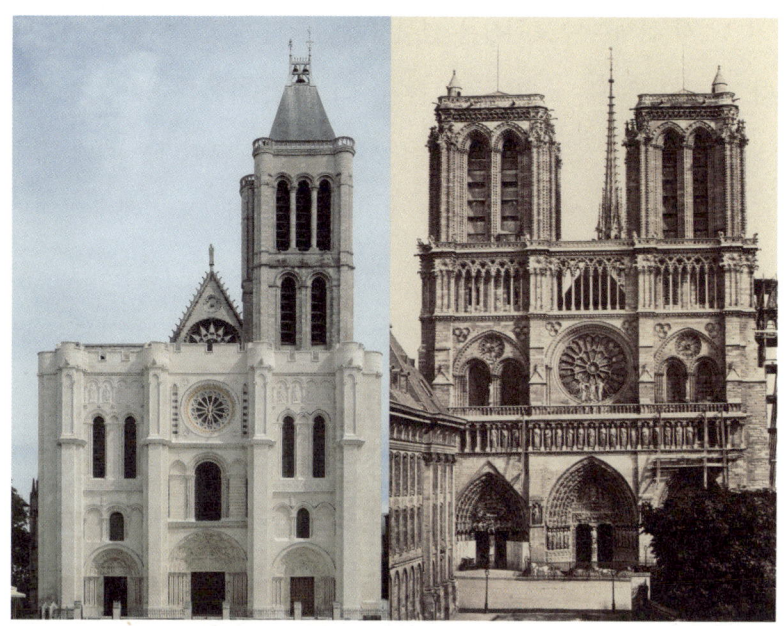

생 드니 성당 서쪽 측면과 노트르담 대성당 서쪽 측면.

스크 양식이 그대로 남아 있습니다. 여기서 생 드니 성당에 있었던 쉬제르 수도원장의 일화를 잠깐 소개하겠습니다. 로마네스크 양식의 성당을 몇 십 년 동안 지어 온 수도원장이 '애프스$_{apse}$'라는 제대 뒤의 반원형 부분을 짓던 중 새로운 영감이 떠올랐습니다. '이제 시대가 점점 변하고 새로운 기회들이 다가오면서, 도시가 발달되고 사람들이 하느님의 축복을 받고 있는데, 왜 그렇게 전투적인 교회만 생각해야 할까? 오히려 우리가 하느님의 축복을 받는다는 것을 표현해 보면 어떨까?' 하는 생각이었습니다.

그래서 쉬제르 수도원장은 성채처럼 둘러싸인 벽들을 헐어 냈습니다. 그리고 두꺼운 교회의 벽들을 없애고 생긴 자리에 커다란 창문을 집어넣었습니다. 그는 창을 만들면서 처음으로 '빛'이라는 것에 대해 특별한 의미를 부여했습니다. 즉 '그리스도의 계시가 우리에게 다가오는 모습을 좀 더 멋지게 표현할 수 있는 건축 양식을 만들 수 있지 않을까?' 하는 발상에서 시작된 것이었습니다. 그리고 이것이 처음으로 적용된 곳이 바로 생 드니 성당입니다.

사람들의 반응은 대단했습니다. 예전에 보던 어두컴컴하고 차분한 느낌과는 다르게 성당 가득히 들어오는 빛을 바라보고는, 이것이야말로 놀라운 혁신이라고 생각했습니다. 이러한 양식은 엄청난 속도로 유럽 전역으로 퍼지게 됩니다. 이것이 고딕 양식 성당이 태어나게 된 유래인데, 약 50년도 안 되어 모든 건축 양식에서 로마네스크 양식은 밀려나고 고딕 양식이 12세기 중반부터 15세기까지 유럽에서 가장 선호하는 양식으로 자리 잡습니다.

사실 처음에는 '고딕'이라는 단어가 좋은 뜻으로 사용된 것은 아니었습니다. '로마네스크'는 '옛날에 멋진 고대의 모습과 비슷한 면을 살린다'는 좋은 의미로 쓰였지만, 고딕의 의미는 '뭐야, 이상해. 이거 뭐이래?'라는 의미로 쓰였습니다. 근대 르네상스 비판가들이 기괴하고 낯설다는 이유로 고전적인 그리스와 로마의 표준과 일치하지 않음을 비웃은 바도 있기에, 고딕 양식은 초기에는 환영받지 못했습니다. 하지만 현대에 와서 많은 유네스코 문화유산을 배출하며 서구 교회 건축의 대표적인 모습으로 손꼽히게 되었습니다.

　수도원 성당, 순례자들의 성당 등이 대부분 로마네스크 양식으로 지어졌다면, 자유롭게 발전하는 도시에 지어진 주교좌성당은 주로 고딕 양식으로 지어졌습니다. 고딕 양식의 건축물이 세워진 12세기 즈음부터 도시는 크게 발달했습니다. 이는 스콜라 철학의 발달 시기, 아벨라르두스 등이 활동했던 시기와도 일치합니다. 스콜라 철학이 최고의 전성기에 도달했을 때, 고딕 양식도 최고의 전성기에 도달하게 됩니다.

　프랑스 지역부터 시작된 고딕 양식은 파리를 방문했던 많은 사람들과 대학생들을 매료시켰고, 영국, 독일, 중부 유럽, 심지어는 로마네스크 양식의 전통에 자부심을 가지고 있던 스페인과 이탈리아까지 사로잡았습니다. 처음 지었던 고딕 양식 건축물은 천장 전체의 높이가 22미터였습니다. 하지만 유럽이 경쟁적으로 도시를 발전시키면서 나중에는 55미터까지 치솟게 되었습니다. 어떤 도시에서 22미터에서 25미터까지 높이를 올렸다면, 다른 도시에서는 "30미터 높이를 올릴 수 있는 건축가를 모십니다!" 하면서 건축물의 규모를 키웠습니다. 이렇게 경쟁적으로 높게 올린 고딕 양식 성당에서, 이제는 그 성당 안에 도시의 문화적이고 경제적인 자부심을 담기에 이릅니다.

　고딕 양식에서는 자신들이 물려받은 종교적인 전통을 지키는 의미만이 아니라, 하느님으로부터 사랑을 받은 인간이 무언가를 되돌려 드리고 싶은 마음을 표현합니다. 그래서 고딕 양식 성당에서는 예술적인 경지가 높은 작품을 통해 하느님께 올라가겠다는 열망이 나타나 있는 것을 볼 수 있습니다. 고딕 양식 건축물을 보면 수평적인 차원과 수직적인 차원이 멋지게 교차되어 나타나 있는데, 이것이 초월적인 열망을 잘 표현한 예라고 할 수 있습니다.

라파엘로의 〈아테네 학당〉에서 플라톤이 두 번째 손가락으로 하늘을 가리키고 있었지요? 고딕 양식 건축물에도 하늘을 가리키는 손가락이 있습니다. 바로 지붕 위에 세워진 탑입니다. 하늘을 가리키는 탑은 사람들의 마음을 하느님 나라로 향하게 하고, 기도의 방향과 마음의 방향이 하늘로 올라가는 것을 형상화한 것입니다. 독일 프라이부르크 대성당의 경우는 특이하게 탑의 끝을 막아 놓지 않고 구멍을 뚫어 놓았더군요. 이러한 탑을 통해 하늘을 향해 열린 마음을 상징화해서 신앙의 시대가 온 것을 표현한 것입니다.

앞서 제17강에서 다루었던 십자군 전쟁은 실패했지만, 그것을 통해 또 다른 결과물이 나왔습니다. 아랍의 발달된 문화가 전쟁을 거치면서 몰려들었고, 이러한 문물이 고딕 양식에 녹아들었던 것입니다.

고딕 양식은 아리스토텔레스적인 중용을 건축 양식에서 추구합니다. 균형미와 적절한 수평성, 길이의 반복을 통해 통일성을 강조하지요. 거룩하지만 굉장한 무게감과 중압감을 지닌 로마네스크 양식과는 달리, 고딕 양식은 상승감과 신비감, 인간으로서 당당하게 하느님께 나아가는 마음을 표현합니다.

고딕 양식으로 지은 성당은 대개 건물 자체가 십자가 모양으로 되

생 샤펠 성당의 첨두 아치와 늑재 궁륭.

어 있습니다. 트랜셉트transept(십자형 교회의 좌우 날개 부분)를 통해 십자가 모양을 띠는 것이지요. 또한 성당에서 뒤쪽 제단의 방향은 동쪽을 향해 있습니다. 이는 태양이신 그리스도를 가리키는 것입니다. 그리고 가장 화려한 장식이 있는 쪽은 서쪽 측면입니다.

생 샤펠이라고 불리는 파리의 아름다운 성당[2]을 보면 첨두아치 pointed arch가 무엇인지 알 수 있습니다. 첨두아치는 원형 아치인 로마네스크 양식과는 달리, 넓고 느슨하면서 높은 균형미를 갖춘 천장입니다. 첨두아치는 뾰족한 모양으로 되어 있는데, 이렇게 만들기 위해 지붕의 무게를 줄이는 작업을 해야 했습니다. 로마네스크 양식이 무거운 교차 궁륭을 활용했다면, 고딕 양식에서는 늑재 궁륭rib vault이라는 갈비뼈 모양의 천장틀을 만들어서 지붕을 떠받쳤습니다. 이것은 나중에

고딕 양식으로 지어진 샤르트르 대성당의 천장.

가느다란 자전거 바퀴살이 바퀴를 지탱하는 것과 같은 원리로 더욱 발전해 나갑니다.

이렇게 안이 비어 있어 있는 상태로 지붕을 만들면, 지붕을 가볍게 만들게 되고 첨두아치를 이용해서 반원형 아치를 넘어 천장을 아주 높게 올릴 수 있게 됩니다. 유럽 전역에 높게 올린 지붕들은 이러한 건축 기술의 발전을 통해 이루어진 것입니다.

로마네스크 양식에서는 원형 아치가 기둥에 그대로 힘을 내려 보내서 아름드리 기둥들이 들어서 있는데, 그 육중한 하중 때문에 측면 벽이 밀려날까 봐, 버팀벽을 일정한 간격으로 벽에 붙였고 이 벽 때문에 자유롭게 창을 내는 것이 불가능했습니다. 이와는 달리 늑재 궁륭을 사용한 고딕 양식에서는 천장의 무게가 가벼워지자 기둥은 얇아졌지

밀라노 대성당의 공중 부벽.

만, 벽을 옆으로 밀어내는 힘은 줄어들지 않았습니다. 이것을 보완하기 위해 또다시 새로운 건축 기술이 발달하게 되는데, 바로 공중 부벽 flying buttress입니다. 이 부벽은 공중에 띄워 올려 아주 자연스럽게 힘을 받치는 구조인데, 이를 통해 창을 훨씬 넓게 낼 수 있었고, 그 창을 통해 엄청난 양의 빛을 교회 내부로 끌어들일 수 있었습니다. 이러한 건축 기술은 교회 안으로 하느님의 계시를 상징하는 빛을 끌어들이겠다는 열망이 만들어 낸 결과물이었습니다.

고딕 양식의 화려함의 정점은 스테인드글라스라고 할 수 있습니다. 쉬제르 수도원장이 주목했던 빛의 중요성이 생 드니 성당의 장미창에서 잘 나타나 있습니다. 장미창의 중심에는 그리스도가 자리를 잡고 있고, 둥그렇게 감싼 장미 모양은 성모 마리아를 형상화합니다. 예수 그리스도를 품에 안은 성모 마리아를 장미 모양으로 표현한 것이지요. 고딕 양식에서는 신성한 주제들을 유리창 가득 장식하며 빛과 색이 절묘하게 조화를 이루도록 했습니다. 이를 통해 하느님과 인간의 합일을 뜻하는 완성의 의미를 지니게 됩니다.

또한 고딕 양식 성당에는 수백 개가 넘는 조각이 붙어 있는데, 초기의 조각상들은 투박한 모습을 보이고 있습니다. 로마네스크 양식에서는 예수 그리스도를 부각시키는 데 주력해서 신성함과 절대자의 모습을 보였다면, 고딕 양식에서는 시간이 지날수록 아름다운 인간적인 모습들을 담은 조각을 보여 줍니다. 그리고 이렇게 조각된 형상들은 종교와 관련된 중요한 인물을 등장시키는 데 활용됩니다. 오른쪽 사진에 나온 것처럼 여러 사도들을 나열한 조각들이 단적인 예라고 할 수 있습니다.

파리의 노트르담 대성당의 바깥벽들을 보면, 부벽이나 지붕들이 마치 박물관처럼 무수한 조각들로 아름답게 장식되어 있는 것을 볼 수 있습니다. 오른쪽 사진을 보면 물받이 하나하나도 여러 가지 형상으로 표현된 것을 발견할 수 있습니다. 팀파눔을 보더라도 로마네스크 양식에서 천벌이나 절대적인 힘이 강조되었다면, 고딕 양식에서 구원의 의미가 더 강조된다는 것도 느낄 수 있습니다. 이제 고딕 양식에서 하느님은 두려움의 대상만이 아니라 구원과 사랑의 하느님으로 자리 잡게 됩니다.

이러한 고딕 양식 건축물에 담긴 모습들의 상징은 요한 묵시록에서

▲생 드니 성당 장미창.

◀▼노트르담 대성당의 조각상.

제23강. 돌로 만들어진 천상 예루살렘

영감을 받았습니다. 요한 묵시록을 보면 천상 예루살렘에 대한 묘사(묵시 21,9-27 참조)[3]가 나오는데, 가시적으로 그것과 가장 흡사하게 보이고 싶은 바람을 고딕 양식 건축물에 녹여 냈습니다. 지상으로 내려온 예루살렘, 그 안으로 들어가면 우리가 나중에 받게 될 하늘에서의 영광, 빛의 놀라운 기적과 함께 신비를 체험하고 그것을 소중하게 간직하려는 의지가 담겨 있습니다.

고딕 양식의 특징을 또 하나 꼽자면, 자연에 대한 이야기들이 굉장히 다양하게 표현되어 있다는 것입니다. 과거에는 우상 숭배라고 해서 동물이나 식물 같은 것을 표현하지 않았지만, 이제는 성당이라는 방주에 담겨 구원을 받는, 하느님께 올라가는 대상으로서 표현하게 되었습니다. 그렇기 때문에 조각가들은 아마 하느님의 창조를 도와 드린다는 자부심과 흥분으로 작업했을 것입니다. 더욱이 이 조각들은 문맹률이 높았던 당시에 교육적인 의미로도 쓰였습니다. 조각 하나하나가 성경의 내용, 도덕적인 가르침, 인문학적 상징까지 포함하고 있었기 때문에 사람들에게 교재의 역할을 했습니다. 스콜라 철학에 대한 강의를 할 때 소개한 음악학, 문법학, 산술학을 표현한 조각들을 떠올리면 될 것입니다.

건축 양식을 통해 표현된 중세의 시대상

로마네스크 양식은 원형 아치와 자연광에 의한 엄숙하고 장중함을 보이고, 수평적인 특징이 강조되었습니다. 또한 순례하고 투쟁하는 교

노트르담 대성당의 전경.

회의 모습을 나타냈습니다. 반면 고딕 양식은 장미창과 아주 높이 솟아 있는 첨탑을 통해서 신앙심을 고양하는 모습, 높이 올라가는 채광을 보이고, 수직성을 더 강조했습니다. "인간의 신앙심을 드높이자! 하늘 높이 치솟게 만들자!" 이런 주의였던 것이지요.

이 두 양식이 이렇게 차이를 보이는 데에는 당시의 시대상과 문화적인 배경이 관련되어 있습니다. 수도원과 그 안에서의 폐쇄적인 경제, 차가운 귀족 계급의 관심이 로마네스크 양식에 표현되어 있다면, 고딕 양식에는 도시가 발달하면서 희망에 찬 인간의 모습, 경제 활동을 통해 새롭게 펼쳐지는 인간의 미래에 대한 모습이 그려져 있습니다. 우리가 앞서 배웠던 것을 응용해서 이해해 보자면, 보편 실재론이 로마네스크 양식에 표현되어 있고, 온건 실재론이 고딕 양식에 표현되

로마네스크 양식	고딕 양식
• 수평적(순례, 투쟁하는 교회) • 장중함 • 둥근 아치 • 큰 기둥, 두꺼운 벽 • 원통형, 교차형 궁륭 • 어둡고 엄숙함 • 내부 장식: 프레스코 벽화 • 비교적 단순하고 엄격한 외부 장식	• 수직적(인간의 신앙심 고양) • 하늘 높이 치솟음 • 첨두 아치 • 공중 부벽 • 늑골형, 부채형 궁륭 • 밝고 경쾌함(스테인드글라스) • 내부 장식: 패널화 및 판화 • 다양한 조각상으로 외부 장식

로마네스크 양식과 고딕 양식의 비교.

어 있다고 할 수 있습니다.

보편 실재론에서는 보편 교회가 중요했습니다. 보편 실재론이 주류를 이루던 때 유행했던 로마네스크 양식에서는 "어떻게 하면 이상적으로 그리스도교의 이념을 사람들에게 가르칠 수 있을까?" 하는 질문이 핵심이었습니다. 그런데 온건 실재론이 나온 후 발달한 고딕 양식의 특징인 스테인드글라스를 보면, 얼핏 외형적으로는 비슷하지만 안의 문양이 다 다르게 표현되어 있습니다. 여기서 드러나는 것처럼, 개체들의 고유성이 어떻게 보편적인 것과 통일성을 이루며 조화할 수 있는가 하는 질문이 핵심이었습니다. 각각의 개별적인 사람들의 특징을 인정하면서 조화를 이루는 교회, 이것이 바로 고딕 양식이 우리에게 시사하는 바입니다.

사실 바실리카 양식, 로마네스크 양식, 고딕 양식 모두가 성경의 가르침을 표현하기 위한 것이었습니다. 전투적인 교회를 표현한 성채 모양의 교회도, 하느님에 대한 신앙심을 고양하면서 빛을 체험하려 했던 것도 모두 성경의 메시지를 나타내고자 한 것입니다. 하지만 시대 상황은 다릅니다. 도시가 자유롭고 발전해 갈 때 천상 모후의 관을 쓴 성모 마리아가 고딕 양식을 통해 표출되었다면, 중세 후기의 고통스러운 시대에는 성모 마리아의 모티브가 미켈란젤로의 〈피에타〉처럼 변화됩니다. 건축 양식을 통해 표현된 이러한 주도적인 이념들은 시대상을 반영하며, 우리의 신앙과 교회에 대해 돌이켜 보게 합니다. 성당이란 단순히 기능을 강조한 건물이 아니라, 시대상과 그리스도교의 이념을 잘 드러낸 공간인 것입니다.

제24강

카이사르의 것은
카이사르에게?

이번 강의에서는 우리나라에서도 아주 중요한 문제로 등장하는 교회의 사회 참여에 대한 이야기를 해 보겠습니다. 어떤 사람들은 어려운 이웃과 함께하는 것이야말로 그리스도교 신자의 의무라고 말하기도 하고, 어떤 사람들은 "사제들이 그냥 복음 얘기만 하면 되지, 왜 사회 문제에 참여해서 오히려 복잡하게 하는 거야?" 하며 거부감을 느끼기도 합니다. 그런데 교회 역사 전체를 되돌아보면 단순하게 개인의 정치적인 성향과 기호가 아니라, 어떠한 태도로 이것을 바라봐야 하는지 생각하게 됩니다. 다양성 안에서 교회가 어떻게 일치를 이루어 나갈 수 있는지 찾는 것은 매우 의미 있는 일입니다.

이번 강의 제목은 '카이사르의 것은 카이사르에게?'라는 복음서(《공동 번역 성서》 마태 22,21 참조) 말씀을 인용하고 외람되게 물음표를 찍어 놓았습니다. 지학순 주교가 1974년에 체포된 이후, 김수환 추기경이 우리나라 민주화를 위한 발언을 하는 중에, 한 정치가가 정치에 간섭하지 말라며 인용했던 구절이 바로 이 구절이었습니다. "정치는 정치인들이 알아서 할 테니까 종교인들은 손을 떼고 제발 멀리 떨어져 있어 주십시오."라는 의미였지요. 그래서 교회의 역사를 통해 이것에 질문을 던지자는 의미로 물음표를 찍었습니다.

교회의 역사 안에 나타난 종교와 정치의 관계

역사적으로 볼 때 교회는 아주 초기부터 정치와 연결되어 있었습니다. 앞서 제5강에서 최초로 열린 보편 공의회인 니체아 공의회가 교황이 아니라 콘스탄티누스 대제에 의해 개최되어 주교들이 소집되었다고 했습니다. 그리고 교리와 교회 의식, 신앙의 일치를 위해서 노력했다고 말한 바 있습니다. 그러면서 그 당시 주교들의 권한에 대해서도 언급했습니다. 그중에서도 특별한 권한을 인정받았던 사람은 로마의 주교였습니다. 이것은 어떤 역사적인 사건과 관련이 있는데, 바로 베드로 사도와 연관이 있습니다.

초기 전승에 따르면 베드로 사도는 로마의 초대 주교가 되었다고 합니다. 그리고 현재 성 베드로 대성전이 위치한 곳에 묻혔기 때문에, 베드로 사도로부터 내려오는 계승권이 로마 주교의 상징성으로 표현되었습니다. 하지만 로마의 주교가 특별하게 교회의 모든 일을 결정하는 것은 아니었습니다. 즉 예루살렘 대주교, 안티오키아 대주교, 알렉

베드로 사도에게 열쇠를 주는 예수님.

산드리아 대주교, 콘스탄티노플 대주교 등 5대 총대주교들과 함께 협의하면서 중요한 사안들을 처리했습니다.

하지만 이러한 모습은 서로마 제국이 멸망하면서 빠르게 변하기 시작했습니다. 서로마 제국은 게르만족에게 점령되었고, 비잔틴 제국이라 불리는 동로마 제국도 새로운 세력인 이슬람에 의해서 완전히 축소되어 버렸습니다. 그러면서 그리스도교를 대표하던 예루살렘, 알렉산드리아, 안티오키아의 총대주교들과 멀어지게 되었고, 동방 교회와 서방 교회가 갈라지면서 콘스탄티노플 대주교와도 멀어지게 되었습니다. 이제는 서방에서 유일하게 로마의 주교만 남게 된 것입니다.

로마의 주교는 독특한 정치적인 특성이 있습니다. 초기에는 황제권이 더 강했기 때문에 교황권은 확립되지 못했는데, 서서히 바뀌기 시

교황에게 자신의 왕관을 바치는 콘스탄티누스 대제.

작합니다. 800년에 프랑크 왕국의 카를 대제가 로마에 와서 교황으로부터 황제의 관을 받았는데, 이는 교황이 황제를 임명함으로써 교회의 위상이 달라졌음을 보여 줍니다. 당시 카를 대제는 종교인에게 왕관을 받는 것이 탐탁지 않았지만, 정치적인 목적으로는 매우 효과적이었기 때문에 로마에서 대관식을 치르게 됩니다.

위조된 '콘스탄티누스의 기진장'

교회 역사상 벌어진 최고의 사기 사건이 하나 있는데, 바로 '콘스탄티누스의 기진장寄進狀', 현대 말로는 '콘스탄티누스의 증여'라는 문서와 관련된 것입니다. 이 문서에는 콘스탄티누스 대제 자신이 콘스탄티노플에 있으므로, 서로마 제국 지역에 대한 모든 관할권과 통수권을 실베스테르 1세 교황에게 바친다는 내용이 적혀 있었습니다. 그리고 "이 약속을 베드로 사도의 무덤에 담아서 이것이 지속적으로 이루어지게 한다."라는 고문서도 발견되었습니다.

처음에는 이것이 무슨 뜻인지 알 수 없었지만, 이내 콘스탄티누스 대제가 교황에게 황제를 임명할 수 있는 권한을 이미 바쳤고, 그 권한으로 교황이 세속의 황제 중에서 가장 적합한 사람에게 통치권을 넘긴다는 의미로 받아들여졌습니다. 카를 대제의 대관식이 바로 그 예였습니다. 하지만 시간이 지난 후, 15세기 르네상스 역사가들이 연구를 통해 이 문서가 위조된 것임을 밝혀냈습니다. 누군가 교황권의 우위를 강조하기 위해 가짜 문서를 만들었던 것입니다.

어떤 학자들은 이러한 위조가 꼭 나쁜 뜻만은 아니라고 이야기합니다. 그들의 주장에 따르면 당시에는 이러한 개념들이 명확하지 않았기에 자신이 이상적으로 꿈꾸는 과거를 만들어 냈다는 것입니다. 현실이 잘못되어 있다면 이상적으로 꿈꿔서라도 올바른 방식으로 가야 된다는 것을 투사하는 경우가 있습니다. 우리나라에 찬란한 고대가 있고 중국에 삼황오제三皇五帝 시대가 있는 것처럼, 역사적인 증거로 다 뒷받침할 수 없더라도 이상향에 대한 바람을 나타낸 것이라고 합니다.

위조가 당시에는 흔한 일이었다고 해도,[1] 기진장의 위조는 영향력이 컸습니다. 카를 대제의 대관식이 이루어지면서 교황권과 황제권 사이에 긴장 관계가 생기기 시작했습니다. 카를 대제는 '내가 황제인데 콘스탄티누스 대제처럼 모든 교회를 통치하며 주교를 임명하고 공의회를 소집할 수 있는 것 아니야? 내가 돈을 대고 땅도 주는데! 오히려 모든 교회가 내 소속이지!' 하고 생각했습니다. 이것을 '황제 교황주의 Caesaropapism'라고 합니다. 황제는 통치권과 임명권을 비롯해 자신의 권한에 속한 모든 것들을 가지기를 원했습니다.

반면에 교황은 '콘스탄티누스의 기진장'에 의하여 모든 권한 즉, 콘스탄티누스 대제가 교회에게 양도한 세속적인 권한까지 가지기를 원했습니다. '필요에 따라 황제나 왕들을 임명하고 기름을 부어 주는 예식을 내가 한다면, 나도 세속의 권력을 얼마든지 이용할 수 있겠군.' 하고 생각한 것입니다. 황제는 교회의 권력을 가지고 싶어 했고, 교황은 세속의 권력을 가지고 싶어 하면서 충돌이 시작되었습니다.

먼저 주도권을 잡은 것은 황제 쪽이었습니다. 교회가 여러 가지 이유로 뛰어난 교황들을 배출하지 못하자, 국왕과 황제가 서서히 교황의 임명에 입김을 넣기 시작했습니다. 과거에는 사람들의 추천으로 주교가 선출되었지요. 암브로시우스는 한 소년에 의해 주교로 추천되었고, 아우구스티누스나 그의 제자들도 추천에 의해 주교가 되었습니다. 그러나 이즈음에는 영향력이 강한 사람들에 의해서 주교나 교황의 선출이 이뤄졌습니다. 교회 안에서의 교황 선출이 자유롭지 못했던 것입니다. 누군가 주교나 교황을 자신의 입맛에 맞게 뽑고 해임한다면 누가 그 임명권자로부터 자유로울 수가 있을까요? 아마 없을 것입니다. 이러한 때에 개혁적인 교황이 등장합니다. 아이러니하게도 이러한 교황을 임명한 것은 바로 황제였습니다.

신성 로마 제국의 하인리히 3세 황제.

카노사의 굴욕에서 드러난 교황권의 강화

신성 로마 제국의 하인리히 3세 황제가 교회의 모습을 보며 안타까웠던 모양입니다. 황제도 그리스도교 신자였기에 변화된 교회를 위해 개혁 성향의 교황들을 임명했습니다.

대표적인 개혁 교황으로 레오 9세 교황을 들 수 있습니다. 그는 교회의 어두운 부분을 하나씩 걷어 냈습니다. 요즈음 어떤 종파의 교회에서 신자 몇 명, 헌금 예상 액수 등을 광고해서 파는 경우가 있는데, 이와 비슷하게 그 당시에도 성직록[2]을 가지고 성직을 사고파는 행위가 성행했습니다. 레오 9세 교황은 이를 강력하게 반대하며, 성직에 임명될 때 거금이 오가는 관행을 금지하고 적절한 사람이 주교로 임명되게 했습니다.

이 밖에도 사제 독신제나 성직자들의 혼인 문제가 확실하게 정리되지 않는 등, 교회 내부의 부족한 점들이 개혁의 필요성을 불러일으켰고, 이에 고무된 레오 9세 교황은 교황의 선출부터 바로잡고자 했습니다. 교황 선출에 있어 황제 등의 세속 권력자가 개입하지 못하도록 했고, 추기경단이 이를 맡도록 했습니다. 이것이 시발점이 되어 한 명의 개혁 교황이 등장합니다. 바로 그 레고리오 7세 교황입니다.

그레고리오 7세 교황은 교황이 영적으로 훨씬 더 우위에 있기 때문에 교회는 자유로워야 하고, 더 이상 황제나 왕에 의해서 주교나 수도원장이 임명되는 일이 없어야 한다고 생각했습니다. 그래서 성직 수여에 대한 문제를 적극적으로 제기하면서 주교에 대한 임명권이 교황에게 있다고 선포했습니다.

개혁 교황, 레오 9세 교황.

그레고리오 7세 교황은 엄청난 부와 권력을 지닌 고위 성직자들이 세속의 권력을 지닌 임명권자에게 종속된다면 교회다운 모습이 사라질까 봐 걱정했습니다. 그런데 이러한 문제를 해결하는 것은 쉽지 않았습니다. 황제와 국왕들이 자신들의 권한을 자신의 국가 안에서 행사하고 싶어 했기 때문입니다. 그들은 순순히 물러나지 않았고, 이러한 배경 속에서 그레고리오 7세 교황과 신성 로마 제국의 하인리히 4세 황제 사이에서 벌어진 사건이 바로 **카노사의 굴욕**(1077년)입니다.

그레고리오 7세 교황은 재임 초기부터 강력한 교회 개혁과 쇄신 운동을 펼치며 세속의 군주가 관습적으로 가지고 있던 성직자 임명권, 즉 서임권을 교회로 다시 가져오려고 했습니다. 그런데 이 과정에서

개혁 교황, 그레고리오 7세 교황.

밀라노 대주교의 서임권 문제가 벌어졌습니다. 신성 로마 제국은 북부 이탈리아까지 다스리고 있었는데, 전략적으로 중요한 밀라노에 대한 영향력을 행사하기 위해 교황과 황제가 첨예한 대립을 하게 된 것입니다. 결국 교황은 황제를 파문했고, 황제를 도와주는 귀족이나 사제도 같은 일을 당하게 될 것이라고 경고했습니다.

처음에 하인리히 4세 황제는 '파문? 할 테면 해 봐라. 네가 파문해도 나에게 아무런 정치적 영향도 없을 것이니까.'라고 생각했는데, 그렇지 않았습니다. 그때까지 교황이 황제를 명시적으로 파문한 적이 없었는데, 그러한 일이 실제로 일어나자 황제의 간섭에 불만을 품었던 독일의 제후들이 등을 돌렸고, 그제야 황제는 위협을 느끼게 되었습니다.

이때는 황제가 모든 군대를 관장하는 것이 아니라, 각 제후들이 군대를 데리고 황제가 필요한 전쟁에 참여하는 봉건 체제가 시행되고 있었습니다. 따라서 중요한 제후들이 모두 외면하자 황제는 교황을 압박하기 위한 전쟁에 데리고 나갈 군대도 확보할 수 없었습니다. 위기감이 고조되면서 '만약 교황이 다른 제후를 황제로 임명하고 나를 공격

현재 폐허로 변해 버린 카노사 성.

하라고 한다면, 뒤에서 당할 수도 있겠군.' 하는 생각을 하게 된 황제는 교황이 있는 카노사 성으로 달려갔습니다.

카노사 성은 이탈리아 북부에 있는 작은 성채였습니다. 추운 겨울, 수도자들이 입는 거친 옷을 입고 알프스를 넘어온 하인리히 4세 황제는 맨발로 사흘 동안 눈 위에 서서 교황에게 제발 자신을 용서하고, 파문을 풀어 달라고 간청했습니다. 그러나 교황은 진심으로 회개할 때까지 용서해 줄 수 없다며 단호하게 버텼습니다. 그러자 황제는 교황의 열렬한 지지자인 카노사의 여백작 마틸데에게 교황을 알현하게 해 달라고 도움을 요청했습니다.

결국 그레고리오 7세 교황은 마틸데의 중재를 받아들였고, 하인리히 4세 황제는 교황의 발에 입을 맞추면서 자신을 용서해 달라고 청했

그레고리오 7세 교황에게 무릎을 꿇고 용서를 청하는 하인리히 4세 황제.

습니다. 교황은 당당하게 "이제 당신이 진심으로 회개한 것 같으니 나는 당신을 용서하겠소. 당신의 황제권을 다시 회복시켜 주겠소." 하고 선포했습니다. 하지만 교황은 정치에 그렇게 능하진 않았기에 이후에 이 결정이 어떠한 결과를 가져올지 예상하지 못했습니다.

하인리히 4세 황제는 궁으로 돌아와 자기 등 뒤에 칼을 꽂았던 제후들을 하나하나 제거했습니다. 그렇게 주변의 제후들을 정리한 후, 황제는 로마로 쳐들어가 자신에게 치욕을 안겼던 교황에게 철저하게 복수했습니다. 그레고리오 7세 교황을 폐위시키고 새로운 교황을 옹립한 것입니다. 이때부터 교황권과 황제권 사이에 자주 전쟁이 벌어지게 됩니다.

교황과 황제 사이에 벌어진 권력 투쟁

이러한 전쟁은 교황령과 신성 로마 제국의 경계에서 종종 벌어졌는데, 이탈리아 중부 지방이 실질적인 전투 장소였습니다. 어떤 때는 교황이 갑옷을 입고 전투에 참여하기도 하는, 세속의 권력과의 끊임없는 투쟁이 이어지는 시기였습니다. 그러다가 1122년 보름스 협약을 통해서 평화가 찾아왔습니다. 이 협약을 통해 성직자의 서임권 투쟁은 일단락을 짓습니다. 이제 성직수여권이 교황에게 온 것입니다.

황제는 더 이상 성직자의 임명에는 관여할 수 없었지만, 교회와 관련된 황제의 정치적인 권리는 유지되었습니다. 실질적으로 주

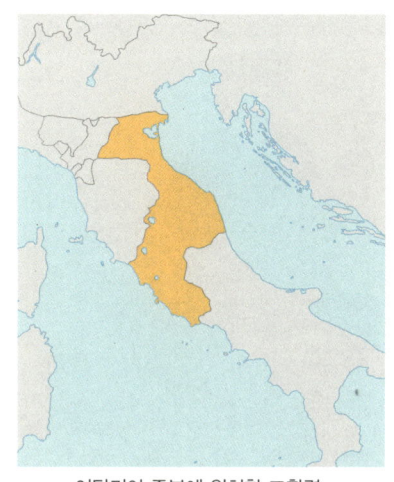

이탈리아 중부에 위치한 교황령.

교들에게 영향력을 미치는, 성직록에 대한 권한은 여전히 황제에게 있었습니다. 즉, 세속의 권력에 있어서는 황제가 영향력을 행사하지만, 종교적인 권력은 교황이 가지게 된 것입니다. 이러한 교황과 황제의 타협으로 서로의 역할이 달라지는데, 이전 시기와 비교해 본다면 누구의 권한이 더 강해졌을까요? 바로 교황권이 점점 강해지게 되었습니다. 이후 150년 동안 교황의 권한은 계속해서 강해졌습니다.

이러한 영향으로 유럽 전체의 세력을 모아서 다른 세력과 전투를 할 수 있게 만드는 일을 황제가 아니라, 교황이 하게 되었습니다. 그래서 우르바노 2세 교황이 "하느님께서 그것을 원하신다!"라고 했을 때, 국왕과 제후들이 그 명령에 따라서 십자군 전쟁에 참전했던 것입니다.

교황과 황제 간의 알력을 잘 보여 주는 또 다른 예가 앞서 말한 바

신성 로마 제국의 프리드리히 2세 황제.

있는 대학 간의 경쟁입니다. 당시에 있던 교황청 직속 대학에 대적하기 위해 신성 로마 제국의 프리드리히 2세 황제[3]가 나폴리 대학을 세웠다고 했었지요. 이러한 대학의 대립도 황제권과 교황권의 충돌이라는 맥락에서 생각할 수 있습니다.

하지만 프리드리히 2세 황제는 교황과 과도하게 대치하다가 1250년에 사망했는데, 이때 신성 로마 제국의 황제권이 완전히 무너졌습니다. 그래서 20여 년 동안 신성 로마 제국 황제가 임명되지 못할 정도로 흔들렸습니다. 이러한 상황을 보고 교황은 그만 방심했고, 가장 적대자였던 황제가 사라진 틈에 새로운 세력이 등장했습니다. 각 나라의 국왕들이 힘을 비축했던 것입니다.

카노사의 굴욕이 세속의 권력이 교황의 권위에 무릎을 꿇은 것을 상징했다면, 이것과 반대되는 사건이 새로운 세력에 의해서 일어나게 됩니다. 황제권과 교황권이 약화된 틈을 타, 세속의 군주들은 야심을 품고 힘을 키우면서, 교황권을 장악하고 유럽을 지배하기 위해 기회를 엿보고 있었습니다.

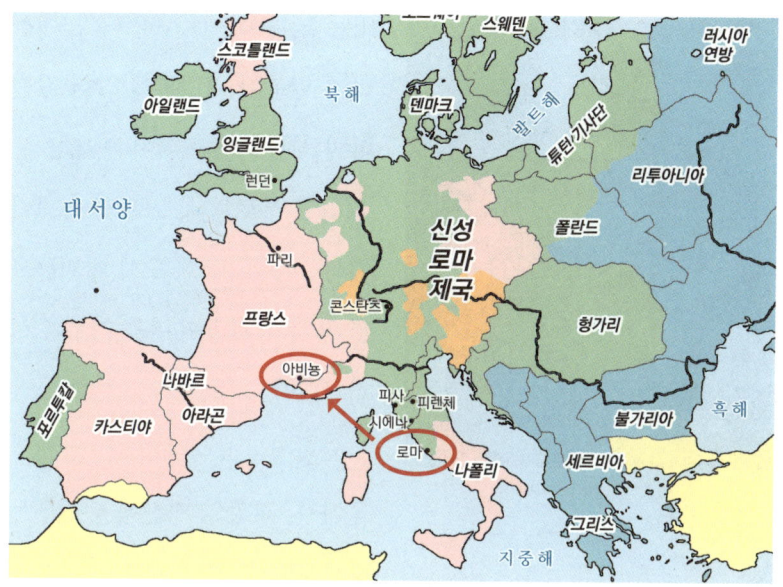

교황청이 로마에서 프랑스 아비뇽으로 옮기게 된 아비뇽 유수.

아비뇽 유수와 교황권의 몰락

교황청이 실질적으로 국가의 문제를 해결하지 못하자, 교황령 안에 있던 사람들이 반란을 일으켰습니다. 사람들이 교황청 앞에 와서 시위를 하며 돌을 던지기도 하고, 기존에 지키고자 했던 규칙을 어긴 것에 대해 항의를 했습니다. 독신제를 강조하면서 뒤에서 애를 낳거나, 부유함과 사치를 누리는 교황들에 대해 사람들은 환멸을 느꼈습니다.

십자군 전쟁의 실패, 유럽 인구의 3분의 1 이상을 죽게 만든 흑사병, 세속 군주의 성장과 교회 내부의 문제, 서방 교회의 분열로 교황의 권위는 급속도로 추락했습니다. 이러한 배경에서 발생한 사건이 바로 아

프랑스의 필리프 4세 왕.

비뇽 유수(1309~1377년)입니다. 이스라엘 민족이 바빌론에 잡혀 갔던 바빌론 유수에 빗대어 '아비뇽 유수'라고 부르는데, 교황청이 로마에서 프랑스 남부 도시 아비뇽으로 옮겨가 거의 70년을 머무른 사건입니다.

교황청이 로마에서 아비뇽으로 옮기자, 교황의 정신적인 권위는 땅으로 떨어지고 교황청은 행정기관처럼 변했습니다. 모든 조직을 새로 갖추고 시스템을 만들었지만, 그것을 유지하기 위해서 엄청난 돈이 들어갔습니다. 그러자 교회는 세금을 거둬들이기 시작했습니다. 교황청이 점점 세속화되었던 때가 바로 아비뇽 유수 시기이기도 합니다.

이 아비뇽 유수의 계기가 되었던 사건이 있습니다. 당시 프랑스 국왕은 '미남왕'이라 불린 필리프 4세 왕으로, 잘생긴 만큼 능력도 많았고 강력한 권력과 주체성도 지닌 왕이었습니다. 또 프랑스 통일을 위해 노력하기도 했습니다. 이를 위해 전쟁을 불사했던 그는 막대한 비용이 필요했고, 돈 없는 일반 백성보다는 교회를 강탈해서 군비를 마련하려 했습니다. 이때 대립했던 교황이 보니파시오 8세 교황이었는데, 둘 다 자존심이 강해서 서로의 존재 자체를 인정하지 않았습니다.

프랑스 아비뇽의 전경과 교황청(프티 팔레).

필리프 4세 왕은 교황의 권위를 인정하기 싫었고, 교회를 자기 밑에 두고 군비를 확보하기 위한 정당성을 찾기 시작했습니다. 교황을 공격하기 위해서 모든 교회법 법률 고문관들을 고용하여, 국왕의 권한은 누구도 침해하지 못한다는 사실에 대해 성경으로부터 근거한 신학적 증거를 확보해 갔습니다. 그러면서 도덕적으로나 능력적으로 별 볼 일 없고 자존심만 강해 보이는 교황을 공격하기 위한 준비를 마쳤습니다.

그 후 필리프 4세 왕은 대놓고 교황을 반대했고, 그다음부터 포화를 퍼부었습니다. 국왕의 변호사인 노가레는 교황의 적절치 못한 행위를 퍼트리며 교황을 비난하는 분위기를 만든 다음, 교황에 관한 탄핵문을 작성했고, 마침내 이탈리아의 아나니 지역을 습격했습니다. 그곳에서 보니파시오 8세 교황은 굴욕을 당하고 정신적인 충격까지 받게 되었습니다. 교황은 이 소식을 들은 이탈리아 귀족들에게 구출되었지만, 충격이 너무 커 얼마 못 가 세상을 떠나고 말았습니다. 그 후 프랑스 국왕은 자신의 입맛에 맞게 프랑스 보르도 출신의 베르트랑 드 고트 추기경을 클레멘스 5세 교황으로 뽑게 하고, 교황청을 아비뇽으로 이전했습니다. 이렇게 아비뇽 유수가 시작되었습니다.

오늘날의 아비뇽은 청년 축제도 열리고, 언제 그런 어두운 역사가 있었나 싶을 정도로 평화스러운 도시입니다. 그곳에 가서 교황청 건물을 바라보면, 이곳이 어디를 봐서 교회 건물이고 교황청 건물인가 싶은 느낌이 듭니다. 이 거대한 교황청을 프티 팔레Petit Palais라고 부르는데, 언제 쳐들어올지 모르는 적으로부터 교황과 고위 성직자들의 신변을 보호하기 위한 요새의 느낌이 강한 건물입니다.

필리프 4세 왕은 전쟁에 대한 비용을 충당하기 위해 클레멘스 5세 교황에게 압력을 가해 성전 기사단을 이단으로 몰아 강제로 해체시키고, 그들의 재산을 몰수했습니다. 잔혹한 학살과 탄압에 교회가 굴복해 버렸던 것입니다.

추락한 교황권으로 인해 많은 부작용이 일어났습니다. 모든 체제가 프랑스 국왕의 입맛에 맞게 변해 버린 프랑스 교권과 이탈리아의 교권 간에 알력이 발생한 것입니다. 그리하여 아비뇽 시대부터 새 추기경이 프랑스 쪽 사람으로 뽑히면서, 기존의 이탈리아 추기경들과 충돌하고 그로 인해 교회는 점차 분열에 이르게 됩니다.

아비뇽으로 교황청이 이전하고 70년 후에, 시에나의 가타리나와 스

웨덴의 비르지타는 교황에게 로마로 돌아오라고 호소했습니다. "이제 로마로 돌아오셔야 합니다! 두려워하시지 말고, 예수 그리스도의 십자가에 대한 신앙으로 돌아오셔서 로마에서 제대로 통치하십시오!" 그녀들의 간곡한 호소에 그레고리오 11세 교황이 로마로 돌아오기는 하지만, 혼란은 여전히 남았습니다.

그레고리오 11세 교황에게 로마 귀환을 간청하는 시에나의 가타리나.

이러한 일련의 과정들로 교황이 힘을 얻지 못하자, 공의회 수위설(교회의 총회는 교황보다 더 큰 권위를 가지며, 필요하다면 교황을 폐위할 수 있다는 이론)이 등장했습니다. 교회의 대분열 시기에는 로마에서도 교황이 뽑히고, 아비뇽에서도 교황이 뽑혔습니다. 피사 공의회에서는 아비뇽도, 로마도 아닌 새 교황을 뽑았지만, 양쪽에서 인정하지 않아 교황이 세 명까지 존재한 적도 있었습니다. 이 모든 것을 정리하기 위해서 콘스탄츠 공의회⁴를 열었으나, 사람들이

교황권 절정기	아비뇽 유수	교회의 대분열	콘스탄츠 공의회
12~13세기	1309~1377년	1378~1417년	1414~1418년

12~15세기 교회의 혼란.

로마로 귀환하는 그레고리오 11세 교황.

교회에 대한 존경심을 잃는 등 교회는 너무나 큰 타격과 상처를 입었습니다.

중세 후기 교회의 혼란이 주는 교훈

사실 이러한 사태에 대해 매우 중요한 영감을 준 인물이 있습니다. 바로 아우구스티누스입니다. 아우구스티누스는 《신국론》에서 하느님의 나라와 땅의 나라는 몸이 속하는 것이 문제가 아니라 마음이 속하는 것이 문제며, 하느님의 나라와 땅의 나라는 도덕적이며 영적인 문제라고 언급한 바 있습니다. 그렇기 때문에 황제와 싸우던 교황이 아우구스티누스의 《신국론》을 인용하여 종종 황제를 땅의 나라에 속한다고 하면서 자신의 입장을 정당화했는데, 이는 옳다고 보기 어렵습니다. 우리는 악덕의 자식들도 모세의 자리를 차지한다는 아우구스티누스의 경고를 귀담아들어, 자신의 마음을 어디에 두었는지 되돌아볼 필요가 있습니다.

또한 아우구스티누스는 "정의가 없는 국가는 강도떼와 같다."라고 말했습니다. 이러한 정의를 실천하려면 하느님의 나라에서 실현되는 정의가 국가에도 알려져야 합니다. 바로 우리 교회가 그 모습을 보여 주어야 합니다. 지난 역사를 돌이켜 보면 로마에서, 특히 아비뇽에서는 그러한 모습을 보여 주지 못했던 것입니다.

맨 처음에 저는 '카이사르의 것은 카이사르에게?'라는 질문을 던졌습니다. 아우구스티누스는 교회와 하느님의 나라가, 그리고 국가와 땅의 나라가 완전히 일치하지 않는다는 점을 강조했습니다. 이어서 교회가 국가에 대해 우위를 지닌다고 말했지만, 이것은 세속의 권력에서의 우위가 아닌, 영적인 의미에서의 우위를 말한 것입니다. 만일 한 국가의 정의가 올바르지 않다면, 그 정의가 무엇인지 가르쳐야 되는 책임이 바로 교회에 있습니다.

정의는 각자에게 각자의 몫을 나누어 주는 것을 말합니다. 하느님이 주신 것으로 모두가 나눠서 먹고 살 수 있는데, 소수의 사람들이 이 재화를 독점하여 굶주림에 시달리는 사람들을 생기게 해서는 안 된다는 것입니다. 그리스도인이라면 마땅히 이러한 정의가 실현되도록 하느님의 나라로 향한 길을 가야 하고, 국가가 이러한 방향을 거스른다면 교회가 가르쳐 주어야 한다는 것입니다.

여기서 또 하나 생각해야 될 부분이 있습니다. 아비뇽 유수 시절에 매우 부유한 페트라르카라는 사람이 있었는데, 그는 교황의 지원을 받으면서 뒤에서는 부유한 성직자에 대해서 신랄하게 비난하는 글을 썼습니다. 이를테면 "요즘 교황과 주교들은 자신들이 페르시아의 왕인 줄 안다. 온갖 것을 소유하며 황금 마차를 타고 다닌다. 곧 있으면 모든 길을 황금으로 발라 버릴 것이다. 그것을 본 신자들은 그들을 페르시아 왕으로 착각할 것이다."라고 말이지요. 이처럼 예수님을 따르지 않는 모습을 보이면서, 정의와 교리를 이야기한다면 사람들은 듣지 않습니다.

우리가 아비뇽 유수로부터 배울 수 있는 교훈이 있습니다. 돈이나 권력으로부터 자유로울 수 있는 사람은 그렇게 많지 않습니다. 우리가 어떻게 가난한 교회, 나누는 교회, 정의로운 교회를 만들어 가는가에 따라서, 우리의 자유로움이 확보될 수 있을 것입니다. 그렇기 때문에 진정한 정의를 밝혀야 할 교회의 의무를 한번 되돌아 보았으면 좋겠습니다.

제25강

빛을 잃은 교회와
흔들리는 신앙

〈그리스도교, 서양 문화의 어머니〉라고 했던 방송의 제목대로라면, 그리스도교 교회가 어머니로서 더 큰 존경을 받았어야 할 텐데 왜 많은 서양인들이 교회를 떠났고 문화적인 영향력도 약해졌을까요? 그것은 아비뇽 유수와 같은 교회 내부적인 문제 때문만은 아니었습니다. 시대가 변하면서 교회 외부의 변화가 중세를 완전히 다른 분위기로 바꾸어 놓았던 것입니다.

13세기가 《신학대전》이 저술되고 고딕 양식 성당이 건축되면서 영광과 명예가 돋보이는 번영의 시기였다면, 14세기에 들어서면서 갑작스러운 변화의 시기가 찾아옵니다. 그 변화를 세 가지로 이야기할 수 있습니다. 바로 흑사병으로 인한 사회의 혼란, 계속되는 전쟁, 아비뇽 유수 이후에 약화된 종교 지도력입니다. 종교 지도력의 약화에 대해서는 앞 강의에서 다루었기 때문에, 여기서는 나머지 두 가지에 집중하겠습니다.

흑사병으로 인한 사회의 혼란

흑사병을 형상화한 그림.

12~13세기의 유럽은 농업이 발달하면서 먹고사는 것이 안정되었고 자연히 인구도 늘어났습니다. 그런데 14세기에 이르러서 죽음의 병이라고 불리는 페스트, 즉 **흑사병**이 퍼지게 되었습니다.

흑사병이 어떻게 전파되었는지는 아직까지도 여러 가지 설이 나오고 있지만, 어느 정도 밝힌 바에 따르면 근원지는 중국 남부 윈난성(운남성)과 베트남 북부로 알려져 있습니다. 유럽에 종종 질병이 나타난 적이 있었지만, 이렇게 대규모로 질병이 퍼진 것은 유례가 없는 일이었습니다. 먼저 흑해 지역에 병이 들어왔고, 흑해에서 마르세유와 이탈리아, 근교의 항구 도시로 퍼져 나갔습니다. 그런데 그 시간을 보면 1347년부터 발병하여 가장 추운 북유럽까지 전파되는 데 3년밖에 걸리지 않았습니다.

흑사병으로 인해 사람들이 속수무책으로 쓰러져 갔는데, 당시의 상황은 여러 미술 작품에서 소재로 다루어질 정도였습니다. 작품에는 죽

죽음의 승리를 표현한 그림.

음이 모든 세계와 문화 위에 승리하는 모습으로 뚜렷하게 나타나 있습니다. 국왕과 고위직 관리, 부자, 가난한 사람, 남녀노소 그 누구도 예외 없이 죽음을 맞았습니다. 흑사병에 대해 사실적으로 그린 그림을 보면, 당시 사람들이 느낀 공포나 분위기를 이해할 수 있습니다.

흑사병이라고 명명된 이유는, 이 병에 걸리게 되면 양 겨드랑이와 서혜부鼠蹊部(하복부의 삼각형 모양의 부분, 흔히 사타구니라고 정의)에 종기가 나면서 아주 빠른 시간 안에 피부가 검은 색깔로 변하고, 이것을 극복하지 못하면 24시간에서 48시간 내에 죽음에 이르렀기 때문입니다. 아무런 치유 방법이 없었던 당시 유럽 사람들에게는 현대의 에볼라나 메르스보다 무서운 병이었습니다.

채찍 고행단의 모습.

　흑사병에 걸린 사람들은 병을 치료하기 위해 여러 가지 주술, 기도 등 할 수 있는 모든 것을 해 보았지만, 그다지 효과를 거두지 못했습니다. 흑사병이 엄청난 전염력으로 퍼져 나갔지만 원인을 알 수 없었기에, 의사들조차 이를 해결할 수 없었습니다. 엄청난 고통과 함께 죽음을 앞에 둔 사람들은 겁에 질려 이렇게 생각했습니다. '이것은 죄에 대한 벌이다.' 이렇게 생각한 중세 사람들 중 일부는 채찍 고행을 통해서 이것을 극복해 보려고 했습니다.

　〈다빈치 코드〉라는 영화에서도 건장한 청년이 기괴하게 생긴 채찍으로 자신을 때리는 장면이 나옵니다. 이 사람들은 주님의 기도, 성모송 등을 바치며, 채찍으로 자신을 때리고 피가 흘러내리는 것이 자신의 죄가 씻겨 나가는 모습이라고 생각했습니다. 이렇게 채찍 고행단은 피를 철철 흘리며 다양한 고행을 통해서 죄의 용서를 빌고 다녔습니다. 그렇지만 채찍 고행단이 마을과 마을을 옮겨 다니면서 의도와는 다르게 때로는 흑사병을 옮기기도 했습니다.

제가 유럽 생활을 하면서 '수난극Passionsspiel'이라는 신기한 것을 경험한 적이 있습니다. 오스트리아나 독일 바이에른 지역의 작은 마을에서 10년이나 20년마다 마을 전체가 모여 아주 거대한 수난극을 하는 경우가 있습니다. 가장 아름다운 여인은 성모 마리아의 역할을 맡고, 잘생기고 말끔한 청년은 예수 그리스도의 역할을 맡습니다. 나중에 그 유래를 듣다 보니, 흑사병과 관련이 있었습니다.

흑사병으로 인해 유럽 인구의 3분의 1이 죽었다고 합니다. 어느 곳에서는 마을 전체가 통째로 사라지는 일들이 생겼다고도 하지요. 이러한 분위기 속에 탄생한 것이 보카치오의 《데카메론Decameron》입니다. 이 소설의 시작도 흑사병을 피해서 별장에 들어간 귀족들이 열흘 동안 서로 이야기를 하면서 인간의 여러 모습을 풍자하는 내용입니다. 이것과 마찬가지로 흑사병을 배경으로 탄생한 것이 수난극인데, 흑사병에 대한 두려움을 극복하기 위해 기도와 서약을 바치는 것이 목적이었습니다. "저희를 흑사병으로부터 지켜 주시면 10년, 20년마다 이 수난극을 통해서 당신께 감사를 드리겠습니다." 이렇게 말이지요. 이러한 방식으로 흑사병을 극복하는 분위기가 신앙심에 도움이 되는지는 쉽게 판단할 수 없지만, 항상 극단적인 분위기로 가는 것이 문제입니다. 질병에 대한 공포와 두려움이 사람들을 광기로 몰아넣은 것입니다.

쾰른에서 일어난 유대인 화형.

원인과 해결 방법을 모르는 병에 대해서 겁에 질린 사람들은 화살을 다른 곳으로 돌렸습니다. 흑사병에 걸린 사람들이 죽어 나가는 가운데, 특정 종교를 가진 사람들은 별로 죽지 않는 일이 벌어졌습니다. 흑사병은 위생과 관련이 있었는데, 당시 유럽은 평생 단 세 번만 목욕을 하는 분위기였기 때문에 전염률이 높을 수밖에 없었다고 합니다. 목욕을 하지 않아서 나는 냄새를 감추기 위해서 유럽의 향수가 발달했다고도 하지요.

이러한 보통의 유럽 사람들과는 달리, 유대인들은 종교적인 이유로 식사 전후에 손을 씻었고, 또 정결례貞潔禮라는 예식이 있었기 때문에 부정을 타거나 불결하지 않기 위해 끊임없이 깨끗함을 유지하려 했습니다. 제가 독일 쾰른에 있을 때도 유대인들이 흘러가는 물이나 물이 있는 지하로 내려가서 정결례를 행했던 흔적이 남아 있는 것을 보았습니다.

이런 이유로 많은 유대인들은 흑사병을 피할 수 있었습니다. 그런데 이 모습을 보면서 유럽 사람들은 의심하기 시작했습니다. 어떤 사람들은 이 기회를 틈타, 예수님을 죽인 사람들이라는 이유로 박해를 당했던 유대인들이 그

기괴한 모습으로 흑사병에 대응하는 의사.

리스도교 신자들에게 보복하기 위해서 흑사병을 퍼뜨렸다는 소문을 냈습니다. 이는 자신들의 두려움과 공포를 저항할 수 없는 이들에게 전가하는 것이었습니다. 쾰른 같은 경우에는 유대인 화형식까지 일어나는 슬픈 일이 벌어졌습니다.

위 그림을 보면 알 수 있듯이, 기괴하게 흑사병에 대응한 의사들도 있었습니다. 그들은 방독면처럼 생긴 마스크를 쓰고 지팡이로 접촉하며 환자를 치료하려고 했지만, 이 또한 효과가 없었습니다. 흑사병에 대한 절박함이 보이지만, 어쩌면 이러한 모습으로 두려움을 떨치거나 공포심으로 흑사병을 없애려 하지 않았나 생각할 수도 있습니다. 이러한 모습은 나중에 공포 영화의 소재로 쓰이기도 하지요.

유럽 인구의 3분의 1이 감소해 버리자, 노동자들을 구할 수 없게 되

었습니다. 도시에 있는 노동력의 가치는 상승했고, 기사들이 전쟁에서 이긴다 하더라도 흑사병으로 죽게 되면 체제 자체가 흔들리기 때문에, 필사적으로 봉건 체제를 지키기 위해 안간힘을 쓰게 되었습니다. 하지만 체제가 무너지는 것을 막을 수는 없었지요.

흑사병으로 인해 글을 아는 성직자들이 예외 없이 죽게 되자, 라틴어를 읽고 해독할 수 있는 사람의 숫자도 절대적으로 부족해졌습니다. 과거에는 공식 문서를 전부 라틴어로 썼지만, 흑사병 이후 자국의 언어로 표기하는 일이 점점 늘어났습니다.

또한 성직자들이 '종부성사終傅聖事'[1]라는 의식 때문에 환자들을 접촉하면서 흑사병에 걸려 죽는 경우가 많아지자, 사람들은 '하느님의 대리자도 병에 걸려 죽는데 하느님의 보호를 더 이상 기대할 수 없는 것이 아닌가? 기도를 하는 것이 의미가 있을까?'라는 생각을 하게 되었습니다. 이로써 신앙심도 흔들리게 되었습니다.

한편, 이런 분위기로 인해 사람들은 위생 관리에 대해서 자각하게 되면서, 하수관 시설을 손보고 제대로 된 하수관 시스템을 만들게 되었습니다. 독일 프라이부르크에 가면 도로마다 옆길에 아름다운 맑은 물이 흐르고 있습니다. 워낙 깨끗하기 때문에 여름에는 이 도랑에 들어가서 놀고 물장구도 치는데, 이것을 '베흘레Bächle'라고 부릅니다. 이것은 흑사병 이후 노출된 하수구가 변해 이러한 모습을 갖추게 되었음을 보여 줍니다.

계속되는 전쟁

안타깝게도 흑사병만으로 재앙이 끝난 것이 아니었습니다. 간신히 흑사병을 피해서 살아남은 사람들은 이제 전쟁에 의해서 다시 한 번 희생되었습니다. 이때 가장 오래 치른 전쟁인 **백 년 전쟁**(1337~1453년)이 일어납니다. 100년만 해도 상당히 긴 시간인데, 더 정확히 따지면 116년입니다. 프랑스와 영국은 이 긴 기간에 치열하게 싸웠는데, 전쟁의 원인은 프랑스 왕위 계승 문제였지만, 결과적으로는 영토 문제로 이어집니다. 이 전쟁을 계기로 프랑스의 귀족이 영국에 영지를 소유하거나 왕이 되기도 하고, 영국의 귀족이 프랑스에 영지를 소유하거나 프랑스의 왕이 되려고 했던 상황들이 정리가 되며 영국과 프랑스는 독립적인 나라가 됩니다.

백 년 전쟁은 프랑스의 샤를 4세 왕이 사망하면서 그 후사를 정하는 것에서 시작됩니다. 당시 유럽 전체는 계약 결혼에 의해 엮여 있었는데, 왕의 외조카였던 영국의 에드워드 3세 왕은 프랑스 국왕이 되고 싶었습니다. 영국과 프랑스를 통합하고 거대 왕국을 만들고 싶었던 것이지요. 그리하여 영국 왕이 프랑스 국왕의 계승권을 주장하지만, 죽은 왕의 또 다른 친척 필리프 백작이 결국 프랑스의 왕이 되었습니다. 팽팽한 긴장감과 함께 양국의 대립은 점점 깊어졌습니다.

먼저 프랑스의 필리프 6세 왕이 영국령이었던 기옌(가스코뉴) 지역을 몰수했습니다. 포도주로 유명한 보르도가 바로 이곳에 있습니다. 이것에 대응해서 영국은 플랑드르(프랑스 북부, 벨기에, 네덜란드에 걸친 지역)로 수

프랑스와 영국 사이에 벌어진 백 년 전쟁.

출하던 양모 공급을 끊어 버렸습니다. 플랑드르가 유럽 최대의 모직물 공업 지대였기 때문이지요. 이런 일이 발생한 후 영국이 선전 포고를 했고, 백 년 전쟁의 서막이 올라갔습니다.

전쟁 초기에는 판세가 영국에 유리했습니다. 영국군과 프랑스군의 교전 방식이 승패를 갈랐기 때문입니다. 당시 프랑스군은 석궁을 들고 싸움에 임했는데, 영국군은 석궁보다 더 좋은 장궁長弓을 사용해서 사거리와 위력, 연사력에서 프랑스군을 압도했습니다. 이러한 장궁 덕분에 농민과 사냥꾼으로 전쟁에 참여한 영국군이 기사로 무장된 프랑스군을 무찌를 수 있었습니다. 그런데 하늘이 프랑스군을 도운 것인지, 전쟁 한복판에 흑사병이 두 나라에 퍼져 나갔고, 잠시 휴전을 하면서 전쟁은 지지부진하게 되었습니다. 이렇게 전쟁과 휴전을 반복하는 중, 전쟁 후반에 잔 다르크 Jeanne d'Arc(1412~1431년)라는 소녀가 등장했습니다.

프랑스의 영웅, 잔 다르크.

이즈음 프랑스는 내분이 벌어지고 있었습니다. 부르고뉴파와 아르마냐크파(정통 왕정파)가 갈라져, 복잡한 상황이 지속되었던 것이지요.[2] 전쟁과 내분으로 풍전등화와 같은 상황에 잔 다르크가 나타난 것입니다. 그녀는 천사에게 샤를 황태자를 도와서 제대로 된 프랑스 국왕을 만들라는 이야기를 듣고, 군대를 찾아 나섰습니다. 처음에는 아무도 그녀의 말을 믿지 않았습니다. 마지막으로 황태자를 만났을 때, 황태자는 사울 왕이 다윗을 보내는 심정으로, 잔 다르크를 출정시켰습니다. 그런데 잔 다르크가 생각지도 못한 성과를 올리는 것입니다. 용감하게 싸우는 잔 다르크를 보고 부끄러워진 프랑스 병사들은 성문을 열고 나가서 영국군을 무찌르기 시작했습니다. 이로 인해 바닥에 떨어졌던 프랑스군의 사기는 점점 올라갔고, 오를레앙 전투에서 승리를 거두며 잔 다르크는 자신을 밀어 준 황태자를 프랑스의 국왕(샤를 7세 왕)에까지 올리는 업적을 이루었습니다.

하지만 불리해진 전투에서 잔 다르크가 마지막까지 싸움에 임하고 있을 때, 군대는 잔 다르크만을 남겨 놓고 성문을 굳게 닫아 버렸습니다. 이 상태에서 잔 다르크는 영국과 내통했던 부르고뉴파에게 체포되었습니다. 그 후 영국군의 지배하에 있던 파리 대학 사람들은 잔 다르크를 마녀라고 하며 그녀를 화형시키기 위한 구실을 만들어 주었고, 잔 다르크는 결국 화형에 처해졌습니다. 자신들의 나라를 구한 소녀를 죽이는 모습에서 학문의 자유를 잃은 대학이 어떤 짓을 할 수 있는지 확인할 수 있습니다.

백 년 전쟁은 어떤 의미에서는 영국과 프랑스가 봉건 체제에서 중앙 집권 체제로 나가는 문화적·정치 사회적인 변혁이라고 할 수 있지만, 문화사적으로는 가장 추악한 전쟁이었다고 할 수 있습니다. 전쟁에 참여했던 용병들은 돈이 떨어지자 사람들을 죽이고, 온갖 곳을 약탈했습니다. 세기말적인 분위기가 널리 퍼지게 된 것이지요. 흑사병과 전쟁으로 언제 죽음이 닥칠지 모르는 상황이었는데, 이럴 때 쓰는 표현이 있습니다. '케 세라 세라Que sera sera', 즉 '될 대로 되라'로, 아무 의미도 찾을 수 없는 삶을 뜻합니다. 열심히 살아도 빼앗기고, 살아남아도 질병에 걸리는 상황이 벌어진다면 사람들은 어떻게 될까요? 로마 제국 이후에 사라졌던 향락 문화가 전쟁과 흑사병으로 얼룩진 중세에 다시 등장하게 되었습니다.

중세의 퇴폐적인 목욕 문화.

중세 말기를 사로잡은 향락 문화

서로마 제국 말기에 사치스러운 목욕탕 문화가 발달했던 것처럼, 중세 말기에 새로운 목욕 문화가 발달했습니다. 목욕탕에서 목욕만 하는 것이 아니라, 남녀가 목욕탕 안에서 술을 마시며 향락의 끝을 보여 주었습니다. 중세 후기의 그림을 보면 거의 춘화도春畵圖(남녀 간의 성교하는 모습을 그린 그림) 수준으로 인간의 욕정과 욕구를 나타내고 있습니다.

피폐해진 중세 사람들이 향락 문화에 빠지고 이것이 극도에 도달했을 때, 사람들은 두려움에 시달립니다. 보카치오의 《데카메론》 같은 경우에는 흑사병이 휘젓고 다니는 상황에도 천국이나 지옥 같은 것이 어디 있냐고 빈정거리며, 성직자들을 다 거짓말쟁이라고 이야기하지요. 하지만 일반 사람들은 '내가 이렇게 방탕하게 살아도 되나? 혹시라도

기괴한 해골들이 춤을 추는 모습을 표현한 '죽음의 춤'.

천국이나 지옥이 있으면 어떡하지? 진짜 하느님이 계셔서 우리를 징벌하시면 어떡하지?' 하는 죄의식과 두려움에 빠지기 시작했습니다. 이러한 분위기를 통해 중세 말에는 '죽음'이 예술의 주제가 되었습니다.

위 그림은 '죽음의 춤'이라고 불리는 그림인데, 뼈와 해골들이 춤을 추면서 사람들을 어디론가 끌고 가고 있습니다. 끌려가는 사람들 중에는 국왕, 왕비, 추기경, 수도원장 등 높은 직책에 있는 사람들도 포함되어 있어, 현세에서의 권력을 자랑하는 이들도 죽음 앞에서는 예외가 없음을 나타냅니다. 또한 피리를 부는 해골들이 지금의 향락과 소유한 모든 것들이 얼마나 허무한지를 보여 줍니다.

세기말적인 분위기가 어둡게 짓눌러 오는 것을 움베르토 에코의 소설을 각색한 〈장미의 이름〉이라는 영화를 통해서 다시 한 번 확인할 수 있습니다. 이 영화는 어두운 수도원 안에서 계속 벌어지는 비극적

교황, 국왕, 왕비, 추기경, 수도원장이 어디론가 끌려 가는 모습.

인 죽음에 대한 내용을 담고 있는데, 이것이 바로 중세 말기의 분위기를 나타낸다고 보면 되겠습니다.

중세 말에 닥쳐온 지성의 위기

중세 말기에는 사상과 문화도 모두 바뀝니다. 과거처럼 보편적이고 이상적인 가치에 대한 이야기가 더 이상 중요하지 않게 되었습니다. 천국과 지옥에 대한 것도 더 이상 이상적인 약속이 아니라, 내가 천국에 가는지 못 가는지가 더 중요한 것이 되었습니다. 나의 생명, 나의 영예, 나의 존재, 즉 개인이 훨씬 더 중요해진 것입니다.

보편 논쟁을 되새겨 보면, 보편 실재론과 유명론이 대립할 때, 이를 해결하기 위해 온건 실재론이 나타났다고 이야기한 바 있습니다. 온건 실재론이 200년 동안 지속되었지만, 이제는 아벨라르두스와 토마스

영국의 신학자, 윌리엄 오컴.

아퀴나스의 이론이 힘을 잃게 되었습니다.

이러한 때 윌리엄 오컴William of Ockham(1287~1347년)이라는 신학자가 나타났습니다. 그는 "가장 중요한 것은 개체들이다! 하나하나의 개체들의 생명만이 소중하지, 스콜라 철학자들이 만들었던 거대한 체계에 대한 것들은 사상누각과 같다. 보이지 않는가, 우리의 현실이?"라고 주장합니다. 오컴의 등장으로 중세 철학은 새로운 국면을 맞이했고, 그는 중세의 몰락을 자초하는 중요한 결정을 내리게 됩니다.

중세 전체를 이끌어 온 목표는 신앙과 이성의 조화로, 이를 통해 과거의 모든 중요한 발전 단계를 설명할 수 있습니다. 그런데 오컴은 소중한 신앙이 자칫 이성을 제대로 설명하지 못해서 위협받고 사람들의 웃음거리가 될까 봐 두려웠습니다. 그래서 신앙을 지키기 위해서 이성을 분리했습니다. 이러한 신앙과 이성의 분리는 신앙의 순수성을 보존하기 위한 것이었지만, 이렇게 분리하면서부터 문제가 생기게 되었습니다. 이성적인 설명을 통해 신앙을 이해하려던 신앙과 이성의 조화가 깨져 버린 것이지요. 이렇게 깨진 것은 더 이상 중세적인 특성, 스콜라적인 특성이 아니었습니다.

신앙은 이성적으로 우리가 생각하고 논변할 수 있는 부분이 아님을 오컴은 역설했습니다. 하느님은 절대적인 자유를 가진 분으로, 그분이 명령을 내리고 어떠한 것을 결정했다면 그것으로 충분하다는 것입니다. 하지만 이런 관념은 상당한 문제가 있습니다. 하느님이 폭군처럼 다가올 수 있기

영국의 신학자, 존 위클리프.

때문입니다. 누군가가 왜 죽게 되었는지, 이러한 일이 왜 생기게 되었는지 같은 의문이 하느님이 절대적인 자유를 가지고 결정하는 것으로 끝이 나는 셈입니다. "하느님이 결정하신 것, 그것이 곧 선이다."라는 반이성주의 경향이 오컴을 통해서 퍼져 나갔습니다.

이러한 상황에서 존 위클리프John Wycliffe(1331~1384년)라는 옥스퍼드의 신학자가 교회의 전통을 거부했습니다. 위클리프는 이렇게 힘들고 혼란스러운 시기에, 교회에 모든 구원이 있다고 믿다가는 오히려 전통적인 그리스도교의 아름다움을 잃어버릴 수밖에 없다고 했습니다. 그리고 그 근본적인 내용은 성경에 들어 있다고 주장했습니다. 하지만 당시에는 라틴어로 된 성경만 읽을 수 있었습니다. 일반 사람들이 이것을 어떻게 읽고 이해하겠습니까? 그래서 위클리프는 성경을 영어로 번역

하는 작업에 착수했습니다. 그리하여 그는 영어 성경 운동을 불같이 일으켰고, 평신도를 규합하여 성직자를 강하게 비판했습니다. 이 안에는 오컴과는 상당히 다른, 이성적인 것을 중심으로 한 교회 비판이 나타납니다.

그중에는 그때 당시에 이해하지 못했던 성체와 관련된 실체 변화에 대한 학설도 포함되어 있었습니다. 예수님의 성체가 변화된다는 것을 이해하지 못했던 위클리프는 이것을 마술적인 것으로 치부했고 받아들일 수 없다고 말했습니다. 교회 당국은 더 이상 이를 보고만 있을 수 없었고, 아비뇽에서는 옥스퍼드 대학과 그 지역 교구장에게 위클리프를 처리하라고 명령했지만, 그 누구도 말을 듣지 않았습니다. 위클리프는 운 좋게도 큰 어려움을 겪지 않고 천수를 누릴 수 있었는데, 그러한 행운을 누리지 못한 사람도 있었습니다.

그는 바로 위클리프보다 신학적인 지식이 훨씬 더 탄탄한 **얀 후스**Jan Hus(1372년경~1415년)입니다. 후스는 프라하 출신이었는데, 당시 보헤미아라는 나라가 신성 로마 제국의 황제권을 가져왔기 때문에 프라하는 유럽의 중심부 역할을 하고 있었습니다. 지금도 드라마나 영화의 촬영 장소로도 쓰일 만큼 아름다운 도시인데, 이곳을 이처럼 아름답게 만든 것들은 주로 이 시기에 세워진 것입니다. 바로 이 유럽 문화의 중심지 한복판에서 뛰어난 신학자가 나타난 것입니다.

그 당시 교회는 위상이 완전히 바닥에 떨어져 있었습니다. 교황이 세 명이나 공존하던 혼란 속에서 후스가 활동했습니다. 후스는 위클리프의 이야기를 들으며 공감했습니다. 교회에서 단죄되었다 하더라도 충분히 의미 있는 이야기였고, 올바른 사실에 대해서는 받아들여야 한다는 것입니다. 그는 교회가 복음적 가난으로 되돌아가야 한다고 주장했습니다.

프라하 대학의 교수이자 신학자인 후스가 타락한 성직자들을 강하게 비판하면서 교회의 부끄

체코의 신학자, 얀 후스.

러운 부분을 지적하자, 그에게 제약이 들어왔습니다. 교수권을 빼앗는 것부터 시작해서 콘스탄츠 공의회로 소환되기까지 했습니다. 그는 신변을 보장받은 상태로, 콘스탄츠 공의회에 와서 자신의 학설에 대해 오해가 있는 부분들을 설명하게 되었습니다. 후스는 이 기회를 통해 자신의 학설에 대해 충분히 설득하고 설명해야겠다고 생각했습니다.

논란을 일으켰던 문제 중 하나는 성체성사였습니다. 가장 정상적인 전례의 방식은 양형 영성체兩形領聖體, 즉 성체와 성혈을 모두 모시는 것입니다. 현재는 제2차 바티칸 공의회 이후의 전례 개혁을 통해 이 양형 영성체를 신자들이 최대한 할 수 있도록 권장하고 있지요.

후스는 성체에 관한 것을 읽고 나서 양형 영성체를 실천적으로 도입하기 시작했는데 이것이 문제가 되었습니다. 당시에는 성체 신심이

화형에 처해지는 후스.

발달하면서 성체에 대한 큰 두려움을 갖고 있었습니다. 조금이라도 모령성체冒領聖體³하면 큰일이 나는 것으로 생각해서 사람들은 성체를 자주 모시지도 못했습니다. 성체가 예수님의 현존을 나타내는 무서운 대상이 되었던 것입니다. 게다가 당시 교회 지도층은 성혈을 모시는 것을 사제들의 특권으로 여겼기에 이를 평신도들에게 허락할 수 없었습니다.

이렇게 양형 영성체가 첫 번째 문제가 되었고, 두 번째 문제가 된 것은 자국어 성경이었습니다. 교황 앞에서 후스는 성서적인 근거를 들어 자국어 성경의 필요성을 멋지게 논변했습니다. 하지만 후스에 대한 단죄는 이미 결정이 나 있었던 모양입니다. 후스가 완벽한 이론으로 설명했음에도 불구하고, 그는 콘스탄츠 공의회에서 거의 압도적인 다수로 단죄되었습니다. 공의회를 주도한 이들은 후스의 신변을 보호해 주겠다는 약속을 저버리고, 그를 화형에 처했습니다.

콘스탄츠 공의회는 몇 가지 중요한 결정을 내렸음에도 불구하고, 이 사건으로 인해 악명 높고 의미 없는 공의회 중 하나로 손꼽히게 되었습니다. 그 이후 보헤미아의 교회와 로마 교황청 사이에는 끊임없는 갈등이 일어났습니다. 하나의 잘못된 결정이 흑사병과 전쟁에 지친 사람들에게 더 큰 상처를 안기고 말았습니다.

새로운 신심 운동

이후로는 더 이상 토마스 아퀴나스의 신학 체계가 받아들여지지 않았습니다. 사람들은 성직자에게 가서 상담하거나 결정하지

요한 세례자 유해 공경.

않았고, 가장 손쉬운 방법을 취했습니다. 다른 것보다도 개인 체험이 중요하다고 믿게 된 것입니다. 또한 교회에서 철저하게 배제되었던 여성 신비가들이 지도자적인 역할을 수행했고, 성인 유해 공경이 유행처럼 퍼졌습니다.

성인들의 삶을 본받아 우리가 모범으로 따르겠다는 것에서 성인 유해 공경의 의미를 찾을 수 있지만, 이때의 성인 유해 공경은 거의 기적을 기대하는 수준이었습니다. 어떻게든 접촉해서 혹시라도 기적이 일어났다는 소문이 퍼지면, 점점 더 화려한 보석으로 장식했고, 그럴수록 플라시보 효과(위약僞藥을 진짜 약으로 가장하여 환자에게 복용하도록 했을 때, 병이 나을 것이라는 긍정적 믿음으로 인해 실제 병세가 호전되는 심리적 효과) 때문에라도 더 많은 기적들이 쏟아졌습니다.

마이스터 에크하르트.

여기서 문제가 된 것은 전체 교회의 수입을 결정하는 것이었는데, 어떤 성인의 유해가 얼마만큼 효력이 있었느냐를 따져서 성인 유해를 서로 **빼앗아** 오기 위한 교회 간의 알력이 발생했습니다. 따라서 전쟁터에 가서 어딘가를 점령하면 가장 먼저 훔쳐 오는 것이 성인 유해가 되었습니다. 쾰른 대성당을 예로 들면, 밀라노를 점령했을 때 밀라노 대성당에 있던 동방 박사의 유해를 쾰른으로 가져왔고, 쾰른 대성당은 갑자기 최고의 순례지가 되는 일이 벌어집니다. 이와 더불어 나중에 '면죄부'라고 잘못 불리는 '대사부'도 서서히 남발되었습니다.⁴ 그리하여 교황이 발휘하던 힘은 사라져 버리고 평신도 중심의 신비주의가 확산되었습니다.

이러한 배경에서 등장한 인물이 있는데, 바로 **마이스터 에크하르트** Meister Eckhart(1260~1328년)입니다. 그는 토마스 아퀴나스가 있었던 도미니코회 소속이었습니다. 하지만 아쉽게도, 마이스터 에크하르트가 활동하던 시대의 도미니코회는 이미 전성기가 지난 다음이었습니다. 그래서 개방적인 정신으로 연구하던 도미니코회 정신을 이어 가지 못했습니다.

에크하르트는 지나치게 사변적인 토론만 하는 것보다 삶을 잘 살도록 가르치는 것이 더 중요하다고 생각했습니다. 그는 파리 대학의 교수를 역임했고, 모범적인 삶을 살았기 때문에 그가 수도원 원장이 되었을 때 많은 사람들이 수도원으로 몰려들었습니다. 그는 라틴어를 모르는 사람들에게 라틴어로 강의하는 것이 무의미하다는 것을 깨닫고 고대 독일어로 강의했습니다. 이 강의를 통해 그는 하느님과의 합일이 중요하다는 가르침을 주었습니다.

하느님과의 합일은 종종 신비주의라고 불리는데, 이것은 어두컴컴한 장소에서 주문을 외우면 기적이 펼쳐진다는 의미가 아닙니다. 마이스터 에크하르트는 마음을 깨끗하게 하고, 하느님과 어떤 합일에 들어갈까에 대해 이야기했지만, 완전히 다른 방식의 언어인 비유로 이야기했습니다. 그러한 이유로 그의 주장은 제대로 이해받지 못했고, 주류 신학자로부터 단죄받고 말았습니다.

교회와 사회의 계속되는 혼란 속에 이러한 모든 것들이 탄력을 잃어버렸을 때, 신비주의와 함께 평신도 운동이 서서히 번져 갔습니다. 평신도 운동 중에 베긴파라고 불리는 사람들은 자신들의 노동력으로 정당한 욕구를 가지고 공동체 생활을 했고, 극단적인 새로운 교리를 주장한 것도 없었습니다. 하지만 교회는 이들을 제대로 받아들이지 못했습니다. 세속화가 많이 진행되면서 교회는 경직되어 있었고, 새로운 것을 두려워했습니다. 이러한 두려움 때문에 고통받는 신자들을 제대로 이끌어 주지 못했습니다. 그러나 예외는 있었습니다.

토마스 아 켐피스 Thomas a Kempis(1380~1471년)는 "예수 그리스도를 따르는 것이 가장 중요하다."라고 이야기했습니다. 그러면서 명쾌하고 부드럽지만 단호한 어조로 말했습니다. 교회 지도자들이나 세속적인 사람들이 물질과 향락 문화를 쫓아가고 있지만, 이것으로는 진정한 행복에 도달할 수 없다고 주장했습니다. 그리고 새롭게 영적인 것을 찾아 나가야 한다고 했습니다. 이런 그가 쓴 책이 그리스도교에서 성경 다음으로 많이 팔린 책이라고 하는 《**준주성범**De Imitatione Christi》입니다. 이 책은 쉬운 언어로 개인적이고 영적인 종교 감성에 직접적으로 호소하는 내용을 담고 있습니다.

이러한 근대 신심 운동이 조금씩 새로운 물을 넣어 주었지만, 이미 몰락해 가는 중세를 되살리지는 못했습니다. 그러는 중 또 한 번 분위기가 완전히 바뀌게 됩니다. 독일 프라이부르크 근처에 있는 프랑스 지역, 콜마르에 화가 그뤼네발트가 그린 〈이젠하임 제단화〉라는 작품이 있는데, 이 그림을 보면 당시의 분위기를 느낄 수 있습니다.

이 제단화를 보면 예수님이 십자가에 고통스럽게 매달리신 모습이 적나라하게 표현되어 있습니다. 그 아래에는 쓰러지는 성모 마리아와 그분을 안고 있는 요한 사도, 절규하는 마리아 막달레나, 고통스러운 예수님을 보라고 가리키는 요한 세례자까지 표현되어 있습니다. 이것이 바로 중세 말기의 영성이었습니다. 이제는 모든 삶이 고통이 되었기 때문에, 실질적으로 더 큰 고통을 받았던 예수 그리스도의 모습을

콜마르 운터린덴 박물관에 있는 〈이젠하임 제단화〉.

보면서 위안을 찾을 수밖에 없었던 것입니다.

　찬란했던 그리스도교 문화는 중세 말기에 추락한 후 부흥하지 못했고, 세속적인 문화로 변화되면서 근대로 넘어오게 됩니다. 수많은 재앙과 흑사병, 참혹한 전쟁, 이러한 일들로 인한 귀족들의 수탈 등 어디를 둘러봐도 어둠과 절망의 나날들이었습니다. 〈미하엘 콜하스의 선택〉이라는 영화를 보면, 중세 말기에 민중들이 복수를 위해 스스로 들고 일어날 수밖에 없는 분위기 속에서 교회가 제대로 된 역할을 하지 못했음을 알 수 있을 것입니다.

　마지막 강의를 즐거운 이야기로 끝내지 못해서 아쉽습니다. 하지만 이러한 중세 말기의 상황을 교훈으로 삼아, 우리는 위기를 맞은 사회에서 빛과 소금이 되어야 한다고 생각합니다. 중세 말기의 상황은 현재를 살고 있는 우리에게 반면교사反面敎師가 될 것입니다. 사람들이 등을 돌리지 않고 어떻게 교회와 함께 위기를 극복할 수 있을지는 우리의 손에 달려 있습니다. 용기를 내어 우리 모두 함께 걸어 나갈 수 있기를 바랍니다.

제26강

에필로그 –
신앙과 이성의 조화

총 25강의 강의를 모두 마치면서 총 정리를 하는 시간을 가져 보겠습니다. 여기서는 새로운 내용을 이야기하지 않고, 제1강부터 제25강까지의 강의 중에서 다시 한 번 생각해 보고 싶은 주제를 선택해서 이야기하겠습니다. 제가 선택한 주제는 바로 '신앙과 이성의 조화'입니다. 이것이 제대로 작동되었을 때, 그리스도교가 서양 문화에 기여한 바와 함께, 우리가 실천할 수 있는 바가 가장 잘 드러나기 때문입니다.

그리스도교 초기에 나타난 신앙과 이성의 관계

맨 처음으로 돌아가 볼까요? 그리스도교 초기의 신앙과 이성의 관계에서, 최초의 시도를 했던 사람은 바오로 사도였습니다. 바오로 사도는 아테네 아레오파고스 법정에서 설교하면서, 그리스도교와 그리스 철학의 첫 만남을 비교적 성공리에 연결했습니다. 만약 비유적인

말에서 떨어지는 바오로 사도.

설명이 주된 역할을 하는 복음서 구절들만 남아 있었다면, 새롭게 시작한 그리스도교도 팔레스티나 지역의 종교로 머물렀을 것이고, 아마도 우리나라까지 전달되지 않았을지도 모릅니다. 바오로 사도의 토착화 시도가 성공함으로써, 그리스도교가 발전해 나가기 위한 초석이 마련되었습니다.

그 후 로마인들이 그리스도인들을 박해하기 시작했습니다. 그리스도인들이 유일신 사상을 믿으면서 국가를 전복하려고 하고, 식인의 풍습을 지닐 뿐만 아니라 근친상간까지 한다며 비난했습니다. 이러한 모략에 대해서 답변했던 사람들이 바로 호교론자들이었습니다.

우리가 배운 호교론자 유스티누스는 당대에 퍼져 있었던 그리스 철학을 이용해서 새롭게 탄생한 그리스도교를 지키는 작업을 했습니다.

예수님이야말로 그리스적인 지혜를 실천하신 분이라는 사실을 강조하면서 그리스 철학을 적극적으로 받아들여 그리스도교를 설명했습니다.

그런데 그리스-로마 문화를 적극적으로 받아들이는 과정에서 문제가 발생했습니다. 영지주의, 마르키온 이단, 그리고 이 모든 것의 종합판인 마니교와 같은 이단이 생겨난 것입니다. 신앙의 순수성을 걱정하던 초대 교부들은 이것을 참을 수 없었습니다.

아프리카 학파의 대표자 테르툴리아누스는 이렇게 외쳤습니다. "불합리하기 때문에 나는 믿는다!" 그리스도교에서 가르치는 내용들을 정말로 다 이해해서가 아니라 '불합리하기 때문에 신앙을 통해 믿는다'고 선포한 것이지요. 이러한 입장에서 그는 신학에서 세속의 철학을 받아들이는 작업을 강하게 거부했습니다. 지금 들어도 깜짝 놀랄 정도의 강한 어조로, "아테네와 예루살렘 사이에 공통으로 존재하는 것은 무엇인가? 스토아적, 플라톤적, 또는 변증법적인 그리스도교의 모든 계획을 파괴시켜라!"라고 했던 것입니다. 그렇지만 이러한 강한 반대도 그리스 철학의 수용을 완벽하게 막을 수는 없었습니다. 아이러니하게도 삼위일체론에 라틴어 철학 용어가 들어오게 된 것은 테르툴리아누스를 통해서였습니다.

그리스 철학을 반대하는 입장과는 대조적으로, 이를 적극적으로 활용하자는 입장이 당시 그리스-로마 문화의 중심지였던 알렉산드리아에서 발전했습니다. 알렉산드리아 학파의 대표자 클레멘스는 그리스 철학에 대해 긍정적인 태도를 취했습니다. "하느님께서 주신 가장 소중한 선물이 이성이라면, 이것을 굳이 사용하지 않을 이유는 없다. 오히려 철학이 신앙을 훨씬 더 강화해 줄 것이다."라는 주장을 펼친 것입니다. 그를 통해 플라톤이나 스토아학파의 사상이, 성경에 담긴 영적인 의미를 새롭게 발견하는 데 사용될 수 있었습니다.

클레멘스의 입장을 계승한 신학자 오리게네스는 《헥사플라》 등을 통해 성경에 대한 연구를 발전시켜 나갔습니다. 더욱이 그는 철학과 그리스도교의 더 큰 조화와 협력이야말로 올바른 성경 해석에 새로운 길을 열어 줄 것이라고 생각했습니다. 그는 신학을 위해서 철학을 사용한 대표적인 인물이 되었습니다.

결국 신앙의 순수성을 지키자는 테르툴리아누스적인 입장과, 위험성이 있을지라도 얼마든지 그것을 극복할 수 있으니 그리스 철학을 적극적으로 받아들이자는 입장이 충돌하게 되었습니다. 거기에 신학적인 문제와 얽히면서, 예수 그리스도를 인간인데 하느님으로 들어 높인 분으로 볼지(아래로부터의 그리스도론), 본래부터 하느님이셨던 분이 인간이 된 것으로 볼지(위로부터의 그리스도론), 상반된 입장이 긴장감을 불러 일으켰습니다.

그리스도교가 자신에게 정치적인 힘을 실어 줄 것이라고 믿고 종교의 자유를 선사했던 콘스탄티누스 대제는 이러한 복잡한 신학 논쟁에 당황했습니다. 이를 해결하기 위해 콘스탄티누스 대제는 325년에 니체아 공의회를 열게 되었습니다. 여기서 주로 논의한 문제는 예수 그리스도를 어떻게 바라볼 것인지, 성부와 성자 사이의 관계를 어떻게 설명할 것인지 등이었습니다.

니체아 공의회는 성자를 성부와 동일한 하느님이 아니라 이급 신, 피조물 중 하나로 취급하려고 했던 아리우스를 단죄하면서 끝났습니다. 니체아 공의회의 결과가 요약된 니체아 신경 안에는 예수 그리스도의 신성과 인성 두 가지 모두가 강조되어 있습니다. 우리가 바치는 이 모든 신앙 고백이 니체아 공의회에서 나왔고, 이어지는 콘스탄티노플 공의회, 에페소 공의회, 칼체돈 공의회 등 4대 보편 공의회에서 중요한 교리가 확정되었습니다.

아우구스티누스가 이룬 그리스도교와 신플라톤주의의 융합

이 모든 과정을 저는 비빔밥에 비유해서 이야기한 바 있습니다. 여러 교부들이 자신의 장점을 이용해서 음식 재료들을 준비해 놓았는데, 이를 비빔밥으로 완성한 사상가가 바로 아우구스티누스였습니다.

제가 아우구스티누스에 대해 네 강의에 걸쳐 자세하게 다루면서 그의 독특한 측면도 주목했습니다. 처음부터 너무나 거룩했던 성인들, 예를 들어 토마스 아퀴나스처럼 유혹하는 여인을 횃불로 몰아내고는 더 이상 유혹에 빠지지 않는 이들만 있다면 우리는 좌절하며 그들을 본받기를 포기할지도 모릅니다. 그것에 비해 아우구스티누스는 죄를 짓기도 했지만, 진심으로 뉘우치며 새로운 삶을 살았기 때문에, 우리에게 훨씬 더 다가오는 인물입니다.

그리스도교 최고의 스승, 아우구스티누스.

'신앙과 이성의 조화'라는 측면에서 아우구스티누스의 저서에는 주목할 부분이 있습니다. 그는 여러 차례 나온 '신플라톤주의'를 사상의 귀족이라고 불렀고, 그리스도교 신학을 완성하는 데 필요한 부분을 적극적으로 받아들이고자 했습니다. 예를 들어 만물의 근원인 '일자'라는 사상으로 그리스도교의 유일신 사상을 설명했고, 일자로부터 모든 완전성이 흘러나온다는 유출설과 창조설을 연결시켰습니다. 혼을 지닌 대상들이 근원으로 다시 되돌아가고자 하는 에로스라는 힘을 지닌 것에 관해 하느님 나라에 대한 추구로 재해석했습니다. 신플라톤주의에 나오는 빛에 대한 이야기를 신약 성경에 나오는 말씀의 빛을 설명하는 데 활용했습니다. 이러한 유용성 때문에 아우구스티누스는 《신국론》 제8권에서 신플라톤주의가 왜 훌륭한지 매우 자세하게 써 놓았습니다.

그렇지만 아우구스티누스가 신플라톤주의를 맹목적으로 추종하거나 수용했다면, 그리스도교의 위대한 스승으로 존경받지는 못했을 것입니다. 그는 그리스도교와 신플라톤주의의 차이점도 분명히 알고 있었고, 그리스도교의 입장에서 그 차이점을 수정하거나 보충하기 위해 노력했습니다.

아무리 뒤져 봐도 신플라톤주의에 나오지 않는 내용이 있었는데, 바로 예수님의 강생과 십자가 죽음 사건입니다. 사실 그리스도교는 처음부터 끝까지 예수 그리스도의 강생을 통해 발생했다고 해도 과언이 아닙니다. 매우 복잡하기로 유명한 삼위일체 교리도 예수 그리스도의 강생과 이어지는 제자들의 놀라운 체험이 없었다면 절대로 성립되지 않았을 것입니다. 삼위일체의 핵심에는 성자 예수님이 우리에게 성부를 드러내셨다는 가르침이 포함되어 있습니다. 후기 신플라톤주의자들은 이러한 그리스도교의 교리를 알았지만, 이를 무식한 자들이 만들어 낸 신화로 취급하며 받아들이지 않았습니다. 많은 철학자들이 거부했던 예수님의 강생 사건은 신플라톤주의와의 가장 중요한 차이점을 보여 주는 것이었습니다.

신플라톤주의의 일자는 계시 종교에서 가르치는 하느님이나 알라 신과 같은 주체가 아니라 자연법칙과 같은 성격을 지니고 있습니다. 사람들은 성황당에 있는 큰 나무나 기괴하게 생긴 바위에 가서 소원을 빌며 기도하지만, 추상적으로 보이는 자연법칙에 소원을 빌며 기도하지는 않습니다.

사실 기도란 우리가 하느님으로부터 먼저 받은 사랑을 다시 되돌려 드리는 성격이 강합니다. 자녀들이 부모에게 드리는 사랑을 효도라고 부르며 대단하게 여기지만, 정말로 부모가 우리를 길러 주시면서 베풀어 주신 사랑을 연세 드신 부모에게 그대로 돌려 드린다면, 아마도 효자비가 세워질 정도로 칭찬을 받을 것입니다. 이런 것처럼 아우구스티누스는 기도가 바로 이미 우리가 받은 사랑을 먼저 주신 하느님께 되돌려 드리는 과정이라고 했습니다. 하느님과 인간의 관계는 무조건 따라야 하는 자연법칙과 적용 대상의 관계가 아니라, 이처럼 생동감 넘치는 인격적인 관계라는 것이지요.

이러한 생각에까지 도달하게 된 가장 중요한 단서는 하느님의 이름이 준 영감이었습니다. 이집트에서 고난을 받는 이스라엘 백성을 구하라는 소명을 받은 모세가 하느님의 이름을 물었을 때 하느님은 모세에게 "나는 있는 나다." 하고 대답하셨습니다(탈출 3,13-14 참조). 라틴어로 '에고 숨, 퀴 숨Ego sum, qui sum.'이라는 하느님의 이름은 후대의 여러 철학 사상에 영감을 주었습니다. 이 단어가 없었다면 서양 철학에서 '존재의 형이상학'은 나오지 못했을 것입니다.

'존재의 형이상학'은 철학과에서도 한 학기를 할애할 만큼 매우 복잡하지만, 그 핵심 가르침 하나만을 소개하겠습니다. 이 강의를 보는 사람 어느 누구도 "나 이 세상에 존재하겠노라!"라고 외치며 나온 사람은 없을 것입니다. 다른 철학자의 표현을 들자면, 우리 모두 '이 세상에 던져진 존재'입니다. 자신의 원의와는 상관없이 이 세상에 던져졌기 때문에, 정말로 힘들 때는 "어머니, 왜 나를 낳으셨나요?" 하고 한탄하기도 합니다.

하지만 아우구스티누스는 "여러분의 존재 자체가 엄청난 축복입니다."라고 가르칩니다. 우리의 존재가 어떠한 의미를 지니고 있는지 찾아가는 길이 쉽지 않고 때로는 큰 고통과 마주하기도 하지만, 그 안에서 새로운 희망을 발견할 때, 우리는 너무나 소중한 존재임을 깨닫는다는 것입니다. 이렇게 희망으로 바뀔 수 있는 존재는 우리가 만들어 낸 것이 아니라 '존재 자체이신 하느님'으로부터 온 것입니다. 존재의 형이상학이라고 불리는 깊이 있는 성찰을 이끌어 낼 수 있는 토대를 아우구스티누스가 미리 마련해 주었다고 할 수 있습니다.

아우구스티누스가 가르친 '사랑과 희망의 윤리학'

다음 쪽에 나오는 도표는 이미 이 책에서 여러 번 다루었기에 자세히 설명하지는 않겠습니다. 신플라톤주의의 이 위계질서 안에서 인간이라는 대상만이 윤리적으로 의미 있는 행동을 할 수 있는데, 이를 위해서 인간은 '가치의 질서는 존재의 질서를 따라야 한다'는 규칙을 지켜야 합니다. 이 규칙에 따르면, 인간보다 위의 것은 '향유'해야, 즉 목적으로써 사랑해야 합니다. 그렇다면 인간보다 아래의 것들은 나쁜 것이며 사랑해서는 안 되는 것일까요? 아닙니다. 아우구스티누스는 이 모든 것들도 하느님이 창조하신 것이기 때문에 선하고 좋은 것이라고 가르칩니다. 다만 이것들을 목적으로써 사랑해서는 안 되고, 수단으로써 사랑해야 합니다. 즉 '사용'해야 합니다. 이 간단한 윤리적 기준만을 잘 활용해도 우리는 하느님께 더욱 가까이 갈 수 있습니다. 우리가 하느님을 진정으로 향유하고 있는지, 또는 다른 것들이 목적이 되어서 하느님보다 다른 것들을 더 사랑하고 목적으로 삼고 있지 않는지, 이

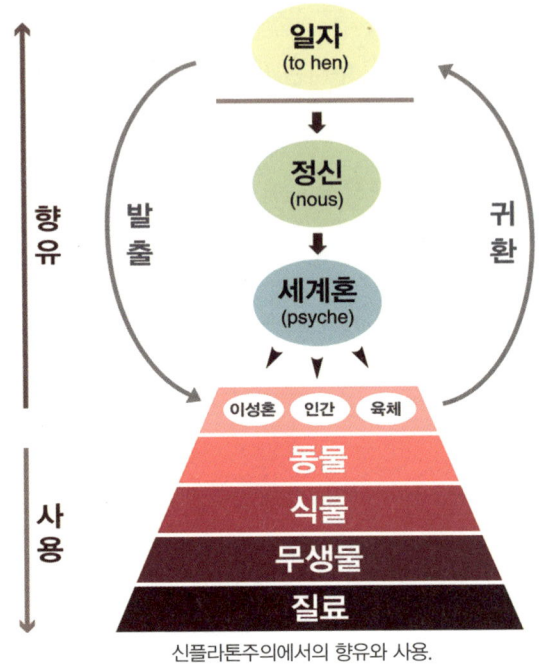

신플라톤주의에서의 향유와 사용.

것을 잘 성찰하는 것이 중요하다고 이야기하고 싶습니다.

그런데 살아가다 보면 이 규칙을 따르기가 쉽지 않습니다. 요즘에 너무 쉽게 '힐링', '행복'이라는 단어를 남발하고 있는데요, 어떤 사람들은 "행복이나 성공은 모두 마음먹기에 달렸다.", "내가 확신을 가지고 노력하기만 하면 모든 일은 이루어질 수 있다."라는 식으로 성공에 대한 확신을 심기에 여념이 없습니다. 경영자들의 성공담과 함께 유행하는 자기 계발서가 그리스도교에서도 큰 반향을 불러일으키고 있습니다. 그렇지만 저는 묻고 싶습니다. "정말로 모든 일이 강하게 원하고 바라기만 하면, 그렇게 이루어지던가요?" 솔직히 그렇게 되지 않는 경우가, 실패의 쓰라림을 겪는 경우가 훨씬 더 많습니다.

예를 들어 성인품이나 복자품에 오른 순교자들을 여러 곳에서 대규모 행사를 통해 기념하니까 세상에서도 대단한 성공을 이룬 것으로 착각하게 되는 경우가 있습니다. 그러나 순교자들은 세상의 눈으로 바라볼 때 철저하게 실패하고 고통을 당한 이들입니다. 순교자들의 상황을 진심으로 이해한다면, 세상에서의 성공을 값싸게 보장해 주는 약속들이 그리스도교의 핵심적 가르침과는 거리가 멀다는 사실을 알게 됩니다.

아우구스티누스도 자신의 저서 《신국론》에서 고통받는 이들에게 희망을 주는 이야기를 남겼습니다. 지금 현세에서 받는 고통이 아무리 힘들어도, 그것이 마지막이 아니라는 것입니다. 앞선 강의에서 중세의 몰락에 대해 설명했지만, 그 어두움 속에서도 빛은 새롭게 시작됩니다. 올라갔다 떨어지고, 떨어졌다가 다시 올라가면서 역사는 지속되고 있습니다. 마찬가지로 교회가 잘못될 때도 있고, 세상이 점점 더 하느님으로부터 멀어지는 때가 있다고 하더라도, 최종적으로는 진리가 승리할 것이라는 통찰이 생겨납니다. 바로 이렇게 세상의 종말에는 '하느님의 나라가 승리할 것'이라는 희망을 심어 준 인물이 아우구스티누스였습니다.

어려움을 느낄 때는 아우구스티누스나 《철학의 위안》을 썼던 보에티우스를 떠올려 보세요. 내가 지금 느끼는 이 고통이, 내가 지고 가

가족과 마지막 인사를 나누는 보에티우스.

는 이 십자가, 위협을 받는 '하느님의 나라'를 다시 세우는 데 사용될 소중한 주춧돌이 될 수 있다는 희망을 가져도 좋습니다. 아우구스티누스는 성경과 세계 역사에 대한 뛰어난 성찰을 통해서 하느님의 약속을 발견해 내고 그것을 열정적으로 선포했던 것입니다.

스콜라 철학에서도 강조된 '신앙과 이성의 조화'

이렇게 뛰어난 사상가들을 배출하며 유럽을 지배했던 로마 제국은 결국 멸망했습니다. 아우구스티누스는 이미 나라가 망할 것이라는 걸 알고 있었고, 로마 제국이 멸망한다고 하더라도 '하느님의 나라'를 향한 발걸음은 새롭게 시작되리라는 꿈을 꾸었습니다.

그의 예견은 그다지 틀리지 않았습니다. 뛰어난 문화적 성취를 이루었던 서로마 제국이 멸망했을 때, 생각지도 않았던 게르만족, 로마인에게 야만족이라고 멸시를 받았던 민족을 통해서 그리스도교는 전 유럽으로 퍼져 나갔습니다. 게르만족은 심각하게 숙고하는 것을 별로 좋아하지 않았다고 이야기했는데, 이런 게르만족을 완전히 변화시킨 왕이 있었습니다. 바로 카를 대제였지요. 그는 부족 단위로 분열되어 있던 게르만족을 통일하고, 효율적인 통치를 위해 수도원과 학교를 개혁해 나갔습니다.

카를 대제가 문예 부흥을 시작했지만, 모든 일이 순조롭게 이루어진 것은 아니었습니다. 그리스도교의 태동기에 신앙과 이성에 대해 아프리카 학파와 알렉산드리아 학파 사이에 긴장감이 발생했던 것처럼, 또 한 번 서로 다른 입장이 충돌했습니다. 문법학과 논리학이 발달하면서 한편에서는 변증론이야말로 진리의 유일한 기준이라고 외치는 이들이 나

카를 대제와 앨퀸.

타났습니다. 이들은 과거의 알렉산드리아 학파보다도 극단적인 입장을 취해서, 인간의 이성만이 모든 진리의 기준이 될 수 있다고 주장했습니다.

다른 한편에서는 이런 입장에 대항하여 그리스도를 지킨다는 명분 아래, '철학은 악마의 발명품이거나 신학의 시녀'라고 외쳤습니다. 한때 절친한 친구였던 베렌가리우스와 란프랑쿠스 사이에도 논쟁이 벌어졌고, 그 이후에도 변증론자와 반변증론자가 첨예하게 대립했습니

안셀무스와 그의 저서 《모놀로기온》.

다. 그런데 이때 한 학자가 혜성처럼 등장해서 이 문제를 해결했습니다. 그 사람이 바로 스콜라 철학의 아버지라고 불리는 캔터베리의 안셀무스입니다.

그는 이미 아우구스티누스가 정립했지만 그 사이에 많이 퇴색해 버린 '신앙과 이성의 조화'라는 사명을 훌륭하게 완수했습니다. 스승 란프랑쿠스를 비롯한 반변증론자 진영은 그가 지나치게 변증론자의 입장을 따른다고 비판했습니다. 그러나 안셀무스는 자신의 저서 《모놀로기온》 서문을 통해 "나는 아우구스티누스의 《삼위일체론》에 나오지 않은 말은 하나도 쓰지 않았다."라고 답변했습니다. 이렇게 그는 아우구스티누스의 정신을 따랐지만, 표현 양식만 보면 수사학자였던 아우구스티누스와는 전혀 다른 방식을 사용했습니다. 즉 새로운 시대, 스콜라 철학의 시대에 적합한 논리적이고 철학적인 용어로 기존의 모든 가르침을 표현했습니다.

안셀무스는 "믿음을 전제하지 않는 것은 오만이며, 이성을 사용하지 않는 것은 태만이다."라고 주장함으로써 극단적인 입장을 보이는 양측을 비판했습니다. 사실 현대는 인간의 이성만으로 지나치게 하느님에 관한 모든 진리까지 단정 지으려 하는 시대입니다. 이 세상의 진리를 찾기에도 충분하지 못한 인간의 이성으로 모든 것을 재단하고 자랑스럽게 '하느님의 죽음'을 선포하는 무신론의 시대입니다. 마치 어렸을 때 아우구스티누스가 자신의 눈으로 성경을 읽고 나서 모두 비판했던 것처럼, 그들은 자신들의 전제가 무엇인지도 깨닫지 못하고, 종교적인 표현 일체를 비과학적이고 비이성적인 것으로 치부해 버립니다. 이 시대에 안셀무스가 나타난다면, 이런 사람들에게 아마 "너희는 참으로 오만하구나. 종교라는 본질, 이성을 뛰어넘는 근원에 대한 이해가 너희에게는 없다."라고 일갈할지도 모릅니다. 그러나 반대로 이성을 사용하지 않고 주저앉으려는 이들에게는 "태만한 자들아, 하느님께서 주신 소중한 이성을 제대로 활용해라." 하고 충고할 듯합니다.

안셀무스는 이성과 신앙의 관계를 멋지게 표현했습니다. 아우구스티누스의 정신에 따라 그는 "믿기 위해서 이해하는 것이 아니라, 이해하기 위해서 믿는다."라고 말했습니다. 안셀무스를 비롯한 모든 스콜라 신학자들의 출발은 신앙입니다. 많은 가톨릭 신자들이 유아 세례나 유아기의 신앙을 통해서, 아니면 자신의 신앙을 전해 준 사람을 통해

아벨라르두스와 그의 저서 《그렇다와 아니다》.

신앙을 가지게 됩니다. 이렇게 받아들인 신앙은 처음 시작한 모양과 크기로 머물러 있어야 하는 것이 아니라 더욱 성장해 가야 합니다. 그래서 안셀무스는 자신의 저서 《프로슬로기온》의 제목을 '이해를 추구하는 신앙fides quaerens intellectum'이라고 붙였습니다.

이렇게 안셀무스가 제시한 '신앙과 이성의 조화'라는 목표는 오만하기로 소문난 한 학자가 제시한 방법을 통해 실현되었습니다. 중세 개인 학교 최고의 인기 강사이자 여제자와의 스캔들 때문에 더 알려진 아벨라르두스였지요. 그는 《그렇다와 아니다》라는 유명한 책을 썼습니다.

그는 중세 철학 전체에서 적을 가장 많이 둔 학자일 것입니다. 심지어 사랑을 설파했던 클레르보의 베르나르두스마저 그를 단죄하기 위해서 무리수를 둘 정도였으니까요. 그렇지만 아벨라르두스의 재능, 그가 개발한 이성적인 방법은 스콜라 철학 전반, 특히 토마스 아퀴나스의 《신학대전》에서도 사용된 고유한 방법론이 되었습니다.

저는 너무나도 달랐던 아벨라르두스와 베르나르두스 두 사람이 각각 다른 방식으로 예수 그리스도를 사랑했다고 봅니다. 실제로 그리스도교가 열려 있고 학문적인 측면과 영적인 측면에서 많은 발전을 이룬 13세기에는 다양한 의견을 함께 품어 안을 수 있었습니다. 자신의 입장이 뚜렷하다고 해서 다른 쪽을 배제하는 것이 아니라, 자신의 입장을 충분히 견지하면서도, 다른 입장을 받아들일 수 있는 열린 마음이 우리에게도 필요합니다.

토마스 아퀴나스, "은총은 자연을 파괴하는 것이 아니라 완성한다."

'신앙과 이성의 조화'라는 측면에서 아우구스티누스와 안셀무스가 결정적인 진보를 이루었지만, 그 정점에는 토마스 아퀴나스가 우뚝 서 있습니다. 그런데 아우구스티누스 시대 때 문화와 사회적 상황, 그리고 안셀무스 시대의 문화적 분위기와 토마스 아퀴나스가 등장했던 때의 상황은 아주 달랐습니다. 지금의 서양 문화를 이루는 매우 중요한 성장이 아리스토텔레스의 재발견을 통해서 이루어진 것이지요. 이 과정에 그리스도교 교회는 아주 깊숙하게 연루되어 있었습니다. 때로는 아리스토텔레스의 책의 번역을 격려하는 것을 통해서, 때로는 아리스토텔레스의 형이상학과 자연학에 대한 강의를 금지하는 것을 통해서,

이슬람에서 표현한 알렉산드로스 대왕과 아리스토텔레스.

때로는 대학의 설립을 통해서 말입니다.

아리스토텔레스가 처음으로 서방에 다시 소개되었을 때, 많은 학자들이 열광했습니다. 그렇지만 아리스토텔레스의 전체적인 모습이 등장했을 때, 당시 그리스도교의 지도자들은 그의 사상에서 그리스도교와 충돌을 일으키는 부분들을 발견했습니다.

그리스 철학에서 일반적으로 통용된 '세계 영원성'은 그리스도교가 가르치는 '무로부터의 창조'를, 인간이 죽으면 하나의 우주적인 지성으로 돌아간다는 '단일 지성론'은 육신의 부활에 기반한 개인의 구원을, 자연법칙의 예외를 인정하지 않는 절대화는 하느님의 섭리와 기적을 위협하리라는 근심을 가지게 된 것입니다.

이 때문에 파리 대학에서는 아리스토텔레스의 자연학과 형이상학을 가르치는 것을 금지했습니다. 그렇지만 이러한 강의 금지령은 큰 성과를 거두지 못하고, 그로부터 50년도 지나지 않은 1255년에 모두 풀리고 말았습니다. 그 이후 아리스토텔레스는 새롭게 생긴 대학들에서 200년 동안 최고의 철학자로서 존경받았습니다.

이러한 과정을 거치며 등장한 아리스토텔레스의 사상에 대해서 대략 세 가지 대응 방식이 있었습니다. 아리스토텔레스 강의 금지령을 주도했던 학자들을 '보수적 아우구스티누스주의자'라고 부릅니다. 그들은 아우구스티누스에게서 최고의 지혜가 완성되었다고 생각했고, 새롭게 등장한 아리스토텔레스를 자연 과학자로서는 인정했지만 진정한 형이상학자로서는 인정하지 않았습니다.

그렇지만 아리스토텔레스의 방대한 학문 체계는 충분히 매력적이었습니다. 요즘에도 등장하는 자연 과학이나 사회 과학의 새롭고 다양한 이론들은 매혹적인 부분이 많습니다. 그렇지만 자연 과학의 정당한 성과와 이 성과를 넘어서는 과학주의는 구별이 필요합니다. 정당한 성과는 우리가 인정하고 받아들여야 하지만, 일부 과학자들이나 다른 분야의 학자들의 전제, 예를 들어 유물론적인 전제라든지 결정론적인 전제까지 그리스도교에서 받아들일 필요는 없습니다. 자신의 정체성을 유지하면서 유연하게 새로운 사상을 받아들이는 분별력이 필요하지요.

제가 볼 때 이러한 분별력이 부족했던 것은 '극단적 아리스토텔레스주의자'였습니다. 파리 대학 인문학부의 젊은 교수들은 아리스토텔레스의 심오한 사상에 감동한 나머지, 아리스토텔레스를 인류 최고의 지성으로 인정하고, 그의 난해한 저술을 이해할 수 있도록 다양한 주해서를 쓴 아랍인 아베로에스를 존경했습니다. 그래서 '라틴 아베로에스주의'라는 별명도 지닌 이들은 아리스토텔레스의 사상을 비판 없이 수용했습니다.

'보수적 아우구스티누스주의'와 '극단적 아리스토텔레스주의'라는 양 극단의 중용을 잡아 준 이들이 있는데, 바로 '온건한 아리스토텔레스주의'라고 불리는 알베르투스와 토마스 아퀴나스였습니다.

오른쪽 그림에 있는 인물이 토마스 아퀴나스인데, 여기서 토마스 아퀴나스가 들고 있는 책이 '서구 지성사의 금자탑'이라고 평가받는 《신학대전》입니다. 토마스 아퀴나스 자신은 생애 말년에 환시를 본 후, 더 이상 책을 쓰지 않았습니다. 그러면서 "내가 여태까지 써 놓은 모든 것들은 그날 본 계시에 비하면 지푸라기와 같이 느껴진단 말이네."라고 말했습니다. 이 이야기는 여러 의미로 해석될 수 있지만, 여태까지 쓴 책들이 모두 무의미하다는 뜻은 아닙니다. 다만 토마스 아퀴나스는 인간 언어의 부족함을 철저하게 자각하고 있었던 것이지요.

토마스 아퀴나스의 방대한 저서들에 담긴 복잡한 가르침 중에서 제가 특별히 강조한 부분이 있었습니다. "은총은 자연을 파괴하는 것이 아니라 완성한다." 스콜라 철학 전체를 관통했던 신앙과 이성의 조화를 명쾌하게 설명한 구절이지요. 이것이 의미하는 것은 무엇일까요?

우리가 해야 할 일을 하느님이 와서 대신해 주지 않습니다. 프란치스코 교황이 말한 것처럼, 하느님은 어떤 사고가 나타날 때마다 개입하는 마법사도 아니고 슈퍼맨도 아닙니다. 하느님의 손가락 역할을 해야 될 사람들은 바로 우리 인간입니다.

우리 그리스도인들은 이 세상에 존재하는 모든 고통과 악을 없애기 위해서 투쟁하도록 부름받았습니다. 내세에 다가올 행복을 위해서 현

토마스 아퀴나스의 승리.

세의 악을 눈감아야 하는 것이 아니라, '전투적인 교회'로서 악과 싸워야 합니다. 특히 우리 자신 안에 있는 욕심이나 이기심과 싸워야 합니다. 또한 이 사회를 사로잡는 죽음의 가치들에 대항해야 합니다. 어둠의 뿌리는 끊임없이 숨으려 하는데, 그러한 어둠의 세력은 빛 속에 드러나기만 해도 그 힘을 잃게 되어 있습니다. 사회의 잘못된 가치와 계속해서 싸워 나가는 것이야말로 진리에로 부름받은 우리 그리스도인의 사명입니다.

이러한 사명을 실천하려다 보면 우리는 부족함을 느끼거나 잘못을 저질러서 넘어질 수도 있습니다. 그럴 때 우리는 다시 일어나 할 수 있는 모든 노력을 하며 앞으로 나아가야 합니다. 부모라면, 넘어질 것처럼 힘들어하면서도 앞으로 나아가고 있는 자신의 자녀를 그냥 놓아둘까요? 자녀에게 위험이 다가오면 아마 손을 뻗어 구하려 할 것입니다. 이처럼 우리가 노력한다면 하느님이 우리의 부족함을 들어 올려 주실 것이라는 확신이 토마스 아퀴나스에게는 있었습니다. 그리고 이것을 "은총은 자연을 완성한다."라고 표현했던 것입니다.

우리에게 확신이 있다면, 그리스도의 계시에 따라 이웃을 사랑하라는 가르침을 따를 마음이 있다면, 이 세상의 학문을 두려워하거나 배척할 필요가 없습니다. 그것을 뚜렷하게 분별하면서, 우리에게 도움이 되는 것은 적극적으로 받아들여 보다 큰 사랑의 실천을 위해 사용하면 됩니다.

저는 "이성적 이해를 간과하는 신앙주의와 궁극적인 진리를 거부하는 독단적인 이성주의를 모두 피해야 된다."라고 이야기한 바 있습니다. 일반 상식으로도 결코 받아들일 수 없는 탐욕을 지니고 죄악을 저지르고도 신앙으로 도망가는 자세도, "하느님은 죽었어!"라고 외치면서 그 자리에 위험한 우상을 가져다 놓고 인간을 부자유스럽게 만드는 '인간 이성의 절대화'도 결코 바람직하지 않습니다. 초대 그리스도교로부터 토마스 아퀴나스까지 이어 오는 '신앙과 이성의 조화'를 추구하는 균형 잡힌 모습이야말로 우리가 나아갈 방향입니다.

그리스도의 향기가 풍기는 사회를 위해

　오랜 역사를 거치면서 서양 문화에서 그리스도교를 벗기는 작업은 아예 불가능할 정도로 그리스도교는 서양 문화에 깊이 박혀 있습니다. 어떤 사람들은 텅 빈 서양의 고딕 양식 성당과 로마네스크 양식 성당을 바라보면서, 이곳에는 이제 신앙이 죽었다고 이야기하지만, 사실 신앙은 쉽게 눈에 띄지 않는 곳에서 살아 있습니다. 생명을 존중하는 문화, 개별 인격을 존중하는 문화, 사회의 취약 계층을 적극적으로 돌보려는 복지 중심의 문화 등은 그리스도교의 가르침으로부터 영감을 받은 것입니다.

　모든 것을 내놓았기 때문에, 자신의 재산을 빼앗길 것을 두려워하지 않았던 대大바실리우스부터 시작해서 이 전통은 그리스도교로부터 서양 문화에 깊숙이 흘러들었습니다. 우리도 우리 문화가 그리스도교의 참된 가르침을 실천하고 있는지 돌아보아야 합니다. 교회 안에 참된 인간에 대한 사랑이 들어 있는지, 하느님에 대한 사랑과 이웃에 대한 사랑이 일치하는지 깊이 반성해 보아야 합니다.

　제가 의도적으로 교회 안에서 벌어진 어두운 일들을 이야기했는데, 특히 중세 말기에 두드러졌던 어두운 면과 현실적인 우리의 모습을 비교해 보며, 우리 안에 비슷한 측면이 있다면 바꿔야 할 것입니다. 초기 그리스도교의 건강한 측면과 비슷한 것이 있다면 더욱 적극적으로 발전시켜 나가면서, 지나치게 폐쇄적이지도 않고, 지나치게 세속적이지도 않은 태도를 유지해 나갔으면 좋겠습니다.

마지막으로 한 가지 부탁하고 싶은 것이 있습니다. 제 강의를 신부님들로부터 시작해서 수녀님들, 무엇보다 많은 평신도분들이 보셨다고 들었습니다. 그런데 안타깝게도 우리 교회에서는, 평신도들의 역할이 충분하게 제대로 인정받지 못하는 경향이 있습니다. 과거에는 필요할 때마다 새로운 수도회들이 생겨나면서 복음을 새롭게 선포했지만, 빠르게 변화하는 현대 사회에서는 성직자나 수도자의 역할뿐만 아니라, 전문화된 평신도들의 역할이 더욱 중요해질 것입니다. 그리고 이런 평신도들이 그리스도교의 신앙과 문화를 제대로 이해할 때, 우리 사회가 이웃 사랑을 실천할 수 있는 사회로 변화될 수 있습니다.

우리는 예수 그리스도를 머리로 한, 교회 안에서의 한 지체입니다. 그런데 참된 지체라면 한 지체가 다른 지체를 보고 저건 필요하지 않다, 저건 의미 없다고 할 수 있을까요? 성직자, 수도자, 평신도 모두 각자의 위치에서 자신들이 맡은 역할을 제대로 할 때, 우리 사회를 그리스도의 향기가 풍기는 사회로 바꿀 수 있을 것입니다.

지금까지 복잡하고 어려운 강의를 끝까지 함께해 주셔서 감사합니다. 영국의 존 헨리 뉴먼 추기경이 자신의 사목 표어로 택한 "코르 아드 코르 로퀴투르Cor ad cor loquitur.", 즉 "마음에서 마음으로 이야기한다."라는 말을 전하며 마무리하고자 합니다. 제 마음이 이 마지막 강의를 통해서 전달되었기를 바랍니다.

미주

제1강

1 열혈당원이라고도 불렸던 젤로테당은 정치적인 독립을 위해서라면 무력도 마다하지 않았다. 그들은 로마를 힘으로 전복하는 것을 거룩한 의무로 간주하면서 다윗의 대제국을 복구하는 것을 목표로 삼았다. 이들은 하스모네아 시대로 거슬러 올라가며, 셀레우코스 제국에 대항했던 반란에서 유래한다. 그러나 젤로테당은 67년에 일으킨 폭동 이전까지만 해도 확정된 파벌이 아니었다. 그중 몇 사람은 예수님의 강력한 영도력을 요구하면서 예수님을 따랐으나, 예수님의 확고한 비폭력에 떠나 버렸고, 마침내는 유다 이스카리옷처럼 예수님을 반대했다.

2 '쿼바디스Quo Vadis'는 '어디로 가시나이까?'라는 의미다. 박해를 피해 로마를 떠나는 베드로 사도에게 예수님이 나타나자 베드로 사도가 했던 질문으로, 이 후 베드로 사도는 로마로 돌아가 십자가에 거꾸로 매달려 순교했다고 전해진다. 폴란드의 소설가 헨리크 시엔키에비치가 1895년에 발표한 역사 소설을 바탕으로 1951년에 미국에서 영화로 제작, 네로 황제 시기의 로마를 배경으로 하고 있다.

3 스토아 학파는 키프로스의 제논이 스토아 포이킬레(채색 주랑)에서 창설한 철학의 한 유파로서 기원전 3세기부터 로마 제정 말에 이르는 후기 고대 철학을 대표한다. 제논과 그 제자 클레안테스, 로마 시대의 세네카, 에픽테토스, 마르쿠스 아우렐리우스 황제가 스토아 학파의 주요 인물들이다. 스토아 학파는 인간 생활에서의 모든 것을 올바르게 처리하기 위한 실천적 지식에 특별한 관심을 두었다. 그러나 고전 철학의 여러 학설을 수용하여 일반화·통속화한

점에서 절충주의라는 비난을 받기도 했다.

4   페리파토스 학파라는 이름은 아리스토텔레스와 그의 제자들이 거닐며 철학적 대화를 나누던 '페리파토스(회랑)'에서 온 것이다. 리케이온에는 도서관과 박물관이 잘 갖추어져 있었으며, 이곳에서 아리스토텔레스는 왕성한 연구와 저술 활동에 몰두할 수 있었다고 한다. 나중에 이집트의 알렉산드리아에 건설된 도서관은 리케이온의 것을 본뜬 것이다.

5   유스티누스는 플라톤주의에 대해 이렇게 말했다. "비물질적 사물들에 대한 지각은 나에게 아주 깊은 감동을 주었다. 그리고 이데아에 대한 명상은 나에게 날개를 달아 주어 잠시 동안 나는 현자가 된 것으로 생각하게 했다. 그러나 그것은 나의 어리석음이었다. 나는 즉시로 신을 보기를 기대했다. 그것이 플라톤 철학의 목적이었기 때문이다."

제2강

1   마르키온은 85년경 흑해의 남쪽 해안에 있는 시노페에서 태어났다. 그는 부유한 선주船主이자 주교였던 아버지와의 불화 때문에 고향을 떠나야 했다. 마르키온은 138년 로마 그리스도인 공동체에 가입하며 20만 세스테르츠(은화)의 거금을 희사했다. 처음에는 공동체의 환대를 받았으나, 비정통적인 가르침 때문에 144년 결국 면직되었다. 마르키온이 독자적으로 세운 교회는 큰 성공을 거두었으며, 160년경 마르키온이 죽은 이후에도 6세기까지 존속했다.

2   당나라 희종 때 황소黃巢가 모반하여 소란을 일으키자, 조정에서는 고변 장군에게 명하여 적을 치게 했다. 이때 신라인 최치원은 그의 막하에서 '토황소격문'을 지었다. 이 격문은 적장의 간담을 서늘하게 하며 반란을 진압하는 데 큰 영향을 미쳤고, 신라인으로서 당나라 사람들까지 놀라게 한 명문으로 최치원의 명성을 천하에 떨치게 했다.

제3강

1   오리게네스는 230년경 구약에 대한 최초의 본문 비평이라고 할 수 있는 《헥사플라》를 편집하는 놀라운 작업을 이루어냈다. 그는 여섯hexa 개의 사본들, 즉 ① 히브리어 원본 ② 히브리어 원본의 발음에 대한 그리스어 표기 ③ 아퀼라의 그리스어 역본 ④ 심마쿠스 그리스어 역본 ⑤ 칠십인역 ⑥ 테오도시우스의 그리스어 개역본을 함께 수록했다. 이 작업은 성령의 영감을 받아 이루어졌다는 《칠십인역》의 본문을 가능한 한 정확히 파악하기 위한 것이었다. 성경

에는 모순되거나 일시적인 내용이 있을 수 없으며, 오히려 본문을 변질시킨 인간의 잘못이 문제가 될 것이기에 이를 수정하려고 노력한 것이다. 이 작업은 히브리어 성경만을 권위 있는 것으로 인정했던 랍비들과의 논쟁에서도 확고한 기반을 마련해 주었다.

2 예를 들어 오리게네스는 삼위일체론에 대해 교의상으로 큰 논란을 일으켰는데, 성자는 성부보다 낮고 성령은 성자보다 낮다는 종속설을 주장했던 것이다. 그의 만물 복귀설에 따르면 만물은 자신들의 궁극적인 근원으로 되돌아가며 또한 하느님은 모든 것 가운데 있는 모든 것이 된다. 그러므로 모든 영혼, 심지어 악령과 악마까지도 정화의 고통을 통해 마침내 하느님과의 일치에 이른다. 이는 지옥에 관한 정통 교리를 부정하는 것이다. 또한 그는 플라톤주의의 영향으로 영혼의 선재설과 정령설을 인정했다. 즉 어떤 정령들은 별이 되고 어떤 정령들은 죄를 지었기 때문에 육체에 갇혀 인간이 된다는 것이다. 더 나아가 하느님의 자유로운 창조를 주장하는 정통 교리와 달리 창조를 필연적인 것으로 보았다.

제4강

1 로마 공화정 말기의 정치가이자 장군으로 폼페이우스, 크라수스와 함께 3두 동맹을 맺고 집정관이 되어 민중의 큰 인기를 얻었으며 지방 장관으로서는 갈리아 전쟁을 수행했다. 그의 저서 《갈리아 전기》, 《내란기》는 간결한 문체와 정확한 현실 파악 등으로 라틴 문학의 걸작이라고 일컬어진다. 전쟁에서 거둔 지속적인 성공을 바탕으로 1인 지배자가 되어 각종 개혁 사업을 추진했으나 부하였던 브루투스 등에게 암살되었다.

2 콘스탄티누스 대제가 태어날 무렵(272년)의 로마는 로마 제국의 전성기인 '5현제 시대'와는 다른 모습이었다. 약 50년간 18명의 황제가 쿠데타와 암살을 반복하며 잇달아 나타났다 사라지는 '군인 황제 시대'였다. 이처럼 정치가 혼란스러웠을 뿐 아니라, 내적으로는 경제력과 공동체 의식이 약화되고, 외적으로는 게르만족과 사산조 페르시아의 침입이 끊이지 않는 내우외환에 빠져들고 있었다.

3 313년 2월 콘스탄티누스 대제는, 제국의 상황을 상의하기 위해 동방의 통치자인 리키니우스 황제를 밀라노에서 만났다. 이들은 종교 문제에서 그리스도인에게 제의에 관한 완전한 자유와 다른 모든 종교와 동등한 권리를 허용하는 데 합의했다. "우리(콘스탄티누스 황제와 리키니우스 황제)는 마침내 밀라노에서 만나 공공의 안녕과 안전에 관한 모든 문제를 상의한 뒤, 사회 전체에 유익하다고 여긴 여러 규정 가운데, 무엇보다도 신성을 공경하는 데 밑받침이 되는 것

들을 체계화해야 한다고 생각했다. 우리는 그리스도인에게도 다른 사람들처럼 각자가 선택한 종교를 믿을 수 있는 자유로운 권리를 허용했다. 신적 존재가 하늘의 자리에 앉아 다스리는 모든 것이 우리와 우리의 통치 아래에 있는 모든 이에게 자비롭고 호의적인 것이 되기를 빈다."

4 예수님이 죽으시고 묻히시고 부활하셨던 곳인 골고타에는 제2차 유대 항쟁(132~135년)이 끝나던 해에 로마 최고 신인 제우스를 비롯해 헤라와 아프로디테를 위한 신전이 건립되었다. 당시 로마의 하드리아누스 황제가 유대인들의 독립 항쟁 의지를 꺾고, 예수님 무덤을 자주 찾던 유대계 그리스도인들을 흩어지게 하려고 유대 총독 안니우스 루푸스를 시켜 골고타 흔적을 없애 버렸던 것이다.

제5강

1 옛 신앙을 고수한 철학자 율리아누스 황제는 361년부터 363년까지 짧은 기간 통치했다. 그는 큰 계획을 세웠으며 경제·사회적 발전 계획을 통치 초기부터 시행했지만 교회·정치적으로는 50년간 지속된 역사의 바퀴를 되돌려 조상들의 종교를 부흥시키고자 했다. 이 시도는 결국 성공하지 못했고, 율리아누스 황제는 페르시아 원정 도중 사망했다.

2 바실리우스의 주교관에 '마르튀리온(순교자를 기리는 경당)'이 있었고, 이를 수행자들의 거주지가 둘러싸고 있었다. 이렇게 조직된 바실리아데스에서 소수의 수도자들과 수백 명에 달하는 평신도들이 간호사, 의사, 마부, 경비 인력 등의 전문가로서 병자, 행려자, 가난한 이 및 다른 여행자들을 보살폈다. 소수의 '하느님의 종들'이 있어서 무엇보다도 전례, 기도에 종사하면서 나머지 시간은 진료 활동을 감독했을 것이라 추정할 수 있다.

3 하지만 무엇보다도 정통 신앙에 대한 바실리우스의 열정은 그의 적대자마저 감탄할 정도였다. 전설에 따르면, 다양한 방식으로 바실리우스를 괴롭히던 발렌스 황제의 황태자가 아팠을 때 바실리우스가 황태자를 위해 기도하자 신기하게도 황태자의 병이 깨끗이 완치되었다. 그러자 황제는 깊이 뉘우치며 바실리우스에 대한 유배형을 파기했다. 이러한 일련의 사건들은 교회에 대한 국가 권력을 제한하는 데 일조했다.

제6강

1   오론테스 강에 자리한 안티오키아는 셀레우코스 왕조의 수도였고 헬레니즘화한 찬란한 대도시였다. 당시 안티오키아에는 수십만 명의 주민이 살았으며, 그 가운데 유대인도 적지 않았다. 이 대도시에서 유대교는 율법에 더 자유롭게 대처했으며, 당시에 유행하던 종교무차별주의 경향도 나타났다. 사도행전에도 언급되듯이 안티오키아의 그리스도교 공동체는 특유의 관대한 정신과 내적인 생기 속에서 성장했기에 이방인 선교의 출발점이 될 수 있었다. 예루살렘에서 쫓겨난, 키프로스와 키레네 출신의 그리스계 선교사들은(사도 11,20 참조) 이러한 사상에 관심을 기울였을 뿐 아니라, 이방인들에게도 직접 관심을 돌렸다. 따라서 그리스도에 대한 신앙이 이방인과 유대인을 새로운 공동체로 묶었다. 바로 이 안티오키아에서 '그리스도인들'이라는 새로운 명칭이 생겨났다.

2   이러한 비유는 치릴루스의 열렬한 지지자였던 에우티케스가 제시한 바 있다. '육이 되신 말씀의 한 본성'이라는 치릴루스의 정식을 극단화하여 예수 그리스도는 신성과 인성이라는 두 본성으로 이루어져 있지만 그리스도의 강생을 통해 인성은 마치 바다로 물 한 방울이 떨어져 흡수되듯이 신성에 흡수되고 만다는 '단성론'을 주장했다. 단성론에 따르면 그리스도 안에서 신성과 인성은 완전히 융합되고, 그리스도의 인성은 그 온전함을 잃게 된다. 즉 구원의 조건인 그리스도의 인성을 부정함으로써 성경에 나오는 모든 구속 사업의 중심적인 전제 조건이 없어져 인간 구원의 교리가 위기에 처하게 되었다.

3   안티오키아 학파는 주로 아폴리나리우스와의 논쟁을 통해서 그리스도의 참된 인성과 완전성을 강조했다. 특히 안티오키아 학파는 그리스도가 자유 의지를 소유했다고 강조하면서 그리스도의 인성이 신성에 흡수·변형되었다거나 그리스도의 두 본성이 혼합되었다는 알렉산드리아 학파의 사상을 반대했다.

4   치릴루스는 370년에서 380년 즈음에 알렉산드리아에서 훗날 총대주교가 될 테오필루스의 조카로 태어났다. 그는 요한 크리소스토무스를 면직한 '참나무 교회 회의(403년)'에 삼촌과 동행했으며, 412년 삼촌의 후임자로 알렉산드리아의 주교가 되었다. 그는 테오필루스에게서 권력과 야망뿐만 아니라 실행력, 정치적 능력, 반대자들에 대한 가혹함과 의구심을 물려받았다. 이교도인, 유대인, 이단자들에 대한 열의로 그는 알렉산드리아에서 유대인들을 박해했으며, 415년 여자 철학자 히파티아를 살해하게 한 격앙된 분위기를 조성하기도 했다.

미주 **659**

제7강

1 구약과 신약이라는 말은 구약의 예레미야서에서 유래되었다. "보라 그날이 온다. 주님의 말씀이다. 그때에 나는 이스라엘 집안과 유다 집안과 새 계약을 맺겠다."(예레 31,31) 여기서 예레미야 예언자는 '새 계약'이라는 말을 사용했다. '새 계약'이란 곧 신약이라는 말이다. 그래서 신약이라는 명칭이 생겨났고, 이에 대비하여 구약이라는 말도 만들어졌다. 아우구스티누스는 "신약은 구약 안에 가려져 있고 구약은 신약 안에 노출되어 있다."라고 말했다. 그리스도교 신학자들은 예수 그리스도의 인격이 이 두 계약을 결합시키는 견지에서 성경의 신·구약 간의 유일성을 강조했다.

2 기원전 480년에서 기원전 440년 즈음에 살았던 에즈라는 바빌론으로 귀양 간 유대인들의 사제로서 페르시아의 유대인 담당 기구 안에서 조언자의 직무를 맡고 있었다. 그는 페르시아 임금 아르타 크세르크세스 9년에 팔레스티나로 돌아가 유대인 공동체를 다시 이루라는 명을 받았다. 그리하여 약 1,500명의 유대인과 그 외 많은 성전 봉사자들이 예루살렘에 와서(에즈 7장 이하 참조) 법을 선포하고 그것을 의무적으로 지킬 것을 명하며 타민족과의 혼인을 금했다(에즈 9장 이하 참조).

3 개신교에서는 히브리어 구약 성경을 따르지만 권수를 39권으로 하고 있다. 무엇이 더해진 것일까? 구약 중에서 '열왕기 상', '열왕기 하', 그리고 '역대기 상', '역대기 하' 등 이런 식으로 갈라져 나간 것이 있기에 히브리어 구약 성경을 39권으로 세고 있는 것이다.

4 마르틴 루터의 종교 개혁 이후 가톨릭 교회에서는 트리엔트 공의회(1545~1563년)가 소집되었고, 여기서 종래의 '알렉산드리아 정경'의 기본 입장을 재확인했다. 그러나 한 가지 변화가 있었는데, 15권의 책 중에서 3권의 책은 정경에서 제외한 것이다. 이 3권의 책은 에스드라스 상·하와 므나쎄의 기도다. 그 결과 오늘날 가톨릭 교회에서 정경으로 인정하는 제2경전은 12권이 되었다.

5 히에로니무스는 로마 귀부인들로부터 영적인 조언자로 인정받았고, 그들에게 보낸 편지들이 많이 남아 있다. 편지를 보면 그는 귀부인들에게 집에서 수도자처럼 살 것을 권했다. 또한 과부들은 재혼하지 말고, 딸들도 결혼하지 말고 동정녀로서 하느님께 헌신하며 살라고 권유했다.

6 예를 들어 히에로니무스는 욥기의 처음(1,1)을 '한 사람'을 뜻하는 'vir unus'라고 번역했

다. 주석자들은 이것 때문에 곤혹스러워했다. 이들이 볼 때 이 문장은 우츠라는 땅에 욥이라는 사람이 살고 있다는 뜻인 것 같았기 때문이다. 그런데 히에로니무스는 '한 사람'이라고 번역했다면 그 '한'은 분명히 중요한 의미를 지니고 있을 것 같았다. 그리하여 주석가들은 '한'이라고 말한 이유를 찾으려 애를 썼다.

제8강

1   타가스테는 지중해 연안에서 100킬로미터가량 떨어진 떨어진 내륙에 위치해 있었고 해발 600미터의 고원 지대였다. 당시 타가스테는 약 300여 년의 역사를 가진 마을이었고, 그 위치는 현재 알제리의 수크 아흐라스에 해당된다. 기원전 1세기경부터 아프리카는 급속도의 경제 발전을 이루기 시작했는데, 타가스테도 그 무렵 생겼다. 3세기 무렵 옛 누미디아의 고원과 분지 계곡에는 곡물이 재배되기 시작하고, 십자로의 도로가 갖추어지며 곳곳에 마을이 생겼는데 이는 멀리 서쪽 사하라 사막의 황량한 비경작 지역과는 뚜렷한 대비를 이루었다. 타가스테의 주민은 로마적 자존심을 가진 일부 지배층을 제외하면 대부분 농민들이었고 가난했다.

2   고향인 타가스테에서의 교육은 라틴어, 문법, 산수와 같은 기초 과목이었는데, 어린 아우구스티누스의 불만에도 나타나 있듯이 충실한 교육을 받지 못한 것 같다. 베르길리우스, 키케로, 살루스티우스의 이름과 발췌된 글을 읽는 정도에 그쳤던 모양이다. 이에 비해 마다우라에서의 교육은 아우구스티누스에게 훨씬 더 해방감을 주었던 것 같다. 마다우라는 이교적 문화 현상이 두드러지고, 아프리카 신과 로마 신들이 함께 경배되는 종교적 분위기이기도 했다. 아우구스티누스의 본격적인 공부도 그곳에서 시작된 것으로 보이며 배우는 일과 글 쓰는 일에 흥미를 느낀 것도 이때부터라고 한다.

3   카르타고는 기원전 3세기 전반까지 서西지중해에서 세력을 떨쳤으며, 땅이 비옥하고 지중해 통상의 요충지로 해상 무역으로 번영했고 특히 상업 귀족의 세력이 매우 강대했다. 카르타고는 시칠리아의 패권을 둘러싸고 오랫동안 그리스인이나 로마인과 충돌을 되풀이했다. 그리고 기원전 264년에서 기원전 146년 사이에 3차에 걸쳐 로마와 전쟁을 벌였고, 제2차 전쟁 당시 스페인에서 멀리 이탈리아로 진격하여 로마를 초토화했던 한니발의 활약에도 불구하고 결국 제3차 전쟁에서 로마의 소小스키피오 장군에 의해 카르타고는 멸망했다. 그 후 카르타고의 영역은 전부 로마의 속주 아프리카로 전락했으나, 카르타고의 도시 자체는 카이사르에 의해 재건되어 로마 제정 시대에는 크게 번영했다.

제9강

1 "너는 그것을 들었느냐? 배우지 못한 사람들이 일어나 하늘을 쟁취하는데, 우리는 심장이 없는 학문으로 살과 피 속에서 뒹구는구나."(《고백록》 VIII 8,19) 아우구스티누스는 친구 알리피우스에게 이 말을 외치듯이 말하면서 정원으로 뛰쳐나갔다.

2 이 방법 자체를 아우구스티누스가 창안해 낸 것은 아니다. 당시 사람들은 자기의 미래에 대한 지침을 찾으려 할 때 베르길리우스의 책을 집어 들고 아무데나 읽다가 자신이 마음에 드는 구절을 찾곤 했는데 이를 응용했던 것이다.

제10강

1 실제로 발레리우스 주교는 아우구스티누스의 수도 공동체에 대한 계획을 실행할 수 있도록 히포 대성당 부근의 정원을 선물했다. 아우구스티누스는 이곳에 수도원을 짓고 수도자들과 함께 살면서 이곳의 수도자를 위해 유명한 《하느님의 종들을 위한 규칙서 Regula ad servos Dei》와 《수도자들의 노동 De opere monachorum》 등을 저술했다.

2 당시 히포 교회에는 항구의 속성상 여러 인종들이 모여 살았으므로 종교도 그만큼 다양했다. 유대교, 마니교, 그리스도교의 분파인 도나투스파 등이 서로의 우위를 다투며 갈등 관계에 있었다. 더욱이 발레리우스 주교는 그리스 계통 출신으로 아프리카의 종교적 풍토와 풍습에 익숙하지 못한 데다가 나이도 많아서 이런 상황을 해결하기에는 어려움이 있었다. 따라서 발레리우스 주교는 새로 서품된 아우구스티누스에게 다양한 일을 맡겼고, 아우구스티누스는 교회의 재건을 위해 탁월한 지도력을 발휘하여 헌신적으로 일했다.

3 《고백록》은 아우구스티누스의 작품 가운데 가장 유명하며, 그의 생애, 세례, 어머니 모니카의 사망(387년) 때까지 그의 내적 발전을 알 수 있는 중요한 문헌이다. 아우구스티누스는 이 책에서 자신의 어린 시절부터의 삶을 회상의 형식으로 엮어 나가지만 중요 고비마다 자신의 고민과 대응, 사상적 전환과 변화를 아주 솔직하게 털어놓는다. 또한 이 책은 그가 받은 그리스-로마 문화의 고전 교육이 신앙적 틀로 어떻게 변화해 갔는가를 손에 잡힐 듯이 기록하고 있다. 더욱이 회심과 세례라는 극적인 전환을 통해 하느님께 다가가는 과정을 묘사하는 신앙 고백서이기도 하다.

4 이러한 입장은 주지주의主知主義라고 부르는데, 인간의 행위를 판단하는 윤리적인 기준으

로 지성이나 이성이 감정이나 의지보다 중요하다고 보는 입장이다. 감정을 상위에 두는 주정주의主情主義나 의지를 상위에 두는 주의주의와 대립된다. 소크라테스와 플라톤에서 시작해서 중세 스콜라 철학의 토마스 아퀴나스를 거쳐 후에 스피노자, 헤겔로 연결되는 등 서구의 가장 영향력 있는 윤리 이론으로 자리 잡았다.

5   이러한 입장을 주의주의主意主義라고 부르는데, 주지주의에 대립하여 의지가 지성보다 우위에 있다고 생각하는 입장이다. 스콜라 철학 전성기 때 인간의 지성과 의지 중 어느 쪽이 더 유력한가 하는 문제를 가지고 열띤 논쟁이 벌어졌다. 아우구스티누스의 사상 안에 함축되어 있던 주의주의는 인간의 의지는 지성에 의하여 결정되는 것이 아니고 그것을 결정하는 이유가 없어도 자유로이 발동한다고 생각한 둔스 스코투스를 통해서 결정적으로 발전했다. 후대에 쇼펜하우어의 사상과 실용주의 등에서도 주의주의적인 성격이 강하게 나타났다.

제11강

1   펠라지우스는 동방 그리스도교 신학 전통에 따라 인간의 본성에 대해 아우구스티누스보다 훨씬 긍정적으로 평가했다. 하느님은 인간에게 할 수 없는 일을 명령할 리가 없다고 펠라지우스는 생각했다. 인간이 자기가 지키기 어려운 명령이라고 하더라도 그 명령을 따르기로 결심한다면, 그에게는 이미 그것을 수행할 능력이 있음을 의미한다. 그리스도인이 하느님께 바치는 예배의 요체는 도덕적 행동에 있는 것이지, 자기 신비적 감정에 흘러서 방종에 빠지는 것이 아니다. 펠라지우스는 아우구스티누스의 사상이 확산된다면, 하느님의 명령을 따라야 하는 인간의 능력은 절망에 빠지고, 동시에 하느님의 은총이 값싼 은총으로 전락할지도 모른다고 염려했다.

2   아우구스티누스는 만약 인간이 죄에서 벗어나는 과정에서 스스로 행할 수 있는 무엇이 있다고 한다면, 인간은 자신의 이기주의와 사악함에 대해 책임을 져야 할 것이라고 주장했다. 펠라지우스에게 죄와 악은 우연한 것이지 필연적인 것이 아니었던 반면, 아우구스티누스에게는 아담 이후로 펠라지우스가 주장한 것은 더 이상 현실이 아니었다. 아담의 후손이라는 이유만으로도 인간은 '지옥의 군중'이 되기에 충분하며, 자비롭고도 필수불가결한 은총의 간섭이 없다면 지복至福에 이를 수 없다. 자비를 받은 사람만이 은총에 감사한다. 그는 은총을 받기에 합당한 것을 아무것도 한 적이 없기 때문이다. 더 나아가 낙원에서조차도 아담은 은총을 필요로 했다(《신국론》 XIV,27 참조). 은총은 그의 의지를 도와주는 부속물로써뿐만 아니라 불가결의

수단으로 필요했던 것이다. 이 말은 낙원에서조차 자연적인 인간에게 초자연적인 은총이 주어져 있음을 의미하는 것으로, 타락으로 말미암아 잃어버린 것이 바로 이 초자연적 은총이다.

3   아우구스티누스는 펠라지우스주의의 구원론과 그리스도론 안에, 위장된 자기 구원론이라는 위험한 생각이 들어 있다고 파악했다. 그래서 그는 이렇게 질문을 던졌다. "인간이 오직 피조물의 본성과 자유로운 의지 결정을 토대로 구원에 도달할 수 있고, 그리스도를 구원을 위한 본보기로 삼는다면 하느님의 아들은 무엇 때문에 십자가에서 죽었는가?"

4   아우구스티누스의 은총론에 따르면, 아담의 죄는 자신의 개인적 죄일 뿐만 아니라 전 인류를 영벌을 선고받은 집단으로 만들었으며, 개인의 모방이 아닌 인간의 정욕이 널리 퍼짐으로써 세세대로 건네지는 원죄가 되었다. 하느님이 당신의 모상대로 창조하신 낙원의 원상태에서 인간의 본성은 하느님을 위해 직접 의지를 결정할 수 있지만, 원죄 때문에 타락한 인간의 본성은 더 이상 이를 행할 능력이 없다. 이를 위해서는 필연적으로 인간에게 이러한 결정 능력을 주고 북돋우며, 앞서 일어나는 하느님의 은총이 반드시 필요하다. 하느님의 계명을 지키는 것도 궁극적으로 계명을 완성하는 하느님의 은총이 있어야 가능하다.

5   아우구스티누스는 그리스도인이라면 죄의 용서를 위해서 아이들도 세례를 받아야 한다고 주장했다. 유아 세례야말로 개개인의 의지가 발동하기 훨씬 이전에, 다시 말해 사람의 도덕적인 열성이나 행동이 있기 이전에 내리는 하느님의 선택적인 은총의 위대함을 가장 두드러지게 보여 주기 때문이다.

6   아우구스티누스는 《신국론》의 집필 동기를 다음과 같이 밝힌다. "그간에 로마가 알라리쿠스의 고트족에게 파괴당하고 막중한 불운을 당하게 되었다. 제신諸神들을 섬기는 자들, 보통으로 이교도라고 부르는 사람들은 이 황폐를 기화로 하여 그리스도교를 공격했고 여느 때보다 신랄하게 참 하느님을 설독했다. 그러므로 하느님의 집에 대한 열정에 사로잡혀 나는 그들의 설독과 오류에 대항하여 《신국론》의 책들을 쓰기로 작정했다. 이 작품은 여러 해가 걸렸는데 뒤로 미룰 수 없고 먼저 해결을 요하는 여러 일이 중간에 끼어들었기 때문이다." (《재론고》 2,43)

제12강

1   훈족은 중앙아시아의 스텝steppe 지대에 거주하였던 투르크계의 유목 기마 민족인데 중국 고대사에 나오는 흉노족과도 관계가 있는 것으로 보인다. 그러나 중국 한漢나라 때 쫓겨난 흉노족의 일부가 훈족인지는 확실하지 않다. 훈족은 4세기에 유럽으로 이동하여, 흑해 북쪽에 살던 동고트족, 다뉴브 강 하류의 서고트족을 물리쳐 지배하에 두거나 쫓아냈다. 이후 흑해 북쪽에서 라인 강까지 이르는 대제국을 건설했으나 그 내부적인 체계와 기틀은 미흡했다. 잔인하기로 악명 높던 지도자 아틸라가 약탈을 일삼았으며, 로마 제국과 갈리아를 위협하자 서로마 제국의 아이티우스 장군은 451년 로마군과 게르만족의 연합군을 이끌고 이들을 격퇴했다. 453년 아틸라가 갑작스럽게 사망하자 대제국도 급격히 분열되어 훈족은 타민족과 동화했고 결국 소멸되고 말았다.

2   덧없는 행복을 꿈꾸고 있을 때/ 슬픔의 시간은 이미 내게 가까이 와 있었노라./ 이제 불운이 행복의 거짓 탈을/ 벗겨 놓고 나니/ 앞으로 나의 생활은/ 쓰디쓴 삶만으로 연이어 있네./ 오오 나의 벗들이여!/어찌하여 그대들은 때마다/ 나를 유복하다고 찬양했더냐/ 불행에 떨어진 그 사람인즉/ 항구한 행복을 차지한 것이 아니었거늘 …… (《철학의 위안》 제1권, 시 1)

3   "너 자신을 알라."라는 말은 소크라테스가 처음 한 말이 아니라 본래 델포이 신전 기둥에 씌어 있던 말로서, 신의 능력을 탐하는 인간의 오만과 무능함을 경계하기 위한 것이었다. 이 말을 소크라테스는 진정한 자신을 발견하라는 의미로 사용했다. 그런데 여기서 '자신'이란 보통 사람들이 여기듯 돌보고 챙기는 인간의 몸을 말하는 것이 아니다. 소크라테스에 따르면 진정 돌보아야 하고 최선의 상태를 유지해야 할 것은 몸이 아니라 앎과 행위의 주체, 즉 삶의 진정한 주체인 영혼이기 때문이다. '너 자신을 알라'는 말은 결국 '몸이 아니라 영혼을 돌보라. 그것을 가능한 한 최선의 상태로 유지하라'는 말이다.

제13강

1   비신자 부모에게서 태어난 파코미우스는 군 복무 중 그리스도교 신자 병사들의 모범적인 봉사 생활에 감동하여 세례를 받고 은수 생활을 시작했다. 그러다가 은수 생활의 단점을 깨닫고 제자들을 모은 뒤 그들이 모여 살던 오두막집들을 울타리로 둘러막았다. 이로써 교회 역사상 첫 공주 생활이 시작되었다. 수도자들은 각자의 직업에 따라 수십 명씩 여러 수도원에 나누어 살면서 하루에 두 번 공동으로 기도하고 식사를 했다. 파코미우스의 이상은 사도행전

2장과 4장에 나타나는 초대 교회의 형제적 생활을 재현하는 것이었으며, 그는 이를 위해 순명을 중시했다.

2 《안토니우스의 생애》를 보면, 사막의 은수자들은 환상이나 혹은 무모한 짓을 저지르는 사람들이 아니라, 지혜로우며 영적인 사람임과 동시에 학문이 뛰어났으며 하느님을 섬기는 생활에 엄격했다고 한다. 은수자들의 아버지인 안토니우스는 생전은 물론, 사후에도 수도 생활에 큰 영향을 끼쳤으며, '사막의 교부', '모든 수도자들의 원조'로도 불린다.

3 그레고리우스 교황은 《대화집》에서 하느님의 사람 베네딕투스는 뛰어난 분별력과 명쾌한 표현으로 규칙서를 저술했다고 높이 평가했다. 베네딕투스는 수도원 규칙서만 남겼을 뿐, 자신의 생애나 모습에 대해 아무런 흔적도 남기지 않고 철저히 자신을 숨겼다. 하지만 그레고리우스 교황은 《베네딕투스 전기》를 써서 베네딕투스에 대해 널리 알렸는데, 그 역사적 자료의 신빙성과 정확성에 각별히 신경을 썼다. 그는 베네딕투스와 직접 친분이 있던 것이 아니라, 베네딕투스의 네 제자들, 즉 최고위직에 있었던 네 명의 아빠스로부터 들어서 알게 된 사항들을 이야기한다고 분명히 밝혔다.

제14강

1 교황령敎皇領은 교회 국가敎會國家라고도 하는데, '가톨릭 교회의 영유지로 교황의 세속적 지배권이 미치는 지역'을 뜻한다. 교황령은 754년 프랑크 왕국의 피핀 왕이 스테파노 2세 교황의 의뢰를 받고 랑고바르드족을 공격하여 빼앗은 라벤나 태수령 · 펜타폴리스 · 코마키오 지역을 교황에게 바친 데서 비롯되었다.

2 카를 대제가 이룩한 제국은 그의 사후 급속히 와해되고 말았다. 그의 후계자 중 어느 누구도 그만큼 유능하고 단호하지 못했다. 더욱이 카를 대제의 외아들로서 프랑크 왕국을 고스란히 물려받은 경건왕 루이(778~840년)는 자신의 제국을 세 아들에게 분할 상속으로써 프랑크족 지배하의 유럽에 다시금 내란을 초래했다. 카를 대제의 자손들이 골육상쟁을 벌이고 있을 때, 설상가상으로 새로운 침략의 물결이 밀려 들어왔다. 북쪽으로부터는 스칸디나비아의 바이킹족이, 동쪽으로부터는 아시아의 마자르족이, 그리고 남쪽으로부터는 무슬림들이 공격해 들어오기 시작했다. 이러한 압력 속에서 제국은 철저히 분열되었다.

3 부르군디의 디종 교외의 가족 성城 퐁텐느 레 디종에서 태어난 베르나르두스는 어머니의

죽음으로 충격을 받은 후, 모든 영화를 물리치고 수도 생활을 추구하기에 이르렀다. 학덕과 성덕이 뛰어났던 그는 곧이어 유럽에서 가장 영향력 있는 인물로 등장했는데, 제국의 왕들과 교황의 자문을 담당하며 많은 공로를 세웠다. 그는 《아마의 성 말라키아의 생애》와 《신애론》 등의 유명한 저서를 비롯하여, 수도자들에게 행한 강론집 《아가》와 서한 등을 남겼고, 비오 8세 교황에 의해 교회 학자로 선포되었다. 그의 문장은 꿀벌통이고, 그는 양봉업자의 수호 성인으로 공경받고 있다.

제15강

1   변증론辯證論은 일반적으로 종교와 관련하여 외부에서 가해지는 비난·공격에 대한 어떤 행동이나 진리의 변호를 목적으로 하는 호교론護敎論의 동의어로 사용되기도 한다. 특히 신학에서는 구약, 유대교, 신약, 그리스도교 등의 계시된 진리 및 사실의 옹호와 그 정당성의 입증을 의미한다. 또한 철학 안에서 변증론은 확실한 논증이 불가능한 경우에 개연적인 진리의 확실성을 입증하는 의미로 사용되기도 한다. 그러나 여기에서는 중세 당시에 논리학과 문법학을 포괄하는 학문을 뜻하며 모든 학문의 기초를 이루는 것을 의미한다.

2   귀류법歸謬法은 논리학에서 즐겨 사용되는 증명 방법으로 어떤 명제 A에 대한 직접적인 증명이 불가능하거나 어려울 경우, 이와 반대되는 not-A를 가정하고 이를 통해 도달되는 결론을 제시한다. 이 결론이 명확하게 거짓이거나 모순에 빠졌을 경우, not-A라는 가정이 잘못되었기 때문이라는 사실을 밝힘으로써 명제 A를 간접적으로 증명하는 방법이다. 간접 환원법, 간접 증명법이라고도 한다.

3   본래의 논증을 요약하면 다음과 같이 된다. 《프로슬로기온》 2~4장에 제시된 "그것보다 더 큰 것이 생각될 수 없는 어떤 것"이라는 개념이 그 가능성을 열어 준 열쇠였고, 이를 통해 안셀무스는 더 이상 경험적인 사실에 의존하지 않는 '존재론적' 신 존재 증명을 제시했다. 《프로슬로기온》 제2장에는 다음과 같은 논증이 나온다. 어떤 사람이 '신'을 "그것보다 더 큰 것이 생각될 수 없는 어떤 것"이라 규정하고 '신'의 실존을 부인하는 "어리석은" 사람도 이 설명을 인정한다고 가정해 보자. 이 어리석은 자가 '그것보다 더 큰 것이 생각될 수 없는 어떤 것(이하 x)'을 이해했다면 그 X는 적어도 어리석은 자의 정신 속에 존재하고 있다. 그런데 X가 정신 속에만 존재한다고 가정해보자. 우리는 X와 성격이 완전히 같으면서 정신 밖에도 실재하는 성질(y)을 지닌 X′를 생각할 수 있다. 그럴 경우 X′=Xy가 되기 때문에, X′는 생각되기만 하고 실

제로 존재하지 않는 X보다 더 크다고 판단할 수 있다. 그렇지만 이런 결론은 모순에 빠지게 된다. 그는 이미 생각되기만 하는 X보다 더 큰 것, 즉 실제로도 존재하는 것(X)을 생각하고 있기 때문이다. 즉 X는 정신 속에만 존재한다고 가정한 데서 모순이 생긴다. 그 결과 귀류법에 따라 전제를 부정하고 X가 실제로도 존재한다는 결론에 도달한다. 안셀무스가 이 논증으로 신의 실존 문제를 순수하게 이성적으로 해결하는 길을 열어 놓음으로써, 이 문제는 신에 대한 이성적인 접근 시도(자연 신학)에서 중심이 되었다. 아울러 신의 속성에 대한 일련의 설명에서도 빠지지 않는 소재가 되었다.

4 교황과 대주교가 제의 위에 착용하는 양털 띠로 명예, 자치권 등을 나타내는 대표적인 상징물이다. 팔리움의 모양과 재질은 십자가에 못 박힌 어린양을 의미하며 이는 구원을 상징한다. 목과 어깨 부분에 걸치는 형태로 착용하며 교황의 팔리움은 흰색 바탕에 붉은 십자가가, 대주교의 경우 검은 십자가가 새겨져 있다.

제16강

1 이렇게 10세기 중엽 내지 11세기 이후 유럽의 도시에서 발달했던 상업 및 수공업의 독점적, 배타적인 동업 조합을 통상적으로 길드guild라고 부른다. 길드는 조합원의 경제적 공존과 보호를 목적으로 했으나, 사회적·종교적인 성격도 지니고 있었다.

2 베드로 사도의 후계자인 교황이 전 세계 가톨릭 교회의 우두머리로서 전체 가톨릭 교회와 신도들에 대해 가지는 절대적 권한을 수위권首位權이라고 부른다. 예수 그리스도는 열두 사도의 으뜸으로 베드로 사도를 택하셨기 때문에(마태 16,18-19 참조), 베드로 사도가 순교한 곳인 로마의 주교가 후계자로서 교회 최고의 권위를 갖는다는 신학적 근거에 기반을 둔다.

제19강

1 13세기 초 파리 대학의 상황을 알려 주는 훌륭한 자료는 1215년 교황 사절인 로베르 드 쿠르송에 의해 인가된 '대학의 학칙'이다. 12세기 말, 파리에서 난립하고 있던 여러 학교들의 연합체가 만들어진 후, 왕이나 다른 정치가들의 간섭 없이 학문을 연구하기 위해 교황의 보호를 청하고 학칙을 인준받음으로써 공식적으로 파리 대학이 설립되었다. 그런데 이 학칙은 코르베유의 페트루스 대주교 주재하에 1210년에 열렸던 파리 종교 회의에서 내려진 아리스토텔레스 강의 금지령을 그대로 수용했다.

2   라틴 아베로에스주의의 대표적 철학자로는 브라방의 시제Siger de Brabant(1235년경~1284년)를 들 수 있다. 그는 파리 대학에서 철학을 공부하고 인문학부 교수로서 큰 영향력을 발휘했다. 그리고 아베로에스의 해석을 거친 아리스토텔레스 철학을, 철학 그 자체와 동일시하는 학파의 중심인물이 되었다. 그는 세계 영원성, 지성 단일성, 개인 영혼 불멸성의 부정否定으로 그리스도교 신앙과 반대되는 철학설을 개연적이고 필연적인 철학적 결론으로 주장했는데, 그것들을 진리로 본 것은 아니었다. 이 학설은 1270년과 1277년의 단죄에 의해 이단이라는 선고를 받았고, 그는 나중에 토마스 아퀴나스 등의 비판을 받으며 자신의 주장을 약화했다. 그에게 진리란 가톨릭 신앙뿐이며, 따라서 종교와 철학을 분리하긴 했으나 이중 진리설을 제창한 것은 아니라고 알려져 있다. 당대 많은 추종자가 있었으며 단테는 자신의 작품 《신곡》에서 그를 알베르투스, 토마스 아퀴나스와 함께 천국에 배치했다.

3   독일 슈바벤 출신의 중세 스콜라 철학자이자 신학자. 파도바 대학 재학 중 도미니코회에 들어간 알베르투스는 풍부한 학식으로 당시 '보편 박사'라고 지칭될 만큼 권위를 인정받았다. 특히 아리스토텔레스 철학을 그리스도교 세계로 받아들이는 데 결정적인 공헌을 했다. 그는 경험 과학에 깊은 관심을 갖고 동식물과 광물계의 관찰과 천문학 연구를 했는데, 이 영역에서는 경험만이 확실성을 부여한다고 주장하고 비록 아리스토텔레스의 학설이라 하더라도 자신의 관찰 결과와 차이가 날 때는 정정했다. 그는 토마스 아퀴나스라는 걸출한 제자를 길러냈고, 자신보다 먼저 사망한 토마스 아퀴나스가 이단이라는 의심을 받게 되자, 누구보다도 열렬하게 그의 사상의 정당성을 옹호했다.

제20강

1   신학에서는 성경이 가장 권위 있었지만, 아리스토텔레스의 재발견으로 신학 분야에서도 직접적으로 성경을 가르치는 자리에 교과서적으로 신학의 명제들을 설명하는 방식이 등장한다. 이 과정이 가장 성공적으로 이루어진 것은 페트루스 롬바르두스의 《명제집》이다. 이 책은 독창성이나 사변적 능력에서는 그리 뛰어나지 못하지만, 최초의 프란치스코회 신학 교수 알렉산더 할레시우스가 원전으로 사용한 이래로 16세기 말까지 성경과 함께 대학 강의의 기본 교재였다. 논리학과 철학에서는 아리스토텔레스와 보에티우스의 저서들이 중요하게 연구되었고, 수사학 분야에서는 키케로의 저서들이, 문법학 분야에서는 프리스키아누스와 도나투스의 저서들이 주로 강의되었다.

2   토론을 통해 '정규 토론 문제집'과 '자유 토론 문제집'이 생겨났다. 스콜라 철학의 특별한 서술 형태인 이 문제집들은 다음과 같은 구조를 지니고 있다. 각각의 질문에 대해 찬Pro, 반Contra의 논증들을 제시한다. 아리스토텔레스에 따르면 이러한 논박을 통해 해결의 기미가 보이지 않는 문제를 풀 수 있는 실마리를 얻게 된다. 대답하는 과정에서 질문의 의미를 좀 더 명확하게 규정할 필요가 있는데, 이러한 시도를 통해 언뜻 모순되어 보이는 권위 있는 텍스트들 사이의 일치를 찾는 해석 과정이 발달하게 되었다. 이를 토대로 스콜라 철학의 토론이 얼마나 의미론적이고 논리학적인 관점에 의해 규정되었는가를 이해할 수 있다. 위의 주해서와 토론 문제집들이 종합되어 '대전'들로 발전되었는데, 그 대표적인 예가 바로 토마스 아퀴나스의 《신학대전》이다.

제21강

1   '서원자' 혹은 '헌신자'라는 뜻이며, 후에 수도자가 되게 하려는 목적으로 어린아이 혹은 소년을 이른 시기에 수도원에 보내는 것이다. 기사들은 자신이 일찍 죽는 경우에 빈곤층으로 떨어질 수 있는 막내아들을 종종 수도원에 보내 교육을 위탁했다. 여기에는 그 아들이 아버지가 기사로서 전쟁 중에 저지를 수 있는 잘못을 대신 속죄해 줄 것에 대한 바람도 있었다.

2   보나벤투라는 1217년 무렵, 이탈리아의 중부 지방 바뇨레조에서 태어났다. 프란치스코회의 수도자가 된 그는 파리에서 공부한 뒤 파리 대학 교수로 신학을 강의했는데, 이때 동료 교수인 토마스 아퀴나스와 친교를 맺었다. 그 후 프란치스코회 총장으로서 수도회의 내부 갈등을 해결하기 위해 많은 노력을 기울였다. 그는 그레고리오 10세 교황의 선출을 강력하게 지지했으며, 그 공으로 알비노의 교구장 추기경으로 임명되었다. 그는 제2차 리옹 공의회에 신학 고문으로 초빙되었으나, 회기 중에 세상을 떠났다. '세라핌적 박사'로 알려진 보나벤투라는 아시시의 프란치스코 성인의 전기를 완성했으며, 철학과 신학 분야의 권위 있는 저서도 많이 남겼다. 그는 식스토 5세 교황에 의해 교회 학자로 선포되었다. 그의 상징은 성체와 성합 그리고 추기경 모자다.

제22강

1   토마스 아퀴나스는 《신학대전》의 머리말에서 신학의 초보자들이 어려움을 겪는 것은 이제까지의 다른 저서들이 "문제, 절, 논거들을 쓸데없이 증폭시키기 때문"이고, "그들이 배워

야 할 내용들이 '적절한 교육 순서'에 따라 제시되지 않고, 책 저술에 요구되는 순서나 '토론'의 기회에 따라 제시되기 때문"이며, "같은 것들이 여러 번 반복됨으로써 학생들의 정신 속에 지겨움과 혼란을 야기하기 때문"이라고 밝힌다.

2   아리스토텔레스를 자주 인용함에도 불구하고 아퀴나스에게서는 그 내용이 종종 변형된 형태로 나타난다. 이러한 변형은 신학적인 관심에서 이루어진 수정에 그치는 것이 아니라 사상의 핵심부에까지 다다른다. 예를 들어 사물의 본질적인 규정, 그 특수한 작용과 지성에 의해 파악될 수 있는 가능성에 관한 아리스토텔레스의 원칙, 즉 그 내적인 형상이 수동적인 요소가 된다. 이 형상은 하느님의 창조적인 작용으로서 모든 유한자에게서 나타나는 존재와의 관계성에서 의미를 지닌다.

3   토마스 아퀴나스는 《신학대전》의 제1부와 제2부의 관계를 이렇게 설명한다. "거룩한 가르침의 주된 의도는 하느님에 대한 인식을 다루는 것이기 때문에, 그것도 하느님 그 자체에 대해서뿐만 아니라 사물 가운데서도 특히 이성적 피조물의 원천이며 (그것이 지향하는) 목적인 하느님에 대해서 다루기 때문에, 우리는 첫째로 하느님에 대해서 고찰하고, 두 번째로 하느님을 향한 피조물의 운동에 대해 고찰할 것이다."

4   자연법이나 영원법이 자의적이거나 독단적이라는 주장을 피하기 위해, 토마스 아퀴나스는 영원법이 본래 하느님의 의지에 의존하는 것이 아니라 인간 본성의 이데아를 생각하는 하느님의 지성에 근거함을 밝혔다. 더 나아가 사실상 사람은 진정한 행복이라는 목적에로 규정되어 있고, 그것은 인간의 자연적 능력의 한도를 넘는 것이기 때문에, 자연법과 인정법 외에 사람은 또 하느님의 힘으로 주어진 영원법에 의해서 궁극 목적으로 인도되어야 한다고 보았다.

5   인간 생활에 편리한 규정들을 적용하는 과정에서는 직접 자연법에 속하지는 않을지라도 어떤 유용한 것을 덧붙이거나 더 이상 실행되고 있지 않는 어떤 규정들을 대체할 수 있을 것이다. 그러나 만일 변화가 자연법에 속해 있는 무엇의 제거를 의미한다면, 자연법은 변화될 수 없다.

6   소크라테스가 감옥에서 사형 집행을 기다리고 있을 때, 친구 크리톤과 제자들이 그를 찾아가 감옥에서 탈출할 것을 권했다. 그러나 소크라테스는 결코 도망치려 하지 않았다. 오히려 태연하게 "사람이 죽고 난 뒤에 이 세상보다 더 좋은 세계가 있을지 모르는데, 왜 그토록 죽음

을 두려워하는가?"라고 반문했다. 답답해진 크리톤이 어린 자식들을 생각해서라도 탈출할 것을 간청했지만 소크라테스는 이에 동요하지 않았다. 이러한 사태를 두고 소크라테스는 "악법도 법이다."라고 말한 것으로 와전되었지만, 어디에서도 이런 발언은 발견되지 않는다. 다만 소크라테스는 평생 동안 보편적인 진리를 존중해 왔기에, 죽음을 앞두고도 개인적인 이익을 위해 편법을 사용하려 하지 않았던 것이다. 이렇게 그는 마지막 순간까지 보편적인 진리를 추구한 스승으로 남았다.

7   제2차 리옹 공의회(1274년, 제14차 보편 공의회)는 그레고리오 10세 교황이 동방 교회와의 재일치, 성지 해방, 도덕의 개혁을 위해 소집한 회의였다. 주교 500명, 대수도원장 60명, 그리고 고위 성직자 천 명이 참석했는데, 그중에는 알베르투스, 보나벤투라가 있었으며 토마스 아퀴나스는 참석차 오는 길에 선종했다. 시칠리아의 샤를 왕을 두려워하던 비잔틴 제국의 미카엘 8세 황제는 동서방 교회의 일치 문제에 대한 그레고리오 10세 교황의 제의에 호의를 보였으며 친히 대표를 파견했다. 미카엘 8세 황제의 대표는 성령이 성자로부터도 나온다는 주장, 교황의 우위성, 연옥, 일곱 성사 등의 문제에 대해 이의를 제기하지 않았지만, 동방 교회는 독자적인 신경과 제례를 가질 수 있어야 한다는 황제 칙서를 낭독함으로써 결국 잠정적인 것으로 끝났던 동서방 교회의 일치가 이루어졌다(1274~1289년). 이밖에도 성직자의 수입에 십일조를 부과하여 십자군 원정을 돕는 법안과 '콘클라베'라고 불리는 교황 선거 법안도 통과되었다.

제23강

1   궁륭이란 돌이나 벽돌 또는 콘크리트 아치로 둥그스름하게 만든 천장을 말하는 것으로, 건축 양식에 따라 독특한 형태로 개발되었다. 처음에는 원통형 궁륭barrel vault이 주로 사용되었으나 로마네스크 양식에 들어오면서 같은 크기인 두 개의 반원형 궁륭이 서로 교차하여 생긴 교차 궁륭cross vault이 널리 사용되었다. 고딕 양식에 들어가면서 구조상의 힘과 장식을 위해 궁륭에 늑골을 댄 늑재 궁륭rib vault이나 천장 부분에 장식 늑골이 꽃과 같이 펼쳐져 교차하는 성형星形 궁륭stellar vault 등으로 발전해 나갔다.

2   생 샤펠Sainte-Chapelle 성당은 1248년에 완성된 성당으로 파리 한복판 시테 섬에 있다. 루이 9세 왕은 콘스탄티노플에서 받은 예수 그리스도의 가시관과 십자가 조각을 모시기 위해 자신의 왕궁 안에 이 성당을 세웠다. 스테인드글라스가 화려한 위층은 왕족들을 위한 것이고, 비교적 단순한 아래층은 신하들을 위한 것이었다.

3 "이어서 그 천사는 성령께 사로잡힌 나를 크고 높은 산 위로 데리고 가서는, 하늘로부터 하느님에게서 내려오는 거룩한 도성 예루살렘을 보여 주었습니다. 그 도성은 하느님의 영광으로 빛나고 있었습니다. 그 광채는 매우 값진 보석 같았고 수정처럼 맑은 벽옥 같았습니다. 그 도성에는 크고 높은 성벽과 열두 성문이 있었습니다. …… 그 도성의 성벽에는 열두 초석이 있는데, 그 위에는 어린양의 열두 사도 이름이 하나씩 적혀 있었습니다. …… 성벽은 벽옥으로 되어 있고, 도성은 맑은 유리 같은 순금으로 되어 있었습니다. 도성 성벽의 초석들은 온갖 보석으로 꾸며져 있었습니다. …… 열두 성문은 열두 진주로 되어 있는데, 각 성문이 진주 하나로 이루어져 있었습니다. 그리고 도성의 거리는 투명한 유리 같은 순금으로 되어 있었습니다."(묵시 21,10-21)

제24강

1 중세 철학과 관련된 위조 중에서 아주 유명한 것은 위(僞)-디오니시우스라는 사람의 작품에 관한 것이다. 500년대에 쓰인 문서를 보면 그리스어로 쓰인 책에 "나 바오로 사도의 제자 디오니시우스가 절친한 친구인 디모테오에게 이 책을 쓴다."라는 내용의 서문을 찾을 수 있다. 바오로 사도가 아테네에서 한 설교는 실패했다고 했지만, 그럼에도 불구하고 세례를 받은 사람들 중에 바로 디오니시우스가 있었다. 디오니시우스 아레오파기타라는 별명을 지닌 이 사람은 5세기의 그리스도교에 대한 이야기를 쓰면서 자신이 존경하던 바오로 사도의 권위를 받기를 원했다. 그래서 가명이자, 필명인 디오니시우스로 활동했다. 이 책을 발견한 후 서방의 학자들은 사도 교부의 문서가 발견되었다며 기뻐했고, 중요한 문서로 여겨 연구하기도 했다. 이를 통해 그의 작품인 《신명론》, 《천상 위계론》, 《교회 위계론》 등은 후대 중세 철학에 지대한 영향을 미쳤다.

2 성직록이란 성직자에게 교회가 부여하는 물질적인 직봉(職奉)을 말한다. 수입원은 교회의 동산, 부동산, 신자 단체나 국가에서 규칙적으로 지불하는 금품, 신자들의 헌금, 사례금, 수당 등이다. 초대 교회에서는 가난한 이를 구제하기 위해서 모든 재산을 주교의 관할하에 공동으로 관리했다. 그러나 교회가 로마 제국의 국교가 된 후에는 교회 재산의 일부를 성직자의 생활비로 사용하도록 했다. 이때 본당(실제는 교구)이 재산 관리의 한 단위로 정착되었다. 당시 성직록의 보유자는 성직록에 따르는 모든 재산의 사용권을 가졌으나, 생활비 외에는 교회나 빈민 구제에 사용하고 사후에는 반환했다.

3   프리드리히 2세 황제(1194~1250년)는 어린 시절 시칠리아를 물려받아 그곳에 살면서, 유대인과 이슬람 사람들과 친하게 지냈다. 이러한 경험이 자유로운 사고를 지니게 했다. 그는 그리스어, 라틴어, 독일어, 프랑스어, 이탈리아어, 아랍어에 능통한 천재이기도 했고, 수학과 기하학, 천문학을 좋아했다. 그는 후대에 그리스-로마 문화, 노르만 문화, 이슬람 문화를 통합하여 행정과 통치 제도를 발전시킨 인물로 평가되기도 한다.

4   1414년에서 1418년까지 3년 5개월간에 걸쳐 독일의 콘스탄츠에서 개최된 중세 최대의 공의회. 신성 로마 제국의 지그문트 황제의 제안으로 요한 23세 교황이 소집했고, 전 회기 동안 300명 이상의 주교, 100명 이상의 대수도원장, 다수의 고위 성직자, 신학자, 교회법 학자, 재속 통치자들이 참석했다. 서구대이교를 종식시켰고, 이단을 추방했으며, 교회 개혁에 박차를 가했다.

제25강

1   일곱 성사 가운데 하나로 '병자성사病者聖事'의 옛 이름. 현재는 환자가 생명이 위독해질 것이 예상될 때 미리 병자성사를 받지만, 과거에는 죽음이 임박했을 때에야 영혼을 하느님께 의탁한다는 의미에서 생전에 마지막으로 치러지는 의식이라고 하여 '종부성사'라고 불렸다.

2   당시 프랑스에서는 샤를 5세 왕의 사망 후 왕위에 오른 샤를 6세 왕이 종종 정신착란을 일으키며 제대로 국정을 돌보지 못하자, 이를 기회로 삼아 국정의 실권을 장악하려고 한 귀족들과 샤를 5세 왕의 형제들이 부르고뉴파를 형성함으로써 왕을 옹호하려는 아르마냐크파와 싸우고 있었다.

3   가톨릭 교회에서 영성체는 그리스도의 거룩한 몸과 피를 나누어 먹고 마심으로써 일치와 사랑을 드러내고 구현하는 것이므로, 영성체를 하기 위해서는 은총의 지위가 필요하다고 가르친다. 은총의 지위에 있지 않은 신자가 스스로 중죄 중에 있음을 의식하면서 영성체를 하는 경우 모령성체가 된다. "그러므로 부당하게 주님의 빵을 먹거나 그분의 잔을 마시는 자는 주님의 몸과 피에 죄를 짓게 됩니다. 그러니 각 사람은 자신을 돌이켜보고 나서 이 빵을 먹고 이 잔을 마셔야 합니다."(1코린 11,27-28)

4   죄를 지은 사람이 진정으로 자신의 죄를 뉘우치고 고해성사를 통하여 죄를 사면받는다 할지라도 그 죄에 따른 벌은 여전히 남아 있다. 이 벌은 자신의 죄를 속죄하는 보속을 통하여

사면될 수 있는데, 이 보속을 면제해 주는 것을 대사大赦라고 한다. 중세 말이 되면서 소위 '대사 설교가'라는 사람들이 나타나 대사를 남용하면서 이른바 '면죄부'라고 알려진 증서를 발매하기에 이르렀다. 교회는 이것의 규제를 등한시하여 많은 논란을 불러일으켰다. 그 후 트리엔트 공의회는 규정을 만들어 대사의 남용을 규제했다. 주의해야 할 것은 대사가 벌의 사면에는 효과를 갖지만 죄 자체를 사면하는 효력은 없기 때문에, 면죄부라는 표현은 잘못된 것이다.

색인

[ㄱ]

- 가시계 211
- 가치의 질서 257, 549, 639
- 가톨릭 교회 5, 180, 236, 265, 266, 660
- 가현설 48, 49
- 갈리아 90, 287, 657, 665
- 감각적인 쾌락 545, 546
- 감각혼 212
- 감밀 363
- 강생 47, 59, 104, 137, 155, 530, 531, 637, 659
- 강의 금지령 406, 468, 469, 474, 475, 476, 477, 478, 479, 485, 514, 522, 649, 668
- 개별 교회 396
- 개별적 실체 303, 304
- 개신교 5, 135, 156, 162
- 개인 학교 367, 390, 391, 392, 488, 489, 492, 505, 646
- 개체 396, 397, 398, 399, 400, 411, 582, 620
- 객관적인 기준 548, 549, 550, 553
- 건전한 양심 555, 556
- 게르만족 86, 179, 268, 269, 270, 286, 287, 288, 289, 290, 291, 292, 293, 294, 295, 296, 305, 306, 307, 309, 320, 341, 343, 344, 345, 346, 347, 350, 351, 352, 549, 586, 642, 643, 657, 665
- 계시 531, 532, 533, 572, 577, 637, 650, 667
- 고딕 양식 570, 572, 573, 574, 575, 576, 577, 578, 580, 581, 582, 583, 605, 653, 672
- 고백록 185, 196, 222, 227, 228, 230, 245, 246, 251, 273, 479, 662
- 고통 381, 436, 440, 441, 583, 608, 627, 628, 639, 641, 650
- 공중 부벽 577
- 과학주의 487, 649
- 교리 문답 학교 75, 79, 82
- 교부 57, 63, 65, 114, 115, 127, 132, 169, 181, 208, 316, 666
- 교차 궁륭 565, 575, 672
- 교황권 514, 515, 586, 588, 590, 594, 595, 596, 597, 600, 601
- 교황령 348, 514, 594, 595, 597, 666
- 교황의 수위권 396, 416
- 교황청 직속 대학 506, 508, 514, 515, 516, 522, 596
- 교회론 395, 396, 538
- 구약 5, 23, 51, 52, 53, 54, 56, 71, 72, 73, 80, 81, 156, 158, 160, 162, 164, 170, 174, 175, 192, 197, 219, 242, 279, 656, 660
- 구약의 하느님 51, 52, 53
- 구원 23, 24, 26, 48, 49, 50, 53, 56, 59, 111, 112, 139, 152, 153, 266, 312, 659

- 구원자 23, 48
- 궁정 학교 352, 355, 357, 367, 391, 488
- 권력 346, 348, 360, 362, 386, 388, 449, 471, 505, 545, 546, 589, 590, 591, 594, 595, 596, 598, 603, 604, 618
- 귀환 212, 213, 249, 538, 540, 601, 602
- 그렇다와 아니다 401, 402, 459, 500, 541, 646
- 그레고리오 7세 교황 591, 592, 593, 594
- 그리스도교 2, 5, 6, 7, 10, 23, 26, 27, 28, 29, 31, 32, 33, 34, 35, 36, 37, 40, 41, 42, 43, 45, 46, 47, 48, 49, 54, 55, 56, 57, 58, 59, 61, 62, 65, 66, 71, 73, 74, 75, 76, 77, 78, 80, 81, 84, 85, 88, 95, 96, 97, 98, 99, 102, 103, 104, 105, 106, 107, 108, 109, 113, 115, 126, 128, 129, 130, 135, 152, 153, 154, 157, 164, 167, 169, 180, 181, 182, 183, 189, 194, 195, 196, 197, 199, 200, 214, 220, 224, 229, 230, 234, 235, 249, 251, 263, 271, 283, 286, 293, 303, 307, 308, 309, 310, 311, 313, 317, 333, 338, 341, 346, 347, 352, 358, 359, 384, 395, 413, 415, 420, 421, 423, 426, 428, 430, 431, 445, 448, 455, 460, 463, 465, 466, 467, 469, 470, 471, 472, 473, 474, 475, 476, 478, 479, 482, 485, 487, 488, 509, 512, 518, 529, 530, 531, 538, 551, 556, 562, 563, 564, 582, 583, 584, 586, 590, 605, 611, 621, 628, 629, 631, 632, 633, 634, 635, 636, 637, 640, 641, 642, 643, 647, 648, 649, 652, 653, 654, 659, 660, 662, 664, 665, 667, 669, 673
- 그리스도론 538, 634
- 그리스도인 518, 603, 632, 650, 651
- 그리스-로마 문화 34, 36, 40, 41, 42, 43, 45, 50, 53, 56, 64, 66, 67, 71, 74, 75, 84, 180, 181, 183, 448, 633, 662, 674
- 그리스어 58, 71, 72, 80, 81, 82, 84, 93, 132, 156, 157, 158, 160, 161, 162, 165, 168, 171, 174, 180, 186, 239, 286, 296, 306, 656
- 그리스어 성경 82, 157, 165
- 그리스 철학 36, 47, 58, 60, 62, 63, 64, 73, 74, 75, 76, 77, 84, 172, 181, 253, 305, 443, 469, 470, 556, 631, 632, 633, 634, 648

- 극단적 아리스토텔레스주의 480, 483, 486, 649, 650
- 기욤 394, 407
- 기하학 367, 369, 451, 462, 674

[ㄴ]

- 나의 불행의 역사 411
- 나지안주스의 그레고리우스 115, 117, 118, 122, 123, 124, 125, 127, 169, 208
- 나투라 63
- 나폴리 대학 514, 515, 516, 518, 596
- 낡은 사람 272, 273, 274
- 네로 황제 28, 29, 30, 31, 655
- 네스토리우스 45, 140, 141, 142, 143, 144, 145, 146, 147, 150, 151, 152
- 네스토리우스파 45, 150, 151, 152
- 노트르담 대성당 391, 402, 570, 571, 578, 579, 581
- 논리학 367, 369, 371, 374, 392, 394, 400, 446, 447, 454, 456, 461, 489, 490, 505, 522, 523, 535, 643, 667, 669, 670
- 논박될 이론 541, 542, 543, 544
- 논박될 이론에 대한 해답 541, 542, 543
- 늑재 궁륭 575, 576, 672
- 니사의 그레고리우스 115, 122, 125, 127
- 니체아 공의회 107, 108, 109, 111, 112, 113, 124, 128, 132, 153, 155, 168, 371, 585, 634, 635
- 니체아 신경 132, 133, 142, 168
- 니체아-콘스탄티노플 신경 133, 134, 135, 136, 152

[ㄷ]

- 다마소 1세 교황 170, 171
- 다신교 35, 87, 88, 95, 96, 98, 108, 109, 113, 249
- 단성론 146, 659
- 단일 지성론 471, 473, 474, 475, 648
- 대학 345, 359, 369, 446, 450, 476, 477, 478, 480, 481, 488, 489, 490, 491, 492, 493, 494,

677

495, 496, 497, 498, 500, 501, 502, 503, 505, 506, 507, 508, 509, 510, 511, 512, 514, 515, 516, 517, 518, 519, 522, 524, 525, 526, 527, 544, 573, 596, 616, 622, 623, 627, 648, 649, 668, 669
- 덕 421, 463, 483, 518, 550, 553, 556, 557, 559, 580, 599, 602, 603, 614, 667, 672
- 데카메론 609, 617
- 도나투스파 263, 264, 265, 266, 662
- 도덕의 원리 553
- 도미니코회 432, 434, 435, 463, 483, 509, 517, 518, 519, 522, 523, 626, 669
- 동고트족 297, 298, 665
- 동굴의 비유 208
- 동로마 제국 293, 298, 299, 305, 306, 307
- 동물 51, 76, 209, 210, 212, 213, 214, 257, 258, 260, 261, 303
- 동일 본질 111, 112, 132, 246, 302
- 디오클레티아누스 황제 90
- 땅의 나라 260, 268, 274, 276, 280, 284, 285

[ㄹ]

- 라바룸 92, 93, 308
- 라틴 아베로에스주의 480, 483, 536, 649, 669
- 라틴어 71, 84, 132, 155, 156, 157, 165, 167, 172, 174, 180, 190, 240, 296, 306, 311, 315, 318, 338, 661
- 라틴어 성경 165, 174
- 란프랑쿠스 372, 373, 374, 376, 377, 380, 384, 643, 644
- 레오 교황 147
- 로고스 104, 111, 137, 253
- 로마 교회 129, 130, 136, 236, 265, 266
- 로마군 32, 179, 269, 293, 665
- 로마네스크 양식 564, 565, 566, 567, 568, 569, 570, 571, 572, 573, 574, 575, 576, 578, 580, 581, 582, 583, 653, 672
- 로마인 30, 32, 33, 34, 85, 86, 100, 130, 179, 270, 287, 288, 290, 291, 294, 295, 297, 299, 307, 309, 661

- 로마 제국 27, 28, 29, 33, 35, 57, 68, 71, 79, 85, 86, 87, 90, 91, 97, 98, 99, 106, 108, 119, 130, 155, 167, 168, 169, 172, 178, 179, 180, 187, 201, 203, 261, 268, 270, 271, 286, 287, 288, 289, 290, 291, 292, 293, 296, 298, 299, 305, 306, 307, 309, 310, 320, 338, 341, 345, 416, 424, 462, 465, 514, 515, 549, 586, 587, 590, 591, 592, 594, 596, 616, 617, 622, 642, 657, 665, 673, 674
- 로베르투스 362
- 루이 9세 429, 528, 529, 672
- 리옹 공의회 560, 672
- 리처드 왕 425

[ㅁ]

- 마니 54, 55, 56, 193, 194, 195, 196, 197, 198, 199, 200, 201, 214, 227, 228, 230, 274, 662
- 마니교 54, 55, 56, 193, 194, 195, 196, 197, 198, 199, 200, 201, 214, 227, 228, 230, 274, 433, 434, 528, 530, 534, 633, 662
- 마르키온 이단 50, 51, 52, 53, 54, 56, 193
- 마우루스 326, 327, 328, 329, 336
- 마이스터 에크하르트 626, 627
- 마카베오 23, 161, 164
- 마크리나 116, 117, 118, 125
- 막센티우스 91, 94, 95
- 막시미아누스 황제 89
- 만물 복귀설 83, 657
- 메로빙거 왕조 341, 343
- 메시아사상 23, 24
- 면책 특권 506
- 명제론 459, 460, 461
- 명제집 주해 540
- 모놀로기온 382, 383, 644
- 모니카 183, 184, 188, 189, 195, 200, 221, 224, 226, 227, 228, 229, 230, 231, 232, 233, 234, 245, 662
- 모에르베케의 윌리엄 462, 463
- 몬테카시노 331, 332, 333, 335, 337
- 몬테카시노 수도원 513, 514, 519

- 무로부터의 창조 470, 471, 648
- 문법학 367, 369, 371, 373, 374, 535, 580, 643, 667, 669
- 문제 quaestio 541
- 믿음 381, 387, 472, 557, 559, 625, 645
- 밀라노 95, 105, 202, 203, 206, 215, 216, 221, 234, 235, 236, 265, 268, 272, 657
- 밀라노 대성당 393, 577, 626
- 밀라노 칙령 95, 105, 265

[ㅂ]

- 바그다드 449
- 바빌론 23, 274, 276, 280, 281, 660
- 바실리우스 115, 116, 117, 118, 119, 120, 121, 122, 123, 125, 126, 127, 132, 208, 317, 335, 658
- 바실리카 양식 563, 564, 565, 583
- 바오로 사도 35, 36, 37, 38, 40, 41, 42, 43, 81, 129, 197, 312, 409, 631, 632, 673
- 박해 23, 28, 30, 31, 32, 33, 34, 35, 36, 41, 60, 61, 64, 74, 77, 85, 95, 96, 105, 106, 108, 115, 116, 118, 263, 265, 313, 655, 659
- 반달족 283, 284
- 반론 458, 502, 541, 543
- 반변증론자 372, 377, 381, 383, 387, 459, 643, 644
- 발도파 432, 434, 437
- 발레리우스 주교 239, 240, 241, 242, 662
- 발렌스 황제 121, 122, 123, 658
- 발출 212, 538, 540
- 백 년 전쟁 613, 614, 616
- 범주론 459, 460, 461
- 법학 41, 42, 43, 56, 62, 184, 190, 195, 197, 203
- 법학부 481, 494, 496
- 베네딕도 수도회 345, 346, 358, 360, 430, 432, 463, 488, 514
- 베네딕투스 317, 318, 319, 320, 321, 322, 323, 324, 325, 326, 327, 328, 329, 330, 331, 332, 333, 334, 335, 336, 337, 339, 340, 360, 362, 364, 365, 513, 666
- 베네딕투스 규칙서 335, 336
- 베렌가리우스 372, 373, 374, 375, 376, 377, 380, 643
- 베르길리우스 216, 661, 662
- 베르나르두스 362, 363, 364, 407, 408, 422, 423, 424, 464, 646, 647, 666
- 베투스 라티나 165, 190, 191
- 변증론 371, 372, 374, 377, 381, 383, 387, 459, 535, 643, 644, 667
- 변증론자 371, 372, 377, 381, 383, 387, 459, 643, 644
- 변증법 62, 63
- 보나벤투라 527, 672
- 보수적 아우구스티누스주의 479, 480, 483, 485, 486, 536, 649, 650
- 보에티우스 296, 297, 298, 299, 300, 301, 302, 303, 304, 305, 310, 320, 338, 447, 560, 641, 642, 669
- 보편 395, 396, 397, 398, 399, 400, 411, 545, 558, 562, 581, 582, 585, 619, 635, 669, 672
- 보편 교회 396, 582
- 보편 논쟁 395, 619
- 보편 실재론 398, 399, 581, 582, 619
- 복음적 권고 312, 336
- 본성 63, 139, 152, 267, 303, 659
- 본질 40, 111, 112, 132, 246, 293, 302
- 볼로냐 대학 492, 493, 494, 496, 497
- 부활 24, 25, 37, 48, 49, 59, 61, 134, 136, 155, 226, 658
- 북아프리카 35, 57, 86, 180, 187, 234, 235, 238, 239, 242, 263, 266, 270, 291
- 불가타 167, 174, 175, 317
- 비잔틴 제국 349, 416, 418, 419, 426, 429, 465, 586, 672

[ㅅ]

- 4대 보편 공의회 107, 108, 128, 129
- 사도신경 107, 135, 136
- 사랑 365, 378, 381, 386, 388, 389, 402, 404, 405, 408, 409, 410, 411, 412, 428, 431, 432, 435, 442, 459, 466, 470, 508, 519, 529, 545,

679 색인

- 548, 557, 559, 573, 578, 637, 638, 639, 646, 647, 653, 654, 674
- 사랑의 윤리 253, 272
- 사법권 506, 507, 510, 511
- 4분령 86, 87, 287
- 사용 34, 43, 46, 58, 63, 66, 71, 92, 125, 132, 135, 138, 142, 155, 156, 157, 160, 165, 248, 256, 257, 258, 259, 260, 261, 262, 263, 268, 283, 285, 303, 381, 382, 387, 430, 442, 452, 455, 477, 491, 493, 497, 499, 531, 534, 545, 549, 568, 569, 572, 576, 614, 634, 639, 640, 642, 644, 645, 647, 660, 665, 667, 669, 672, 673
- 사제 독신제 590
- 사추덕 556, 559
- 산술학 367, 369, 580
- 살라딘 424, 425, 426
- 살레르노 대학 493, 494, 496
- 삼위일체 61, 63, 114, 115, 123, 125, 137, 152, 246, 247, 248, 302, 303, 397, 479, 530, 531, 633, 637, 644, 657
- 삼위일체론 397, 479, 633, 644
- 상스 공의회 407
- 새 사람 272, 273, 274
- 생 드니 성당 570, 571, 572, 577, 579
- 생물 51, 212, 214, 258, 261
- 생 자크 522, 523
- 생장혼 212
- 서로마 제국 155, 180, 286, 293, 296, 298, 305, 306, 307, 309, 310, 665
- 선신 54, 55, 193, 194, 197, 199, 214, 274
- 선한 원리 47, 48
- 선한 의도 548, 549, 553, 556
- 설교 37, 38, 43, 44, 82, 176, 198, 216, 217, 218, 219, 240, 254, 266
- 성령 355, 397, 672, 673
- 성령론 114, 115, 120
- 성령 적대론자 120, 132, 133
- 성모 마리아 140, 141, 142, 143, 145
- 성 베네딕도 수도회 318, 319, 337, 338
- 성부 109, 110, 111, 112, 114, 132, 133, 134, 137, 212, 218, 246, 397, 635, 637, 657

- 성사론 538
- 성 소피아 성당 131, 306
- 성인 유해 공경 625
- 성자 104, 109, 110, 111, 112, 114, 132, 133, 134, 137, 212, 219, 246, 397, 635, 637, 657, 672
- 성직록 590, 595, 673
- 성직 수여 419, 591, 595
- 성직자 402, 432, 433, 437, 494, 590, 591, 595, 600, 604, 612, 617, 622, 623, 625, 654, 672, 673, 674
- 성체 374, 375, 560, 622, 623, 624, 674
- 성 프란치스코의 생애 439
- 성화상 논쟁 416
- 세계 영원성 470, 471, 474
- 세계의 영원성 469, 470, 648, 669
- 세계혼 110, 212, 214, 261
- 세례 6, 95, 96, 107, 134, 136, 195, 196, 224, 226, 237, 241, 266, 268, 312, 313, 662, 664, 665
- 세 위격 109, 137, 152, 246
- 소르본느 대학 494
- 소망 557, 559
- 소크라테스 207, 253, 309, 663, 665
- 수도 공동체 118, 119, 120, 234, 235, 238, 326, 662
- 수도자 120, 284, 311, 312, 313, 315, 317, 318, 321, 323, 324, 325, 326, 329, 330, 331, 337, 338, 339, 340, 358, 360, 361, 364, 432, 435, 483, 514, 519, 557, 593, 654, 658, 660, 662, 665, 666, 667, 670
- 수도자다운 생활 318
- 수사학 41, 42, 43, 56, 62, 167, 184, 190, 195, 197, 199, 201, 202, 203, 206, 215, 221, 226, 300, 367, 369, 371, 393, 424, 446, 644, 669
- 순교 28, 31, 48, 57, 58, 60, 61, 64, 77, 78, 115, 116, 121, 129, 263, 655, 658
- 순교자 31, 48, 57, 58, 60, 61, 77, 115, 116, 121, 658
- 스콜라 366, 367, 370, 371, 384, 389, 429, 460, 463, 488, 490, 491, 541, 549, 568, 573,

580, 620, 644, 645, 647, 650, 669, 670
- 스콜라스티카 333, 334, 335
- 스콜라 철학 366, 370, 371, 384, 488, 541, 549, 568, 573, 580, 620, 644, 647, 650, 669, 670
- 스테인드글라스 390, 577, 582, 672
- 시칠리아 448, 460, 462, 516, 672, 674
- 시토회 362, 363, 364, 432
- 식물 70, 212, 213, 214, 257, 258, 260, 261
- 식물도감 450
- 신국론 35, 268, 271, 272, 276, 283, 310, 479, 602, 636, 641, 664
- 신비주의 626, 627
- 신성 33, 112, 132, 136, 137, 138, 139, 140, 141, 142, 143, 152, 153, 264, 307, 657, 659
- 신성 로마 제국 424, 462, 514, 515, 590, 591, 592, 594, 596, 622, 674
- 신성 모독 33
- 신심 운동 625, 628
- 신앙 366, 370, 371, 381, 382, 383, 384, 387, 388, 410, 412, 416, 427, 430, 455, 456, 531, 533, 535, 536, 562, 574, 581, 582, 583, 585, 601, 605, 609, 612, 620, 631, 633, 634, 635, 636, 642, 643, 644, 645, 646, 647, 650, 652, 653, 654, 669
- 신앙 고백 25, 106, 107, 108, 114, 128, 129, 132, 134, 135, 136, 152, 153, 154, 155, 266, 662
- 신앙생활 59, 76, 127, 229
- 신앙의 순수성 620, 633, 634
- 신앙주의 535, 652
- 신약 5, 24, 51, 52, 53, 54, 56, 81, 156, 162, 164, 175, 192, 193, 197, 219, 660
- 신약의 하느님 52, 53, 54
- 신은 왜 인간이 되셨는가 382
- 신의 아들 47, 99, 179, 218, 227, 228
- 신플라톤주의 74, 83, 109, 110, 111, 125, 206, 207, 211, 212, 214, 215, 221, 234, 249, 251, 254, 257, 371, 445, 535, 538, 635, 636, 637, 639, 640
- 신학 7, 37, 56, 63, 64, 76, 77, 84, 113, 114, 116, 120, 123, 125, 136, 139, 142, 147, 153, 157, 170, 237, 251, 252, 268, 302, 303, 369, 370, 371, 372, 375, 376, 397, 400, 407, 456, 458, 459, 464, 476, 481, 482, 496, 509, 526, 527, 528, 529, 530, 531, 532, 533, 537, 538, 539, 540, 541, 542, 543, 544, 549, 557, 558, 559, 560, 561, 562, 599, 605, 621, 622, 623, 625, 627, 633, 634, 636, 643, 645, 647, 650, 660, 667, 668, 669, 670, 671, 674
- 신학대전 527, 528, 529, 537, 538, 539, 540, 541, 542, 543, 544, 557, 560, 561, 562, 605, 647, 650, 670, 671
- 신학부 481, 482, 496, 542
- 신학자 37, 76, 77, 123, 139, 153, 170, 302, 303, 660
- 실체 63, 132, 137, 152, 246, 302, 303, 304
- 십자가 25, 48, 49, 58, 59, 60, 92, 101, 102, 151, 271, 337, 655
- 십자군 전쟁 413, 414, 416, 417, 420, 423, 424, 425, 426, 428, 429, 430, 441, 442, 455, 465, 513, 574, 595, 597

[ㅇ]

- 아람어 71
- 아랍어 431, 449, 455, 459, 460, 461, 462, 463, 674
- 아래로부터의 그리스도론 138
- 아리스토텔레스 39, 62, 63, 66, 76, 296, 303, 409, 443, 444, 445, 446, 447, 448, 449, 450, 454, 455, 457, 458, 459, 460, 461, 462, 463, 465, 467, 468, 469, 470, 471, 472, 473, 474, 475, 476, 477, 478, 479, 480, 482, 483, 485, 486, 487, 501, 508, 512, 514, 516, 518, 522, 523, 529, 532, 533, 534, 536, 538, 544, 545, 546, 547, 556, 557, 558, 559, 574, 647, 648, 649, 650, 656, 668, 669, 670, 671
- 아리스토텔레스의 재발견 459, 467, 512, 647, 669
- 아리우스 45, 108, 109, 110, 111, 113, 121, 137, 138, 140, 168, 207, 212, 236, 307
- 아리우스 이단 121, 137, 140, 168, 236, 307
- 아베로에스 457, 458, 463, 477, 478, 480,

483, 485, 536, 649, 669
- 아벨라르두스 364, 391, 392, 393, 394, 395, 400, 401, 402, 403, 404, 405, 406, 407, 408, 409, 410, 411, 412, 460, 464, 500, 541, 549, 573, 619, 646, 647
- 아비뇽 유수 597, 598, 600, 604, 605
- 아비센나 450, 493, 494
- 아빠스 318, 666
- 아우구스티누스 6, 34, 136, 180, 181, 182, 183, 184, 185, 186, 187, 188, 189, 190, 191, 192, 193, 194, 195, 196, 197, 198, 199, 200, 201, 202, 203, 204, 206, 214, 215, 216, 217, 219, 220, 221, 222, 223, 224, 225, 226, 227, 228, 229, 230, 231, 232, 233, 234, 235, 237, 238, 239, 240, 241, 242, 243, 244, 245, 246, 247, 248, 249, 251, 252, 253, 254, 255, 256, 257, 258, 259, 260, 261, 262, 263, 264, 265, 266, 267, 268, 271, 272, 273, 274, 276, 278, 280, 281, 282, 283, 284, 310, 317, 335, 371, 378, 393, 394, 397, 430, 433, 434, 445, 463, 470, 479, 480, 483, 485, 486, 535, 536, 545, 548, 549, 551, 589, 602, 603, 635, 636, 638, 639, 641, 642, 644, 645, 647, 649, 650, 660, 661, 662, 663, 664
- 아카데미아 199, 208, 296
- 아타나시우스 168, 317
- 아테네 37, 38, 62, 73, 117, 118, 207, 208, 296, 298
- 아프리카 학파 57, 77, 84
- 아헨 350, 352, 354, 355, 357
- 악신 54, 55, 193, 194, 197, 199, 214, 274
- 안셀무스 370, 371, 377, 378, 379, 380, 381, 382, 383, 384, 385, 386, 387, 388, 400, 401, 407, 430, 535, 644, 645, 646, 647, 667, 668
- 안토니우스 119, 313, 314, 317, 322, 666
- 안티오키아 130, 137, 138, 139, 140, 141, 143, 144, 145, 146, 168, 169, 170, 659
- 안티오키아 교회 130
- 안티오키아 학파 137, 138, 139, 140, 141, 143, 144, 145, 146, 659
- 알 가잘리 456
- 알라리쿠스 270, 664

- 알렉산드로스 대왕 23, 66, 67, 71, 72, 97, 276, 277, 278, 287
- 알렉산드리아 66, 67, 68, 69, 70, 71, 72, 73, 74, 75, 76, 77, 79, 83, 84, 97, 112, 129, 130, 137, 138, 139, 141, 142, 143, 144, 145, 146, 148, 152, 157, 159, 161, 162, 168, 177, 656, 659, 660
- 알렉산드리아 교회 129, 130
- 알렉산드리아 도서관 70, 72, 148, 159
- 알렉산드리아 정경 161, 162, 177, 660
- 알렉산드리아 학파 73, 74, 76, 77, 84, 112, 137, 138, 139, 141, 142, 143, 144, 145, 152, 371, 372, 395, 633, 643, 659
- 알베르투스 483, 485, 522, 523, 524, 525, 526, 669, 672
- 암브로시우스 79, 215, 216, 217, 218, 219, 220, 226, 231, 232, 233, 234, 235, 236, 237, 241, 242, 244, 266, 317
- 앨퀸 351, 352, 355, 356, 357, 358, 359, 643
- 암니아 종교 회의 160, 161
- 양심 553, 554, 555, 556, 557
- 양피지 69, 70, 158, 159, 356, 357, 358, 369, 449, 450, 500, 524
- 에우세비우스 120, 139
- 에우티케스 146, 152, 659
- 에티카 444, 446
- 에페소 36, 37, 107, 128, 143, 144, 145, 146, 148, 149, 150, 155, 169
- 에페소 공의회 107, 128, 143, 146, 147, 148, 149, 150, 155
- 엘로이즈 402, 403, 404, 405, 408, 409, 410, 411, 412, 459
- 엘리트주의 44, 49, 50
- 영원법 551, 671
- 영지주의 45, 46, 47, 48, 49, 50, 55, 56, 193
- 영혼 40, 61, 111, 212, 657, 665
- 영혼 윤회론 40
- 영혼의 불꽃 553
- 예루살렘 26, 62, 80, 83, 96, 100, 102, 129, 130, 149, 178, 274, 276, 281, 337, 659, 660
- 예루살렘 교회 129, 130
- 예루살렘 성전 178, 276

- 예수 그리스도 24, 25, 26, 47, 48, 54, 59, 60, 62, 63, 81, 102, 103, 110, 111, 112, 132, 134, 137, 138, 139, 142, 143, 152, 153, 154, 224, 365, 398, 410, 436, 577, 578, 601, 609, 628, 634, 635, 637, 647, 654, 659, 660, 668, 672
- 예수님 24, 25, 26, 27, 28, 33, 36, 37, 40, 42, 48, 49, 52, 53, 54, 55, 56, 58, 71, 100, 101, 102, 103, 110, 111, 112, 136, 138, 139, 140, 152, 156, 159, 160, 163, 164, 166, 172, 177, 192, 193, 212, 219, 220, 244, 307, 314, 326, 328, 329, 331, 655, 658
- 예언 80, 134, 177, 227, 228, 288, 660
- 예언자 134, 660
- 오리게네스 77, 78, 79, 80, 81, 82, 83, 84, 109, 129, 165, 169, 174, 181, 182, 207, 220, 266, 656, 657
- 오컴 620, 621, 622
- 옥스피드 대학 494, 495, 496, 622
- 온건 실재론 399, 581, 582, 619
- 온건한 아리스토텔레스주의 483, 486, 522, 650
- 올리브 나무 76
- 완고한 양심 555, 556
- 외경 162, 164
- 요한 세례자 312, 313
- 용기 556, 557, 630
- 용병 72, 179, 269, 290, 291, 292, 293, 309
- 우르바노 2세 교황 415, 416, 430, 595
- 원리론 81
- 원죄 182, 268, 273
- 원죄설 397, 398
- 위격 63, 109, 120, 132, 137, 152, 246, 302, 303
- 위계질서 64, 212
- 위로부터의 그리스도론 137
- 위클리프 621, 622
- 유대교 23, 33, 36, 53, 71, 160, 177, 659, 662
- 유대인 23, 24, 26, 33, 36, 37, 71, 72, 73, 85, 100, 130, 157, 160, 161, 163, 455, 534, 552, 610, 611, 658, 659, 660, 674

- 유명론 399, 411, 619
- 유물 102, 293
- 유스티누스 38, 39, 40, 41, 42, 43, 60, 75, 207, 656
- 유스티니아누스 대제 131, 305, 306
- 유일신 35, 98, 102, 109, 214, 249
- 유출설 211, 212, 213, 249, 636
- 육화 47
- 윤리 446, 454, 490, 509, 522, 523, 537, 538, 540, 541, 544, 548, 549, 550, 552, 554, 555, 556, 558, 639
- 윤리학 446, 454, 490, 522, 523, 537, 538, 540, 544, 548, 550, 639
- 율리아누스 황제 113, 114, 658
- 은수 생활 169, 313, 314, 315, 318, 324, 332, 665
- 은수자 141, 142, 143, 314, 315, 666
- 은총 485, 530, 531, 535, 647, 650, 674
- 의지 28, 80, 98, 254, 266, 268, 301, 323, 658, 659, 663, 664
- 의학 450, 462, 481, 493, 494, 496, 497
- 의학부 481, 496
- 이급 신 110, 111, 212
- 이단 43, 44, 45, 49, 50, 51, 52, 53, 54, 56, 57, 58, 61, 62, 64, 65, 76, 84, 108, 111, 121, 137, 138, 140, 145, 168, 193, 194, 199, 207, 236, 307, 659
- 이단자 61, 108, 659
- 이데아 208, 211, 398, 444, 472, 656, 671
- 이성 52, 53, 59, 76, 77, 182, 212, 303, 312, 348, 364, 366, 370, 371, 372, 377, 381, 382, 383, 384, 387, 388, 389, 402, 409, 410, 430, 455, 456, 471, 472, 530, 531, 532, 533, 534, 535, 536, 541, 546, 547, 550, 551, 553, 555, 556, 559, 560, 562, 620, 621, 622, 631, 634, 636, 642, 643, 644, 645, 646, 647, 650, 652, 663, 668, 671
- 이성혼 212
- 이슬람 341, 356, 396, 413, 414, 415, 419, 420, 421, 422, 423, 424, 425, 426, 428, 429, 431, 443, 447, 448, 449, 451, 455, 456, 457, 458, 459, 460, 462, 465, 466, 512, 586, 648,

색인 **683**

674
- 이완된 양심 554, 555, 556, 557
- 이집트 51, 67, 68, 70, 72, 83, 86, 119, 129, 164, 192, 291, 313, 656
- 이탈리아 74, 86, 91, 204, 291, 318, 326, 333, 337, 661
- 인간 381, 382, 387, 397, 398, 399, 400, 412, 441, 471, 472, 473, 475, 496, 497, 509, 530, 531, 532, 533, 534, 535, 538, 540, 541, 544, 545, 546, 547, 548, 549, 550, 551, 553, 554, 555, 556, 557, 573, 574, 578, 581, 582, 609, 617, 634, 638, 639, 643, 645, 648, 650, 652, 653, 671
- 인간(예수)의 어머니 141
- 인간의 구원 152, 266
- 인간의 본성 267
- 인문학부 369, 480, 481, 482, 495, 496, 505, 542, 649, 669
- 인성 112, 132, 136, 137, 138, 139, 140, 141, 142, 143, 152, 153, 659
- 인정법 551, 552, 671
- 일자 110, 212, 213, 214, 249, 251, 257, 636, 637

[ㅈ]

- 자연 과학 446, 459, 461, 475, 487, 490, 505, 509, 649
- 자연법 471, 474, 475, 550, 551, 552, 553, 555, 556, 637, 638, 648, 671
- 자연법칙 471, 474, 475, 550, 637, 638, 648
- 자연학 454, 460, 461, 476, 479, 522, 546, 647, 648
- 자유 의지 268, 301, 659
- 자유 토론 500, 503, 504, 670
- 잔 다르크 615, 616
- 장미창 577, 579, 581
- 재물 545
- 절제 556
- 절articulus 541
- 점성학 462
- 정규 토론 500, 501, 503, 504, 670

- 정신 7, 10, 41, 46, 47, 49, 54, 55, 78, 84, 110, 115, 124, 175, 188, 190, 193, 194, 207, 212, 214, 221, 226, 234, 236, 261, 288, 317, 320, 323, 328, 337, 659
- 정의 381, 532, 541, 556, 603, 604, 607, 674
- 정주 318, 663
- 제2경전 161, 660
- 존재의 질서 257, 258, 261, 550, 639
- 존재의 철학 559
- 존재의 형이상학 638, 639
- 주관적인 기준 548, 553
- 주교좌성당 학교 367, 372, 390, 391, 393, 488, 489
- 죽음 407, 410, 412, 441, 472, 473, 496, 502, 547, 552, 560, 606, 607, 608, 616, 618, 619, 637, 645, 651, 667, 671, 672, 674
- 준주성범 628
- 중용 483, 556, 557, 574, 650
- 지복직관 547, 548
- 지중해 68, 71, 86, 118, 119, 178, 180, 187, 290, 291, 292, 661
- 지혜 9, 38, 39, 40, 41, 59, 60, 61, 81, 117, 156, 161, 164, 175, 189, 190, 195, 214, 226, 301, 449, 478, 479, 480, 486, 508, 529, 556, 562, 633, 649, 666
- 지혜의 집 449
- 진리 56, 60, 76, 81, 199, 226, 253, 281
- 질료 61, 212, 214, 258, 261, 469, 470, 471, 472, 482
- 질료 형상론 471, 472, 482

[ㅊ]

- 창조설 470, 636
- 창조주 387, 469, 470, 482, 533, 547
- 천문학 367, 369, 451, 452, 462, 669, 674
- 철학 6, 9, 36, 37, 40, 41, 42, 43, 47, 56, 58, 60, 61, 62, 63, 64, 73, 74, 75, 76, 77, 79, 81, 84, 87, 109, 112, 117, 125, 167, 172, 181, 189, 207, 208, 214, 215, 242, 246, 253, 293, 296, 298, 300, 301, 302, 303, 305, 309, 310, 363, 364, 366, 370, 371, 372, 383, 384, 391,

392, 397, 400, 409, 443, 445, 446, 454, 455, 456, 458, 459, 464, 467, 469, 470, 477, 480, 488, 503, 505, 509, 511, 529, 530, 531, 532, 533, 536, 538, 541, 543, 547, 549, 556, 558, 559, 562, 568, 573, 580, 620, 631, 632, 633, 634, 637, 638, 641, 642, 643, 644, 645, 646, 647, 648, 650, 655, 656, 658, 659, 663, 665, 667, 669, 670, 673
- 철학의 위안 300, 302, 305, 665
- 철학자 40, 61, 62, 63, 73, 74, 81, 87, 117, 125, 207, 246, 296, 301, 303, 305, 658, 659
- 첨두 아치 575, 582
- 첼레스티노 1세 교황 145
- 치릴루스 142, 143, 144, 145, 146, 659
- 칠십인역 73, 81, 157, 158, 159, 160, 161, 656
- 7자유학예 367, 368, 369, 371, 400

[ㅋ]

- 카노사의 굴욕 590, 591, 596
- 카롤링거 왕조 343, 347, 353
- 카르타고 26, 35, 57, 180, 187, 188, 197, 198, 199, 200, 201, 221, 229, 235, 238, 270, 305, 661
- 카를 대제 341, 342, 343, 346, 347, 348, 349, 350, 351, 352, 353, 355, 356, 357, 358, 359, 360, 366, 367, 389, 483, 488, 587, 588, 642, 643, 666
- 카를 대제의 문예 부흥 341, 350, 353, 359, 366, 389
- 카를 마르텔 341, 343
- 카이사르 86, 287, 288, 290, 661
- 카이사리아 83, 117, 120, 139
- 카타리파 433, 434, 437
- 카타콤베 31, 32, 33, 34, 115
- 카파도키아 32, 114, 115, 116, 117, 118, 120, 125, 127, 132, 169, 181, 208, 314, 316
- 칼체돈 공의회 108, 128, 129, 150, 152, 153, 155
- 코란 455, 458
- 콘스탄츠 공의회 601, 623, 624
- 콘스탄티노플 96, 97, 98, 102, 107, 113, 117, 123, 124, 128, 130, 131, 132, 133, 134, 135, 136, 137, 140, 142, 143, 152, 155, 168, 298, 349, 395, 396, 419, 426, 427, 586, 587, 635, 672
- 콘스탄티노플 공의회 107, 124, 128, 132, 133, 137, 155
- 콘스탄티누스 85, 87, 88, 89, 90, 91, 92, 93, 94, 95, 96, 97, 98, 99, 100, 102, 105, 108, 113, 118, 119, 128, 131, 308, 657
- 콘스탄티누스 대제 341, 346, 563, 585, 587, 588, 589, 634
- 콘스탄티누스의 증여 587
- 콘스탄티우스 88, 89, 90
- 쾰른 523, 524, 610, 611, 626
- 클레르몽 회의 415, 417
- 클레멘스 74, 75, 76, 77, 78, 79
- 클로비스 왕 308, 309
- 클뤼니 수도원 360, 361, 407, 408, 410, 464
- 키케로 172, 189, 190, 216, 661

[ㅌ]

- 테르툴리아누스 57, 58, 59, 60, 61, 62, 63, 64, 65, 75, 112, 181, 263, 371, 456, 633, 634
- 테오도리쿠스 왕 297, 298, 299
- 테오도시우스 황제 106, 124, 140, 143, 146, 271
- 토론 373, 376, 394, 407, 458, 490, 500, 501, 502, 503, 504, 505, 525, 533, 534, 535, 541, 542, 558, 627, 670, 671
- 토마스 아 켐피스 628
- 토마스 아퀴나스 402, 443, 462, 463, 477, 485, 504, 512, 513, 514, 516, 517, 518, 519, 520, 521, 522, 523, 524, 525, 526, 527, 528, 529, 530, 531, 532, 533, 534, 535, 536, 537, 538, 539, 540, 541, 542, 543, 544, 545, 546, 547, 548, 550, 551, 553, 554, 555, 556, 557, 558, 559, 560, 561, 562, 619, 625, 626, 635, 647, 650, 651, 652, 669, 670, 671, 672
- 토착화 36, 41, 66, 73, 84
- 토틸라 331, 332

- 팀파눔 568, 569, 578

[ㅍ]

- 파리 대학 477, 480, 489, 492, 495, 496, 509, 518, 519, 522, 526, 527, 616, 627, 648, 649, 668, 669
- 파우스투스 198
- 파울루스 313, 314
- 파코미우스 119, 315, 316, 665
- 파피루스 70, 158, 159
- 팔레스티나 74, 82, 160, 161, 162, 172, 177, 660
- 팔레스티나 정경 161, 162, 177
- 페르소나 63, 132, 303
- 펠라지우스 266, 267
- 프라이부르크 390, 508, 574, 612, 628
- 프란치스코 396, 431, 432, 435, 436, 437, 438, 439, 440, 441, 442, 463, 464, 479, 509, 527, 650, 669
- 프란치스코 교황 396, 442, 650
- 프란치스코회 432, 435, 463, 464, 479, 509, 527, 669
- 프랑크 왕국 341, 342, 343, 347, 350, 351, 355, 356, 357, 359, 587, 666
- 프로소폰 132
- 프로슬로기온 382, 383, 646, 667
- 프리드리히 2세 황제 462, 515, 596, 674
- 플라치두스 326, 327, 328
- 플라톤 40, 61, 62, 63, 74, 83, 109, 110, 111, 125, 206, 207, 208, 211, 212, 213, 214, 215, 221, 234, 242, 249, 251, 254, 257, 272, 296, 371, 398, 443, 444, 445, 446, 463, 467, 472, 477, 535, 538, 556, 559, 574, 633, 634, 635, 636, 637, 639, 640, 656, 657, 663
- 플라톤 철학 242, 656
- 플라톤 학파 40
- 피사 공의회 601
- 피에르 은자 418
- 피조물 110, 111, 112, 141, 531, 538, 540, 635, 671
- 필경사 357, 358
- 필로소피아 190
- 필론 73, 74
- 필리프 4세 왕 598, 599, 600
- 필사 353, 358, 359, 361, 463, 464, 465, 478, 528, 612

[ㅎ]

- 하느님 375, 381, 382, 384, 386, 387, 388, 397, 399, 412, 415, 416, 430, 442, 470, 471, 474, 475, 482, 485, 501, 503, 531, 532, 533, 534, 535, 538, 540, 541, 547, 548, 558, 562, 567, 570, 571, 573, 574, 577, 578, 580, 583, 595, 602, 603, 612, 618, 621, 627, 634, 635, 636, 637, 638, 639, 641, 642, 645, 648, 650, 652, 653, 671, 673, 674
- 하느님의 나라 260, 274, 276, 280, 281, 283, 284, 285, 310, 312, 339, 602, 603, 641, 642
- 하느님의 모상 532, 533, 534
- 하느님의 섭리 301, 310
- 하느님의 아들 36, 58, 59, 103, 111
- 하느님의 어머니 141, 142, 145
- 하느님의 은총 266, 267
- 하이델베르크 대학 510, 511
- 하인리히 4세 591, 592, 593, 594
- 행복 26, 211, 221, 222, 223, 230, 231, 251, 252, 253, 374, 405, 423, 434, 517, 544, 545, 546, 547, 548, 628, 640, 650, 665, 671
- 향유 257, 258, 259, 260, 262, 263, 283, 430, 549, 639, 640
- 헥사플라 82, 165, 174, 656
- 헬레나 88, 89, 90, 91, 99, 100, 101, 102
- 헬레니즘 23, 37, 66, 72, 74, 659
- 형상 44, 61, 212
- 형이상학 446, 454, 461, 475, 476, 522, 546, 559, 638, 639, 647, 648, 649
- 호교론자 36, 38, 40, 41, 42, 43, 56, 60, 62, 207
- 호르텐시우스 189
- 호모우시오스 113
- 황실 수사학 학교 202, 203, 206, 215, 221, 226

- 황제권 514, 586, 588, 594, 596, 622
- 회심 36, 60, 223, 232, 662
- 후스 622, 623, 624
- 훈족 268, 289, 290, 665
- 휘포스타시스 132
- 흑사병 597, 605, 606, 607, 608, 609, 610, 611, 612, 613, 615, 616, 617, 625, 629
- 희망 557, 581, 639, 641, 642
- 히브리어 71, 72, 81, 156, 157, 158, 159, 160, 161, 162, 165, 166, 169, 170, 171, 174, 656
- 히브리어 성경 81, 158, 159, 160, 161, 165, 166, 170, 657
- 히에로니무스 167, 168, 169, 170, 171, 172, 173, 174, 175, 177, 182, 317, 660, 661
- 히포 238, 239, 241, 242, 246, 283, 284, 662

지은이 박승찬(엘리야) 교수

서울대학교 식품공학과를 졸업한 뒤, 가톨릭대학교 신학부에서 신학을 공부하던 중 중세철학에 관심을 가지게 되었다. 독일 프라이부르크 대학에서 석사와 박사 학위(중세철학 전공)를 받았다. 현재 가톨릭대학교 철학과 교수로 있다. 성심대학원장, 한국중세철학회장, 한국가톨릭철학회장, 김수환추기경연구소장을 역임했다.

그는 생각하는 힘을 키워 주는 강의로 유명하다. 그의 '중세철학사' 강의는 2012년 11월에 SBS와 대학교육협의회에서 공동으로 주관하는 "대학 100대 명강의"로 선정되었다. 또한 tvN 벌거벗은 세계사 〈십자군 전쟁〉, JTBC 차이나는 클라스 〈중세 천년의 빛과 그림자〉, EBS 특별기획 통찰 등의 방송 출연, 한겨레신문 연재 등 다양한 강연 활동을 통해 사람들이 중세에 대해 갖는 편견을 깨고 중세철학이 지닌 매력과 그 깊이를 알리는 데 주력하고 있다.

저서로는 《신 앞에 선 인간》, 《아우구스티누스에게 삶의 길을 묻다》, 《생각하고 토론하는 서양 철학 이야기②: 중세-신학과의 만남》, 《철학의 멘토, 멘토의 철학》, 《중세의 재발견》 등이 있으며, 역서로는 라틴어 원문에서 번역한 《모놀로기온 & 프로슬로기온》(캔터베리의 안셀무스), 《신학요강》·《대이교도대전 II》·《존재자와 본질》·《신학대전 31 & 32: 신앙》(토마스 아퀴나스) 등이 있다.

홈페이지 eliasp.net
E-mail elias@catholic.ac.kr